H S

PAUL SETHE

EPOCHEN DER WELTGESCHICHTE

Von Hammurabi bis Kolumbus

Mit 32 Bildtafeln

VERLAG HEINRICH SCHEFFLER
FRANKFURT AM MAIN

Erste Auflage Oktober 1954
Zweite Auflage Oktober 1955
Dritte Auflage März 1964

Umschlaggestaltung von Hans Bohn

Gedruckt von Elektra Reprographischer Betrieb Kjeld Höjring in Frankfurt am Main
Einbandarbeiten von der Verlagsbuchbinderei Fritz Wochner in Mühringen am Neckar
Printed in Germany 1964

VORWORT

Vor zwei Jahren hat der Verfasser ein Buch veröffentlicht, das er „Schicksalsstunden der Weltgeschichte“ nannte und in dem er es unternahm, die Außenpolitik der großen Mächte von Karl dem Fünften bis zu Churchill in einem Überblick darzustellen. Das Buch hat eine freundliche Aufnahme gefunden. Viele Leser haben es aber bedauert, daß der Verlag einen ähnlichen Überblick nicht auch für die früheren Jahrhunderte und Jahrtausende gegeben habe. Das vorliegende Buch stellt die Antwort auf diese Anregungen dar.

Der Verfasser kann auch an dieser Stelle nur wieder bekunden, daß ihm in keinem Augenblick das Wagnis verborgen geblieben ist, das in einem solchen Unternehmen liegt. Wer die Geschichte von Jahrtausenden in den Rahmen einiger hundert Seiten einfangen will, wer dazu noch den Ehrgeiz hat, nicht nur Jahreszahlen und Namen aufzuzählen, sondern auch Persönlichkeiten und geschichtliche Zusammenhänge in einigen schnellen Strichen wenigstens zu umreißen, der kann unmöglich der Gefahr entgehen, daß er verwickelte Erscheinungen und Ereignisse vereinfacht. Dennoch glaubt der Verfasser, daß sein Wagnis gerechtfertigt sei. Er glaubt es, weil er aus hundertfacher Erfahrung des täglichen Lebens weiß, wie groß das Bedürfnis nach einem solchen Überblick ist. Dieses Buch wendet sich nicht an diejenigen, die bereits eine ausgebreitete Kenntnis besitzen. Es wendet sich an die Ungelehrten, aber nach Anregung Begierigen. Wer es liest, darf nie aus den Augen verlieren, daß es eine erste Einführung sein will. Das Bücherverzeichnis am Schluß ist nicht allzu umfangreich, aber sorgfältig zusammengestellt. Es mag weiter helfen.

Der Haupttitel zeigt schon die Aufgliederung der Darstellung an. Die „Epochen“, also nach dem ursprünglichen Sinn des Wortes und nach Johannes Hallers und Franz Altheims Beispiel die großen Einschnitte der Geschichte, sollten dargestellt werden. Was dazwischen liegt, wurde eiliger berichtet. Bei den Gipfelpunkten hat der Verfasser immer für eine Weile haltgemacht, um dem Leser Gelegenheit zu geben, die Verknüpfung von Vergangenem und Zukünftigem nachdenklich zu erwägen.

Die Erzählung beschränkt sich im wesentlichen auf die staatliche Geschichte. Von der Sozial-, der Wirtschafts-, der Kultur- und der Geistesgeschichte ist nur insoweit die Rede, als ohne eine kurze Erwähnung ihrer Hauptereignisse der Gang der politischen Geschichte nicht verständlich wäre. Das bedeutet nicht, daß der Verfasser vor diesen Erscheinungen des menschlichen Geistes einen geringeren Respekt hätte. Aber er hielt eine Begrenzung dem Charakter des Buches als einer ersten Einführung für angemessen.

Erst recht hat er geglaubt, den Umkreis seines Stoffgebietes nicht von der Strömung zersprengen zu lassen, die heute von dem Geschichtsschreiber verlangt, er solle seine Blicke weiter und weiter schweifen lassen über unseren Kulturbereich hinaus, er solle nicht nur den vorderasiatisch-ägyptischen, sondern auch den indischen, den fernöstlichen, den mittelamerikanischen Bereich, ja die ganze überwältigende Fülle menschlichen Geschehens auf allen Gebieten der Erde schildern. Der Verfasser gesteht gerne, daß einem solchen Versuch seine Kraft nicht gewachsen wäre. Er ist aber auch der Meinung, daß ein so weitgreifendes Unternehmen nicht das wäre, was der Leser einer ersten Einführung erwartet. So ist er getrost auf dem Boden unseres europäischen Kulturkreises und seiner unmittelbaren Ahnen geblieben. Es hat ohnehin oft genug des schmerzlichen Verzichtes auf die Schilderung wichtiger, ja erregender Tatsachen bedurft, wenn das Ziel eines Überblicks über die Geschichte von Jahrtausenden erreicht werden sollte. Daß in einem Buche wie diesem, das auch ein Nachschlagewerk sein soll, viele Namen und Jahreszahlen stehen, darf den Leser nicht schrecken. Nicht sie niederzuschreiben war das Hauptanliegen des Verfassers, sondern die Darstellung der großen Zusammenhänge. Ihnen sind immer wieder ganze Abschnitte gewidmet, aber sie klingen auch bei der Schilderung der Einzelereignisse oft genug an. Der Leser möge nun entscheiden, ob der Versuch geglückt ist.

Frankfurt am Main, Herbst 1954

PAUL SETHE

Erstes Kapitel

DIE GRUNDLAGEN

Rund fünftausend Jahre reichen die schriftlichen Zeugnisse über das Handeln der Menschen zurück. Rund fünftausend Jahre ist also im strengen Sinne der Wissenschaft die Geschichte alt. Aber auf der Erde haben Menschen viel länger gelebt, wahrscheinlich hundertmal so lange. In unablässigem Bemühen hat die Wissenschaft der Vorgeschichte aus den Bodenfunden die Jahrhunderttausende des menschlichen Handelns vor den ersten schriftlichen Urkunden zu erkunden versucht. Noch sind viele Rätsel ungelöst, aber an die Stelle der völligen Dunkelheit, die so lange über der Vorzeit gelegen hat, kaum erhellt von einigen Mythen, ist dank der „Wissenschaft des Spatens" wenigstens das Dämmerlicht getreten, in dem einige Meilensteine an dem großen Strom menschlicher Entwicklung zu erkennen sind.

Die Steinzeit

Die Ursprünge des Menschen freilich sind immer noch Gegenstand wissenschaftlichen Scharfsinns, gelehrter Annahmen, des Meinungsstreites der Forscher. Vielleicht werden sie es ewig bleiben. Immerhin ist eine ganz ungefähre Festlegung der Zeit möglich, in der zum ersten Male Menschen auftraten: zwischen zwei der letzten Eiszeiten, in denen große Teile der nördlichen Halbkugel von Gletschern bedeckt waren. Als die Gletscher vielleicht zum letzten, vielleicht zum vorletzten Male wieder in die Alpen und nach Nordskandinavien zurückwichen, wurden bereits Tiere von Wesen gejagt, die Werkzeuge benutzten, das Feuer zu bewahren und später zu entzünden vermochten und sich wohl durch die Anfänge der Sprache miteinander verständigten. Die Jagd auf größere Tiere wurde ihnen möglich durch ganz grob geformte Steingeräte, später durch Faustkeile, die durch Absplittern gewonnen waren. Mit so rohen Werkzeugen hielt die Steinzeit ihren Einzug. Dies mag um 600000 vor Christi Geburt gewesen sein, auf jeden Fall in einer für unser Vorstellungsvermögen unfaßlich lange zurückliegenden Zeit. Wenigstens werden die menschlichen und tierischen Knochenreste und die noch vor der Faustkeilform roh bearbeiteten Steingeräte, die man in den Höhlen von Tschou-Kou-Tien bei Peking gefunden hat, auf ein Alter von sechshunderttausend Jahren geschätzt.

Ungefähr um 180000 vor Christi Geburt lebte jenes Wesen, dessen Knochenreste im Neandertal bei Düsseldorf gefunden worden sind und in dem die Wissenschaft den Vertreter einer schon fortgeschritteneren Erscheinungsform des Urmenschen sieht. Er verwandte keinen Faustkeil mehr, sondern Klingen und spitze Geräte. Aus den Knochenresten läßt sich das körperliche Bild des Neandertalers herstellen. Sein Gesicht mit der fliehenden Stirn und sein gebeugter Gang haben ihm wohl ein halbtierisches Aussehen verliehen. Aber er begrub seine Toten bereits in der Nähe ihrer Wohnung. Es scheint, daß er an ein Fortleben nach dem Tode glaubte.

Wahrscheinlich ist der Neandertaler untergegangen oder nach Asien und Afrika vertrieben worden, als (etwa vom Jahre 120000 vor Christi Geburt an) die Gletscher sich wieder nach Mitteleuropa hereinschoben und als zwischen den vereisten Gebieten das Klima ungünstiger wurde. Seinen Härten ist jener Menschentypus unterlegen. Aber vorher waren schon andere Menschen (wahrscheinlich aus dem Osten) nach Europa eingewandert, die den Kampf gegen die Kälte aufnahmen und ihn bestanden. Gegen Mammute und andere große Tiere gebrauchte ihr erfinderischer Geist bereits Speer und Pfeil. In dem nach dem französischen Fundort so genannten Cro-Magnon-Menschen mit seinem hohen Wuchs und seinen kräftigen Gesichtsknochen und seiner hohen Stirn sieht man einen Vorfahren der heutigen Bewohner Europas.

In den veränderten Lebensbedingungen nach dem Ende der letzten Eiszeit entwickelte sich auch der Mensch weiter und höher. (Von etwa 15000 vor Christi Geburt an rechnet man die Mittlere Steinzeit.) Zunächst freilich brachte die Klimaänderung neue Schwierigkeiten; die bisher gejagten Tiere wanderten nach Norden, der Wald drang von Süden vor, das Umherschweifen der Horden wurde gehemmt. Aber auch diese Gefahren der Natur besiegte der Mensch. An der Küste begann er die Fischerei. Bald gelang ihm eine Erfindung von umwälzender

Bedeutung: das Beil, mit dem er die gefährliche Umschlingung durch den Wald bekämpfen und das Wild noch besser jagen konnte. Was früher wohl in dem wärmeren Asien und Afrika möglich gewesen war, konnte nun auch in Europa vor sich gehen: aus den Jägern und Sammlern wurden seßhafte Fischer und Bauern, die in Reisighütten und nicht mehr in Höhlen wohnten. Aus der Horde der zusammen jagenden und kämpfenden Sippengenossen schälte sich in der Einzelhütte deutlicher die Familie mit ihrem engeren Zusammenhang heraus, wenngleich die Verbindung mit der Sippe wohl niemals zerbrach und wenn auch die Jagd immer noch betrieben werden mußte. Aber sie und das Sammeln der rohen Früchte bestimmten nicht mehr die wirtschaftliche Tätigkeit des Menschen allein.

In dieser Mittleren Steinzeit, die zwischen 5000 und 3500 vor Christi Geburt ihr Ende gefunden haben muß, gelang dem Menschen eine andere große Tat: er lernte das Tier zähmen. Sein erster tierischer Helfer und Gefährte war der Hund.

Die Höherentwicklung des Menschen in der Altsteinzeit war sehr langsam vor sich gegangen. Aber für eine Strecke Weges nach oben, für die er damals Hunderttausende von Jahren gebraucht hatte, benötigte er nun noch wenige tausend Jahre. Dem heutigen Menschen erscheint das immer noch unvorstellbar lang während, aber verglichen mit der Ausbildung des menschlichen Geistes in der Altsteinzeit machte er nun in der Mittleren Steinzeit wahre Sprünge. Noch schneller aber ging die Entwicklung dann in der Jüngeren Steinzeit voran, deren Beginn man auf die Zeit zwischen 5000 und 3500 vor Christi Geburt setzt. Der Mensch lernte die Kunst gebrauchen, aus Ton Töpfe anzufertigen; bald verzierte er sie auch. Und immer weniger war er auf Fleisch der wilden Tiere angewiesen. Zum Haushund gesellten sich jetzt Schwein und Rind, am Ende auch das Pferd. Die Stämme, die größere Herden besaßen, konnten nicht lange auf ein und derselben Weidefläche wohnen bleiben; sie trieben als nomadisierende Hirten die Herden von Weideplatz zu Weideplatz und wohnten in schnell aufzurichtenden und wieder abzubrechenden zeltähnlichen Hütten. Bei den seßhaften Stämmen wurden die ersten Häuser aus Lehm, Holz oder Stein errichtet.

Den nächsten entscheidenden Schritt aber haben die Bewohner Europas nicht aus eigener Kraft tun können. In Afrika und Vorderasien gelangen die Erfindung der Schrift und die Entdeckung der Metalle. Mit ihnen geht die Vorgeschichte in die eigentliche Geschichte über. Während die Bewohner Europas noch einige tausend Jahre auf der steinzeitlichen Kulturstufe verharrten, so sehr sie ihre Werkzeuge auch verfeinerten und ihr Denken und ihre Empfindungen auch vertieft haben, während dieser Zeit also erblühten am Nil und im Zweistromlande bereits die ersten Hochkulturen der Menschheit. Von ihnen hat unser eigenes Leben vielfältige Befruchtung erfahren.

Völkerfamilien

In der Jüngeren Steinzeit bildeten sich durch Wanderungen, Verschmelzungen und vielleicht auch durch freiwilligen Zusammenschluß in Nordafrika, Vorderasien und in Europa größere, wenn auch nur lose zusammenhängende Gemeinschaften, die wir Völkerfamilien nennen dürfen.

In Nordafrika traten uns aus dem Dämmerlicht dieser Zeit die unsicheren Züge einer solchen Familie entgegen, die wir mit einem etwas verschwimmenden Namen als Hamiten bezeichnen und zu denen wir Berber, Nubier, Somali und Ägypter rechnen. Sie sind nicht einheitlicher Rasse. Was wir mit einiger Bestimmtheit erkennen können, ist die Verwandtschaft der Sprachen. Aber diesen wieder ist gemeinsam, daß ihr Grundbau semitisch ist. Die Annahme ist erlaubt, daß sich lange vor der Volkwerdung dieser Stämme semitische Eroberer über sie erhoben haben, sich vielleicht mit ihnen vermischten, ihnen aber auf jeden Fall ihre Sprache gegeben haben (wie dies in gemilderter Form im Mittelalter bei Normannen und Sachsen in England geschah). Von dieser Völkerfamilie hat das ägyptische Volk als einziges, wahrscheinlich infolge besonderer geographischer Bedingungen, eine große kulturschöpferische Kraft erwiesen.

In ähnlicher Weise fortgewirkt haben die Sumerer, die in grauer Vorzeit in das Zweistromland von Euphrat und Tigris eingewandert sind. Ihnen verwandt waren die Völker der Elamiten und der Kossäer.

Die Kultur der Sumerer wurde von dem Gliede einer anderen Völkerfamilie aufgenommen, von der wir etwas halbwegs Sicheres ebenfalls erst wissen, seitdem sie in Asien ansässig war: der semitischen. Ihre wichtigsten Mitglieder sind Araber, Babylonier, Assyrer, Chaldäer, Hebräer, Amoniter, Moabiter und Äthiopier. Ihnen gemeinsam ist die Verwandtschaft der Sprachen. Auch in der Rasse besteht Verwandtschaft, doch zeigen beispielsweise Hebräer und Assyrer manche abweichende Züge.

Möglicherweise liegt auch die Heimat einer anderen Völker- und Sprachenfamilie in Asien, nämlich die der Indo-Germanen, wie man sie früher mit einem mißverständlichen Namen bezeichnete, während Indo-Europäer richtiger wäre. Sie sind von Mittelasien nach Europa gezogen. Neuerdings neigen manche Forscher zu der Annahme, das indo-europäische „Urvolk“ habe sich zuerst in Mitteleuropa, vielleicht in Deutschland gebildet. Die ältere Auffassung, daß es aus Nordeuropa gekommen sei, hat an Boden verloren. Seine Söhne haben seit drei Jahrtausenden einen immer steigenden Einfluß auf die Erde ausgeübt, und im vergangenen Jahrhundert schien es, als sei ihnen die Weltherrschaft bestimmt. Erst in unserer Zeit wird der Einfluß dieser Völkerfamilie in Asien und in Afrika immer mehr zurückgedrängt, und in vielen Gebieten des früheren Bereichs ist er bereits gebrochen.

Auch die Indo-Europäer bilden eine Sprachengemeinschaft. Viele Worte sind ihnen gemeinsam (Vater heißt altindisch *pitar*, altpersisch *pita*, griechisch *patér*, lateinisch *páter*, englisch *father*, französisch *père*, italienisch *padre*). Doch braucht eine solche Sprachengemeinschaft noch nicht gemeinsame Herkunft zu bedeuten. Sie kann auch entstanden sein dadurch, daß ein Volk die Sprache eines Nachbarn, eines Eroberers, aber auch eines unterworfenen, doch zahlreicheren Volkes annimmt. Jedenfalls aber dürfen wir in den Indo-Europäern nicht die Träger bestimmter und festumrissener Rasse-Eigentümlichkeiten sehen. Wohl mag von Beginn an in ihnen die hochwüchsige und langschädelige nordische Rasse eine bestimmende Rolle gespielt haben, doch haben auch stets Angehörige anderer Völkerrassen zu den Indo-Europäern gehört.

In der Zeit, in der die Wissenschaft von den Rassen zu politischen Zwecken mißbraucht wurde, ist die Annahme vertreten worden, auch Sumerer und Ägypter seien nordischen Ursprungs, ihre Heimat liege ebenfalls in Mitteleuropa. Damit sollte die Überlegenheit der nordischen Rasse bewiesen werden, von der unser gesamtes Kulturerbe herrühre. Die unbefangene Wissenschaft hat sich diese Meinung jedoch nicht zu eigen gemacht.

Die ersten Hochkulturen

Die Ufer großer Ströme waren die ersten Schauplätze großer Kulturen und machtvoller Staaten. Die Ströme schleppten in den Hochwasserzeiten fruchtbaren Schlamm mit, der zur Bebauung aufforderte. Sie führten auch das Naß, das in den Wüstengebieten kostbar war. Das Wasser aus den Strömen in die umliegenden Felder zu leiten erforderte kunstvolle Arbeit, viel Überlegung, einen einheitlichen Plan, die Führung von Tausenden durch kluge und kraftvolle Naturen. Mit solchen Zusammenschlüssen entstanden aus Horden und Sippen die ersten Staaten, die wir kennen. Der Wohlstand der Uferbebauer erweckte den Neid der umherschweifenden Nomaden; Heere wurden aufgestellt, die Bauern zu schützen, bald aber auch, um gefährliche Nachbarn zu unterwerfen. Die umfangreiche Verwaltungsarbeit, die notwendig war, wäre nicht möglich gewesen, hätten die Menschen nicht die Schrift erfunden. Fünf Jahrtausende vor unserer Zeit gab es bereits den Stand der Schreiber, der Beamten.

Um die Zeit, als sie ins Niltal einwanderten, lernten die Ägypter auch das aus Asien eingeführte Kupfer bearbeiten und bald mit Zinn zu Bronze mischen. Mit den daraus hergestellten Waffen konnten sie weit größere technische Leistungen vollbringen als ihre Väter zur Steinzeit oder als die gleichzeitig lebenden Europäer.

Der Staat, die Schrift, die Bronze, dies alles gehört in der ägyptischen und vorderasiatischen Geschichte zusammen. Die Wirkungen dieser drei Erfindungen durchwoben sich und verschmolzen sich. Alle drei zusammen waren Grundbestandteile der ersten Hochkulturen.

Altes und Mittleres Reich in Ägypten

Die Gemeinschaften, die sich zuerst am Nil zur Bewältigung der neuen Bewässerungsaufgaben gebildet hatten, beschränkten sich ursprünglich auf kleinere Gebiete, deren Bezeichnung wir mit dem Namen Gaue zu übersetzen pflegen. Zwischen ihnen war oftmals Streit; aber aus Krieg, Unterwerfung und Bündnis entstanden zwei größere Staaten in Unter- und Oberägypten. Gegen 2850 vor Christi schloß der König Menes ganz Ägypten zu einem Gesamtstaat zusammen und begründete damit die staatliche, wirtschaftliche und geistige Blüte des Alten Reiches. Vorher schon war die Bilderschrift der Hieroglyphen geschaffen worden. So verwickelt sie auch war, so gab sie doch dem Willen von Herrschern und Beamten genug Möglichkeiten zum Ausbau der Verwaltung. Aus der Notwendigkeit, die Zeiten der großen Nilfluten rechtzeitig zu erkennen, entstand der Jahreskalender. Mit den geringen Änderungen, die ihm Julius Cäsar und Gregor der Dreizehnte gegeben haben, ist er noch heute im Gebrauch, eines der eindrucksvollsten Zeugnisse für die schöpferische Kraft des ägyptischen Geistes.

Die Schrift der Ägypter wurde später in den Zeiten lebhafteren Austausches von Waren und Gedanken den Juden und Phoinikern gegeben, die sie vereinfachten und die schließlich nur noch die Zeichen für die Buchstaben, und zwar wie die Ägypter nur für die Mitlaute gebrauchten. Von den Phoinikern übernahmen die Griechen Alphabet und Schrift, fügten aber die Selbstlaute hinzu. Ihr Alphabet ist dann mit den äußeren Veränderungen, die von den Römern übernommen wurden, zu uns gekommen. Unsere Kunst des Lesens und Schreibens, das heißt aber die Grundlage unserer heutigen Kultur, beruht also im letzten auf der Erfindung der Ägypter.

Fortgewirkt hat auch die aufbauende und zusammenhaltende Kraft des Beamtentums. Der Hellenismus hat sie von Ägypten empfangen, in Unterströmungen an Friedrich den Zweiten von Sizilien weitergegeben und in den Ausläufern noch heute wirksam gemacht. Die Sekretäre in unseren Rathäusern und Landratsämtern stehen letztlich auf den Schultern jener ägyptischen Schreiber.

Fortgedauert hat schließlich auch die Vorstellung vom Gottkönigtum des allmächtigen Herrschers, die zuerst im Alten Reich entwickelt wurde. Alexander der Große hat sie an Europa vermacht. Noch im bürgerlichen neunzehnten Jahrhundert lag ein letzter schwacher Schimmer jener Würde in dem Gottesgnadentum der Habsburger, Hohenzollern, Bourbonen, Romanow. Erst in unseren Tagen ist sie dann rechenhafteren Vorstellungen von Wert und Bedeutung des Herrschertums gewichen.

Gewaltiger künstlerischer Ausdruck jener Verehrung des Göttlichen im Königtum sind die um etwa 2500 vor Christus erbauten Pyramidengräber bei Giseh. Aber nicht für immer vermochten sich die Könige auf ihrer vollen Machthöhe zu halten, wie sie Menes geschaffen hatte und wie sie in den folgenden Dynastien ausgebaut worden war. Sei es, daß der Wille der einzelnen Herrscher schwächer wurde, sei es, daß es sich hier um Entwicklungen von naturgesetzlicher Gewalt handelt, auf jeden Fall gewannen die Gaufürsten eine fast unabhängige Stellung zurück. Wirren waren die Folge. Sie konnten nur enden, wenn einer der Gaufürsten königliche Macht gewann. Der Mann des Schicksals war Amenhotep der Erste, der um 2000 vor Christus von seinem Sitz Theben aus mit gewaltiger Willenskraft das ganze Reich unterwarf und damit das Mittlere Reich begründete, mit dem eine neue Blütezeit für das Land begann. Stärker noch als im Alten Reich sehen wir jetzt kriegerische Kraft von Ägypten aus sich nach außen entfalten; Syrien und Nubien wurden unterworfen.

Rege Beziehungen des Handels und des Geistes herrschten damals vom Niltal mit der Insel Kreta, wo unter den Herrschern von Knossos eine kulturelle Entwicklung mit eindrucksvollen Zeugnissen begonnen hatte, die wir nach der sagenhaften Gestalt des Königs Minos zu benennen pflegen.

Dem ewigen Gesetz vom Wachsen und Vergehen, von Blüte und Verdorren konnte sich auch das Mittlere Reich nicht entziehen. Manche Anzeichen sprechen von zunehmender Schwächung des königlichen Willens und königlicher Macht. Dann kam von außen der furchtbare Stoß, der das Gefüge des ägyptischen Staates zermalmte. Um 1700 wurde es die Beute fremder Eroberer. Das war um die Zeit der großen Wanderungsbewegung, in der auch das Reich der alten Babylonier zerstört wurde.

Sumer und Babylon

Ungefähr um dieselbe Zeit, da die Hamiten in die sumpfigen Niederungen am Nil stiegen, siedelten sich die ersten Bauern im fruchtbaren Schwemmland nahe den Mündungen von Euphrat und Tigris an. (Wenn hier der Ausdruck „um dieselbe Zeit" gebraucht wird, so geschieht dies aus der Sicht von vielen Jahrtausenden. In Wirklichkeit mögen die beiden Ereignisse um Jahrhunderte voneinander getrennt gewesen sein.) Diese ersten Ansiedler gehörten zu einem Volke, das nach Sprache und Rasse keiner der uns bekannten größeren Völkerfamilien angehört hat, zu den Sumerern. Vielleicht aber waren die Sumerer gar nicht die ersten Bebauer, vielleicht hat sich ihre Herrschaft über noch ältere Stämme erstreckt. Auf jeden Fall waren sie ein Volk von hoher Begabung für staatlichen Aufbau, Kunst und Wissenschaft. Aus einer Bilderschrift entwickelten sie die Keilschrift, sie hatten ebenfalls einen Kalender, die Anfänge der Mathematik, der Sternenkunde und auch der Sterndeutung. Unsere Kreiseinteilung, die lange auch in Europa bewahrte Rechnung mit der Zahl Sechzig als Einheit (von der noch heute unsere Uhr mit ihren Minuten kündet), die Einteilung des Tages in zweimal zwölf Stunden, das alles ist im letzten sumerisches Erbteil, das freilich erst unter den Erben der Sumerer, den Babyloniern, seine ungeheure Ausdehnungskraft voll entfaltete.

Die Sumerer wurden von einem Volk aus der semitischen Sprachfamilie überlagert. Jahrhundertelang haben Semiten und Sumerer nebeneinander gelebt; schließlich wurden die Semiten die Herren des

Zweistromlandes. Um 2350 war ihr König Sargon aus Akkad nicht nur Herr über das ganze Land an den Ufern der beiden Ströme, sondern er unterwarf auch die umliegenden Länder zwischen Kaukasus, Taurus und der kleinasiatischen Küste. An den Verhältnissen der damaligen Zeit gemessen, war ihm also ein Weltreich untertan.

Ähnlich wie in Ägypten dauerte auch hier die große Machtentfaltung nicht an. Die Königsmacht verfiel, Teilfürsten wurden mächtiger. Um 1700 gewann einer von ihnen, Hammurabi aus Babylon, die Herrschaft über dieses ganze Reich. Er ist der Schöpfer des ersten erhaltenen Gesetzbuches der Geschichte, in dem ein äußerster Wille zur Strenge in der Gerechtigkeitspflege nach dem Wahlspruch Auge um Auge, Zahn um Zahn herrscht, aus dem aber auch die ganze Vielfalt des wirtschaftlichen und sozialen Lebens in Babylon mit einer weit vorgeschrittenen Arbeitsteilung erkennbar ist. Die Babylonier haben das sumerische Kulturerbe weiterentwickelt und in kriegerischer Ausdehnung oder in friedlichem Austausch weit außerhalb ihrer Grenzen getragen. In Sternenkunde, Sternendeutung, Mathematik, in der Fortbildung der Mythen vom Sündenfall und von der Sintflut haben sie weitergewirkt bis auf den heutigen Tag.

Auch das altbabylonische Reich aber ging zugrunde in den Stürmen der großen Wanderung, die kurz nach 2000 einsetzte. Ihr müssen wir uns jetzt zuwenden.

Zweites Kapitel

DIE REICHE DER STREITWAGEN-VÖLKER

Die Geschichte der Menschheit ist in den Abschnitten von entscheidender Bedeutung eine Geschichte von Wanderungen. Als Abschluß von solchen großen Zügen waren Niltal und Zweistromland besiedelt worden; nach 2000 wurden die beiden Hochkulturen durch die Stöße anderer wandernder Völker erschüttert. Wahrscheinlich hat sich die indo-europäische Völkerfamilie aus Wanderungen durch Verschmelzung mit eingesessenen Stämmen und durch Anpassung an die neue Umgebung gebildet. In das Licht der Geschichte treten ihre Züge erst um die Wende des zweiten Jahrtausends vor Christi Geburt. Sei es, daß der Druck umwohnender Völker sie geschoben hat, sei es, daß Klimaänderungen ihren Wandertrieb neu entfachten, auf jeden Fall brachen einige ihrer Stämme um diese Zeit wieder auf.

Das Pferd in der Geschichte

Die Indo-Europäer lernten wahrscheinlich im südlichen Rußland das Pferd kennen. Es war schon vorher von Bauern und Hirten benutzt worden, die Indo-Europäer entwickelten daraus das Streittier für die Schlacht und wurden damit die furchtbarsten Krieger und Eroberer. Noch benutzten sie es auf Märschen und in Kämpfen nicht als Reittier, aber sie spannten es vor ihren Streitwagen. Und damit waren sie bereits dem nordafrikanischen und vorderasiatischen Fußvolk überlegen und zwangen es nieder. Eine fünftausendjährige Epoche begann, in der das Pferd in Krieg und Frieden der wichtigste und willigste Diener und Gefährte des Menschen wurde. Sie geht erst in unseren Tagen zu Ende.

Die Entdeckung des Pferdes als Kampfmittel geschah, weltgeschichtlich gesehen, ungefähr zur selben Zeit, in der die Indo-Europäer von der steinzeitlichen Stufe ihrer Kultur in die Kultur der Bronzezeit hinüberwuchsen. Denn damals brachten Händler aus den Hochkulturen das Kupfer und die Kenntnis seiner Vermischung mit Zinn auch in die anderen Gegenden Asiens und Europas. Die Kunsthandwerker der Indo-Europäer lernten Geräte und religiöse Sinnbilder von hoher Schönheit anzufertigen, vor allem die der Germanen, aber ihre Schmiede verfertigten auch die Waffen, die ihre Träger so furchtbar für ihre Gegner machten. Die Bronze mag sich noch nicht allgemein zu der Zeit durchgesetzt haben, als ein Teil der indo-europäischen Stämme nach Vorderasien aufbrach. Von diesem aber darf man annehmen, daß er näher bei den Randgebieten der Hochkulturen streifte und bald auch Bronzewaffen herstellen und verwenden lernte. Unüberwindbar aber wurden die Indo-Europäer erst dadurch, daß sie von den furchtbaren, rossegezogenen Streitwagen aus fochten.

Alexander Rüstow hat auf eine geistreiche Weise dargelegt, daß unsere in den Grundzügen vieltausendjährige soziologische Schichtung durch Überlagerung entstanden sei. Streitwagen- und Reitervölker hätten sich über Bauern- und Hirtenvölker gelegt, und die Sieger hätten aus der kriegstechnischen Überlegenheit bald eine eigene Lehre von der inneren Vornehmheit und Überlegenheit der Sieger gemacht. Dagegen darf geltend gemacht werden, daß der Feudalismus in den germanischen und romanischen Völkern seine Wurzeln nicht in der Überlagerung durch Reitervölker, sondern durch Aussonderung von Geschlechtern innerhalb der Völker entstanden ist. Gleichwohl bleibt Rüstows Meinung fruchtbar. Die Torheit, die in dem Mißbrauch der Wissenschaft von der Rasse lag, kann schwerlich stärker sichtbar werden, als wenn man sich erinnert, daß so viele stolze Glieder der angeblich höheren Rasse von Stallknechten und Pferdetreibern herstammen. Und das Aufkommen neuer und herrscherstarker Völker innerhalb unseres Kulturkreises ist wirklich damit verknüpft, daß die Krieger vom Streitwagen oder vom Pferderücken besser kämpfen konnten als vom Erdboden aus. Die Begegnung der Scharen der wandernden Indo-Europäer mit dem südasiatischen Pferd hat Geschichte gemacht. Keine technische Erfindung bis in unsere Tage hinein ist ihr an Bedeutung zu vergleichen.

Hans Freyer hat die Umwälzung der Kriegstechnik in den großen geistesgeschichtlichen Zusammenhang gestellt. Der Kämpfer auf dem Streitwagen ist oft Einzelkämpfer. Er überschaut die Gefahrenstellen der Fronten, er ist blitzschnell mit seinem Wagen in der drangvollsten Stelle der Schlacht, seine Gestalt ragt über dem Getümmel empor, sie wird von den Rossen in die Brennpunkte des Kampfes geworfen, er wirkt heranbrausend schon durch die Überraschung, auf ihn richten sich die Augen von Freund und Feind, ihn kennen alle beim Namen. Dies aber bedeutet, daß jetzt erst das eigentliche Epos möglich wird, die Besingung des Loses des Helden. Und auch dort, wo die Streitwagen in Geschwadern auftreten, muß untereinander die Verständigung von Einzelmensch zu Einzelmensch schneller und enger möglich sein als bisher, sonst scheitern die Angriffe. Soviel persönliche Entscheidung, soviel Kunst aber auch der Handhabung von Gefährt und Waffe wurde bisher von den ausgehobenen Bauern Ägyptens und Babylons nicht verlangt. An die Stelle der Miliz tritt nun der lange geübte, sorgfältig ausgebildete Berufskrieger, dessen Bestimmung die Schlacht und nichts als die Schlacht ist. Und zugleich überwältigt mit dem Streitwagen der schweifende Geist der grenzenlosen Steppe, aus dem er gekommen ist, die eingehegten Ordnungen der alten Bauernstaaten. Die große Unruhe kommt über alle diese Staaten, sie werden ausgreifender als früher, die Blicke ihrer Staatsmänner richten sich auch im Frieden in die Weite, die Bestrebungen und Befürchtungen der Staaten durchkreuzen einander inniger und kunstvoller als früher: das zweite Jahrtausend ist das erste, das Diplomaten und große Politik in unserem Sinne kennt.

Die Wanderungen der Indo-Europäer

Erste, wenn auch an Zahl wohl nicht sehr starke indo-europäische Scharen müssen ziemlich früh nach Kleinasien gekommen sein. Schon um 2000 blühte hier das Reich der Chatti, oder wie die Bibel sie nennt, der Hethiter. Ihre Sprache hat erst in unserem Jahrhundert entziffert werden können. Sie ist in wesentlichen Zügen indo-europäisch, doch sind andere, schwer enträtselbare Stücke eingesprengt. Der Schluß ist erlaubt, daß sich hier Indo-Europäer mit Einwohnern besonderer Sprache und besonderer Rasse vermischt haben.

Ein furchtbarer Stoß traf gegen 1800 vor Christi auf die kleinasiatische Staatenwelt. Das alte Chattireich brach unter ihm zusammen, ein neues wurde am Ende der Kämpfe begründet. Aufgescheuchte, fortgetriebene und freiwillig aufbrechende Scharen von Semiten und Chattis unter der Führung nordischer Streitwagenkrieger brachen dann gegen das ägyptische Reich auf. Die Überlieferung kennt diese Streitwagenführer als Hyksos.

Ägypten war in dieser Zeit durch furchtbare innere Umwälzungen gelähmt. Der düstere Hintergrund seiner prächtig blühenden Kultur waren die Not und Bedrückung der Bauern und der Sklaven, unbarmherzig zur Fronarbeit angetrieben, verachtet von Königen, Priestern und Beamten. Schwerer Druck von oben, Empörung unten scheinen das Reich zersetzt zu haben. Ehe es sich wieder gefestigt hatte, drangen die Hyksos ein. Gegen 1700 hatten sie ganz Ägypten unterworfen. Über hundert Jahre, bis 1580 vor Christi Geburt, lebten die Ägypter unter der Fremdherrschaft.

Schon einige Jahrzehnte vor dem siegreichen Einbruch der Hyksos war der Hethiterkönig siegreich nach Babylon gezogen und reich mit Beute beladen wieder heimgekehrt. Die Schwäche des einstmals so mächtigen Reiches war offenbar geworden. So wohl sind die aus einer Vermischung von Ureinwohnern und Indo-Europäern erwachsenen Bergstämme der Kassiten ermuntert worden, gleichfalls den Weg nach Babylon zu suchen. Für Jahrhunderte herrschten jetzt indo-europäische Könige über dieses alte semitische Reich.

In die ersten Jahrhunderte nach 2000 fällt auch das Eindringen indo-europäischer Kriegerscharen nach Indien. Hier lebten dunkelhäutige Menschen unbekannter Herkunft mit einer selbständigen Kultur. Die Indo-Europäer unterwarfen sie. Um ihre Herrschaft zu sichern, schufen sie ein strenges Kastensystem mit Verbot der Heirat untereinander. Die Unterworfenen bildeten die unteren Kasten; sie selber, die Arier, „die Fremdlinge", genannt wurden, die oberste Kaste. Der Sinn der Kasteneinteilung war die Aufrechterhaltung der Herrschaft der Eindringlinge, ja Absperrung von dem unterworfenen Volk. Es war ihre Absicht, daß auch ihre Nachkommen immer die Herrschenden in diesem Lande bleiben sollten. Aber sie waren an Zahl zu schwach, als daß sie ihr Ziel auf die Dauer hätten erreichen können. Ihr Blut vermischte sich mit dem der Altinder, und aus Eroberern und Besiegten wurde ein Volk, in dem das Kastenwesen seinen ursprünglichen Sinn verlor und, kaum noch recht verstanden, Menschen auch gleichen Blutes voneinander schied.

Im Norden des Zweistromlandes herrschten die indo-europäischen Mittanis. Wahrscheinlich gehörten sie ursprünglich zu den Einwanderern in Indien und Iran, haben sich von diesen abgesplittert und wieder aus sich Teile nach Syrien entlassen, die dort die Züge der Hyksos auslösten.

Keine Wanderung der indo-europäischen Stämme aber hat für alle folgende Zeiten eine so weithin reichende Wirkung gehabt wie die Landnahme in den beiden großen Halbinseln, die von dem europäischen Festland in das mittlere und östliche Mittelmeer vorgeschickt wurden.

Nach 2000 vor Christi Geburt drangen Krieger in Italien ein. Langsam schoben sie sich nach Süden vor. Etwa um die gleiche Zeit brachen indo-europäische Kriegerscharen der Stämme Jonier, Äoler und Achaier in Griechenland ein und legten sich als Herrenschicht über die eingesessenen Bauern und Hirten.

Neu-Ägypten

Die aus den fremden Völkern und Rassen stammenden Könige, die seit dem Eindringen der Hyksos in Ägypten regierten, beherrschten mit ihrer schmalen Schicht von Kriegern die Bevölkerung, ohne sie innerlich zu gewinnen. Sie erlagen zwar der überlegenen Kultur, aber sie verschmolzen nicht völlig mit den Besiegten, sie erbitterten sie durch ihren Hochmut, und ihre Herrschaft wurde stets als fremdes Joch empfunden. So erhoben sich gegen 1600 gegen sie Aufstände. Am Ende wurden die Fremden getötet, vertrieben oder versklavt. Amosis der Erste (1579–1558) begründete wieder eine nationale Dynastie und damit das neue Reich der Ägypter mit der Hauptstadt Theben.

Es war in der Verwaltung das alte, aber in seiner Kultur wie in seinem Auftreten nach außen verwandelt. Auch früher hatten die ägyptischen Könige Kriege geführt und Eroberungen gemacht, aber in seinem Kern war das ägyptische Volk friedlich geblieben. Die langen und schweren Kämpfe mit den Eindringlingen, der Zwang, die nationale Freiheit mit den Waffen zu erfechten, machten Königtum und Volk streitbar, rachgierig und nach Waffenerfolgen dürstend. Das Neue Reich war ein militaristischer und ein imperialistischer Staat. Immer wieder waren seine Herrscher jenseits der Grenzen in Feldzügen beschäftigt, an der Spitze einer wohlgerüsteten und wohl ausgebildeten Kriegerschar, wie sie das frühere Ägypten nicht gekannt hatte. Die stählerne Spitze des Heeres waren die Streitwagen, die man von den Eindringlingen übernommen hatte.

Wohl zwang die machtvoll gebietende und zugleich friedfertige Königin Hatschepsut noch einmal das Heer zum Verzicht auf Streifzüge nach außen, und auch das ungebärdige, leidenschaftliche Herz ihres angeheirateten Prinzgemahls Thutmosis des Dritten (1509–1450) mußte sich bezwingen, solange sie lebte. Sie baute lieber herrliche Paläste und Tempel, und von ihrem Zug nach Punt, dem heutigen Arabien, brachte sie Gewürze und Duftöle mit. Aber nach ihrem Tode ließ ihr Gatte alle Inschriften ausmeißeln, die von ihrer Regierung kündeten, und sein wilder Drang nach Schlachtenruhm, Eroberung

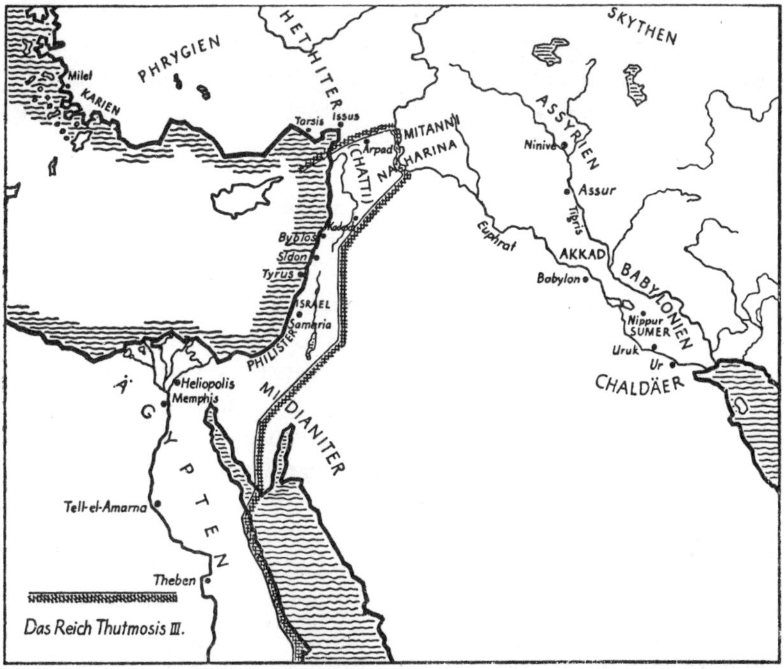

und Beute führte dann ihn, den „Napoleon Ägyptens", bis an den Euphrat. Das ganze Land zwischen diesem Fluß, dem Sudan und Äthiopien stand damals unter ägyptischer Oberherrschaft. Unermeßliche Beute füllte die heimischen Paläste und Tempel. Ägypten hatte seine größte Machtentfaltung erreicht.

Aber schrankenloser Imperialismus ist immer eine Gefahr für die Völker, wenngleich oft erst spätere Zeiten entdecken, welche Wunden er auch dem eigenen Volk zu schlagen vermag. Die eroberten Gebiete sind kein Segen für Ägypten gewesen, um so weniger, als die Ägypter die Kunst der Verwaltung fremder Länder nicht verstanden und auch nicht verstehen wollten. Sie begnügten sich damit, sie auszuplündern und sich dann von ihnen regelmäßig Tribute zahlen zu lassen. Ägyptische Beamte gingen nur ungern in die angegliederten Länder, die weder innerlich gewonnen noch in echtem Sinne angegliedert noch völlig niedergeworfen wurden. So erhielt sich ihnen ein starker Selbständigkeitsdrang, der durch die Tributzahlungen wohl nur noch erhöht wurde und der eines Tages wieder selber Geschichte machen mußte. Und für so weitreichende Kriegszüge reichte die Kraft des ägyptischen Volkes nicht aus. Die Könige bedurften der fremden Söldner, eben jener Kraft, die später das Königtum ausgehöhlt hat.

Inzwischen bereitete sich im Innern eine Krise vor. Immer schon war der Priesterstand in diesem wundergläubigen Volke einflußreich gewesen. In diesen Jahrhunderten wuchs seine Macht noch ständig, und ihr Schatten begann selbst auf den König zu fallen. Keine Priesterschaft aber war stolzer als die des Amon, der ursprünglich nur ein örtlicher Gott gewesen war und jetzt im Laufe der Zeiten die oberste Stelle erhalten hatte. Neben ihm gab es noch zahlreiche Untergötter und Dämonen, auch heilige Tiere ohne Zahl wurden verehrt. Um die Jahrtausendmitte wuchs dagegen der Widerstand. Er ist wohl zunächst aus der Priesterschaft der zurückgesetzten Gottheiten erwachsen. Wenn ein König den Thron bestieg, dessen Gedanken weniger den auswärtigen Kriegen und mehr dem geistigen Ringen seiner Zeit zugewandt war, so mußte es zu schweren Kämpfen kommen.

Amenophis der Vierte (1377 – 1358) war dieser Herrscher, der die schicksalhafte Auseinandersetzung begann. Er ist die anziehendste und fesselndste Persönlichkeit, die je auf dem ägyptischen Thron geherrscht hatte. Wie seine Vorväter verkörperte er schon in seinem Namen die überlieferte Verehrung des ganzen ägyptischen Götterhimmels und Götzensaals, an deren Spitze Amon stand. Von ihm trennte er sich in furchtloser Entschlossenheit. Es mag sein, daß ihn dabei staatliche Überlegungen mit bestimmt haben, die Notwendigkeit, sich gegen die Herrschsucht der Priesterschaft aufzulehnen, vielleicht auch der Wunsch, einen einheitlichen Reichsgott zu schaffen, da die Syrer und Nubier kein Verhältnis zu dem vielteiligen Götterwesen der Ägypter gewinnen konnten. Aber das war gewiß nicht entscheidend. Alles deutet darauf hin, daß der König aus leidenschaftlich gefühltem Bedürfnis seines Innern sich von der erstarrten Religion abwandte, in der man ihn erzogen hatte. Er erwählte sich den Gott Aton, das Licht der Sonne, als den Urquell alles Lebens und als Sinnbild aller überirdischen Erhabenheit. In unvergänglichen Hymnen pries er ihre schöpferische und beglückende Macht. Seine Gesänge sind die ersten erhaltenen Zeugnisse des Glaubens an den einen, den einzigen lebendigen Gott.

Indem er die Religion seines Landes verjüngte, gab er zugleich der Kunst eine neue innere Fröhlichkeit und eine frisch sprudelnde Kraft, wie sie sie seit Jahrhunderten nicht mehr besessen hatte. Auch von ihr fielen die quälenden Schranken, die sie eingeengt hatten. Alte Fesseln wurden aufgegeben; das Leben selbst in all seiner Fülle erschien auf den Bildwerken. Der Wahrheit galt der religiöse Erneuerungsdrang des Königs, die Wahrheit triumphierte auch in der Kunst. So sehen wir Amenophis selber vor uns mit seinem geistreichen und häßlichen, anziehenden und kränklichen Gesicht, seinen unschönen, dünnen Beinen und dem früh verfetteten Bauch, wir werden angerührt von der zarten Schönheit seiner Gemahlin Nefernefru-Aton (Nofretete), wir sehen das königliche Paar in unbefangenem Spiel mit den Kindern. Es war eine unerhörte Kühnheit, den König und seine Familie so fern von Prunk und ohne übermenschliche Erhöhung zu zeichnen. Und die neue Begeisterung für die echte Schönheit des wirklichen Lebens beflügelte auch bei anderen Gegenständen die Meister des Pinsels und des Meißels.

Schon die große Zahl der Werke bildender Kunst, in die das neue Werden eingedrungen war, beweist, daß Amenophis nicht ganz einsam war. Wie alle großen Revolutionäre verschmolz Amenophis eigenes Erleben mit dem Erbe von Vorläufern und der Befruchtung durch gleichgesinnte Mitlebende und ließ die neue Empfindung in Volk und Staat einströmen, beide solchermaßen verwandelnd. Aber an Widerständen fehlte es nicht, und sicherlich waren die mächtigsten Gegner die Priester des Amon. Im Kampf mit ihnen erhielt das geistige Profil des Königs neue und nicht ungefährliche Züge. Aus einem friedlichen Reformator wurde ein Streiter in verbitterter Feindseligkeit. Daß er seinen Namen Amenophis ablegte, der ihn immer an den verhaßten Amon erinnern mußte, war nur der Beginn eines unerbittlichen Feldzugs gegen alle Erinnerung an das Alte. Er nahm den Namen Echnaton an, das ist „Aton (der Sonnengott) freut sich". Dann ließ er alle Namen der anderen Götter aus den steinernen Denkmälern ausmeißeln, er verschonte auch den Namen seines Vaters nicht, da auch dieser an Amon erinnerte; und schließlich verließ er die Hauptstadt Theben, in der ihm viel offene und verhüllte Feindschaft entgegengeschlagen sein muß. In Achet-Aton (Tell el Amarna) begründete er eine neue Hauptstadt mit prächtigen Palästen und Tempeln, voller Kostbarkeiten der Kunst und des Kunsthandwerks.

Tell el Amarna ist nicht lange Hauptstadt geblieben. Sie ist bald wieder zerfallen, aber noch vor ihr war bereits das eigentliche Werk Echnatons zerstört. Er hatte keinen Sohn. Sein Schwiegersohn Tut-anch-Aton, in unserm Jahrhundert durch die Offenlegung seines prächtigen Grabes zu unverdienten Ehren gekommen, war schwachen Willens. Der Auflehnung der Priesterschaft und der Soldaten und auch der Massen war er nicht gewachsen. Er kehrte zu Amon zurück. Nichts beweist stärker die Wiederkehr des Alten, als daß nun auch dieser König seinen Namen änderte, daß er diesmal den Namen des siegreichen Obergottes annahm und fortan Tut-anch-Amon hieß. Das Andenken des „Frevler-Königs“ Echnaton aber wurde verflucht. Ägypten beschritt den alten Weg wieder der Verstrickung in zahllose auswärtige Kämpfe und der geistigen Verengung.

Keine Gestalt der Ägypter hat die Neueren so gefesselt wie Echnaton, keine ist von der Forschung so widersprechend beurteilt worden. Hingerissene Bewunderer haben ihn maßlos gepriesen, scharfe Tadler haben ihn maßlos verdammt. Das ungünstige Urteil scheint dabei zu überwiegen. Die heftigsten Anklagen werden heute gegen ihn gerichtet, weil seine weltfremde Religionspolitik das Land nicht nur in innere Wirren gestürzt, sondern auch in seiner auswärtigen Machtstellung bedroht habe. Und in der Tat waren um 1400 vor Christi Geburt schwere Gefahren für Ägyptens Herrschaft in Syrien aufgezogen. Von Norden wuchs der Druck der Hethiter, von Süden her drangen kriegerische Hirtenstämme in das Land, die Chabiri, in denen wir Hebräer erkennen dürfen. Hier wäre die äußerste Kraftanstrengung notwendig gewesen, um die Eroberungen der ersten Könige des neuen Reiches zu sichern. Statt dessen zerstritt sich Echnaton mit seinem Volk.

Wer ihn deshalb tadelt, nimmt meistens an, ohne die Herrschaft über die syrische Bastion sei Ägypten verloren gewesen. Aber diese Annahme ist nicht bewiesen, und in der Folgezeit hat Ägypten lange Zeit auch ohne die Herrschaft über Syrien bestanden. Es ist nicht am Verlust Syriens, sondern an der inneren Erstarrung zugrunde gegangen, aus der Echnaton es gerade hatte erlösen wollen. In Echnatons Gesängen an die Sonne gibt es Stellen, die bei ihm das Verständnis für das gleiche Recht aller Völker ahnen lassen. Hätte Echnaton aus bewußter Abkehr an den alten Imperialismus gehandelt, der für das Land mindestens so viele Gefahren bot wie der Verlust Syriens, vielleicht würde man den König außenpolitisch weise nennen. Aber freilich vollzog sich die beginnende Zertrümmerung der ägyptischen Herrschaft über Syrien in beschämenden Formen. Eingeschlossene Festungen wurden nicht entsetzt, sondern die auf den Pharao vertrauende ägyptische Besatzung wurde schmählich preisgegeben ebenso wie die treu gebliebenen Unterfürsten. Gleisnerischen Versicherungen heimlicher Feinde schenkte der König mehr Glauben, als es einem Staatsmann geziemt.

Und auch sein Werk der inneren Erneuerung ist gescheitert. Nur durch eigene Schuld? Durch Fehlschätzung der Widerstände? Durch allzu schnelles Vorgehen? Vielleicht; aber auch das unerbittliche Schicksal, dem selbst das staatsmännische oder religiöse Genie unterlegen ist, war gegen ihn: er hat nur siebzehn Jahre auf dem Thron gesessen, und er war ohne ebenbürtigen Nachfolger. Die Tragik klingt auf, die uns noch bei mancher Herrschergestalt des deutschen Mittelalters beschäftigen wird. Was wäre geschehen, wenn Echnaton vierzig Jahre regiert hätte, wenn er sein Erbe an einen Sohn mit gleicher herrischer Leidenschaft zur Erneuerung hätte weitergeben können?

Freilich, ein schlimmer Riß wird in seiner Schöpfung noch dem Nachlebenden sichtbar, der lebensgefährlich für sie gewesen sein muß und den zu überwinden weder die staatsmännische Weisheit Echnatons noch seine Selbstlosigkeit ausreichten. Hermann Junker, der in dem Widerstreit der Meinungen ein sorgfältig abgewogenes Urteil gibt, hat darauf hingewiesen, wie sehr die erneuerte Religion mit all ihrer Glut und Innerlichkeit das Volk unbefriedigt ließ. Gott gibt alle seine Herrlichkeit seinem Sohn, dem König; die Masse steht daneben, schweigend, untätig, der großen Beglückung nicht teilhaftig, weil sie das Neue, das Gereinigte nicht versteht. Der alte Glaube an dämonenköpfige Frösche und fratzenhafte Tiere war wahrlich widrig, aber ein Gott wie Osiris war doch auch dem einfachen Manne gewogen, und bei ihm konnte man sich geborgen fühlen. Der alte Glaube vermochte das Herz der Anbeter mit Gefühlen zu erfüllen, furchtsamen, schaudernden oder hoffnungsvollen. Der einzige, der strahlende Gott Echnatons aber thronte fern von dem einfachen Ägypter. So konnte kein Gefühl inniger Gläubigkeit die Massen durchdringen. Wäre es anders gewesen, der Sieg wäre den Priestern nicht so leicht geworden.

So hat mancher Beobachter in Echnatons Laufbahn nur ein rasch vorüberhuschendes Zwischenspiel gesehen, das höchstens menschliche Anteilnahme rechtfertige, aber für den Gang der Geistesgeschichte kein entscheidendes Ereignis bedeute. Die tiefere Wirklichkeit erscheint uns verwickelter. In dem Wirken des jungen Königs ist ein Funke entzündet worden, der weithin geleuchtet hat über die Jahrtausende hinweg und weiterleuchten wird: Echnaton ist der erste große Rebell der Weltgeschichte. Er ist der erste, der aus leidenschaftlichem Drang gegen die alten geistigen Gewalten mit ihrer Unfreiheit und Unwahrheit aufgestanden ist. Er hat damit eine leuchtende Reihe von Gestalten eröffnet, auf die das Abendland stolz ist wie auf sonst wenige seiner Söhne. Echnaton hat damit zugleich die Beschränkungen seines Volkstums zersprengt; kein Ägypter hat so aus eigener Gewissensverantwortung gewirkt wie er, keiner ist darum Europa so teuer geworden.

Die Wiederkehr der alten Religion bedeutete auch die Wiederkehr der kriegerischen Außenpolitik, nur daß sie jetzt nicht mehr ausgriff, sondern zu bewahren suchte. Ramses der Zweite (1292 – 1225) erfüllte die Welt und die Nachwelt mit seinem Kriegsruhm. Erst die jüngere Forschung hat festgestellt, daß unter ihm die verzweifelte Kraftanstrengung bereits den Zug beginnender Erschöpfung trägt. Ihm und seinen Nachfolgern gelang es trotz allen gewonnenen Schlachten nicht, Syrien gegen die Hethiter ganz zu behaupten; in einem Vertrag mußte Ägypten mit dem mächtigen Nebenbuhler erzwungen Freundschaft schließen und ihm Nordsyrien überlassen.

Gegen das Ende des zweiten Jahrtausends vor Christi Geburt erschütterten neue Wanderungen das Gefüge der orientalischen Staatenwelt. Das Reich der Hethiter wurde zerstört. Mühsam gelang es Ägypten, sich gegen den Ansturm der sogenannten Seevölker, eines bunten Gemisches aus Indo-Europäern und Semiten, zu erwehren. Aber es war für immer geschwächt. Die Geschichte der Weltmacht Ägypten war zu Ende.

Kreta

Auch zu den Zeiten Thutmosis' des Dritten und Ramses' des Zweiten erhoben sich neben Ägypten starke und unabhängige Staaten. Sie standen untereinander in regem diplomatischem Verkehr, und sie bedienten sich gemeinsam der babylonischen Keilschrift und der babylonischen Sprache. Die Könige redeten sich untereinander als „mein Bruder" an, ähnlich wie die Herrscher der Neuzeit, und machten einander Freundschaftsgeschenke. Blieben diese aus, so wurde unbefangen darum gemahnt. Als etwa der König von Ägypten mit den Mitanni im Norden des Zweistromlandes ein Bündnis abschließen wollte, antwortete ihm der Umworbene: „Im Lande meines Bruders gibt es Gold wie Staub" und „Mein Bruder möge mir mehr als meinem Vater schicken". Ehen der Könige mit Töchtern fremder Könige sollten dazu dienen, politische Freundschaftsverhältnisse zu befestigen.

Babylon hatte mit der Keilschrift der Staatenwelt des zweiten Jahrtausends ein wertvolles Geschenk gegeben, aber das war ein Vermächtnis aus alten Zeiten. Eine lebendige Fortentwicklung seiner Kultur wie seiner staatlichen Kraft ist unter den indo-europäischen Königen, die nach der großen Überflutung durch die Eindringlinge zu Beginn des Jahrtausends den Thron bestiegen hatten, kaum zu spüren. Die häufigere Verwendung des Pferdes ist eine Erscheinung, die man bei den Völkern jener Zeit überall antrifft. Zu fortdauernder Wirkung sind auch die benachbarten von Indo-Europäern beherrschten Mittani nicht gekommen. Die ausgreifende Macht der Hethiter dagegen mit der Hauptstadt Chattusi nahe dem heutigen anatolischen Dorf Bhogasköj hat eine tiefe Wirkung gehabt: sie hat die ägyptische Weltmacht berannt und die Grundlagen ihrer syrischen Stellung zertrümmert.

Die bewegteste aber, die reichste Blüte der Kultur in der damaligen Welt erlebte nicht mehr eine der großen alten Stätten des Orients, sondern die Insel Kreta. Auf ihr saß eine Bevölkerung, wahrscheinlich der gleichen Rasse und Art wie in Kleinasien und in Griechenland bis zur Ankunft der Indo-Europäer. Mit einem etwas verschwommenen, aber in der Begriffsbestimmung ausreichenden Namen dürfen wir sie die Karer nennen. Die Anfänge des neuen geistigen Werdens auf Kreta haben sich in den Sagen vom König Minos erhalten. Sie können bis in die Zeit vor dem Jahre 2000 verlegt werden. In den folgenden Jahrhunderten wurde dann das Leben auf der Insel immer festlicher, immer heiterer und immer freier. Zum mindesten gilt dies von Königen und großen Herren; aber die Annahme erscheint berechtigt, daß allmählich ein stärkerer Glanz der Lebensfreude auch auf Fischer und Bauern gefallen ist. Jeder Neigung des Bodens angeschmiegt und in lockerer Gelöstheit der Anlage erhoben sich die Tempel; noch in ihren Trümmern geben die Bilder vom Sprießen der Blütenpracht, von fröhlich spielenden, freilich schon ein wenig weibischen Jünglingen und anmutigen jungen Mädchen das zauberhafte Bild des Lebens auf Kreta, das für diese von Natur begünstigten Menschen wahrhaft die Insel der Seligen gewesen sein muß. Eine starke Flotte schützte sie vor Angriffen. Kein drohendes Ungetüm eines Befestigungswerks brauchte die sanfte Linie der Häuser und Paläste zu stören, kein Kriegshandwerk brauchte die jungen Männer von ihrer einzigen Beschäftigung, der eines veredelten Lebensgenusses, abzuhalten, konnte ihnen freilich auch nicht die harte Kraft geben, der sie eines Tages doch bedurften. Weithin reichte der Einfluß der kretischen Künstler und Kunsthandwerker. In Ägypten wie in Griechenland finden wir ihre Spuren.

Aber um 1400 war alles plötzlich zu Ende. In einer jähen Katastrophe zerbrach das Glück der Kreter, wurde die Blüte ihrer Kultur gebrochen. Von Norden her drangen Achaier, Griechen also, Liebhaber des Krieges mehr als des unbeschwerten Genusses, gegen die Insel vor, überwältigten den sicherlich nur schwachen Widerstand und unterwarfen die Insel. Lange werden sie nur als dünne Oberschicht geherrscht haben, bis andere kriegerische Scharen nachdrangen. Kreta wurde zu einer griechischen Insel.

Mykene

In Griechenland beherrschten die ersten indo-europäischen Einwanderer, ihre Nachkommen und die von Norden neu Nachdrängenden nach 2000 schließlich fast die ganze Halbinsel, die Jonier mehr die Mitte, während Aioler und die ihnen eng verwandten Achaier sie im Halbkreis umschlossen. Die „karische" Bevölkerung wurde unterworfen, die alten Adelsgeschlechter gestürzt. Einige scheinen von den neuen Herren in ihren Kreis aufgenommen und damit in ihrer Stellung belassen zu sein, bis auch diese allmählich aus dem Kreise der Eroberer ersetzt wurden. In der Ilias sehen wir neben den vorhellenischen Namen Achilleus und Odysseus den griechischen Diomedes. Aber die Schicht der Neu-Einwanderer war an Zahl zu schwach, als daß sie auf die Dauer eine strenge Scheidung hätten aufrechterhalten können. Ihre Sprache nahm manche Bestandteile der karischen auf (so *thalatta*, das Meer), ihre Religion und ihr geistiges Gepräge verschmolzen mit denen der Unterworfenen. Neben den alten indoeuropäischen Göttervater Zeus traten vorhellenische und kleinasiatische Gottheiten. In der Ilias ficht Apollon noch auf der Seite der Gegner, ist aber bereits in den Götterhimmel aufgenommen, in dem Zeus thront. Und natürlicherweise vermischte sich allmählich auch das Blut der Sieger und der Besiegten, eine der folgenreichsten Mischungen der Geschichte. Die nordischen Eindringlinge behielten in Art und Denken die Vorstellungen von dem hohen Wert des Kriegertums und von der verpflichtenden Kraft der ritterlichen Sitte. Von den Karern gewannen sie die Macht der künstlerischen Phantasie; zum mindesten mag eine ursprüngliche Erbanlage durch die Besiegten noch bereichert, verstärkt und veredelt worden sein. Aber Karl Julius Beloch hat auch auf das schlimme Erbteil aufmerksam gemacht, das den Griechen von den Unterworfenen her ins Blut drang: eine Neigung zur Verstellung, ja zur Lüge, die wir bei sonst keinem der alten indo-europäischen Völker kennen. Lüge und Bestechlichkeit haben das griechische Staatsleben in seiner ganzen Dauer immer wieder gefährdet.

Die neuen Herren traten bald in rege Beziehungen zur Welt der Inseln, vornehmlich zu Kreta. Sie nahmen von ihnen Schmuckstücke und andere Gegenstände des Kunsthandwerks, raubten sie wohl auch, lernten schließlich die Kunstwerke selber schaffen. Aber die heitere Daseinsfreude, deren Zeugen sie wurden, vermochte den härteren Kern ihrer Lebensform kaum zu mildern, gewiß nicht zu zerstören.

Sie blieben Krieger, und auf Kampf, Eroberung und Raub war weiter ihr Sinn gerichtet. So vernichteten sie schließlich den kretischen Staat und die kretische Kultur, so zogen sie auf die anderen Inseln und nach Kleinasien. Von ihren kriegerischen Unternehmungen kündeten die homerischen Gedichte, mag nun die Stadt Troja von den Achaiern oder, wie die meisten neueren Forscher annehmen, von den Thrakern um 1200 zerstört worden sein. In Agamemnon aber, dem Anführer der Griechen in der Ilias, dürfen wir eine geschichtliche Gestalt sehen, das Haupt eines Staatenbundes mit einer weit ausgreifenden Macht. Mykene war sicherlich der Sitz herrschkräftiger Könige.

Von ihrem und der übrigen Achaier Sinn künden bis auf den heutigen Tag die Trümmer der starken und wehrhaften Mauern der Schlösser, die, ganz anders als die kretischen Paläste, nicht nur Wohnsitze, sondern auch Festungen waren. Aber diese Mauern mit ihrer Mächtigkeit und mit der strengen Geschlossenheit ihres Grundrisses müssen einen Eindruck von großartiger Monumentalität hervorgerufen haben. In ihrem Innern bargen sie prachtvolle Wohnräume mit Baderäumen und dazu Werke der Kunst und des Kunsthandwerks von Zartheit und Frische, die ihre Herkunft aus kretischem Geiste nicht verleugnen, die aber schließlich doch eingebettet waren in die Strömung achaischer Entwicklung.

Ob aus der mykenischen Kultur durch die kretische Befruchtung allmählich eine andere und höhere Lebensform entstanden wäre, vermag kein Scharfsinn mehr zu ergründen. Die aus ihrer letzten Zeit erhaltenen Werke tragen Zeichen der Erschöpfung. Man weiß nicht, ob sie sich daraus hätte befreien können. Gegen 1200 sahen sich die eroberungsfreudigen Krieger anderen Scharen gegenüber, die ihrem Stamm verwandt und wohl darum so gefährlich waren. Immer mehr scheinen die Achaier in die Abwehr gedrängt worden zu sein. Schließlich erlagen sie, und eine Katastrophe, wie sie die Achaier den Kretern bereitet hatten, vernichtete nun auch ihre werdenden Staatsgebilde. Von Norden her waren auch die neuen Eroberer gekommen, denen man die Gesamtbezeichnung Dorier gibt. Mit ihrer Einwanderung geht das griechische Altertum zu Ende, das griechische Mittelalter und damit der Weg zur Entfaltung der eigentlichen Blüte des Hellenentums beginnt. Aber noch waren wieder erst Jahrhunderte zu durchschreiten, in denen der griechische Geist mühsam die Neuanfänge geistigen und staatlichen Werdens legen mußte.

Germanen, Kelten, Slawen

Dank der Berührung mit den alten Hochkulturen hatte der griechische Zweig der Indo-Europäer ein anderes Gepräge erhalten als die übrigen Stämme, die in den alten Sitzen zurückgeblieben waren und hier nur durch wandernde Händler spärliche Kunde aus dem Orient erhielten. Aber Handfertigkeit und geistige Durchdringung der Welt wuchsen auch hier. Die Bronze, die unentbehrlich gewesen war für die Herausbildung der alten Hochkulturen, war zu Beginn des zweiten Jahrtausends auch nach Mittel- und Westeuropa gekommen. In Waffen, in Gebrauchsgeräten und in Gegenständen für den Dienst religiöser Verehrung zeigt sich namentlich bei den Germanen eine hohe Kunst. Noch fehlte diesen indo-europäischen Völkern die Schrift. Bei den Achaiern war die kretische Schrift wenigstens einer schmalen Schicht von Eingeweihten bekannt. Bevor sich freilich aus ihrer Kenntnis Verwaltung, geschriebene Dichtung und Wissenschaft entwickeln konnten, zerstörten die kriegerischen Stürme alle Anfänge, das eben erst Mitgeteilte geriet wieder in Vergessenheit, und die Griechen wurden für Jahrhunderte wieder ein schriftloses Volk.

Aber die übrigen Indo-Europäer verfügten auch noch nicht über eine so ausgebildete Kunst des Bauens, daß sie Burgen und Häuser wie die von Mykene und Tiryns hätten schaffen können. Aufeinandergeschichtete und für den religiösen Dienst sinnvoll angeordnete Steine, wie die des Stonehenge bei Salisbury, lassen ein erfolgreiches Ringen mit dem Baugedanken erkennen, halten aber den Vergleich mit dem Löwentor von Mykene oder der Schatzkammer des Atreus nicht aus. Und wenn man schließlich auch zögert, die politischen Bildungen der Achaier bereits Staaten zu nennen, so zeigen sich in der Sage vom Trojanischen Krieg oder vom Zug der Sieben bereits Anfänge eines losen Zusammenschlusses, von denen uns zum mindesten die Zeugnisse und die Überlieferung bei den anderen Indo-Europäern fehlen.

Voller geschichtlicher Bedeutung wurde das zweite Jahrtausend aber auch für die zurückbleibenden Stämme der Indo-Europäer, weil sich in ihm die Scheidung in Kulturgemeinschaften vollendete, die bereits im dritten Jahrtausend begonnen hatte und aus der sich die spätere Volkwerdung herleitete. Wie sich diese Scheidung vollzogen hat, ob durch Wanderung, bei der die einzelnen Stämme des „Urvolks“ die Verbindung mit den anderen verloren und so in Jahrhunderten ihre besondere Art entwickelten, oder ob durch Mischung untereinander, dies wissen wir nicht. Auf jeden Fall können wir für das Ende des Jahrtausends die Wohnsitze einiger solcher Sprachgemeinschaften mit einiger Sicherheit erkennen. Die Germanen hatten sich von Skandinavien und Norddeutschland bis an den Rand der deutschen Mittelgebirge herangeschoben. Südlich und westlich von ihnen saßen die Kelten, südöstlich bis über die Donau hinauf die Illyrier. Viel schwerer ist freilich zu bestimmen, wo damals die Vorväter der Slawen saßen. Wahrscheinlich ist dies im mittleren und östlichen Polen der Fall gewesen. Die ersten Indo-Europäer, die in Italien eingewandert waren, sind wohl an Zahl noch schwach gewesen. Langsam mögen sie von Norden her Verstärkung bekommen haben.

Wenn hier das Wort Wohnsitze gebraucht wurde, so bedeutet dies wohl nur bei wenigen Stämmen ein Bleiben von längerer Dauer in einem und demselben Gebiet. Wahrscheinlich ist das ganze zweite Jahrtausend von unaufhörlichen Wanderungen auch der Indo-Europäer erfüllt. Und wie zu Beginn, so verdichtete sich gegen das Ende des Jahrtausends diese flutende Bewegung zu einem mächtigen Sturm. In einer neuen Katastrophe gingen alte Staaten und Kulturen zugrunde, wurde der Boden für ein neues Werden vorbereitet. Die illyrisch-dorische Wanderung hob an und veränderte das Bild der Welt.

Drittes Kapitel

DIE STAATENWELT IN DER ZEIT DES GRIECHISCHEN MITTELALTERS

Um 1200 vor Christi Geburt geriet die orientalisch-europäische Welt unter einen schweren Druck. Wahrscheinlich hat ein machtvoller Angriff durch innerasiatische Reitervölker die Völker zum Ausweichen gezwungen, auf die er traf. Die ersten, die den Druck empfingen und weiter gaben, waren die Illyrier. Vor ihnen wichen die nördlich von der Balkanhalbinsel wohnenden Dorier, die alten Stammesverwandten der Achaier und Jonier, und strömten nach Süden, in bitterem Kampf mit den anderen Griechen. Aber die von den Illyriern neu ausgelöste Welle flutete mit den Thrakiern über den Hellespont hinweg nach Kleinasien, brachte die vorderasiatische Welt in Bewegung, überströmte das Hethiterreich und zerstörte es. In einem bunten Völkergewimmel brachen die Seevölker von den Inseln und von Syrien gegen Ägypten vor, das sich ihrer in heißen Kämpfen zu erwehren verstand. Ein kleinasiatischer Stamm, der sich durch den ägyptischen Widerstand um die Hoffnungen auf neue Wohnsitze betrogen sah, irrte weiter nach Westen und landete schließlich im nördlichen Mittelitalien: die Etrusker. Ein illyrischer Stamm, die Veneter, siedelte sich im östlichen Italien an. Gleichzeitig drangen über die See und von Norden her andere indo-europäische Stämme in die Apenninhalbinsel. Wieder ist es das Pferd, das den Anstürmenden dieser großen Wanderung die Überlegenheit gibt. Aber diesmal ist es nicht vor den Streitwagen gespannt, sondern dient dem einzelnen Krieger als Mittel unvergleichlich schneller Fortbewegung, zugleich auch Furcht und Entsetzen unter dem Gegner verbreitend. Noch in der Sage von den Kentauren, von den Pferdmenschen spüren wir, wie sehr die älteren Völker auch innerlich überwältigt wurden von dem Schrecklichen, das gegen sie heran- und über sie hinwegbrauste.

Wildpferd (Höhle von Altamira, Spanien, Steinzeit)

Die Neandertalhöhle zur Zeit ihrer Auffindung, 1856

König Hammurabi empfängt die Gesetze vom Sonnengott
(Dioritstein, Louvre)

Das Löwentor von Mykene

Das Zeitalter der Streitwagen-Völker

Assyrische Darstellungen (Jagdszenen)

Die Hellenen

Die Dorier sind in Griechenland als Feinde eingedrungen. Wo sie konnten, unterwarfen sie die bereits ansässigen Griechen ebenso wie die Reste der vorgriechischen Bevölkerung und verknechteten sie. Oft auch war der Widerstand zu stark, als daß er hätte gebrochen werden können. Dann verglichen sich die Eindringlinge entweder mit den Gegnern und nahmen sie in den eigenen Stamm auf. Oder aber der Abwehrwille der Alteingesessenen errang einen vollständigen Sieg, am folgenreichsten bei den Joniern in Attika, wo noch lange die Sage von dem Opfertod des Königs Kodros von der sieghaften Behauptung der eigenen Art kündete. In Messenien gelang es erst nach Jahrhunderten den Doriern, die freie Bevölkerung zu versklaven. Einem Teil der Angegriffenen gelang es wohl auch, sich in schwer zugängliche Landschaften zu flüchten, sich dort zu sammeln und in verzweifelter Abwehr die Freiheit zu behaupten. So darf man in der Landschaft Achaia an der Nordküste der Peloponnes die Reste der alten Herrenschicht aus der mykenischen Zeit suchen. Wieder andere, namentlich Jonier, flüchteten über das Meer nach Kleinasien.

Als die große Wanderung beendet war, siedelten die Dorier geschlossen auf der Peloponnes und auf dem Isthmus von Korinth, die Jonier in Attika, auf Euböa, auf zahlreichen Inseln wie auf Chios und auf Samos und in Kleinasien nördlich von Milet, die Aioler in Böotien, in Thessalien und in Kleinasien südlich von Troja und auf Lesbos, die Achaier in der nach ihnen benannten Landschaft und in Arkadien. Die Nordwestgriechen lebten ebenfalls in Thessalien, doch waren zahlreiche abgesprengte Teile weiter nach Süden vorgedrungen. Mischungen zwischen den einzelnen Stämmen sind sicherlich häufig vorgekommen, doch haben sie nicht den Unterschied in der geistigen Haltung zwischen den beiden Hauptstämmen, den Joniern und Doriern, auslöschen können. Das Strengere und Härtere des Doriertums ist von dem Reicheren und Freieren der Jonier deutlich, ja scharf getrennt. Alexander Rüstow beehrt die Dorier noch nach dreitausend Jahren mit der leidenschaftlichen Abneigung eines Mannes, der Menschlichkeit und Freiheit durch die Erben und Gesinnungsgenossen dorischer Barbarei bedroht sieht, und er hält sie nicht für echte Griechen. Er glaubt, daß die Beimischung illyrischen Blutes, die sie auf ihren Wanderungen erfahren haben, ihre Wesensart verwandelt habe, und zwar zum Schlechteren, zum Unfreieren, zum Ungriechischen hin.

Gewiß aber waren erst nach der illyrisch-dorischen Wanderung die Griechen an Zahl so stark geworden, daß sie von da an nicht mehr nur als eine dünne überlagernde Schicht, sondern als ein starkes und geschlossenes Volkstum erscheinen. Das ursprünglich Indo-Europäische hat sich freilich durch die Berührung mit den geistigen Vorstellungen der Vorgriechen und durch die Blutmischung mit ihnen verändert. Jetzt machte wohl auch die Verschmelzung der indo-europäischen mit den „karischen" und kleinasiatischen Göttervorstellungen wichtige Fortschritte. Ungefähr um 800 nahmen dann die Stämme den gemeinsamen Namen der Hellenen an. Unser Wort „Griechen" ist der römischen Bezeichnung für die Hellenen entlehnt.

Das Land, in dem sie wohnten und das durch sie weltgeschichtliche Bedeutung gewonnen hat, ist so groß wie ein Mittelstaat und dabei durch Gebirge zerrissen, so daß die Täler schwer zugänglich sind. In ihnen konnte vor der neuzeitlichen Erschließung durch den Verkehr leicht die Bevölkerung ein für sich abgeschiedenes Leben führen. Das hat mit dazu beigetragen, daß sich ein gemeinsames Staatsgefühl der alten Hellenen nie entwickelt hat. Sie waren verbunden durch das Bewußtsein gemeinsamer Kultur und gemeinsamen Glaubens, sie feierten alle vier Jahre in Olympia die gemeinsamen Spiele, die halb Sport und halb Religionsübungen waren; sie verehrten gemeinsam Homer als den großen Nationaldichter und seine Dichtungen als die Urkunde gemeinsamer Religion; sie waren stolz auf die gemeinsame Sprache, die sie als wohllautend gegenüber den fremden „Lallern", den Barbaren, empfanden; sie wehrten wohl in der äußersten Gefahr gemeinsame Feinde ab, sie waren verbunden durch ihr Nationalgefühl. Aber Nationalgefühl ist noch kein Staatsbewußtsein. Eine gemeinsame staatliche Führung haben sie freiwillig nie anerkennen wollen. Sie haben auch Versuchen, ihnen einen gemeinsamen Staat aufzuzwingen, leichter widerstehen können als andere Völker in Landschaften mit weniger zerrissener Gestaltung. Aber wenn auch diese Zerspaltung des Bodens mit dazu beigetragen haben mag, daß sich kein gemeinsamer Staat entwickelte, so hat doch wohl eine tiefe Abneigung gegen solche Einheitlichkeit den Griechen im Blut gesessen.

Der Boden ist karg. Einen großen Teil des Gebietes nehmen Gebirge ein, die früher mehr bewaldet gewesen sein mögen als heute, die aber dem Ackerbauer unüberwindliche Schwierigkeiten entgegensetzten. Im Sommer bedroht von der heißen sengenden Sonne gefährliche Dürre die Früchte des Feldes. Aber die Hellenen haben den Boden wie das Klima zu nutzen gewußt und waren ihres Landes froh. Dankbar bekannten sie, wie glücklich sie gerade dadurch waren, daß sie weder in der Gefahr waren, in die weiche Üppigkeit zu versinken, zu der das erschlaffende Klima des Orients seine Bewohner leicht verführt, noch daß sie die Kargheit des schroffen und rauhen nordischen Lebens zu ertragen brauchten. Der fast immer strahlend blaue Himmel aber mit der weithin sichtbaren Klarheit des Anblicks der Gebirge und der See mag ihre künstlerische Phantasie entwickeln geholfen haben, mag ihnen vor allem das Bedürfnis nach Klarheit in Kunstwerken und Gedanken gegeben haben, durch das sie sich von vielen bedeutenden Geistern aus dem nebelbrodelnden Norden unterschieden.

Und aus dem einen großen Vorteil des Landes, seinem Reichtum an Küsten und natürlichen Häfen, haben sie mit Geschick und Unternehmungslust reichen Gewinn zu ziehen verstanden. Die Griechen haben am frühesten von den indo-europäischen Völkern regelmäßig Seefahrt in großem Stil betrieben. Handel und Piraterei gehörten bald zu den Beschäftigungen der großen Geschlechter.

Homer

Zwischen 1000 und 800 vor Christi Geburt haben die Griechen von den Phoinikern die Schrift übernommen und sie durch Einfügung der Mitlaute bereichert und vervollkommnet. Die Forscher sind sich über den Zeitpunkt der Ausbildung der griechischen Schrift nicht einig. Für uns ist dieser Gelehrtenstreit müßig, da aus der Frühzeit des griechischen Mittelalters noch keine schriftlichen Zeugnisse vorliegen. Die Hauptmöglichkeit für uns, Geist und staatliche Verfassung dieser Zeit zu erkunden, geben uns die homerischen Verserzählungen, die zwischen 850 und 750 ihre endgültige Form gefunden haben. Der Streit darum, ob es wirklich einen Dichter Homer gegeben hat, der die jahrhundertealten Gesänge vom Zorn des Achilleus und die Irrfahrten des Odysseus zusammenfaßte und verdichtete, oder ob nur die Erfindungskraft späterer Geschlechter die Gestalt Homers geschaffen hat, um die großartige Schöpfung einheitlich sehen zu können, dieser Streit der Forschung also dauert nun schon fast zweihundert Jahre und wird vielleicht niemals enden. Aber darin besteht Einigkeit, daß in den Gedichten die Erinnerungen an die mykenische Zeit mit den Zuständen und Empfindungen des Mittelalters verwoben sind. Behutsame Gelehrtenhände haben beides wieder voneinander gelöst, und Staat, Gesellschaft und Glaube der ersten Jahrhunderte im neuen Jahrtausend stehen heute in leidlicher Deutlichkeit vor unseren Augen.

Die Götter des mittelalterlichen Griechen (oder wenigstens des griechischen Adeligen, um den Homer sich vorzugsweise kümmert), sind poetisch erhöhte, mit großer Macht und sogar mit Unsterblichkeit beschenkte Menschen mit menschlichen Leidenschaften, Schwächen und Irrtümern, aber nicht ohne Streben nach Gerechtigkeit. Sie sind wohlgesinnt dem, der ihnen opfert. Die Luft um sie erscheint rein und klar. Verworrenheit und Abgeschmacktheiten, wie sie die spätägyptische Religion zeigte, wären den Griechen unerträglich gewesen. Aber ungefähr um die Zeit der Niederschrift der homerischen Erzählungen begann von Thrakien her die Verehrung des Dionysos nach Griechenland zu dringen, mit ihr das Bekenntnis zu wilderen Begierden, zu dunkleren Mächten, zu Lust an Grausamkeit und Selbstzerfleischung. Der Kult des Dionysos kam aus der Fremde, aber er muß tiefe Schichten des Griechentums, vielleicht aus dem vorhellenisch-ägäischen Bestandteil des griechischen Blutes stammend, angerührt haben. Sonst wäre das Nebeneinander von homerischer Götterwelt und Dionysos-Verehrung nicht denkbar. Das Klare, sei es streng oder heiter, und das Rauschhafte und Verzückte, beide geistigen Welten zusammen machen das Griechentum aus.

Adelsherrschaft und Stadtstaat

Die Menschen, von denen Homer erzählt, sind Könige und Adelige, dem Volk schenkt er nur flüchtige Beachtung. Der Vergleich mit dem germanisch-romanischen Mittelalter hat sich seit langem den Nachlebenden aufgedrängt; die tragende soziale Schicht dieser Welt sind Ritter, hochgemute Kämpfer, auf ihre Weise gottesfürchtig, mit Lust am Kampf und Spiel und Jagd, begierig nach Ruhm, mit ausgeprägter Standessitte, tapfer und lebensfroh. Ihre Waffen sind jetzt ehern. Vielleicht haben schon einige dorische Gruppen das Eisen mitgebracht, das nach 1200 im Orient wie in Europa die Bronze zu verdrängen beginnt.

Die landwirtschaftliche Arbeit leisten für die Adeligen ihre eigenen Hirten oder ihre Hintersassen, die Bauern. Aber sie fahren auch zur See und kommen oft reich beladen mit Schätzen wieder, die sie im Handel oder in der Seeräuberei erworben haben. Die griechischen Ritter verstehen sich anders als die germanischen und romanischen auf Kauf, Verkauf und Tauschen, und sie machen ein Gewerbe daraus. Das hätten die Bewohner der Burgen in schwäbischen, rheinischen, provençalischen, normannischen Burgen weit von sich gewiesen. Der

Sinn der homerischen Adeligen für wirtschaftlichen Gewinn hat für uns oft etwas Beängstigendes. Penelope haßt die schändlichen Freier, aber sie listet ihnen doch Geschenke ab. Diomedes und Glaukos tauschen in rührender Erinnerung an frühere Freundschaft ihre Rüstungen, aber Diomedes profitiert dabei, seine Rüstung ist hundert, die des Glaukos nur neun Ochsen wert. Achilleus kann den Bitten des Priamos nicht mehr widerstehen, tränenüberströmt gibt er dem trauernden Vater die Leiche des besiegten Hektor heraus, aber vorher läßt er sich ein hohes Lösegeld zahlen. Man hat so oft Achilleus mit Siegfried verglichen; kann man sich den nordischen Helden kaufmännisch überlegen in solcher Lage vorstellen?

Aber die griechischen Ritter blieben ebensowenig die Herren ihrer Stämme wie später die germanischen und romanischen. In Kleinasien lernten die einwandernden Griechen eine alte Stadtkultur kennen. Auch hatten sie lange Zeit Kämpfe mit den Umwohnenden zu bestehen. Zerstreute Siedlung war gefährlich. So schlossen sich die Griechen hier in größeren Wohngemeinschaften zusammen. Dabei konnten die Adeligen nicht mehr so leicht wie früher auf ihren Burgen und Landgütern die Herrschaft gewinnen und behalten. Auch in der Heimat drängten sich allmählich immer mehr Menschen um die Burgen der Großgrundbesitzer, die Dörfer wuchsen, wurden zu Städten und nahmen bald die adeligen Familien auf.

Der entscheidende Wandel vollzog sich durch die Änderung des Kriegswesens. Homer schildert uns noch die glanzvolle Tapferkeit der Einzelkämpfer in den Streitwagen, die miteinander ringen, dabei den höchsten Preis der Ehre gewinnen, die aber auch Hunderte von gegnerischen Kämpfern aus der Masse vor sich hertreiben können, wenn diese ohne feste Führung und Ordnung sind. Allmählich breitete sich die Erkenntnis aus, gewiß nicht ohne das orientalische Vorbild, daß auch der nichtadelige Mann, auch der ausgehobene Bauer gegen den schrecklichen Streitwagen und Reiter bestehen könne, wenn er nur mit seinesgleichen sich verband, in einheitlichem Körper vorrückte und widerstand, in einer festen Ordnung also, die selbst den Furchtsamen und Ungeübten zum Ausharren zwang. Die Erkenntnis von dem Wert des geschlossen kämpfenden Fußvolkes gegenüber dem Einzelkämpfer auf seinem Streitwagen bedeutet die Geburt der griechischen Phalanx, jener breit sich hinziehenden Reihe lanzenbewehrter und eisengeschienter Männer, die in mehreren Gliedern hintereinander vorrücken und kämpfen. Wohl behielt der Streitwagen noch lange, der Reiter noch bis ins neunzehnte Jahrhundert hinein

Bedeutung als unentbehrlicher Bestandteil eines Heeres. Aber sie beherrschten nun nicht mehr das Schlachtfeld wie im zweiten Jahrtausend und bei der dorischen Wanderung.

Die Geburt der Phalanx aber bedeutete den Tod der Adelsherrschaft. In dem gleichen Maße, in dem Bauern und Handwerker die Verteidigung des Gemeinwesens übernahmen, bluteten und siegten, in dem gleichen Maße wurden die Ansprüche des Adels auf unbedingte Unterordnung der Massen fragwürdig. Das in der Schlacht neu gewonnene Selbstbewußtsein des einfachen Mannes verband sich dabei mit dem Groll der bäuerlichen Hintersassen über Bedrückung und Ausbeutung, der uns bei Hesiod unüberhörbar entgegenklingt. Die Auflehnung von Handwerkern und Bauern gegen den Adel hat Jahrhunderte gedauert, sie hat nur in Stufen Erfolg gehabt; am Ende des griechischen Mittelalters sehen wir doch einen Zustand heranwachsen, in dem die adeligen Herren wohl noch die ersten Bürger ihrer Stadt, aber nicht mehr die Herren ihrer Mitbürger sind. Wohl behielt der Adel noch lange Jahrhunderte beträchtlichen Einfluß, kraft des ererbten Ansehens seines Geschlechtes, kraft seines Reichtums oder seiner persönlichen Tüchtigkeit, aber das war nicht mehr Herrschaft im ursprünglichen Sinne des Wortes. Und immer wieder mußte er seine Bedeutung im Gemeinwesen durch glänzende Taten, klugen Rat oder auch die Umwerbung der Bürger neu gewinnen. Langsam ging die obwaltende Macht auf sie über.

Die Städte hatten für die Griechen eine ungleich größere Bedeutung als für uns Spätere: hier lag ihr Vaterland. Polis heißt sowohl Stadt wie Staat, beide Begriffe deckten sich. Und in unausgesetzter Beschäftigung mit den Angelegenheiten der Polis, in Sorge um ihr Schicksal, in männlichem Eintreten für ihre Unabhängigkeit, in ständigem Ringen der Bürger untereinander wurde das geboren, was von der griechischen Stadt den Namen Politik erhalten hat. Es war eine ungleich höhere Tätigkeit als die Befehle der orientalischen Könige und Beamten und der schweigende Gehorsam der Massen.

Freilich ist es in der Forschung noch umstritten, ob die politische Tätigkeit der Bürger in ihrer Stadt so geartet war, daß man in ihr die Wurzel des neuzeitlichen Patriotismus sehen könnte, ob sie diese Empfindung in ihrer ursprünglichen Reinheit und Wärme gekannt haben. Aber sicher ist, daß sie die ersten Träger der Idee der Freiheit waren. Damit haben sie für die Weltgeschichte Entscheidendes getan. In der Beteiligung aller an den staatlichen Beschlüssen, in der Auflehnung gegen Willkürherrschaft, der Gleichheit aller vor dem Gesetz, der Isonomie, aus der später die Demokratie wurde, darin also haben sie Begriffe, Vorstellungen, Rechtsgewohnheiten geschaffen, die sich auf das tiefste von dem Staatsinhalt der vorher bekannten Hochkulturen unterschieden. Sie haben damit den Weg in kommende Jahrtausende eröffnet, der gewiß in Zeiten des Niedergangs oft verlassen und doch immer wieder neu gefunden wurde. Man hat gesagt, daß es keinen großen Gedanken gebe, den nicht bereits die Griechen gedacht hätten. Auch den Gedanken der politischen Freiheit haben zuerst sie gehabt.

Kein Angehöriger einer der alten Hochkulturen hatte je so viel Möglichkeit gehabt, sein Leben nach eigenem Willen einzurichten wie der Bürger der Polis. Frei war er in dem engeren politischen Sinn, daß er keine Behörde anerkennen mußte, die er nicht selber in freier Wahl mitbestimmt hatte. Frei war auch er in seinem ganzen persönlichen Bereich, in der Gestaltung seiner Arbeit und seiner Muße. Dies freilich war nur möglich, weil nicht nur die staatliche Ordnung, weil auch das Wirtschaftsleben die Entfaltung der Freiheit möglich machte. Mit Ausnahme der Silberbergwerke schränkte kein Großbetrieb die Verfügungsgewalt des einzelnen über seine Zeit und seine Art zu arbeiten ein. In einer Unzahl von kleinen Handwerksbetrieben und kleinen Ackergütchen fand der Grieche sein Auskommen, und eine natürliche Genügsamkeit der Bedürfnisse ließ ihn die Schmalheit der Nahrung leicht ertragen, die von solcher Beschränkung des Wirtschaftsbetriebes herrührte.

Aber indem die Polis ihren Bürgern soviel Freiheit gab und sie darin schützte und bewahrte, forderte sie zugleich von ihnen viel, unter Umständen das Höchste. Sie verlangte die kriegerischen Tugenden, die Teilnahme an den Feldzügen, die Bereitschaft, vielleicht zu sterben. Feigheit galt den Schustern und Bauern nicht weniger schimpflich als den adeligen Herren von Troja. Und eines erlaubte die Polis nicht, die ihren Mitgliedern sonst so viel erlaubte: das Beiseitestehen im politischen Kampf. In dem ständigen Ringen der Schichten und Parteien, das die Geschichte der Polis ausfüllt und oft genug zum inneren Krieg wurde, mußte der Bürger selber Partei nehmen, wenn er nicht Gefahr laufen wollte, vom Sieger als Gegner behandelt zu werden. Neuzeitliches Empfinden weicht vor solcher Härte der Ansprüche zurück. Dem Griechen, der mit Leidenschaft ein politischer Mensch war, schien es natürlich, daß der Bürger sich nicht ängstlich draußen halten könne, wenn der Staat erschüttert werde. Nur so konnte er seine Freiheit verstehen.

Aber für die Menschen der Neuzeit läßt sich niemals der quälende Eindruck ganz verwischen, daß nur eine Minderheit die Segnungen der Freiheit genoß. Die Verhältnisse waren nicht überall so schroff wie in Sparta, wo wenige Tausend Vollbürger eine ganze Landschaft beherrschten. Aber auch in den übrigen Städten waren die Sklaven in der Mehrzahl, und sie waren rechtlos. Den Griechen wurde der klaffende Widerspruch zwischen ihrer eigenen Freiheitsbegierde und der gedrückten Lage ihrer Diener nicht bewußt. Die Neuzeit ist darin empfindlicher und sieht immer den dunklen Hintergrund der griechischen Autonomie. Wohl haben Forscher, die im Joniertum etwas schlechthin Vorbildliches sehen, ein verklärendes Licht über die Lage der Sklaven in diesem Gebiet geworfen. Sie haben darauf hingewiesen, um wieviel milder die Sklaven in Athen behandelt wurden als die mißhandelten Heloten Spartas; sie haben den Vergleich mit unseren Dienstboten oder mit einem modernen Fabrikarbeiter gezogen, die beide aus wirtschaftlichen Gründen in der Bestimmung ihres Lebens niemals völlig frei sein können. Aber das vermag die Tatsache der Rechtlosigkeit auch der attischen Sklaven nicht aufzuheben, die beispielsweise beim Gerichtsverfahren nur auf der Folter verhört wurden. Aus der Sicht auf so viel Elend und Bedrückung ist es zu verstehen, wenn ein Forscher wie Kurt Breysig, selber im Erbe der Antike wurzelnd, sich dennoch ohne Zagen für die Neuzeit entscheidet und sie für kräftiger, natürlicher, ursprünglicher hält als die alte Welt.

Wer sich mit Geschichte beschäftigt, wird immer wieder bestätigt finden, daß die Wahrheit oft zwei Seiten hat. So wird er auch die geschichtliche Tatsache hinnehmen, daß die Polis ein Sklavenhalterstaat war und doch den Begriff der politischen Freiheit geschaffen hat. Damit sind die Griechen ein Volk weltgeschichtlicher Entscheidung geworden.

Sie waren es aber auch in dem Sinne, daß von keinem sonst die Mahnung eindrucksschwer ausgeht, die in der Entartung der Freiheit für alle Politiker liegt. Die griechische Freiheit wurde am Ende mißbraucht, aus ihr wurde Zügellosigkeit, und nicht zuletzt deshalb zerbrachen Griechenlands Glück und Macht. Daß auch die Freiheit der ordnenden Macht der Autorität bedarf, diese ewige Lehre haben uns die Griechen in Jammer, Not und Zerstörung vorgelebt.

Sparta

Vornehmlich die Namen von zwei griechischen Stadtstaaten reichen über die Jahrtausende hinweg. Sie waren lange Zeit die mächtigsten. Als sie miteinander stritten, begann der Verfall Griechenlands.

In der Mitte der Peloponnes hatten sich von den dorischen Eindringlingen einige Tausend Familien mit neun- bis zehntausend Waffenträgern in der fruchtbaren Ebene des Eurotas niedergelassen, in der sie fünf Dörfer bewohnten, die den gemeinsamen, wahrscheinlich vorgriechischen Namen Sparta erhielten. (Genauer gesagt *Sparte*. Die Römer haben daraus Sparta gemacht und mit diesem Namen die Stadt eingeführt in die Bildungsgeschichte. Der Leser wird bemerkt haben, daß in diesem Buche für die griechischen Orte und Persönlichkeiten einmal die ursprüngliche griechische und einmal die lateinische Bezeichnung gebraucht wird. Das ist ein beklagenswerter Mangel an Folgerichtigkeit, aber er entspricht dem deutschen Sprachgebrauch, wie er sich entwickelt hat, seitdem die einheitliche lateinische Bezeichnung teils aufgegeben und teils beibehalten worden ist. Ändern könnten hier nur die Hochschulen, wenn sie sich in Übereinstimmung für die eine oder die andere Schreibweise entschieden.) Die Ländereien waren dem Staate gehörig und den Kriegern nur zur Nutznießung in gleichen Losen überlassen. Sie wurden von den Nachkommen der unterworfenen Vorgriechen und Frühgriechen, den Heloten, bearbeitet. Diese waren Staatssklaven, sie lebten im Zustande völliger Rechtlosigkeit dahin. In ihnen alle Aufstandsgelüste zu ersticken, brachte die spartanische Jugend gelegentlich wohl einen um, aus Belustigung sozusagen und höchstens mit dem staatspolitischen Sinn, den Unterworfenen ihre elende Ohnmacht höhnend und eindrucksvoll sichtbar zu machen. Anderen der Frühgriechen, die sich wahrscheinlich rechtzeitig den heranrückenden Doriern gebeugt hatten, war ein Teil ihrer Äcker gelassen worden, sie waren frei, besaßen aber keine Rechte politischer Mitbestimmung und mußten doch im Kriege (wohl in den hinteren Gliedern) mitfechten. Vielleicht aber war dieser Stand der Periöken aus den mit einwandernden Doriern erwachsen, die minderen Ranges und minderer kriegerischer Tüchtigkeit gewesen waren und sich nun mit der minder vornehmen Rolle begnügen mußten? Wir haben darüber keine sichere Kunde.

Vollbürger waren nur die wenigen Tausend Männer der Siedlung am Eurotas, die Spartiaten. Bei ihnen hatten sich am Ausgang des Mittelalters noch die Reste des einstigen Heerkönigtums erhalten, das sonst überall der Adel gebrochen und beseitigt hatte. In Sparta war seine Fortdauer nur möglich gewesen, weil an der Spitze immer zwei Könige (aus Geschlechtern von uralter und sagenhafter Herkunft) standen, die sich gegenseitig hemmen mußten und so kein erdrückendes Übergewicht für die übrigen Bewohner des Gemeinwesens gewinnen konnten. Aber ihre königliche Aufgabe war im Frieden zu einem reinen Ehrenamt verkümmert, nur in der Schlacht hatten sie noch das Recht des Befehls. Die mächtigsten Männer Spartas waren die fünf Ephoren, die, unterstützt vom Rate der Alten, wirklich herrschten und deren Wünschen sich auch die Könige beugen mußten. Aber wenn auch in der spartanischen Staatsverfassung eine gewisse Neigung zur Anerkennung der Autorität von wenigen sichtbar war, die wohl im dorischen Wesen lag, so fehlte doch der allgemeinhellenische Zug der Freiheit nicht ganz: die obersten Behörden wurden von der Volksversammlung gewählt, in der alle Spartiaten gleichberechtigt waren. Allerdings beschränkten sich diese Rechte auf eine Schicht, die im Verhältnis zu der Gesamtzahl der Bevölkerung nur sehr dünn war. Darin liegt ein Stück Aristokratie, und Sparta hat bei den inneren Kämpfen in Griechenland immer auf der Seite der Adeligen gestanden.

Die Hauptaufgabe der Spartiaten war der Krieg oder doch die Ausbildung für den Krieg. Wenn sie das Kriegshandwerk nicht bis zur Vollkommenheit beherrschten, wenn sie nicht jede Stunde bereit waren zu schlagen, waren sie in der Mitte von feindseligen, ja von Haß erfüllten Hunderttausenden verloren. Schon die Knaben wurden den Müttern genommen, in Gemeinschaften erzogen zur Beherrschung des Körpers und der Waffen, zu äußerster Tapferkeit, zu männlicher Verleugnung von Schmerzen. Die Männer waren bei den Frauen nur zu Besuch, sie selber lebten in Gemeinschaften zusammen, mit absichtsvoll kargem Essen, in unermüdlicher Schulung für den Kampf. Damit das Volk nicht durch Handel oder den Verkehr mit dem reicheren Ausland in Üppigkeit verweichliche, waren die Münzen aus dem unhandlichen, im Ausland wertlosen Eisen, für Kauf und Handel schwer zu gebrauchen. Chorgesang und Musik wurden eine Zeitlang noch gepflegt; ganz musenfeindlich waren auch die Dorier ursprünglich nicht. Aber vom sechsten Jahrhundert an verfiel die Kunstübung. Sparta wurde eine einzige Kaserne.

Eben dies ist es, was den Nachlebenden so erschreckt. Die einseitige militärische Erziehung gab Sparta große Vorteile in den Kriegen, erlaubte nicht nur die Niederhaltung der Heloten, sondern auch die Eroberung Lakoniens und Messeniens, verlieh seiner Phalanx den

Ruf der Unüberwindlichkeit und erhob es lange Zeit zur führenden Macht Griechenlands. Aber die Spartaner mußten diesen Gewinn teuer bezahlen mit geistiger Enge und Ungewandtheit und mit dem Verlust des Anschlusses an die allgemeine griechische Geistesentwicklung.

Und wenn die Spartiaten auch, sieht man nur auf die Bestimmungen ihrer Verfassung, sich der politischen Freiheit erfreuen durften, so bedeutete doch die Wirklichkeit des Alltags eine lebenslängliche Minderung der Freiheit in einem Maße, das sonst kein Grieche kannte, nachdem einmal die Adelsherrschaft gebrochen war. Sie unterwarfen sich völlig den angeblichen Notwendigkeiten des Staates, keine echte Ehe, kein persönliches Leben bestanden mehr für sie, die Gleichförmigkeit ihres Daseins ließ schließlich alle Mannigfaltigkeit des Denkens erstarren. In der bedrückenden Eintönigkeit spartanischen Lebens, in der Übereignung des Bodens und der Arbeitskraft an den Staat, der sie immer nur leihweise und in gleichen Stücken übergibt, in der Beaufsichtigung des ganzen Lebens, in der Unterordnung unter die Staatsallmacht werden frühe Züge des Kommunismus sichtbar.

Zunächst freilich brachte der Militarismus Machtzuwachs. Gegen Ende des Mittelalters war Sparta ein aufstrebender Staat, dessen Gebiet mit den jüngst unterworfenen Landschaften größer war als das irgendeines anderen griechischen Stadtstaates. Und nun gelang ihm durch ein Bündnis mit anderen Städten die Gründung des Peloponnesischen Bundes, in dem Sparta die führende Stellung einnahm. Keine Macht im damaligen Griechenland war diesem Bund gewachsen, und Spartas Ansehen reichte bis in den Orient.

Athen

Den äußersten Gegenpol der staatlichen Verfassung, soweit er innerhalb der griechischen Welt nur denkbar ist, stellte Athen dar. Früh schon fügte der König von Athen die attische Landschaft zusammen. Die siegreiche Abwehr der dorischen Eindringlinge ist nicht denkbar ohne eine Zusammenfassung der kriegerischen Abwehrkräfte des Landes. Wie im übrigen Griechenland aber schwand die Macht des Königtums dahin, als keine unmittelbar kriegerischen Aufgaben seine Führungseigenschaften mehr erforderten. Der Adel beschränkte seine Herrscherrechte und übernahm sie schließlich ganz. Unter den neuen Archonten, die später Athen regierten, trug zwar noch einer den Königstitel *basileus*, aber ihm war nur noch das Recht geblieben, über die gottesdienstlichen Spiele zu wachen.

Nicht lange hat sich die Adelsherrschaft in Athen behauptet. Die Auflehnung gegen sie erzwang zunächst die Anfänge der Rechtssicherheit. Unerträglich erschien es Bauern und Handwerkern, daß Recht gesprochen werden könnte nach Willkür. 624 ließ Drakon die Gesetze aufschreiben. Hart waren die Strafen, die sein Werk dem Übertreter androhte, aber den Mitlebenden muß es als eine Erleichterung erschienen sein, daß nun Recht und Gesetz feststanden und jedem des Lesens Kundigen zur Einsicht offen waren.

Dennoch blieb die Gärung, nicht zuletzt aus dem Gefühl wirtschaftlicher Bedrückung. Die Krankheit des Staates zu heilen, unternahm Solon 594 sein Reformwerk. Er war einer der Adeligen und entstammte dem alten Königsgeschlechte. So war er den herrschenden Familien nahe genug. Aber er war auch einsichtsvoll genug, die schweren Schäden des Staates zu sehen. Das Gefühl einer tiefen Bitterkeit über das Ungemach, die Sorgen und das nackte Elend des täglichen Lebens, das uns bei Hesiod entgegenklingt, muß damals weit verbreitet gewesen sein. Die bäuerlichen Hintersassen waren infolge des wirtschaftlichen Übergewichts der großen Herren immer mehr in Abhängigkeit und Schulden geraten, und viele hatten ihre Freiheit dabei verloren. Mit einem Federstrich hob Solon die Schulden auf und ließ die bereits ihrer Freiheit Beraubten aus der Schuldknechtschaft vom Staate zurückkaufen. So nahm er dem Bauernstande die drükkendste Last.

Die Neuordnung muß den Großgrundbesitz schwer getroffen haben, aber Solon versöhnte ihn, indem er dem Adel seine bestimmende Macht im politischen Leben ließ. Er ging in der Neuordnung der Verfassung behutsam vor. Indem er die politischen Rechte des Bürgers nach seinem Vermögen bemaß und den Reichen allein den Zugang zu den oberen Ämtern erlaubte, besiegelte er vorläufig noch die Regierungsgewalt des Adels; Adel und Reichtum waren damals noch fast gleichbedeutend. Und doch zeigte sich auch in seinem Verfassungswerk ein erstes Eindringen der neuen Strömungen. Dem Mittelstand, den Solon eben noch vor der Schuldverknechtung gerettet hatte, blieb freilich der Zugang zu den obersten Ämtern versagt, aber im Rat der Vierhundert, einer Art von Parlament, konnte er doch bereits seine Stimme vernehmen lassen. Selbst die Armen und Besitzlosen hatten Sitz und Stimme nicht nur in der Volksversammlung, der Zusammenkunft also der Wähler, sondern ihnen war auch der Zugang zu den Geschworenengerichten eröffnet. In den Bestimmungen über Mittelstand und Arbeiterschaft lag ein Hinweis auf die Zukunft, der sich später mit vollem Inhalt erfüllte. Wenn man Solon den Vater der athenischen Demokratie genannt hat, so mag dies eine Übertreibung sein; ein Stückchen Wahrheit liegt doch darin. Die Strömung, der er zuerst ein gesetzmäßiges Bett geschaffen hatte, ist nach seinem Tode weiter gewachsen. Hundert Jahre nach seinem Verfassungswerk war Athen eine wirkliche Demokratie.

Diese Entwicklung wurde nur scheinbar dadurch aufgehalten, daß ein Menschenalter nach der Solonischen Schöpfung wieder ein Adeliger die Macht ergriff und eine Monarchie aufrichtete. Peisistratos, der sich 561 zum Herrn von Athen machte, vermochte die Macht nur zu erringen, weil er sich im Kampf gegen seine adeligen Standesgenossen mit der Mißstimmung verband, die im Mittelstand und bei den Armen noch immer gegen den Adel und die Reichen bestand. So wie er bemächtigten sich damals in vielen Städten Griechenlands einzelne Adelige der Herrschaft, immer im Bunde mit breiteren Schichten des Volkes. Die Griechen nannten die neuen Herrscher mit einem nichtgriechischen Wort Tyrannen, was damals noch nicht unsere verfemende Bedeutung hatte, sondern schlicht einen Alleinherrscher bezeichnete, der zu seiner Macht nicht durch Erbe und Überlieferung gekommen war.

Die Regierung des Peisistratos förderte Athen wirtschaftlich und kulturell und arbeitete durch die Niederhaltung des Adels unwillentlich der Demokratie vor. Nicht umsonst pflegte der Tyrann die Verehrung des Dionysos, der ein echter Bauerngott war und mit seinen aus der Tiefe kommenden Zügen ein Feind der seligen, heiteren und ein wenig leichtsinnigen homerischen Götterwelt war; in ihr hatte sich der aufgeklärte Adel erhöht und gesteigert wiedergefunden. Die athenische Tyrannis wurde denn auch nicht durch einen Volksaufstand gestürzt. Der Sohn des Peisistratos, Hippias, härter regierend als sein Vater, wurde durch unzufriedene Adelige und spartanische Drohung verjagt. Aber in den Wirren, die dann folgten, zeigte sich, wie stark die demokratische Strömung bereits geworden war. Den Gewinn aus dem Ende der Tyrannis zog das athenische Volk.

Die griechische Kolonisation

Die Welle der dorischen Wanderung, die über Griechenland hinweggeflutet war, brandete in den folgenden Jahrhunderten weiter über die Inselwelt nach Kleinasien hinüber. Viele Dorier sahen im Festland nur einen Durchgang zu anderen, vielleicht reicheren Gegenden; viele der

GRIECHENLAND um 400 v. Chr.

Jonier, Achaier und Aioler, denen der Boden zu eng wurde oder die lieber ihre Freiheit in ungewisser Ferne bewahren als sie in der Heimat verlieren wollten, setzten mit ihren Schiffen über. So wurde in den ersten Jahrhunderten des griechischen Mittelalters der Grund zu der Besiedlung Kleinasiens gelegt. Hier trafen die Griechen auf die orientalische Stadtkultur, hier übernahmen sie die Formen des Zusammenlebens hinter Mauern und Wällen, aber hier verwandelte auch ihr freierer Sinn das Wesen der städtischen Verfassung zu dem Begriff der Polis, der von Kleinasien auch dem Mutterland reiche Anregung gab.

Und auf der Inselwelt wie im kleinasiatischen Kolonisationsgebiet, nicht im Mutterland, hat sich die erste volle Blüte des griechischen Geistes entfaltet. Homer entstammte dem kleinasiatischen Jonien, wahrscheinlich Smyrna, und Thales, in dem das Abendland den ersten freien Denker verehrt, kam aus dem kleinasiatischen Milet. Nicht daß Thales zum Erstaunen seiner Landsleute 685 eine Sonnenfinsternis genau voraussagen konnte, war das Entscheidende in seiner und seiner Nachfolger Haltung. Dies Wissen verdankte er der Fortbildung des altbabylonischen Erbes. Aber er und seine Nachfolger stellten als erste ihre Wissenschaft nicht mehr allein in den Dienst des Staates oder des Alltags. Sie grübelten aus tiefstem Bedürfnis über Ursprung und Gang der Welt und des Lebens nach, sie suchten mit unersättlicher Leidenschaft die Wahrheit um ihrer selbst willen. Sie schüttelten die Ketten des Aberglaubens wie des Mythos ab, und sie entdeckten damit die Welt und den Menschen. Ihre Naturphilosophie beging zahlreiche Irrtümer, die heute jedes Kind feststellt; was liegt daran? Sie befreiten den menschlichen Geist, das ist ihr unsterbliches Verdienst. Er wird immer wieder verstrickt werden in Fesseln, in freiwillig aufgenommene wie in zwangsweise auferlegte. Aber seit den Joniern weiß die Menschheit, daß er immer wieder gegen die Unterjochung aufstehen wird. Die Freiheit des Bürgers in der jonischen Polis und die Freiheit des Denkers in der jonischen Philosophie, beides zusammen bedeutet das unsterbliche Geschenk der Griechen an die späteren Geschlechter.

Gegen 750 begann eine neue Welle der Kolonisation, die etwa zweihundert Jahre dauerte. Der wachsenden Bevölkerung wurde der heimische Boden zu eng. So fanden sich Scharen von Ackerbauern zusammen, die unter der Führung eines Adeligen, sicherlich oft eines jüngeren Sohnes, in die Ferne zogen und dort neue Siedlungen gründeten. Sie blieben mit einer als Mutterstadt verehrten Stadt in

Beziehungen, führten aber draußen ein Eigenleben. Aus Ackerbaudörfern wurden bald Handelsstädte und Kulturmittelpunkte. In diesen Jahrhunderten ging der Zug vornehmlich nach Westen. Unteritalien wurde so dicht mit Griechen besiedelt, daß man es stolz Großgriechenland nannte. Auch die sizilische Küste war reich an griechischen Städten, und der Strom der Siedler ging weiter noch nach Westen, nach Ost-Korsika, nach Massalia, dem heutigen Marseille, ja bis an die Straße von Gibraltar. In Nordafrika siedelten Griechen um Barka, und selbst im Delta des Nils entstand eine griechische Stadt, Naukratis. Auch der Hellespont und Byzantion und die ganze Küste des Schwarzen Meeres wurden von Griechen besiedelt. Von hier fuhren bald die mit Getreide beladenen Schiffe in das an Getreide arme Mutterland.

Gegen die Mitte des sechsten Jahrhunderts hatten sich Griechen so weit nach Osten und Westen vorgeschoben, daß der Nachlebende wohl die Möglichkeit zu sehen glaubt, eines Tages hätte der ganze Küstensaum des Mittelländischen Meeres ein Bereich griechischen Volkstums, griechischer Sprache und griechischer Kultur werden können. Aber die ungeheuren Erfolge waren doch nur möglich gewesen durch eine weltgeschichtliche Gunst der Lage, die sich nun ihrem Ende zuneigte. Kein starkes Reich, kein ernsthafter Rivale um die Macht hatte in diesen Jahrhunderten die Ausbreitung der Griechen gehindert. Ägypten war von seiner Höhe herabgesunken, und das Hethiterreich war zertrümmert, das sonst die Entfaltung selbständiger Stadtstaaten in Kleinasien kaum geduldet hätte. Wohl hatten auch die Phoiniker begonnen, Kolonien zu gründen, und sie waren die natürlichen Feinde des griechischen Ausdehnungsstrebens. Aber sie waren selber in asiatische Streitigkeiten verwickelt und so in den mittelmeerischen Auseinandersetzungen geschwächt.

Um 550 verwandelte sich die Lage. Die kleinasiatischen Griechen büßten ihre Unabhängigkeit ein. Das Reich der Lyder war erstarkt und zwang die Küstenstädte zu Tributen und Heeresfolge. An Wirkung auf die Gemüter der Gesamtgriechen wurde dies Ereignis noch überboten durch die zerschmetternde Wucht, mit der das mächtige Perserreich 546 Lydien überrannte und damit auch die kleinasiatischen Griechen unter ihre Herrschaft zwang. Sechs Jahre später verband sich die starke Tochterstadt der Phoiniker, Karthago, mit den Etruskern. Beide schlugen eine griechische Flotte bei Alalia an der Ostküste von Korsika.

Amenophis IV. (Echnaton) und Nofretete (Tonziegel, El-Amarna)

Sogenannter Poseidon- (Hera Argiva-) Tempel in Paestum

Grabhügel der gefallenen Griechen bei Marathon

Alexander der Große

Alexander-Mosaik, Darstellung der Schlacht bei Issos

Etruskischer Sarkophag

Es war um dieselbe Zeit, als von Asien her eine neue religiöse Strömung nach Westen drang, in das griechische Unteritalien und nach dem Mutterland, vor allem nach Attika. Sie entstammte der Verehrung des thrakischen Gottes Orpheus und verband sich mit dem Kult des Dionysos. Dionysos war ursprünglich ein Gott der Kraft, der Fruchtbarkeit, der Lebensfreude gewesen; nicht umsonst war ihm der Weinstock geweiht. Die orphische Bewegung aber lehrte den Wert der Askese, der Enthaltung von Fleischspeisen und vom Wein. Für sie bedarf der Mensch der Reinigung, damit er sich von den Sünden befreie und schließlich nach einer Reihe von Seelenwanderungen im Jenseits den Lohn durch unendliches Glück finde, während die Verhärteten von schauerlichen Strafen bedroht werden. Unausgesetzt ist darum der religiöse Mensch von Sündenangst gepeinigt. Nur wenigen Auserwählten ist es beschieden, die Sünde zu überwinden. In besonderen Geheimkulten, von deren Gebräuchen der Uneingeweihte nichts erfahren darf, lernt die schuldbeladene Seele sich reinigen. Nicht nur unhomerischer, sondern auch unhellenischer konnte nichts sein als solche Furcht und solche Hoffnung. Ihre Herkunftsstätte war der Orient, wahrscheinlich auch Indien. Die geistige Berührung mag lange bestanden haben, aber erst um 550 begannen die Griechen – oder doch ein Teil von ihnen –, Gefallen an der fremden Frucht zu finden. Der Grundton von Sündenangst und Erlösungsbedürfnis ist dann im Abendland nie mehr ganz verklungen.

Alexander Rüstow glaubt nicht, daß die Ausbreitung der Orphik und die Unterwerfung der kleinasiatischen Hellenen nur zufällig zeitlich zusammenfielen. Er glaubt, daß aus dem Entsetzen über die politische Katastrophe ein banges Fragen der Griechen erwachsen sei, ein Fragen nach ihrer Schuld oder Mitschuld, aus dem dann die angstvolle Grundstimmung der Orphik entstanden sei. Und Rüstow sieht auch die Abwendung der Spartaner vom Musischen, die um diese Zeit begann, im Zusammenhang mit dem Verlust der staatlichen Freiheit der kleinasiatischen Griechen. Dahin also hatte die Entfesselung des Geistes, dahin hatte die Pflege aller schönen Künste geführt! War es nicht weiser, diese gefährlichen Verlockungen zur Weichlichkeit ganz von sich zu werfen und sich nur noch dem Dienst der Lanze und des Schwertes zu widmen?

Seelische Vorgänge in den Völkern sind von den Nachlebenden schwer nachzuerfühlen, wenn die schriftlichen Zeugnisse spärlich sind. In schneidender Deutlichkeit aber steht die politische Folge der Niederlagen in Kleinasien und bei Alalia vor uns, wie sie damals allen nachdenklichen Griechen vor den Augen gestanden haben muß: Die Zeit der Ausbreitung des Griechentums war vorüber. Jetzt handelte es sich darum, ob man das Erworbene wahren, ja schließlich ob man die Unabhängigkeit des Mutterlandes behaupten konnte.

Lydien, Assur, Neu-Babylon

Der Stoß der Illyrer um 1200, der die Dorier zum Ausweichen in die Balkanhalbinsel hineinzwang, trieb auch die indo-europäischen Thraker und Phrygier aus ihren Wohnsitzen an der unteren Donau und am Schwarzen Meer. Sie drangen über den Hellespont, wie damals die Dardanellen hießen, zerstörten Troja und vernichteten das Hethiterreich. An seiner Stelle erstand das Phrygische Reich. Aber nach 700 strömte eine neue Wanderungswelle der sogenannten kimmerischen Völker vom Schwarzen Meer über Kleinasien. Als sie verebbt war, lag das Phrygische Reich in Trümmern. Auf ihnen erhob sich das Reich der Lyder, die nach ihrer Erstarkung an die Westküste drängten und zu Beginn des sechsten Jahrhunderts die griechischen Städte unterwarfen. Aber als sich dann ihr König Kroisos mit anderen asiatischen Fürsten gegen die aufstrebende Macht des Kyros von Persien verband, sah er sich einem übermächtigen Gegner gegenüber. 546 wurde er bei Sardes geschlagen und verlor sein Reich. Mit Lydien kam damals auch das jonische Kleinasien unter persische Oberhoheit.

Die Schwächung der Macht Kleinasiens nach dem Zusammenbruch der Hethiter gab einem anderen Volk die Gelegenheit zu einer Machtausbreitung, wie sie die Geschichte des Orients bis dahin nicht gekannt hatte. Am Oberlauf des Tigris wohnten die semitischen Assyrer in einem Staat mit der Hauptstadt Assur. (Assur, eigentlich *Aschschur*, bedeutete nicht nur die Hauptstadt, sondern auch den Hauptgott und zugleich auch das Land.) Die Assyrer waren unter die Herrschaft der Mitanni geraten, hatten sich aber bereits gegen 1300 selbständig gemacht, und nach 1200 setzten sie zu immer neuen Stößen der Machtausbreitung ein, unter denen zunächst das Reich der Mitanni in Trümmer sank. Später dehnten sie ihre Herrschaft über Babylonien, über Syrien und schließlich sogar über Ägypten aus. Ein größeres Reich hatte die Geschichte nicht gesehen. Ursprünglicher Machttrieb und Herrschsucht verbanden sich bei ihnen mit dem Befehl ihrer Religion, dem Gott Assur alle Völker untertan zu machen. Die Mittel ihrer Eroberungszüge waren ein glänzend ausgebildetes Heer mit einer starken Reiterei, war aber auch das Entsetzen, das sie verbreiteten und das viele Stadtbevölkerungen schon bei ihrem Herannahen veranlaßte, zitternd die Tore zu öffnen. Denn wo sie Widerstand gefunden hatten, wüteten sie grausam, verschleppten die Bevölkerung über Tausende von Meilen, mordeten die Gefangenen oder quälten sie, verstümmelten sie, zogen ihnen die Haut ab, pfählten sie, sperrten sie in Käfige, um sich an ihren Qualen zu weiden. Mit solchem Vorgehen machten sie ihren Namen furchtbar, erregten sie aber unter der Asche der Unterwerfung auch wilden Haß, dem sie schließlich zum Opfer fielen.

Nach den ersten Eroberungszügen kamen Rückschläge, in denen sie ihren Ländergewinn wieder aufgeben mußten. Aber 745 machte sich Tiglatpileser der Dritte zum König über die unterworfenen Babylonier; 727 konnte er Syrien wiedererobern; damals fiel auch Samaria, die Hauptstadt von Israel, in seine Hände, und die Bevölkerung wurde verschleppt. Asarhaddon und Assurbanipal nahmen 670 Ägypten. Vom Indus bis zum Nil herrschte jetzt der König von Assyrien, sechs Wochen brauchte er, wenn er sein Reich bereisen wollte.

Aber zwei Menschenalter später traf ihn der Stoß eines unverbrauchten und jugendfrischen Volkes. Die Meder verbanden sich unter Kyaxares mit den Babyloniern. Im Jahre 612 nahmen sie mit stürmender Hand Ninive, das inzwischen zur Hauptstadt des assyrischen Reiches geworden war. Als die Sieger wieder abzogen, war Ninive nur noch ein rauchender Haufen von Asche, unter dem die Toten lagen. Mit wilder Gewalt hatte sich der lange aufgespeicherte Haß entladen. Selten hat ein Volk so furchtbar für seine Untaten büßen müssen. Nicht nur die Stadt, der ganze Staat wurde im buchstäblichen Sinne vernichtet, die Bevölkerung ausgerottet.

Das machtpolitische Erbe nahmen die Neu-Babylonier auf. In das Gebiet des alten babylonischen Staates waren zu Beginn des Jahrtausends die semitischen Chaldäer eingewandert, die willig die überlegene Kultur der Alt-Ansässigen angenommen hatten. Aber ihr kriegerischer Sinn war stärker, und so konnten ihre Könige noch einmal versuchen, das semitische Weltreich herzustellen. Unter ihren Königen ragt Nabuchodonosor, der biblische Nebukadnezar, hervor. Hans Delbrück hat auf die eigentümliche Tatsache hingewiesen, wie unter ihm Staat und Kultur fast das gleiche Bild bieten wie unter Hammurabi. Das ist so, als wenn man sich vorstellen könnte, Deutschland habe unter Wilhelm dem Zweiten so ausgesehen wie unter Karl dem Großen: eine eindrucksvolle Veranschaulichung, wie sehr das

Leben im Zweistromland bei allen machtpolitischen Umstürzen doch stillstand. Wohl gab es in diesem Lande alter wissenschaftlicher Forschung immer noch Fortschritte. So wurde damals schon die Erfindung des astronomischen Fernrohres gemacht, die später wieder verlorenging. Aber das Gesamtbild war das der Unbeweglichkeit.

Nabuchodonosor warf 586 den Aufstand der Juden unter Zedekia nieder und schlug bald darauf die Ägypter. Aber nach seinem Tode lähmten Streitigkeiten in der königlichen Familie, Eifersucht der Großen und religiöser Zwist das Reich. Als 539 der Perserkönig Kyros siegreich vordrang, öffnete ihm Babylon freiwillig seine Tore. Der Königssohn Belsaruzur (Belsazar) verteidigte den Königspalast, bis er fiel.

Israeliten und Phoiniker

Aus dem Volke der Hebräer, das um 1400 in Palästina einzuwandern begann (nach der biblischen Überlieferung von Ägypten über die Halbinsel Sinai her), schälte sich in historischer Zeit das Volk der Israeliten heraus. In jahrhundertelangen Kämpfen mit den Kanaanäern gewannen sie langsam Boden. Die Schwächung der hethitischen und der ägyptischen Macht nach dem großen Völkersturm um 1200 erlaubte ihnen die Inbesitznahme des Landes bis auf den Küstensaum, den sie den Philistern nicht entreißen konnten. Den Höhepunkt erreichte ihre Macht unter den Königen Saul und David, der um 1010 die Kanaanäer völlig bezwang und Jerusalem eroberte, wohin er den Königssitz verlegte. Von seinem machtpolitischen Erbe zehrte sein Sohn Salomo, der glanzvollen Hof hielt, einen weithin berühmten Tempel baute, unter dem aber die Macht des Staates nach außen zerfiel.

Von der politischen Geschichte der Juden würde nur ein kleiner Kreis von Gelehrten wissen, wenn ihre Religion sie nicht zu einem der bewegenden Völker gemacht hätte. Die Israeliten verschmolzen mit der Urbevölkerung und nahmen viel von deren Kultur und Religion an. Aber immer wieder nahmen gottbegeisterte Seher den Kampf auf, für den einzigen Gott, für Jahwe, gegen die kanaanäische Abgötterei. Nach der Überlieferung hat Moses die Verehrung des einen, des wahrhaftigen, des unsichtbaren Gottes zuerst verkündet. Echnaton war gescheitert, als er den Glauben an einen alleinigen Gott zur Staatsreligion machen wollte, weil er die Priesterschaft gegen sich hatte. Moses siegte und wirkte damit auf die Geschichte der Menschheit, weil er selber ein Priester war und weil in den folgenden

Jahrhunderten die Priesterschaft sein Erbe mit leidenschaftlicher Überzeugung vertrat, aber auch weil seine Religion volkstümlich war und dem einfachen Mann Hoffnung und Vertrauen schenkte. Es gab immer wieder Könige oder ganze Teile des Volkes, die abfielen, aber immer wieder führten Prophetennaturen von großartig mitreißender Kraft ihr Volk zu Jahwe zurück.

Der schwere Steuerdruck, den Salomos prunkvolle Hofhaltung und wohl auch seine unglücklichen auswärtigen Unternehmungen zur Folge hatten, führte nach seinem Tode zum Abfall der nördlichen Stämme, die nun ein selbständiges Königreich Israel mit der Hauptstadt Samaria bildeten, während in Jerusalem, der Hauptstadt des Königreichs Juda, das Geschlecht Salomos weiter regierte. Gerade in einer Zeit, in der das Wiedererstarken anderer orientalischer Reiche die Zusammenfassung aller Kräfte erforderte, zerfiel der Staat. Nur zweihundert Jahre hat denn auch Israel seine Selbständigkeit behaupten können. 722 wurde Samaria zerstört, die Bevölkerung wurde von den siegreichen Assyrern in die Verbannung geführt. Juda konnte sich nur deshalb länger behaupten, weil es sich ängstlich jeder selbständigen Außenpolitik enthielt und schließlich die babylonische Oberhoheit annahm. Als sich sein König Zedekia im Vertrauen auf ägyptische Hilfe empörte, gegen den Rat des Jeremias, eroberten die Babylonier 586 Stadt und Reich und verschleppten den größten Teil der Bevölkerung. Nur die Ärmsten, unter ihnen Jeremias, blieben zurück.

Aber gerade in der Verbannung entfalteten sich die religiösen Kräfte dieses Volkes bis zur äußersten Glut. Erst recht schloß es sich jetzt in der Verehrung Jahwes zusammen, in dem es nicht mehr allein den Gott des eigenen Volkes, sondern den strafenden und richtenden Weltengott sah, vor dem auch die Götter der Sieger nichts bedeuteten. Immer stolzer wurden sie darauf, das auserwählte Volk des alleinigen Gottes zu sein, immer mehr schlossen sie sich von anderen Völkern, den Heiden, ab. Es muß auf die babylonischen Sieger einen starken Eindruck gemacht haben, wenn die Unterworfenen und Verschleppten sich weigerten, mit ihnen Gemeinschaft zu pflegen, ja mit ihnen nur an einem Tisch zu essen. Und in aller Betrübnis der Verbannung hielten Propheten ihre Zuversicht auf eine endliche Befreiung aufrecht. Jetzt tauchte die Hoffnung auf den Messias auf.

Als Kyros mit seinen Persern Babylonien unterworfen hatte, erlaubte der milde König die Heimkehr. In der alten Heimat wurden die Juden, wie wir sie von jetzt an nennen dürfen, vollends zu einem ganz von der Religion durchdrungenen und religiösen Riten hingegebenen Volk, dessen Oberhaupt kein König mehr war, sondern ein Hoherpriester. Die Perser ließen dem merkwürdigen Gemeinwesen weitgehende Freiheit der inneren Verwaltung und Entwicklung und begnügten sich mit der Oberherrschaft.

Eng verwandt mit den Kanaanäern, mit denen die israelitischen Einwanderer so lange hatten kämpfen müssen, waren die semitischen Phoiniker an der syrischen Küste, die durch See- und Binnenhandel reich wurden. Gestützt auf eine mächtige Flotte und die Lage ihrer fast uneinnehmbaren Hauptstädte, hatten sie lange ihre Selbständigkeit behalten, mußten sich aber schließlich doch den Neu-Babyloniern und später den Persern ergeben. Ihre vornehmsten und reichsten Geschlechter wollten die Fremdherrschaft nicht ertragen und wanderten nach der Tochterstadt Karthago aus, deren Macht und Reichtum sie noch vermehrten. Die Phoiniker hatten ähnlich wie die Griechen im westlichen Mittelmeer Kolonien angelegt, überall da, wo natürliche Häfen und ein Hinterland gute Handelsmöglichkeiten versprachen. Die meisten der Gründungen blieben auf das unmittelbare Gebiet und die Hafenstädte beschränkt, aber in Karthago müssen stärkere, von größerem Machtinstinkt getragene Geschlechter geherrscht haben. Sie erweiterten das Gebiet in Afrika, drangen auch in Sizilien tiefer ins Innere und bauten aus afrikanischen, sizilischen, sardinischen Besitzungen zusammen ein karthagisches Reich.

Das Ende der ägyptischen Unabhängigkeit

Im neu-ägyptischen Staat waren die Könige zu Schattenherrschern geworden, während die Priesterschaft allmächtig war. Der oberste Priester Amons, Hriror, tat 1090 das fast schon Unvermeidliche, als er dem letzten Ramses den Thron nahm und ihn selber bestieg. Seiner Dynastie war keine lange Dauer beschieden. Die libyschen Söldner, denen die Ägypter immer mehr die Kriegführung überlassen hatten, machten um 950 einen der Ihren zum König. So zeichnete sich schon der Verlust der nationalen Unabhängigkeit ab. Im achten Jahrhundert erhoben sich die so lange beherrschten Äthiopier und unterwarfen Ägypten. Kaum hatte es sich von ihnen befreit, als 670 die Assyrer das Reich besetzten und es in eine Reihe von Teilfürstentümern unter ihrer Oberherrschaft aufspalteten. Eines von ihnen, das von Sais, vermochte dann noch einmal den Ägyptern eine nationale Dynastie zu geben und bei der zunehmenden Schwächung des assyrischen Staates sogar vorübergehend die nationale Freiheit wiederzugewinnen. Aber Versuche, die frühere Ausdehnungspolitik wiederaufzunehmen, schlugen fehl, und 525 erlag das ägyptische Heer bei Pelusion den Kriegern des persischen Königs Kambyses. Ägypten wurde eine persische Provinz.

Meder und Perser

Die indo-europäischen Arier waren mit der großen Wanderungswelle zu Beginn oder in der Mitte des zweiten Jahrtausends in das Hochland von Iran eingedrungen. Die ältesten Quellen lassen sie als ein frommes Bauern- und Hirtenvolk erkennen, das (der Sage nach durch *Zoroaster*, Zarathustra) eine Religion von besonderem Ernst schuf: Unaufhörlich ringen die Gewalten des Lichts unter dem Götterfürsten Ahuramazda mit den Dämonen der Finsternis und des Todes, die unter dem Befehl von Angra Meinju stehen. Schließlich aber siegt doch das Licht, und die Diener des Guten erlangen in einem verklärten Leib ewige Glückseligkeit. Den Sieg des Guten können seine Diener vorbereiten durch den Anbau der Früchte, aber auch durch die Bekämpfung des Bösen, vor allem der Lüge, in der eigenen Brust. Reiten und die Wahrheit sagen war nach griechischer Überlieferung das Hauptziel bei der Erziehung der jungen Perser. Wer sich rein hält und rein handelt, der wird den Sieg des Guten mit erstreiten helfen, er wird am Jüngsten Tage wiederauferstehen. Der Weltenrichter, der Heiland, wird ihn aufnehmen in die Gemeinschaft des Lichts, in der schon die Engel seiner warten, während die Diener des Bösen in die ewige Finsternis gestürzt werden. Mit solchen Gedanken hat Zoroasters Lehre Einfluß ausgeübt noch bis in ferne Zeiten.

Lange lebten die iranischen Stämme der Meder und Perser in lockerer Abhängigkeit von den Babyloniern und Assyrern. Als im siebten Jahrhundert der große Kimmeriersturm vom Schwarzen Meer her über Asien hinwegbrauste, benutzten die Meder die Gelegenheit zur Losreißung von den Assyrern, und 612 konnte Kyaxares im Bunde mit den Babyloniern Ninive einnehmen. Aber die Meder traten auch den stammverwandten Persern gegenüber als Herren auf. Einem der persischen Großen mit Namen Kyros (560–529), der eine machtvolle und durch seine Persönlichkeit bezwingende Gestalt gewesen sein muß, gelang es, die persischen Stämme zu einigen und sein Volk zu befreien. Er wurde der Schöpfer des persischen Staates. 546

unterwarf er Lydien und das kleinasiatische Griechenland, 539 Babylonien. Im Osten drang er bis zum Indus vor. Als 525 sein Sohn Kambyses bei Pelusion die Ägypter schlug, war ein Reich von einem Umfang entstanden, wie es die Welt bis dahin noch nicht gesehen hatte. Gemäß der ritterlichen Art des persischen Volkes wurden die Unterworfenen schonend behandelt. Ihnen wurden wohl Abgaben und Heeresfolge auferlegt, doch konnten sie weiter ihrer Eigenart und ihrem Glauben leben.

Die Anfänge Roms

In den Jahrhunderten, in denen im Orient mächtige Reiche zusammenbrachen und neue heraufkamen, in denen in Griechenland die ersten Steine zu dem Bau gelegt wurden, den wir das Abendland nennen, in dieser Zeit lebten die indo-europäischen Stämme in Italien ein Dasein noch fern von den großen Erschütterungen, im eigentlichen Sinne geschichtslos. Sie hatten ursprünglich in Süddeutschland, in der Schweiz oder in Frankreich gesessen und waren dann über die Alpen gezogen; andere, wie die illyrischen Veneter oder die sabellisch-umbrischen Stämme, waren gegen Ende des zweiten Jahrtausends mit der großen Wanderungswelle über die See nach Italien getrieben worden. In Norditalien aber war der Boden den Indo-Europäern streitig gemacht worden von dem anatolischen Volk der Etrusker, das um 900 in der Toskana die Indo-Europäer unterworfen hatte und nun in Nord-Italien einen Staat oder vielmehr einen locker zusammenhängenden Bund von Stadtstaaten gründete, der Seeräuberei zugetan, mit einer eigentümlichen Kultur, mit einer besonderen Hochstellung der Frau, mit starken griechischen Einflüssen, auf jeden Fall den indo-europäischen Bauernstämmen an militärischer und geistiger Macht weit überlegen. Diese siedelten in Mittelitalien; ein Streifen ihres Siedlungslandes zog sich an der Ostküste weiter nach Norden herauf. Wie sie im Nordwesten durch die Etrusker abgesperrt wurden, so hatten sich im Süden die dichten Siedlungsgebiete der Griechen in das Land hereingeschoben, und Griechen begannen bereits in Korsika und weiter westlich an den Festlandsküsten zu siedeln, während in Mittelitalien die Bauern noch mühsam mit dem heimischen Boden rangen.

Wir dürfen hier einen Augenblick innehalten und uns fragen, wie die Weltgeschichte verlaufen wäre, wenn die überquellende griechische

Volkskraft in diesen Jahrhunderten von einer einheitlichen Staatsgewalt geformt worden wäre, wenn sie sich entschlossen auf das Ziel der Eroberung und der Besiedlung des westlichen Mittelmeeres gerichtet hätte. Die Kolonisation der Griechen in diesen Jahren macht den Eindruck eines fast unerschöpflichen Reichtums an Begabungen, an Mut, an Unternehmungslust, aber auch an Menschen. Man muß hinzufügen, daß um diese Zeit viele Tausende tapferer Griechen als Söldner in fremden Diensten standen. So bestand das Heer des Königs von Ägypten um diese Zeit zum größten Teil aus Griechen. Eine einheitliche Führung hätte wohl den karthagisch-etruskischen Widerstand überwinden können. Vollends die latinischen, sabinischen und anderen indo-europäischen Bauernsiedlungen in Mittelitalien wären leicht zu unterwerfen gewesen. Ein großes griechisches Reich rings um das Mittelländische Meer hätte entstehen können, und eine römische Geschichte hätte es dann nie gegeben.

Aber die Griechen hätten aufgehört, Griechen zu sein, wenn sie sich diese einheitliche Führung geschaffen hätten. So ist dieses große mittelländische Reich von den Nachkommen jener Bauern geschaffen worden, die zur Zeit des griechischen Mittelalters in Latium siedelten. Einige ihrer Dörfer unmittelbar südlich des Tiber schlossen sich mit anderen, in denen Bauern des verwandten sabinischen Stammes wohnten, zu einer Stadt zusammen, die den Namen Roma erhielt. Ihr Gebiet wurde mit einer gemeinsamen Mauer umgeben. Die spätere Überlieferung hat als Zeitpunkt der Gründung dieser Stadt meist das Jahr 753 angegeben, wahrscheinlich aber ist Rom erst später gegründet worden. Der Platz war wichtig, weil er eine bedeutende Salzstraße deckte und so ein Umschlagplatz zu werden versprach, aber auch weil hier eine Besatzung den Übergang über den Fluß beherrschte. An dieser Stelle erleichterte eine Insel die Anlage einer Brücke für Freund oder Feind. Hier konnte am ehesten ein Angriffsversuch der Etrusker abgewehrt oder doch beobachtet werden.

Aber gerade wegen ihrer Nähe zu dem Gebiet der mächtigen Etrusker sind die Römer früh unter die Herrschaft des nördlichen Volkes gekommen (wenn nicht, wie manche annehmen, überhaupt ein etruskischer Adeliger die Gründung vollzogen hat). Etruskisch sind die Namen der letzten Könige, und nach einer weithin geteilten Annahme ist auch der Name Rom etruskischen Ursprungs. Jedenfalls stand Rom kurz nach seiner Gründung unter fremder Herrschaft. Dem etruskischen König stand zur Seite der Senat, der aus den eingewanderten etruskischen Adeligen wie aus den Häuptern der großbäuerlichen latinisch-sabinischen Familien, den Patriziern, bestand, während die Masse der kleinen Bauern, die Plebejer, zwar frei waren, aber keinen Anteil an der Regierung hatten. Ob die Plebejer mit zu den einwandernden Indo-Europäern gehört hatten oder ob sie Nachkömmlinge der besiegten Ureinwohner waren, wissen wir ebensowenig mit Bestimmtheit, wie wir es bei ihren griechischen Schicksalsgenossen, den Periöken, wissen.

Gegen 500 wurden die Könige gestürzt, und Rom wurde eine Republik. Damit wurde es auch von der Fremdherrschaft befreit. Wir dürfen uns aber vorstellen, daß keine nationale Leidenschaft die Aufrührer getrieben hat; die etruskischen Adeligen blieben auch weiterhin in Rom und Teilhaber der Herrschaft. Wahrscheinlich handelt es sich beim Sturz der Könige um einen Vorgang ähnlich wie in Griechenland: die Vornehmen werden der Oberherrschaft überdrüssig, schränken sie ein und beseitigen sie schließlich.

Die Einflüsse aber der hundertjährigen Etruskerherrschaft sind geblieben. Etruskisch ist die feierliche Würde der obersten Beamten; etruskisch ist die Übung, bei wichtigen Entscheidungen des Staates die Eingeweide der Tiere zu beschauen; etruskisch ist das Rutenbündel mit Beilen als Sinnbild der strafenden und ordnenden Gewalt; etruskisch ist das Wort *amor* für Liebe; etruskisch ist der Triumphzug der Sieger; etruskisch ist, so hat Karl Julius Beloch hinzugefügt, später das Massige im Genuß der Reichen wie der Plebejer, etruskisch sind die grausamen Gladiatorenkämpfe.

Unter der Herrschaft der Könige hat Rom offenbar an Ansehen und Macht inmitten der latinischen Landschaft gewonnen. Auch nach dem Sturze der Könige mußte in Rom das natürliche Bestreben weiterbestehen, Latium unter der vorwaltenden Macht Roms zu einigen. Daß es einmal seine Aufgabe darin sehen würde, ganz Italien zu einem Staatswesen zusammenzufassen, davon träumte damals sicherlich nicht einer der nüchternen Großbauern, die Rom regierten.

Viertes Kapitel

DIE STAATENWELT WÄHREND DER GRIECHISCHEN NEUZEIT

Das Ende des sechsten Jahrhunderts bedeutet eine Wende in der Geschichte des Mittelmeeres. Die Griechen hatten ihren Weg zur vollen Entfaltung ihrer staatlichen und geistigen Kräfte zurückgelegt. Aber die neue Form griechischen Lebens hatte sich sofort auseinanderzusetzen mit der Weltmacht des Ostens. Indem die Griechen dem Kampf nicht auswichen, sondern in ihrer verzweifelten Tapferkeit aufnahmen und bestanden, gaben sie ihrer Art auch für die Nachkommen Gültigkeit und Dauer. Später ist sie vor innerer Gefährdung nicht verschont geblieben, aber inzwischen hatte sie so viel Wirkungskraft gewonnen, daß einige ihrer tragenden Ideen von da an nicht mehr untergegangen sind.

Das Werk des Kleisthenes

Im Jahre 508 stürzte in Athen ein Bündnis der Alkmaioniden mit Sparta die Tyrannis. Die Alkmaioniden waren ein altes und reiches Adelsgeschlecht. Hätte kurzsichtige Klugheit es beherrscht, es hätte wohl versucht, nach dem Siege die alte aristokratische Ordnung wiederherzustellen. Aber ihr Anführer Kleisthenes war ein Mann von ungewöhnlichem Weitblick und nüchterner Kenntnis der Wirklichkeit. Er sah, daß das Vergangene vergangen war, daß das einmal Gewesene nie wiederkehren könne und daß der Adel seinen Einfluß nur in verwandelter Gestalt neu gewinnen werde, nämlich durch den Anschluß an die breiten Massen des Volkes. So wurde er der Begründer der athenischen Demokratie.

Er ließ weiter den Reichen den Zugang zu den obersten Regierungsämtern; Ehre und Ansehen blieben damit beim Adel. Aber in der staatlichen Wirklichkeit wurde das Archontat nur noch zu einer Vollzugsbehörde des Parlaments, das er um hundert Mitglieder vermehrte und so zum Rate der Fünfhundert machte. Hier lag fortan die Hauptmacht in Staat und Verwaltung, die der Rat durch einen Ausschuß ausübte. Den Zugang zu ihm öffnete er allen freien Athenern, den Stadt- wie den Landbewohnern. Kühn und freilich nicht unbedenklich in der letzten Folgemöglichkeit war die Bestimmung, daß der Eintritt in den Rat der Fünfhundert nicht mehr von der Wahl abhängig war, sondern jedem durch das Los zugänglich gemacht wurde, und zwar so, daß der Wechsel in der Zusammensetzung sich schnell vollzog. Ein großer Teil der athenischen Bevölkerung kam also auf diese Weise, wenn auch nur für kurze Zeit, in hohe Macht, aber auch in hohe Verantwortung. Neben dem Rat der Fünfhundert gewann die Volksversammlung gegenüber der Solonischen Zeit dank dem gesteigerten Selbstbewußtsein auch der breiten Schichten an Einfluß. Bei ihr lag die Entscheidung über Gesetze und über Krieg und Frieden.

Die Neuordnung des Kleisthenes zog die entschlossene Folgerung aus dem Wandel der gesellschaftlichen Verhältnisse und aus der Veränderung der Kriegsverfassung in dem letzten Jahrhundert. Aber sie wäre nicht möglich gewesen, wäre ihr Schöpfer nicht von einem Vertrauen in die politische Reife des Volkes getragen gewesen, in dem sich außergewöhnlicher Wagemut enthüllte, da bisher keinerlei politische Bewährungsproben der Massen vorlagen. Das athenische Volk hat in großen Entscheidungen lange das Vertrauen des Kleisthenes gerechtfertigt – bis freilich auf sein Verhältnis zu den großen und verdienten Männern, das einen Blick in bedenkliche Seiten des Volkscharakters enthüllt. Aber erst als ein anderer Alkmaionide seine Schöpfung ins Maßlose trieb, als er die letzten Hemmungen beseitigen half, die Kleisthenes der demokratischen Verfassung noch gelassen hatte, erst da wurde sie zum Unheil für den Staat.

Es muß hinzugefügt werden, daß die athenische Demokratie überhaupt nur so lange im echten Sinne funktionsfähig war, als die Massen die Führung durch die alten Adelsgeschlechter willig annahmen. Dogmatische Strenge in der Auffassung von der Demokratie wird an solcher Feststellung Anstoß nehmen. Aber das Leben gibt selten den Dogmatikern recht. Die Geschichte bestätigt, daß eine neue Staatsform gesicherter ist, wenn sie langsam wächst, wenn sie die Überlieferung an vergangene Zeiten nicht leichten Herzens zertrümmert, wenn sie die einstmals führenden Schichten nicht zerbricht, sondern sie einzubauen unternimmt in die verwandelte Ordnung.

Das Reich des Dareios

Dem durch Kleisthenes verwandelten Staatswesen trat die unbeschränkte Alleinherrschaft der Perser gegenüber. Als Kambyses 524 gestorben war, folgte ihm ein Sprößling aus einer Seitenlinie der Achaimeniden mit Namen Dareios auf den Thron. Vor ihm lag die Aufgabe, das gefährlich schnell eroberte Riesenreich wirklich zu ordnen. Wie ihm diese Aufgabe gelungen ist, das erweist ihn als eine der größten Verwaltungsbegabungen der antiken Welt. Zwanzig Unterfürsten, die von den Griechen Satrapen genannt wurden, regierten die einzelnen Landschaften. Große Straßen verbanden die Hauptorte des Staates. Wenn sie auch vornehmlich militärischen Zwecken dienten, so erleichterten sie doch auch die Verwaltung und gaben zugleich dem Handel neue Möglichkeit. Den einzelnen Bestandteilen des Reiches wurde in echt persischem Geiste weitgehende innere Freiheit und Selbstverwaltung gegeben, und in weiser Achtung vor den Empfindungen seiner Untertanen ließ Dareios überall den Kult der örtlichen Götter unangetastet, zeigte er sogar den einzelnen Gottheiten seinen Respekt. In die oberste Verwaltung berief Dareios neben dem vornehmsten Stande des ganzen Reiches, den adeligen Persern, auch Vertreter der einzelnen Landschaften. Aber auch er konnte dem Gesetz der Herrschaft nicht entgehen, das die Mächtigen oft zwingt, schroffer zu regieren, als sie eigentlich beabsichtigen, wenn sie die beherrschten Gebiete nicht aufgeben wollen. Aufstände warf Dareios mit Härte nieder, und in Jonien begünstigte er die Tyrannen, weil er in ihnen zuverlässige Anhänger seiner Oberhoheit sah.

Mit der persischen Großmut verwoben sich die orientalischen Einflüsse des Selbstherrschertums. Griechisches Freiheitsbewußtsein spürte, wie schon das Hofzeremoniell des Königs seine Untertanen zu Knechten stempelte. Griechischem Empfinden widersprach auch der ungeheure Harem, mit dem der König von einer Residenzstadt zur anderen zu ziehen pflegte. Die gerade zum Siege durchbrechende demokratische Staatsauffassung mußte den Unterschied zu der persischen Verfassung auf das schroffste empfinden, da hier der Wille eines einzelnen über Millionen gebot, sie in Krieg, Tod und Verderben führen durfte.

Und schließlich wurde alle griechische Anschauung widrig berührt von Religion und Kunst des Barbarenreiches. Wie schon sein riesiger Umfang dem Hellenen unheimlich vorkommen mußte, der an überschaubare Gemeinwesen gewöhnt war, so mußten ihm auch die ferne thronenden Baale fremd und feindlich erscheinen, da seine

Götter den Menschen nahe waren, auch wo sie zürnten. Die Kunst all der Völker des persischen Reiches besaß nichts von der hoheitsvollen Anmut, die um diese Zeit bereits den griechischen Schöpfungen eignete. Und von dem frei schaffenden Geist, der sich im sechsten Jahrhundert in der griechischen Wissenschaft so reich entfaltet hatte, war kein echtes Gegenstück im Perserreich zu entdecken. Zwei Welten waren es, nicht nur zwei Machtbereiche, die einander gegenüberstanden. Die Griechen sind sich der klaffenden Unterschiede immer bewußt gewesen, und die stolze Erkenntnis des eigenen Anders- und Höherseins hat ihre Kraft in dem Kampf beflügelt, der sich bald als unvermeidlich erwies.

Marathon

Als die Perser die kleinasiatische Küste genommen hatten, waren sie aus einer Landmacht eine große Seemacht geworden, da ihnen fortan die jonischen und die phönikischen Geschwader dienten. Wir dürfen annehmen, daß sich der Blick ihrer Könige bereits früh auf das griechische Mutterland richtete. Erst mit der Inbesitznahme der gegenüberliegenden Küste wäre vollendet worden, was mit der Eroberung Joniens begonnen hatte, erst damit wäre das persische Reich abgerundet gewesen. Als Dareios einen Zug gegen die unruhigen Stämme der Skythen an der Donau führte, sollte das Unternehmen wohl auch dem Zweck dienen, bei einem künftigen Angriff gegen Griechenland die Nordflanke zu decken. Der Stoß traf in die Leere der weiten Steppen, aber die thrakische Chersonnes, die heutige Halbinsel von Gallipoli, wurde gewonnen.

Mit dem Besitz der wichtigen Handelsstraße ins Schwarze Meer aber störte Persien nicht nur den Handel des griechischen Mutterlandes, sondern auch der kleinasiatischen Jonier. Mit ihrer Verbitterung darüber mag sich der Ehrgeiz einiger örtlicher Führer verbunden haben. So erhoben sich die kleinasiatischen Griechen gegen die persische Oberherrschaft. Sie baten das Mutterland um Hilfe. Aber Sparta lehnte ab. Es entsprach der beharrenden, vor jeder Berührung mit dem Ausland zurückweichenden Art der spartanischen Staatsführung, daß ihre Außenpolitik gewöhnlich schwerfällig und zögernd war und vor größeren Unternehmungen zurückschreckte. Nur Athen und Eretria schickten Hilfe, aber sie war schwach genug. Dazu fochten die kleinasiatischen Griechen planlos. So konnte der Aufstand niedergeworfen werden. Die größte Stadt Joniens, Milet, wurde dem Erdboden gleichgemacht, die Bevölkerung teils hingemordet, teils an den Euphrat verschleppt. In seinem Zorn nahm auch der Perserkönig die Züge des orientalischen Despoten an.

Die Hilfe Athens für die Rebellen muß ihn in seiner Absicht noch bestärkt haben, das festländische Griechenland zu unterwerfen. Die Mühe stellte er sich wohl nicht groß vor, namentlich nachdem er das reiche Jonien noch eben niedergezwungen hatte. Ein loses Bündel von Stadtstaaten nur, mit Handwerkern und Bauern als Soldaten, war damals Griechenland; nur Sparta galt als militärisch vollwertig; wie sollte es dem Riesenreich mit den besten Truppen der Welt nicht gelingen, die Griechen niederzuringen?

So war das persische Heer nur klein, das im Jahre 490 in Griechenland erschien. Die Athener waren dennoch in einer schwierigen Lage, da das angekündigte spartanische Hilfsheer noch nicht heran war. Das Geschick aber hatte den Athenern in Miltiades, einem Abkömmling adligen Geschlechts, eine der größten Feldherrnbegabungen der Geschichte geschenkt. Er wußte bei Marathon das Gelände des Schlachtfeldes ebenso geschickt auszunutzen wie den einzig richtigen Augenblick des Angriffs in dem dichten Pfeilhagel der Perser zu bestimmen. Als die schwer bewaffneten athenischen Hopliten einmal an die Perser herangekommen waren, konnten die Gegner geworfen und auf ihre Schiffe zurückgedrängt werden.

Themistokles

Dareios dachte nicht daran, seinen großen Plan aufzugeben um einer Schlacht willen, die in seinen Augen nur die Bedeutung einer leichten Schlappe hatte. Er erkannte jetzt, daß er einer größeren Streitmacht bedürfe. In den Vorbereitungen für den neuen Krieg starb er und hinterließ die große Aufgabe seinem Sohne, den die Griechen Xerxes nannten.

Wären die Perser bereits im Jahre 490 mit einer großen Heeres- und Flottenmacht erschienen, so wäre Griechenland wohl verloren gewesen. Die Unterschätzung der Griechen durch Dareios vor der Schlacht bei Marathon war einer der großen Irrtümer der Politik, die von weittragenden Folgen begleitet gewesen sind. Denn so erhielt der große Themistokles noch gerade so viel Zeit, daß er sein Vaterland zu retten vermochte.

Er war aus einer altadeligen Familie, wenn auch nicht aus einer so fürstengleichen, wie es die Alkmaioniden waren. Aber das politische Mittel für seine außenpolitischen Ziele war die Demokratie. In dem Jahrzehnt nach Marathon kam sie in Athen zur Vollendung. Noch blieben die Stellen der höchsten Beamten, der Archonten, weiter den Reichen vorbehalten, aber nun wurden auch die Archonten wie der Rat der Fünfhundert nicht mehr gewählt, sondern durch das Los bestimmt. Dadurch mußte ihr Ansehen weiter gemindert werden. Wer seine Erhebung nur dem Zufall des Loses verdankt, hat natürlicherweise in seinem Amte nicht soviel Ansehen wie der Gewählte, der sich auf das Vertrauen seiner Mitbürger berufen kann.

Bereits Sokrates hat darüber gespottet, daß man die Leitung der staatlichen Geschicke dem Zufall anvertraue, und unter den Modernen findet man häufig ein ähnliches Kopfschütteln. Nun entspricht aber die Bestimmung der leitenden Männer durch das Los einem Grundzug der Demokratie, der Überzeugung nämlich, daß im Grunde ein Mann so gut sei wie der andere. Im übrigen hatte der Rat immer das Recht, Unwürdige auszuschließen, die neu hinzutreten wollten. Und die athenischen Bestimmungen machten zum mindesten die aufreizenden und oft unwürdigen Wahlkämpfe unmöglich, in denen die Modernen ihre Volksvertreter bestimmen und die in dem ohnehin zu leidenschaftlichen Auseinandersetzungen neigenden Athen doppelt gefährlich gewesen wären. Wenn wir schließlich erwägen, was bei unserer Art zu wählen in den Jahren 1930 bis 1933 in das Parlament gekommen ist, so haben wir kaum Anlaß, über das Verfahren der Athener zu lächeln.

Ein einziges Amt blieb aber unberührt von der neuen Bestimmung, daß das Los die Ernennungen bestimme. Das war das Amt der Strategen, der militärischen Befehlshaber. Die Athener schreckten davor zurück, in der Schlacht Leib und Leben den Anordnungen eines zufällig nach oben berufenen, womöglich militärisch ganz unerfahrenen Mitbürgers anzuvertrauen. Sie zogen es vor, sich weiter durch Männer ihres ausdrücklich bekundeten Vertrauens im Kampfe führen zu lassen. Diese Ausnahmestellung gab natürlicherweise den Strategen ein unvergleichlich höheres Ansehen als den anderen Beamten, so daß sie schließlich in die Rolle der eigentlichen Lenker auch der politischen Geschicke hineinwuchsen. Ehrgeizige und tatkräftige Männer strebten vor allem nach diesem Amt; als sein Inhaber regierte später Perikles den Staat.

Eine eigentümliche Waffe im Kampf gegen Machtansprüche großer Herren entwickelte die athenische Demokratie schließlich durch den Ostrakismos. Wenn die Mehrheit der Volksversammlung den Namen eines Politikers auf Tonscherben (griechisch *ostrakon*) schrieb, so mußte der solcherweise Verurteilte für zehn Jahre außer Landes gehen, ohne daß er aber in seiner Ehre und in seinem Vermögen geschädigt wurde. Der Ostrakismos war als Mittel gedacht, die Gleichheit der Athener zu erhalten, wurde aber ein Mittel in der Hand des großen Einzelnen, die Rivalen niederzukämpfen, die seinem Ziele entgegenstanden. Dieser große Einzelne war jetzt Themistokles.

Schon früh war in ihm der kühne Plan gereift, Athen aus einem Bauern- und Handwerkerstaat zu einem Handelsstaat zu machen, so der persischen Seemacht entgegenzutreten und die Stadt zu neuer hoher Blüte emporzuführen. Aber die der Beharrung zuneigenden Kreise schreckten vor dem verwegenen Plan zurück. Zu den Gegnern des Themistokles gehörte auch Miltiades, der von dem Ruhm des Retters des Vaterlandes umgeben war. Aber das Leben des Siegers von Marathon scheiterte in jähem und tragischem Zusammenbruch. Er bereitete einen Zug nach dem perserfreundlichen Paros vor, gewann dafür auch die Unterstützung der nach Beute lüsternen Athener, wurde aber zurückgeschlagen. Wütende Enttäuschung wandte sich nun gegen ihn. Seine Gegner, die Alkmaioniden, brachten ihn vor Gericht. Wohl sprach dies die im Ernst beantragte Todesstrafe nicht aus, aber es verurteilte ihn wegen Betruges zu einer Geldentschädigung von fünfzig Talenten, einer für die damalige Zeit fast unerschwinglichen Summe. Wenige Wochen später starb er, wahrscheinlich im Schuldgefängnis, an einer Wunde, die er im letzten Feldzug erhalten hatte. Der athenische Demos hatte eine seiner dunklen Seiten gezeigt. Jedes Volk hat das Recht, sich auch von verdienten Männern zu trennen, wenn es ihnen nicht mehr folgen will. Aber der schwarze Undank, mit dem Athen so viele seiner großen Männer verfolgt hat, trübt das Bild dieses begabtesten Stammes der Griechen.

Auch die mächtigen Alkmaioniden, die sich der weiteren Demokratisierung widersetzt hatten, mußten vor dem Spruch der Tonscherben weichen. Dann wandte Themistokles das Mittel gegen seinen gefährlichsten, weil lautersten und darum geachtetsten Gegner, gegen Aristeides, den Wortführer der Konservativen. Als auch dieser verbannt war, konnte Themistokles darangehen, sein großes Werk zu vollenden. Er überredete die Bürgerschaft, die Erträgnisse neuer Silberbergwerke bei Laurion nicht mehr wie bisher an das Volk zu verteilen, sondern sie zum Bau einer Schlachtflotte zu verwenden.

Mit der Flotte gewann Athen nicht nur eine Verstärkung seiner Kriegsmacht in dem Sinne, daß es nun auch den zweiten Wehrmachtsteil besaß. Es verdoppelte zugleich die Zahl seiner Streiter. Die Ärmeren unter der athenischen Bevölkerung konnten in der Phalanx nicht mitfechten, da sie das Geld zum Kauf der schweren Rüstung nicht besaßen. Jetzt reihte Themistokles sie als Ruderer in die Flotte ein und gewann so unter den Schichten entscheidende Helfer für den Krieg, die bisher höchstens Leichtbewaffnete für Geplänkel gestellt hatten. Das Werk des Themistokles bedeutete ein weiteres Stück auf dem Wege zur vollen Demokratie. Die Ärmeren, die Mitfechter und Mitträger der kriegerischen Entscheidung wurden, gewannen auch in der Volksversammlung und im Rate größeres Selbstvertrauen und hatten eher den Mut, sich gegen die Reicheren durchzusetzen.

Salamis

Im letzten möglichen geschichtlichen Augenblick hatte Themistokles die rettende Tat vollbracht. Im Jahre 480 wälzte sich nun wirklich ein mächtiges persisches Heer gegen Griechenland heran, die eine Hälfte zu Lande, die andere auf den Transportschiffen. Und wie das Mutterland, so war auch das überseeische Griechentum in der höchsten Not. Xerxes hatte den Krieg auch diplomatisch sorgsamer vorbereitet als sein Vater. Gleichzeitig mit den Persern im Osten gingen im Westen die verbündeten Karthager vor. Ihr Ziel war es, die Machtstellung der sizilischen Griechen zu zertrümmern. Das ganze Griechentum war in eine stählerne Zange von furchtbarer Kraft genommen. Mit einem einzigen Schlage sollten nach Mommsens Wort Freiheit und Zivilisation auf der Welt vernichtet werden.

Der Krieg im Mutterland begann mit Niederlagen. Bei Artemision konnte die griechische Flotte den Gegner nicht aufhalten und mußte sich in den Saronischen Meerbusen zurückziehen. Dem persischen Landheer sollten dreihundert Spartiaten unter Leonidas und einige Tausend Bundesgenossen im Paß der Thermopylen den Zugang in das eigentliche Griechenland versperren. Aber der Paß wurde umgangen. Stolz verschmähte Leonidas mit seinen Dreihundert und siebenhundert Phokiern den Rückzug. Die Verteidiger fielen bis auf den letzten Mann, „wie das Gesetz es befahl". Leonidas hat sich wohl davon bestimmen lassen, daß man dem Feinde nicht erlauben dürfe, ohne Schwertstreich in Griechenland einzufallen. Aber es war nach spartanischer Anschauung auch unmöglich, daß ein König, der auf dem Schlachtfeld gewichen war, nach Sparta zurückkehrte.

Die Lage der Griechen war ernst, die Ratschläge des Themistokles schienen widerlegt. Er hatte nicht nur zu kämpfen gegen Xerxes, den zu besiegen er sich gewiß immer noch zutraute, sondern auch gegen die Mutlosigkeit und Enge bei seinen Landsleuten. Die Perser hatten nach der Niederwerfung des jonischen Aufstandes, so hart sie auch die Führer des Aufstandes züchtigten, doch die Götter der Überwundenen klug geschont, die zerstörten Tempel aufbauen helfen und mit der mächtigen Priesterschaft des Apollon von Delphi Verbindungen angeknüpft. Jetzt riet das Orakel zu Delphi den Griechen, den Kampf aufzugeben. Das war fahrlässiger Landesverrat, der es Themistokles erschwerte, seine Landsleute mitzureißen. Dazu kam die jeder kühnen Strategie feindliche Haltung der Spartaner, die von ihm forderten, er solle die Flotte noch weiter südlich entsenden, die Küsten der Peloponnes zu schützen. Und schließlich waren auch die Athener nicht zu bewegen, ihr Heil nur noch der Flotte anzuvertrauen, auf die Verteidigung des attischen Landes gegenüber der überlegenen feindlichen Landmacht zu verzichten, die Stadt aufzugeben und sie der Zerstörung zu überlassen. Wie es dem Themistokles gelang, aller dieser Hindernisse Herr zu werden, wie er seine Landsleute überredete, das Äußerste zu tun, wie er dabei in dämonischer Bedenkenlosigkeit ihren religiösen Glauben und Aberglauben ausnutzte, ein Gewissenloser aus Vaterlandsliebe, wie er dann den spartanischen Mitadmiral für seine Ratschläge gewann und schließlich Xerxes überlistete, daß dieser bei Salamis in die taktische Falle ging, dies alles kennzeichnet ihn als einen der wenigen ganz Großen der Geschichte. So konnte er seinen stolzesten Tag erleben, als die persische Flotte bei Salamis 480 von der griechischen geschlagen wurde und jeden Landungsversuch aufgeben mußte.

Im gleichen Jahr rettete Gelon von Syrakus auch im Westen das Griechentum. Bei Himera wurden die Karthager geschlagen. Für lange Zeit war die Bedrohung von dem griechischen Teil der Insel abgewendet.

Als dann im folgenden Jahr (479) das persische und das griechische Landheer bei Plataiai aufeinanderstießen, fehlten den Persern immerhin die Truppen, die sonst auf den Schiffen übergesetzt worden wären. Auch so noch war das Kräfteverhältnis ungünstig für die Griechen. Aber ihr Befehlshaber, der Spartaner Pausanias, zeigte sich der Feldherrnbegabung des Miltiades ebenbürtig, und wieder entschied der Stoß der gepanzerten Hopliten die Schlacht. Noch im gleichen Jahr vernichtete eine griechische Flotte die persische endgültig bei Mykale an der Küste Kleinasiens. Die kleinasiatischen Griechen lösten sich von den Persern, und bald war das ganze Griechentum Kleinasiens befreit.

Immer haben die Menschen empfunden, daß in diesen Schlachten Ungeheures geschehen war. Die Überklugheit unserer Tage freilich hat auch vor den Siegen der Griechen in den Perserkriegen nicht haltgemacht. Eigentlich habe sich nichts Bedeutendes ereignet, hat man gemeint, und man dürfe nicht davon reden, daß die Griechen ihr Wesen und ihre Freiheit gerettet hätten. Der griechische Geist habe längst seine Hauptstätte im jonischen Kleinasien gefunden, und dort hätten ihn auch die persischen Oberherren sich ungestört entfalten lassen. Im übrigen würden selbst nach Niederlagen die Griechen sich doch eines Tages wieder befreit haben. Aber die Freiheit des Geistes bedarf doch auch der nationalen Freiheit, und eine persische Oberherrschaft über Griechenland hätte bald auch den griechischen Geist gebrochen. So wurde damals nicht nur die nationale Freiheit der Griechen gerettet, sondern der freie, aus eigener Verantwortung handelnde, nicht dem Joche der Mächtigen unterworfene Mensch.

In den letzten Jahrzehnten ist unter den deutschen Gebildeten eine Betrachtung aufgekommen, die unmutig das Studium der Kriegsgeschichte als nicht geistig vollwertig und als eine im Grunde öde Beschäftigung betrachtet. Aber diese Auffassung hält vor der Wirklichkeit nicht stand. Es gibt kaum etwas Dramatischeres, als zu sehen, wie sich geistige und soziale Entwicklungen langer Zeiten an einem einzigen Schlachttage verdichten, wo sie in großen Feldherren und in namenlosen Kriegern Gestalt gewinnen, und wie diese Schlachten nun wieder Wirkungen ausüben auf Jahrhunderte. Von keinen Kämpfen aber gilt dies mehr als von denen bei Salamis, Himera und Plataiai.

Das Ende der Sieger

Selten freilich ist auch das Ende von siegreichen Feldherren in so erschütternder Tragik verlaufen wie das der beiden Männer aus dem Mutterland, die ihr Land und damit die ganze freie Welt gerettet hatten. Pausanias verstimmte die Bundesgenossen wie die eigenen Mitbürger schon bald nach dem Siege durch sein hochfahrendes Wesen. Dann machte er die Spartiaten, die er eben noch geführt, zu erbitterten Gegnern, als sichtbar wurde, daß er sich mit Plänen des völligen Umsturzes trug. Seine letzten Absichten schimmern nur undeutlich aus der Überlieferung, in der seine Feinde sein Bild verdunkelt haben. Es scheint, daß er Sparta völlig verjüngen, auch den bisher Minderberechtigten die Teilnahme am Staate gestatten, ja sogar die Heloten befreien wollte. Persönlicher Ehrgeiz war sicherlich beteiligt an seinem innenpolitischen Programm. Er wollte wohl aus dem Ehrenamt wieder ein in Wahrheit königliches Amt machen. Er durfte damit rechnen, daß ihm als dem Urheber der Umwälzung, dem Zehntausende von Mitbürgern zu Dank verpflichtet gewesen wären, die volle herrscherliche Macht zugefallen wäre. Kein Zweifel bleibt es dennoch, daß, hätte er gesiegt, er damit seine Stadt zum zweitenmal gerettet hätte, diesmal vor der inneren Schwächung, die sie später betroffen hat. Kein Zweifel aber auch, daß alle Hüter der alten Ordnung, die den Spartanern von göttlicher Natur zu sein schien, nun gegen ihn aufstehen mußten. Sie begnügten sich nicht mit der Anklage des Hochverrats, sie erfanden auch noch landesverräterische Verbindung des Pausanias mit den Persern, und sie brachten ihn damit zu Fall. Er hatte die Kräfte des gewachsenen spartanischen Kosmos, er hatte den Widerstand des Alten unterschätzt, und darum war sein Sturz begreiflich. Aber es wirft ein düsteres Licht auf das Verhältnis der Griechen gegenüber ihren großen Männern, auf welche Weise er sein Ende fand: dem Flüchtling im Tempel der Athene ließen die Ephoren die Zugänge vermauern und überantworteten ihn so dem Tode durch Hunger.

In seinen Sturz wurde auch Themistokles verwickelt. Dessen Volkstümlichkeit war wohl bereits gebrochen, als die Athener nach den Siegen heimkehrten und nun die zerstörte Stadt vorfanden. Sie hatten Freiheit, Leben, Grundbesitz gerettet; aber ihr Wankelmut begann zu fragen, ob der Preis nicht zu hoch gewesen sei, den sie hatten bezahlen müssen. Noch erlaubten sie dem Themistokles eine neue helfende Tat für seine Stadt. Sparta hatte Einspruch gegen die geplante Befestigung Athens erhoben, Themistokles eilte nach Sparta und hielt die eifersüchtigen Bundesgenossen so lange hin, bis der Bau der Mauer vollendet war. Aber immer mehr sank sein Ansehen, weil seine Erscheinung seinen Mitbürgern immer unheimlicher wurde. Auch bei ihm heben sich die Umrisse seiner letzten Ziele nur schattenhaft aus der verzerrenden Überlieferung. Aber so viel dürfen wir erkennen, daß er die Auseinandersetzung mit Sparta um die Führerschaft in Griechenland für unvermeidlich hielt, daß er alle Kräfte Athens dafür zusammenballen wollte, daß er aber dann dem unter athenischer Führung geeinigten Griechenland große Aufgaben in der Ferne zuschrieb. Er scheint bereits Verbindungen mit dem Westen angeknüpft zu haben. Schwebte ihm das große griechische Reich rings um das Mittelländische Meer vor?

Aber mit so weit ausgreifender Kühnheit mußte er alle erschrecken, die an der Waffenbrüderschaft mit Sparta festhalten wollten, die auch für Athen nur behutsam vorgehen wollten, und er mußte sie in die Arme seiner konservativen Gegner treiben. Es war gewiß nicht nur Enge des Herzens und des Geistes, an der Themistokles scheiterte. Für die frommen Athener war der Sieg über den mächtigen Großkönig ein Sieg über die Hybris, die Selbstüberhebung, gewesen, über die größte Sünde also, fast die einzige, die den Griechen bekannt war. Wollte nicht jetzt der Verwegene sie in die gleiche Schuld treiben? So wandte sich die Waffe des Scherbengerichts, mit der er in den achtziger Jahren an die Spitze Athens gekommen war, gegen ihn selber. 471 wurde er verbannt.

Sein rastloser Geist war besiegt, nicht vernichtet. Er wandte sich nach Argos, der alten Rivalin Spartas aus der Peloponnes. Von hier schmiedete er neue Pläne gegen Sparta. Aber den gefährlichen Gegner trafen die Ephoren schwer und nun endgültig, als sie behaupteten, in dem Verfahren gegen Pausanias sei auch die Mitschuld des Themistokles an den landesverräterischen Umtrieben mit den Persern erwiesen. Spartanische und athenische Behörden vereinigten sich gegen ihn, er wurde in Abwesenheit zum Tode verurteilt, die Häscher hetzten ihn durch ganz Griechenland, bis er schließlich tat, wozu die Unversöhnlichen ihn getrieben hatten: er ging zum persischen König. Der Nachkomme des von ihm Besiegten war großmütiger als das Volk, das er gerettet hatte. Als Lehnsherr von Magnesia starb der Sieger von Salamis, als ein freier Mann. Aber wer in seinen letzten Jahren in sein Herz hätte schauen können, der hätte darin wohl die fressende Bitterkeit und Verzweiflung bemerkt.

Eine rührende Legende berichtet, seine Freunde hätten seine Gebeine geholt und in der Nacht in der Erde seiner Heimat begraben, jener Heimat, die es ihm nicht hatte verzeihen können, daß er ihre Größe so sehr gewollt hatte.

Wenn gesagt wird, die Griechen seien für den Politiker das entscheidende Volk, dann deshalb, weil sie zuerst alle bewegenden politischen Ideen verkörpert haben, weil sie alle Richtungen und Kämpfe, alle möglichen Siege und Niederlagen bereits vorgebildet haben. Aber wahrlich darf jene Feststellung nicht so verstanden werden, als sei die Polis in dem Sinne klassisch gewesen, daß sie ein Muster für kommende Zeiten dargestellt habe, daß man sich unbedingt nach ihrem Vorbilde zu richten habe. Umgekehrt könnte man eher sagen, daß die alten Griechen den neueren Völkern oft genug die Lehre gegeben haben, wie man eine Politik nicht machen dürfe. Es gehört zu den fesselndsten Eindrücken, die unerschöpfliche Fülle an bedeutenden Begabungen zu sehen, die Griechenland im fünften Jahrhundert in verschwenderischer Fülle hervorbrachte. Es gehört zu den niederdrückendsten Empfindungen, wenn man sieht, wie sich ihr Volk ihnen gegenüber verhielt.

Das Zeitalter des Kimon

Athen hatte seinen großen Staatsmann verjagt, aber noch lange genoß es die Früchte seiner Taten. Nach Salamis richteten die befreiten Hafenstädte an die Führerin der griechischen Seemacht die Bitte, mit ihnen eine gemeinsame Verteidigung aufzubauen. So entstand der Seebund, der mit seinen großen Flotten und der blühenden Wirtschaftskraft seiner Glieder eine gewaltige Macht darstellte. Als Sitz der Bundesleitung wurde Delos bestimmt, wo auch die Bundeskasse untergebracht war, aber Athen war die unbestrittene Vormacht des Bundes. Es wuchs an Ansehen und Stärke noch, als viele der kleineren Bündner im Vertrauen auf die Kraft und die Gerechtigkeit Athens nicht mehr eigene Kriegsschiffe bauten, sondern nur noch die Gelder dafür zahlten, mit deren Hilfe dann die athenische Flotte verstärkt wurde. Daß Athens moralisches Ansehen so groß war bei den Bündnern, verdankte es freilich dem Gegner des Themistokles, dem aus der Verbannung heimgekehrten Aristeides, der mit unbedingter Rechtlichkeit die Verhältnisse des Bundes ordnete.

In der athenischen Innenpolitik schwankte lange die Waage der Herrschaft zwischen Konservativen und Demokraten. Der Zusammenbruch der Stellung des Themistokles brachte dessen Gegner an die Macht. An ihrer Spitze stand Kimon, der Sohn des Miltiades, ein Adliger also, ein Ritter ohne Furcht und Tadel, ein glänzender Feldherr, dazu wegen seines Wesens beliebt. Er war anders als Themistokles ein überzeugter Anhänger des Zusammengehens von Athen und Sparta. Aber gerade ihren Freund halfen die Spartaner stürzen. Als in Messenien ein Aufstand der geknechteten Heloten ausgebrochen war, kam auf ihren Hilferuf Kimon mit einem Heere. Die Spartaner, in denen ein tiefes Mißtrauen gegen alle Athener lebte, schickten ihn wieder zurück, ehe er eine Schlacht hatte schlagen können. Das bedeutete das Scheitern seiner Politik, und so vertrieb ihn das Volk der Athener mit dem Scherbengericht. Von da an war bittere Feindschaft zwischen den beiden größten Staaten Griechenlands, die eben noch innerhalb der Eidgenossenschaft den Freiheitskampf gegen die östliche Unterdrückung angeführt hatten.

Glanz um Perikles

Kimons Sturz gab seinen demokratischen Gegnern die volle Gewalt, den Staat nach ihrem Willen einzurichten. Schon während Kimons Abwesenheit in Messenien war Ephialtes, der Führer der Demokraten, daran gegangen, das letzte Bollwerk der Konservativen seiner Macht zu entkleiden. Das war der Areiopag, die Versammlung der früheren höheren Beamten, eine Art Oberhaus also, das immer noch die Aufsicht über die Bürger, die Gesetzgebung und die Gerichtsbarkeit hatte. Wohl war auch sein Ansehen gesunken, seitdem die Archonten durch das Los bestimmt wurden, aber schon die Tatsache, daß in ihm Männer von einiger Regierungserfahrung saßen, und dies lebenslänglich, ließen ihn als einen Hort der Bedächtigkeit und des Beharrens erscheinen. Ephialtes und Perikles nahmen ihm die Aufsichtsrechte und ließen ihm nur noch die Urteile über schwere Verbrechen, die Blutgerichtsbarkeit. Sonst aber ging die Gerichtspflege ausschließlich an die sechstausend Geschworenen über, die alle durch das Los gewählt wurden. Dem Mittelstand aber wurde nun auch der Weg ins Archontat geöffnet.

Ephialtes fiel durch die Hand eines Mörders; so sehr haßten die Konservativen den Führer der Gleichheit aller Bürger. Mit seinem Tode fiel die Führung der Demokraten und des Staates nur einem noch entschlosseneren Vorkämpfer der Demokratie zu, dem jungen Perikles. Er setzte den letzten entscheidenden Schritt durch, daß allen Geschworenen und allen Abgeordneten des Rates, überhaupt allen für den Staat Tätigen, ein Tagegeld gezahlt wurde. Die Entschädigung war nicht höher als das Tageseinkommen eines ärmeren Bürgers, aber nun erst wurde jedem Athener die dauernde Teilnahme an den Staatsgeschäften ohne Schaden möglich, wurde damit auch der Durchschnittsathener zum Berufspolitiker und zum Richter aus Leidenschaft.

Bis kurz vor seinem Tode blieb dann Perikles der leitende Staatsmann Athens. Er war ein Großneffe des Kleisthenes, also ein Adliger aus dem reichen Geschlecht der Alkmaioniden. Die Regierung in Athen war unter ihm nach dem berühmten Wort des Thukydides nur dem Namen nach eine Volksherrschaft, in Wirklichkeit stand sie unter der Herrschaft des „besten Mannes“. Immer wieder ließ er sich zum Strategen wählen und übte von diesem angesehensten Amte seinen Einfluß auf die Staatsgeschäfte aus. Aber seine beherrschende Macht verdankte er nicht nur diesem Amt, sondern dem alten Ansehen seines Geschlechts, der klugen Beispielhaftigkeit seiner Lebensführung, vor allem aber der mitreißenden Kunst seiner Rede in der

Volksversammlung, mit der er immer wieder die Widerstrebenden bezwang und die Menge zu entscheidenden Entschlüssen und Taten bewog.

Das perikleische Zeitalter ist schon den Griechen als klassisch in dem Sinne des Unübertrefflichen und Vorbildlichen erschienen. Und wirklich ist kaum ein Zeitalter der Geschichte denkbar, in dem sich staatliche Machtentfaltung, wirtschaftlicher Aufschwung und geistige Blüte so vollkommen vereinigt haben. Athen war nun unbestritten die erste Seemacht des Mittelmeeres und konnte es wagen, den Krieg gegen die Perser fortzusetzen, auch wenn die Spartaner sich eifersüchtig oder ängstlich fernhielten. Der Handel dehnte sich mächtig aus, die überschüssige Bevölkerung wurde jenseits des Meeres angesiedelt, aber die Bewohner der neuen Städte blieben, anders als bei früheren Koloniegründungen, athenische Bürger. Die Lebenshaltung erreichte gewiß nicht orientalischen Luxus, doch war sie für den einfachen Bürger höher als früher und später in der antiken Geschichte Athens. Und jetzt erhoben sich auf der Burg von Athen die neuen Bauten, den Göttern geweiht und doch zugleich Ausdruck edlen Nationalstolzes, in ernster Würde oder in heiterem Glanze. Auch wer sich nicht bereit findet, in dem Griechentum schlechthin das Vorbild für Staat und Geist zu sehen, vermag des ehrfürchtigen Schauers nicht zu wehren, wenn er sich unter dem blauen Himmel Griechenlands den im Zerfall doppelt ehrwürdigen Marmortrümmern der Akropolis nähert.

Unten in der Stadt wirkten zu dieser Zeit Aischylos, Sophokles und Euripides, die größten Tragiker, die der abendländische Geist bis zur Heraufkunft Shakespeares gesehen hat. Herodot, der „Vater der Geschichtsschreibung", begann sein Werk; ihn löste später das Genie des Thukydides ab. Pheidias, der Freund des Perikles, schuf seine Bildwerke voll stummer Hoheit. Athen, nicht mehr das kleinasiatische Joniertum, wurde der geistige Mittelpunkt der griechischen Welt. Hier sammelten sich auch die meisten der großen Denker, die das jonische Werk der Befreiung des menschlichen Geistes zu Ende führten. In ihnen wurde freilich auch die Gefahr sichtbar, die allen freiheitlichen Bewegungen innewohnt, wenn sie die letzten Schranken zertrümmern und die letzte Scheu vor dem Unbegreiflichen ablegen. Indem die Sophisten den Menschen zum Maß aller Dinge erklärten, indem sie der Vernunft erlaubten, ein rechnendes und spitzfindiges Spiel zu treiben, halfen sie den Glauben an die Wahrheit überhaupt zerstören. Eine so glanzvolle und so hemmungslose Erscheinung wie Alkibiades ist ohne sophistischen Einfluß nicht denkbar; und Alkibiades wurde im Hause seines Oheims Perikles erzogen...

In den Sophisten wurde schon vielen Mitlebenden sichtbar, welche Gefahren die Freiheit in sich bergen kann, wenn sie keine höhere Verantwortung mehr anerkennt. Schon die zeitgenössischen Lustspieldichter haben aber auch bemerkt, welche Gefahren in der Hemmungslosigkeit auch der politischen Freiheit liegen. Perikles hat sie nicht vermeiden wollen, sondern sie entfesseln helfen. Und darum zeigt der strahlende Bau des athenischen Staates unter ihm dem Nachdenklichen schwere Risse, die nach seinem Tode zum Einsturz des Gebäudes athenischer Machtentfaltung führten.

Hinter den von Perikles durchgesetzten Tagegeldern stand die große sittliche Idee, daß niemand wegen seiner Armut davon ausgeschlossen werden solle, am Staate teilzunehmen, an seiner Entwicklung mitzuarbeiten, den Lauf der Ereignisse mitzubeeinflussen. Der alte Solonische Wunsch, daß der Staat im Bürger sein Dasein wiederfinde, schien nun erfüllt.

Aber wer die Welt und die Menschen kannte, hätte wohl erschrecken müssen vor der Neuerung, und er hätte Perikles warnen müssen — hätte der „Olympier", wie ihn die Komödie halb spöttisch, halb ehrfürchtig nannte, auf Warnungen noch gehört. Wohl ist es Recht und Ordnung, daß der Staat einer kleinen Schicht die Möglichkeit gibt, ihr Leben nur noch der Politik zu widmen. Aber wenn die halbe Bürgerschaft auf Staatskosten lebt, so wird das Gemeinwesen krank. Die sechstausend Geschworenen, fünfhundert Ratsherrn, tausend Wachsoldaten, sechzehnhundert Bogenschützen, siebenhundert Kommissare, dazu die Besatzungen bei den Bundesgenossen, dies zusammen waren etwa zwanzigtausend Mann bei einer Bevölkerung von etwa zweiundvierzigtausend Vollbürgern.

War es ein Wunder, daß sich nun alles zu den Ämtern drängte, wo das Leben farbiger und abwechslungsreicher war als bei der eintönigen Arbeit in der Werkstatt? Den „Ausbau der Futterkrippe" nennt Ulrich Kahrstedt mit einem unfreundlichen, aber allzu treffenden Wort die Verfassungsneuerung des Perikles; man wird hinzufügen müssen, daß namentlich die Tätigkeit bei den Gerichten von den Athenern nicht nur um des Geldes willen, sondern aus wirklichem Vergnügen ausgeübt wurde. Sie suchten dabei mehr das erregende Schauspiel, als daß sie der Gerechtigkeit zu dienen bereit gewesen wären. Einen unsympathischen Reichen zu demütigen, sich von dem rednerischen Pathos eines Angeklagten oder eines Anklägers berauschen zu lassen, der Rührung beim Anblick einer weinenden Frau nachzugeben, das waren Gefühlsregungen, die den Geschworenen die Steigerung ihres Daseinsgefühls brachten, aber der Rechtspflege nicht förderlich waren. Die Parteilichkeit der athenischen Geschworenen wurde bald gefürchtet. Keiner hat sie bitterer erfahren müssen als eben der Mann, der den Geschworenen so viel Macht gegeben hatte.

Die Herabdrückung der Bundesgenossen

Kein Staat kann den Lebensunterhalt der Hälfte seiner Bürger aus eigenem bezahlen. Das notwendige Geld brachten die Bündner auf. Bei einer kriegerischen Gefahr wurde die Kriegskasse von Delos nach Athen gebracht, und sie blieb dann auch bei der Vormacht des Bundes. Der Sold für Geschworene und Beamte, aber auch die Bauten auf der Akropolis, für alles mußten die Bündner aufkommen. Die sophistische Begründung der Athener dafür war, daß die Bündner keinen Grund hätten, sich zu beklagen, solange Athen der Verpflichtung nachkomme, sie gegen die Perser zu schützen. Das tat Athen gewiß, aber die Bündner hätten wohl fragen können, wer sie nun gegen Athen beschütze. Denn unversehens hatte sich das Wesen des Bundes verwandelt, waren aus Beiträgen zur Verteidigung Tribute, aus Bundesgenossen Untertanen geworden. Die Prozesse der Bündner mußten in Athen verhandelt werden, sehr zur Erhöhung des Selbstgefühls der Geschworenen, die nun auch über die stolzen Handelsherren der Inselwelt und Kleinasiens urteilen durften und die dadurch ihren eigenen Wert immer neu bestätigt fanden. Die zweiundvierzigtausend athenischen Vollbürger herrschten über ein Reich von anderthalb Millionen, sie herrschten straff und zuweilen hart, sie ließen sich durch die Arbeit anderer ernähren. Wenn schon die Sklaverei mit dem Grundwesen der Demokratie unvereinbar war, so war es die Knechtung der Bündner erst recht.

So war es kein Wunder, daß es zu Versuchen der Bündner kam, aus dem Joch wieder auszubrechen. Immer wieder flackerten Aufstände auf. Perikles hätte sich dadurch warnen lassen können. Wenn die Stadt noch immer einer großen Zukunft als Führerin Griechenlands entgegengeführt werden sollte, so wäre dies nur durch das Beispiel einer weisen, maßvollen und großherzigen Herrschaft möglich gewesen. Statt dessen warf Perikles die Aufstände in hartem Zuschlagen nieder, soweit er es wenigstens vermochte. Aber nicht immer gelang es, und in Kleinasien mußte er doch einigen Städten erlauben, aus dem

Bunde auszutreten, ohne daß diese Ereignisse ihn und seine Mitbürger nachdenklich gestimmt zu haben scheinen. Als die Zeit des Perikles zu Ende ging, war der Name Athens weithin gefürchtet und verhaßt, und den spartanischen Gegnern war es leicht, sich als Retter der hellenischen Freiheit vor athenischer Unterdrückung anzupreisen. So sehr war in drei Menschenaltern das Werk des Kleisthenes und des Themistokles ins Gegenteil verkehrt worden.

Perikles urteilte über die moralische Seite der Herrschaft über die Bündner mit einer Kaltblütigkeit, die das Gegenteil von realpolitischer Einsicht war. Im Peloponnesischen Kriege forderte er seine Mitbürger ausdrücklich auf, weiterzukämpfen, nicht nur für ihre Freiheit, sondern auch für ihre Herrschaft über das Reich, die von vielen bereits als Tyrannis betrachtet wurde. Goethe hat einmal gesagt, die Griechen hätten Freiheit immer für sich selbst gefordert, jedem anderen gegenüber seien sie leicht zum Tyrannentum geneigt gewesen. Auf niemanden trifft diese Kennzeichnung mehr zu als auf den Führer der athenischen Demokratie.

Wie prachtvoll liest sich bei Thukydides der männliche Stolz, mit dem Perikles die attische Freiheit preist. Aber wenn dergleichen Worte wirklich jemals gesprochen worden sein sollten, so werden die Bündner sie nur mit grimmigem Hohn vernommen haben. Denn der düstere Hintergrund zu der attischen Freiheit war Knechtung der Hunderttausende, die einst den Athenern vertraut hatten.

Die Tribute aber, die von den Bündnern an die athenischen Bürger gezahlt werden mußten, wollten diese mit möglichst wenigen Empfängern teilen, damit der einzelne um so sicherer sein Teil bekomme. Daraus erwuchs eine Politik der Enge auch gegenüber den athenischen Mitbürgern, und der leitende Staatsmann, statt sie zu bekämpfen, förderte sie noch. Früher war man großzügig gewesen in der Zuerteilung des Bürgerrechts an einwandernde Hellenen. Jetzt wurde bestimmt, daß als Vollbürger nur gelten solle, wer von beiden Eltern her als Abkömmling athenischer Bürger gelten dürfe. Den Hinzukommenden wurde nur noch gestattet, ihr Handwerk oder ihren Handel in Athen auszuüben, als Metöken, als Schutzbürger; an der Volksversammlung konnten sie nicht teilnehmen und erst recht kein Amt als Geschworener, als Wachsoldat oder gar als Ratsmitglied ausüben. Das traf auch die Kinder aus Ehen zwischen Athenern und den Bewohnern anderer Städte. So wurde die Zahl der echten Athener künstlich niedrig gehalten. Dabei war deutlich zu sehen, daß die Auseinandersetzung um den Bestand und die äußere Freiheit des Staatswesens dicht bevorstand. In einer solchen Lage Athen möglichst stark zu machen, ihm eine möglichst hohe Zahl von Bürgern mit innerer Anteilnahme am Staate und darum echter Staatsgesinnung zu geben, dies wäre in solcher Lage wohl das Ziel einer weitschauenden Politik gewesen. Wer diese Notwendigkeit nicht sehen wollte, sei es aus engem Stolz auf das „bessere Blut" des eigenen Stammes, sei es, um den Futterneid der Wählerversammlungen zu befriedigen, der kann unmöglich ein großer Staatsmann geheißen werden.

Fehlschätzung des Möglichen, Verkennung des Erreichbaren waren auch die Kennzeichen der auswärtigen Politik. Perikles nahm das Erbe der demokratischen Partei, den Kampf gegen das aristokratische Sparta auf. Er verband es mit dem anderen Erbe des Themistokles, dem Kampfe gegen Persien. Aber für beides waren die Kräfte Athens, auch mit denen des Delischen Seebundes, viel zu schwach. Wohl konnte der aus der Verbannung heimgerufene Kimon, der schon in seiner Glückszeit einmal die Perser (466) am Eurymedon besiegt hatte, die Flotte wieder erfolgreich gegen den Feind führen. Er selbst zwar starb unterwegs an einer Krankheit, doch seine Flotte schlug kurz darauf die persische bei Salamis auf Zypern (449). Aber ein großes Heer, das Perikles nach Ägypten entsandt hatte, wurde völlig vernichtet. Ein Achtel der athenischen Bürger war tot oder gefangen. Da endlich beschloß Perikles, den ungleichen Doppelkampf abzubrechen. 448 schloß er mit den Persern Frieden, der das jonische Kleinasien der persischen Oberhoheit entzogen ließ, sonst aber den Bestand des persischen Reiches nicht antastete. 445 kam darauf der Friede mit Sparta zustande, durch den der Besitzstand der beiden Bünde (des Peloponnesischen und des Delischen) verbürgt wurde. Die folgenden vierzehn Friedensjahre waren die glücklichsten im Leben des Perikles. In ihnen hat sich die athenische Kultur am reichsten entfaltet. Aber dann zerbrach Perikles den Frieden und führte den Krieg herauf, an dessen Ende seine Stadt ohnmächtig und verarmt war.

Der Ausbruch des Bruderkrieges

„Für den eigentlichen Grund (des Krieges) aber, sowenig auch von ihm gesprochen wurde, halte ich dies, daß die Athener zu mächtig geworden waren, dadurch den Spartanern angst machten und sie so in den Krieg trieben." Mit diesem einen Satz von klassischer Kürze hat der größte Historiker der alten Welt, Thukydides, die Ursachen des Peloponnesischen Krieges umschrieben, und seine Anschauung ist herrschend geblieben. Wohl hat Karl Julius Beloch nachzuweisen versucht, daß Perikles den Krieg begonnen habe, um die wachsende innerpolitische Gegnerschaft zu ersticken und den Unwillen der Bürger nach außen abzulenken. Denn seine Stellung war 432 erschüttert. Alle die Vorteile, die er den Bürgern verschafft hatte, alle Macht seiner glanzvollen Rede reichten nicht mehr aus, die Gärung ganz zu unterdrücken. Er war wohl selber ein Freund der Aufklärung, umgab sich zum mindesten mit Führern der neuen Richtung und wurde damit den Frommen, die nicht ohne Recht in den Sophisten die Zerstörer der alten geistigen Ordnung und des alten Götterglaubens sahen, fremd und unheimlich. Seine Lebensgefährtin Aspasia wurde wegen Sittenlosigkeit angeklagt, und nur mit Mühe konnte er sie vor den Geschworenen retten Die Freunde konnte er dem Grolle der Richter nicht entreißen. Der Philosoph Anaxagoras wurde wegen Gottlosigkeit, der Bildhauer Pheidias wegen Unterschlagung von Gold verurteilt. Perikles mußte den Boden unter seinen Füßen wanken sehen. Und die athenische Geschichte hatte gelehrt, wie wankelmütig die Athener sein können.

Dennoch ist die neuere Forschung Belochs Beispiel nicht gefolgt. Für sie ist noch immer der Kern des Geschehens in jenem großartig vereinfachenden Satz des Thukydides enthalten (wobei sie wohl übersieht, daß der Autor nicht nur ein Genie als Historiker, sondern auch ein leidenschaftlicher athenischer Patriot war). Aber wenn der Krieg zwischen den beiden mächtigsten Staaten wirklich unvermeidlich war, wenn die Kimonische Vorstellung vom friedlichen Zusammenleben Athens und Spartas an der Spitze von Hellas sich wirklich als Trugbild erwiesen hatte, so hätte Perikles doch zum mindesten in diesem Jahre 431 den Krieg vermeiden können, wenn er es gewollt hätte.

Aus der verwickelten Vorgeschichte des Krieges hebt sich heraus die Handelseifersucht zwischen Athen und Korinth, das zu den Bundesgenossen Spartas gehörte. Sie ist für den Ausbruch des Krieges bedeutungsvoller geworden als der Gegensatz zwischen dem Machtstreben Athens und Spartas. Sparta ging nur ungern in den Krieg. Die zusammenschmelzende Zahl der spartanischen Herrscherschicht und die Finanzarmut mußten die Ephoren bedenklich stimmen, wenn sie an eine Auseinandersetzung mit dem reichen und wohlgerüsteten Delischen Seebund dachten.

Entscheidend wurde das durch Perikles herbeigeführte Vorgehen Athens gegen Megara. Die Stadt hatte früher dem Peloponnesischen Bund angehört, war dann dem von Athen geführten Bunde beigetreten, hatte sich aber den Austritt wieder erzwungen und war zu Spartas Führerschaft zurückgekehrt. Dies hatten ihr die Athener nicht vergessen. Aber als nun Perikles erzwang, daß ihr, der ganz auf Ausfuhr Angewiesenen, alle Märkte des Delischen Bundes verschlossen werden sollten, daß sie also zum wirtschaftlichen Tode verurteilt werde, da plante Perikles sicher anderes als nur die Befriedigung alter Rachegefühle. Die Spartaner konnten den Beschluß nicht hinnehmen, wenn sie sich nicht als Führer in ihrem Bunde für immer bloßstellen wollten. Die Antwort konnte nur der Krieg sein, und dies machten sie auch den Athenern deutlich. Aber auf Perikles machte das nur geringen Eindruck, nach dem Bericht des Thukydides „reizte er zum Kriege".

Wenn der Krieg wirklich unvermeidlich war, was kein Sterblicher wissen kann, so hatte Perikles doch den ungünstigsten Zeitpunkt dafür gewählt. Ein Drittel des Heeres war damit beschäftigt, in Thrakien die abgefallene Stadt Potidaiai zu belagern. Bundesgenossen gab es nicht außer den widerstrebenden im Delischen Bunde. Argos, sonst immer zum Kampf gegen Sparta geneigt, war ihm gerade durch einen Vertrag verpflichtet. Perikles ging in den von ihm gewollten Krieg schwächer, als er es hätte zu sein brauchen.

Ausdruck seines Unterlegenheitsgefühls war der Feldzugsplan, für den er seine Mitbürger gewann. In offener Feldschlacht die Spartaner zu besiegen, konnte man nicht hoffen. So zog er die ganze Landbevölkerung Attikas hinter die Langen Mauern, die Athen mit dem Hafen Piräus verbanden und die er in weiser Voraussicht schon im Frieden hatte bauen lassen. Hier war die Bevölkerung geschützt. Wenn nun das spartanische Heer kam, Attika zu verwüsten, so konnte man es nicht hindern, aber Athen selber war uneinnehmbar. Und die überlegene athenische Flotte konnte in der Zwischenzeit die peloponnesischen Küsten verwüsten.

Beides ist eingetreten. Aber mit einem solchen Feldzugsplan konnte ernsthaft nichts anderes erreicht werden als der Besitzstand vor dem Kriege. Es wäre ungeschichtlich gedacht, von den Staatsmännern der Alten Welt die grundsätzliche Abneigung gegen den Krieg zu erwarten, die uns beseelt. Aber wer beginnt einen Krieg, nur um zu erreichen, was er bereits besitzt? Auf diese Weise konnte gewiß die Frage der Führerschaft in Griechenland nicht gelöst werden. Neuere Beurteiler haben freilich in Perikles' Strategie die Erwartung wirksam gesehen, die peloponnesischen Bündner würden des ermattenden Krieges müde werden und früher oder später von Sparta abfallen.

Aber das Gleiche konnte leicht auch bei den unzufriedenen Bündnern Athens geschehen. Schon hatte Sparta die Losung der Freiheit aller Hellenen in die große Auseinandersetzung geworfen, und wirklich sahen die meisten Griechen jetzt in dem aristokratischen Sparta, nicht in dem demokratischen Athen den Hort der Freiheit. Wohl hat der Krieg zehn Jahre nach dem Ausbruch eine Wendung genommen, die Sparta mit seinen Bündnern verfeindete. Aber das gerade war in einer überraschenden Abwendung von der Ermattungsstrategie des Perikles geschehen; längst waren aber auch die innerpolitischen Kräfte entfesselt, die Athen um die Früchte seines kurzlebigen Erfolges bringen sollten.

Der Peloponnesische Krieg

Der Krieg (431–404) begann, wie es Perikles erwartet hatte. Die Spartaner verwüsteten Attika, die Athener die peloponnesischen Küsten. Aber da wurde Athen von einem schweren Unglück getroffen. Die Pest wurde eingeschleppt und hielt in der Stadt und zwischen den Langen Mauern, wo sich Hunderttausende von Städtern und Bauern nun zusammendrängen mußten, grauenvolle Ernte. Ein Viertel aller Bewohner Attikas starb in wenigen Jahren, überall lagen die Toten unbeerdigt herum. Und nun zerbrach der Demos die Fesseln, die ihm bisher von der glanzvollen Persönlichkeit und der Redekunst des großen Einzelnen angelegt worden waren. Zum Strategen wurde Perikles nicht wiedergewählt, er war damit seiner amtlichen Wirksamkeit beraubt, und dann wagten sich nun auch die Gerichte, die bisher nur seine Freunde getroffen hatten, an den Olympier selbst. Wie Miltiades verurteilten sie ihn zu einer hohen Geldstrafe.

Ein Jahr darauf rief ihn die wankelmütige Menge zurück. Aber seine Kraft war gebrochen. Zwei Söhne waren ihm an der Pest gestorben, und er muß in diesen Jahren selber an seiner Politik, zum mindesten an seiner Kunst der Massenbeherrschung gezweifelt haben. Im Jahre 429 starb er, wahrscheinlich an der Pest. Seinen Nachfolgern überließ er ein schweres Erbe.

Jahrelang rangen dann Konservative und radikale Demokraten miteinander. Der Führer der einen war der Adelige Nikias, rechtschaffen, begabt, der Fortführung des Krieges abgeneigt. Die Radikalen wurden von dem reichen Fabrikbesitzer Kleon geführt, einem Manne von einer machtvollen, freilich brutalen Beredsamkeit, in dem das edle Pathos der Perikleischen Rede (so wie es uns wenigstens Thukydides überliefert hat) entartet war zur Aufpeitschung aller starken

Instinkte, auch der niedrigen, des Pöbels. Er erreichte es, daß der Sold für die Geschworenen verdreifacht wurde. Er war es auch, der die Athener zu dem Beschluß bewog, die abgefallenen Mythilener auf Lesbos nach ihrer Besiegung alle hinrichten zu lassen, die Frauen und die Kinder in die Sklaverei zu verkaufen. Wohl wurde einen Tag später die Volksversammlung doch wieder von Grauen vor diesem Beschluß gefaßt, und man begnügte sich dann damit, „nur" tausend Mythilener hinrichten zu lassen. Aber der Boden von Lesbos wurde unter athenische Bürger verteilt. Trübe Mächte aus der Tiefe waren aufgestiegen und befleckten mit dieser Handlung das Bild klassischer Vollendung griechischen Geistes.

Der abgewogenen und der eigenen Schwäche wohl bewußten Strategie des Perikles setzte Kleon die verwegene Kriegführung des Laien entgegen, die den Krieg auch gegenüber dem Stärkeren mit kühnen Schlägen gewinnen will. Und wirklich hatte er das Glück, bei einem tollkühnen, militärisch kaum zu rechtfertigenden Unternehmen gegen Sphakteria die Spartaner zu schlagen und hundertzwanzig Spartiaten gefangenzunehmen, ein Sieg, der sich als höchst folgenreich erweisen sollte. Aber als dann Kleon bei Amphipolis in Thrakien einem wirklichen Feldherrn, dem Spartaner Brasidas, entgegentrat, wurden die Athener besiegt. Wahrscheinlich war es ein Glück für die Athener, daß er auch sein Leben dabei verlor. Auch Brasidas fiel. Aber die Spartaner hatten nun zu Lande große Teile des athenischen Machtbereichs für sich gewonnen, und an mehr als einem Orte war man ihnen aus Haß gegen die attische Herrschaft zugefallen.

In einer solchen Lage war die Bahn frei für Nikias. Ihm gelang es 421, einen Frieden zu schließen, der den Besitzstand beider Seiten vor dem Kriege wiederherstellte. Nach den glänzenden Erfolgen des Brasidas hätte Sparta auf den Frieden nicht einzugehen brauchen. Es durfte hoffen, den Krieg weiterführen zu können bis zu der Befreiung aller Hellenen vom athenischen Joch, das Ziel, mit dem es den Kampf begonnen hatte. Aber lebensgefährlich machte sich jetzt die innere Schwäche bemerkbar, die in der Schmalheit der spartanischen Herrscherschicht lag und die Pausanias vergeblich hatte beseitigen wollen. Die Zahl der Spartiaten war von Jahrzehnt zu Jahrzehnt gesunken. Die dreihundert Mann von den Thermopylen hatte Sparta noch geglaubt, in ehrendem Gedenken entbehren zu können. Auf die hundertzwanzig Gefangenen von Sphakteria wollte es nicht verzichten. Um sie wieder zurückzubekommen, lieferte Sparta alle Eroberungen und die von Athen abgefallenen Städte wieder an Athen aus.

Eben damit erregte es den Unwillen seiner Bündner, von denen nun viele an Spartas Führerschaft verzweifelten und sich von ihm lossagten. Eine weise athenische Staatskunst hätte diesen Gewinn wohl in geduldigem Zuwarten ausnutzen können. Aber zum Unheil der Stadt gewannen die Radikalen, die nach der Neuaufnahme des Krieges Lüsternen, wieder die Oberhand, und zum Unheil Athens gewannen sie in der Person des jungen Alkibiades einen hochbegabten Führer. In ihm vollendete sich die Loslösung des großen Einzelnen von der inneren Gemeinschaft mit seiner Vaterstadt, die bei Pausanias und Themistokles noch sich in den Formen der großen Tragödie vollzogen hatte, während bei ihm ruchloser Ergeiz bereits die Stimme der Vaterlandsliebe erstickte. Er und seine Freunde vermochten die unruhige und nach Neuem begierige Volksversammlung dazu zu gewinnen, einen Zug nach Sizilien zu unternehmen, um die reiche Insel dem athenischen Machtbereiche einzureihen und den Spartanern das westliche Mittelmeer zu sperren.

Am Vorabend seiner Abfahrt indes wurden die Göttersäulen in den Straßen Athens verstümmelt. Die Frommen sahen in dem unheilverkündenden Frevel ein Werk der Freidenker um Alkibiades, ja seiner selbst. Als er aus dem Feldzug heimgeholt werden sollte, um sich den Gerichten zu stellen, entwich er zu den Spartanern. Mit seinem Verrat verlor Athen seinen fähigsten Feldherrn, der allein noch den ungleichen Kampf auf der fernen Insel hätte bestehen können. Die Spartaner aber gewannen einen kühnen und erfindungsreichen Ratgeber. In Sizilien wurden die Athener dann vernichtend geschlagen; die Überlebenden verkamen als Zwangsarbeiter in den Steinbrüchen.

Mit dem Mute der Verzweiflung kämpften die Athener weiter. Im jähen Widerstreit ihrer Gefühle riefen sie den Alkibiades zurück, jubelten ihm zu, als er siegte, und verstießen ihn wieder, als er, nicht durch eigene Schuld, geschlagen war. Die Admirale, die bei den Arginusen noch einmal einen großen Sieg über die Spartaner errungen hatten, wurden von der Volksversammlung in wilder Erregung zum Tode verurteilt, weil sie in einem Sturm nicht gewagt hatten, die Toten und die Schiffbrüchigen aufzunehmen. Immer wilder loderte die Glut der einmal entzündeten Massenleidenschaft, die nun das Glück Athens verzehrte.

Inzwischen war den Spartanern in der Gestalt des Lysandros zum ersten Male seit dem Tode des Brasidas eine überlegene Feldherrnnatur erstanden, eher kühl rechnend und verschlagen als genial im eigentlichen Sinne, in der Bedenkenlosigkeit gegen alle überlieferte

Rechtlichkeit ein erschütterndes Zeichen der Zersetzung des griechischen Geistes. „Knaben muß man mit Würfeln, Männer mit Eiden betrügen." Mit solcher Menschenverachtung ging er an sein Werk, die athenische Machtstellung zu vernichten. Er scheute sich nicht, persische Hilfe anzunehmen und dem Großkönig Jonien wieder zuzusprechen. Persisches Geld gab ihm die Möglichkeit, eine Flotte zu bauen und athenische Matrosen zu kaufen. Bei den Ziegenflüssen wurde die letzte athenische Flotte 405 vernichtet. Ein Jahr später ergab sich die Stadt. Kurz vorher war der Wortführer der radikalen Demokraten hingerichtet worden.

Korinth und Theben, alte, haßerfüllte Gegner Athens, verlangten die völlige Vernichtung der Stadt. Aber in Sparta war das allgemeine hellenische Nationalgefühl selbst in dem blutigen und an Greueln reichen Kriege nicht erloschen, und nicht vergessen waren auch die Erinnerungen an den Freiheitskampf, den die Väter gemeinsam durchgefochten hatten. Es ist nicht sicher, daß der Demos von Athen bei einem Siege die Großmut besessen hätte, die nun Sparta zeigte: wenigstens Leben und Gut der Besiegten zu schonen. Die Befestigungsmauern freilich mußten niedergerissen, die Kriegsschiffe ausgeliefert, die Bündner als frei erklärt werden. Und indem Athen ein Bündnis mit dem übermächtigen Sparta schloß, erkannte es die Vorherrschaft des Siegers in Griechenland an.

Griechenlands Erschöpfung

Mit dem Ende des Krieges war auch die Blüte der griechischen Polis zu Ende. Nie wieder hat sich Griechenland von ihm erholt. Zwar jubelten jetzt alle Freiheitsfreunde, da die verhaßte Beherrscherin der Bündner am Boden lag, aber bald wurde die spartanische Oberherrschaft kaum weniger erträglich. Dem Nachlebenden scheint es, als habe die griechische Polis sich mit diesem Kriege ihr Urteil gesprochen, nicht eigentlich durch die Niederlage ihrer glanzvollsten Verkörperin, sondern durch die Zuchtlosigkeit, zu der die Freiheit in Athen sich gewandelt hatte, und durch den Verrat der Spartaner an die Perser. Die inneren Antriebskräfte des griechischen Stadtstaates waren mit dem Ende des Peloponnesischen Krieges bis zur Erschöpfung geschwächt.

Zu viel Kräfte des ehrgeizigen Individuums waren dazu im Kriege entfesselt worden, als daß die Solonische Verschmelzung des Einzelnen mit dem Gemeinwesen noch hätte Wirklichkeit sein können. Ein Mann wie Alkibiades hatte die Bindungen abgestreift, die seine Begabung und seinen Machthunger gefesselt hatten, und so war er zum Unheil seiner Vaterstadt geworden. Auch bei der machtvollen Persönlichkeit des Lysandros wird das Streben spürbar, nicht nur dem Vaterlande zu dienen, sondern das Vaterland auch als Schemel zu eigenem Ruhme zu benutzen: in einem Denkmal ließ er sich und seine Unterfeldherren, für spartanische Begriffe unerhört, im Kreise der Götter abbilden.

Griechenland fand später zu den alten Bindungen zurück. Die „dreißig Tyrannen" in Athen, Schüler der philosophischen Aufklärung, ehrgeizig und hemmungslos, dazu mit dem Schrecken herrschend, wurden verjagt. Doch die Demokratie, die wieder an ihre Stelle trat, hatte nichts mehr vom Solonischen Geiste des Einsseins von Bürger und Gemeinde, sondern versank in Demagogie. Und wohl wurde Lysandros durch den König Agesilaos abgelöst, der sich an die alten Bräuche hielt. Aber derselbe Agesilaos schloß den Frieden des Antalkidas, der die jonischen Mitgriechen den Persern auslieferte, und mitten im Frieden ließ er in roher Gewalttat die Burg von Theben besetzen.

In den Greueln, an denen dieser Krieg so reich war, zeigte sich eine lebensgefährliche Zertrümmerung des Zusammengehörigkeitsgefühls der Hellenen, das sie früher nie verlassen hatte, zeigte sich zugleich eine für das Volksganze bedrohliche Auflösung der alten Ritterlichkeit durch die Massenleidenschaften. Auf beiden Seiten waren Tausende von wehrlosen Gefangenen abgeschlachtet worden. Hören wir, wie etwa Thukydides das Wüten des Volkes von Kerkyra beschreibt, als eine athenische Flotte ihm das Gefühl gab, es könne mit seinen Feinden nach Willkür verfahren: „Und so schafften sich die Kerkyräer die ganze Woche hindurch alle vom Halse, die sie für ihre Feinde hielten, wobei manche wegen persönlicher Feindseligkeit umkamen, auch wohl Gläubiger von ihren Schuldnern hingerichtet wurden. Dabei war keine Todesart, von der man nicht Beispiele sah. Die Väter selbst töteten ihre Kinder, man riß die Leute von den Heiligtümern und tötete sie vor ihnen. Einige wurden im Tempel des Dionysos eingemauert und mußten so darin sterben."

Und wenige Zeilen später finden sich die berühmten und erschütternden, in ihrer klassischen Kürze unsterblichen Worte über den allgemeinen Zustand Griechenlands, wie er durch den Krieg herbeigeführt wurde: „Selbst die gewöhnlichen Bedeutungen der Wörter wurden bei der Anwendung und Schätzung der Dinge in einem ganz anderen Sinne genommen. Unbesonnene Kühnheit sah man als pflichterfüllte Tapferkeit, bedachtsames Zögern hingegen als eine geschmückte Feigheit und alle Mäßigung als einen Vorwand für Feigheit an. Wer überall vernünftig handeln wollte, hieß eine Schlafmütze, hingegen hieß eine tollkühne Hitze mannhaftes Verfahren. Wer nur brav schalt und schmähte, hieß ein Mann, auf den man sich verlassen konnte, wer ihm hingegen widersprach, war verdächtig. Wer in hinterlistigen Streichen dem anderen überlegen war, trug überdies noch den Preis eines schlauen Kopfes davon, weil die meisten Menschen lieber verschmitzte Bösewichter als tugendhaft einfältige Leute heißen wollen und sich dieses schämen, auf jenes hingegen sich etwas einbilden. Auf Furcht der Götter sah niemand mehr, wer aber durch tönende Worte etwas Unerhörtes durchsetzte, der gewann dadurch an Ruf. Diejenigen Bürger, die sich zu keiner Partei schlugen, wurden von beiden unter die Füße getreten."

Die Auflösung der griechischen Staatenwelt

Die Spartaner hatten nach ihrem Siege, wie in den meisten Städten, auch in Athen die Herrschaft der Aristokraten errichtet. Aber diese Regierung widersprach athenischem Denken so völlig, daß die „dreißig Tyrannen" vor einer Erhebung weichen mußten. Und bald schien Athen auch eine Gelegenheit zu finden, sich an dem Sieger zu rächen. Spartas aufstrebende Macht geriet in den Krieg mit den Persern; noch einmal lockte die Möglichkeit, daß die Griechen die Freiheit ihrer jonischen Mitbürger in Kleinasien zurückgewannen. Nun aber war es Athen, das sich mit den Persern verbündete. Am Rande der wechselvollen Kämpfe fand auch Alkibiades den Tod von eigener Hand, da er die Gefangennahme durch seine Feinde befürchten mußte. Schließlich vermittelte Antakidas 386 den Frieden, in dem Jonien endgültig den Persern überlassen wurde, während die übrigen griechischen Stadtstaaten für frei erklärt wurden. Angesichts der Schwächung der übrigen griechischen Staaten bedeutete dies im wesentlichen die Anerkennung der spartanischen Führerschaft in Griechenland.

Gegen sie erhob sich Theben. In völliger Umkehrung der Fronten des Peloponnesischen Krieges aber fand sich jetzt Athen an der Seite Spartas, eifersüchtig auf die werdende Größe der benachbarten böotischen Stadt, im Bunde mit Sparta zusammen. Der umwälzenden taktischen Begabung des thebanischen Führers Epameinondas gelang es dennoch, bei Leuktra 371 über die bisher für unbesiegbar gehaltene spartanische Phalanx einen strahlenden Sieg zu erringen. Er brach mit der alten starren Aufstellung und stellte in der „schiefen Schlachtordnung“ einen Flügel so, daß sein Angriff entscheidende Wucht erhielt, eine in die Zukunft weisende Umwälzung. Aber die damit erfochtene thebanische Führerstellung dauerte nur die neun Jahre bis zum Tode des Epameinondas. 362 gewann sein Heer noch einmal bei Matineia den Sieg, doch er selber fiel.

Epameinondas hatte Spartas Vorherrschaft bis auf den Grund erschüttern können. Das durch seine Waffen befreite Messenien blieb auch nach seinem Tode frei, und die blutigen Verluste hatten die dünne Herrscherschicht der Spartiaten weiter geschmälert. Die Zahl der spartanischen Vollbürger war jetzt unter Tausend gesunken, als Folge der vielen Kriege oder durch natürliches Aussterben. Die beschränkte Selbstsucht der Herrschenden hatte es nicht zugelassen, daß sich die Schicht ergänzte. Jetzt war sie so schwach, daß sie zu größeren Aufgaben in Griechenland nicht mehr fähig war. Dazu war die innere Ordnung gestört. Mit der Vorherrschaft in Griechenland war das Gold in Sparta eingedrungen, dem die Wirtschaftsgesinnung der Spartaner nicht gewachsen war. Einige spartanische Familien wurden reich, andere versanken in Armut. Es war kein Kreis von Gleichen mehr, der Sparta regierte. Mit dieser erstarrten und nun auch untereinander gespaltenen Schicht konnte Sparta nicht Griechenland regieren.

Aber auch die Machtgrundlage Thebens war für eine Fortsetzung der Großmachtpolitik zu schmal. So war als Endergebnis des großen griechischen Bürgerkrieges, der in der Mitte des fünften Jahrhunderts begonnen hatte und der ein Kampf aller gegen alle geworden war, nur eine furchtbare Schwächung gerade der bisher stärksten griechischen Stadtstaaten eingetreten. Eine wirkliche Führerschaft gab es nirgendwo mehr. Zerrüttung herrschte, und Griechenland mußte entweder eine Beute innerer Zerrissenheit oder äußerer Angriffe werden. Wenn es geeinigt werden sollte, dann gewiß nicht mehr aus eigener Kraft.

Platon und Aristoteles

In der Zeit der beginnenden Auflösung staatlicher Macht in Griechenland fällt noch eine neue Blüte des griechischen Geistes. Es war, als hätten sich die zeugenden Kräfte nun vornehmlich den Künsten und den Wissenschaften zugewandt; doch hat freilich Epameinondas auch in der Kriegskunst eine schöpferische Tat vollbracht. Den Gipfel erreichte das griechische Leben dieser Zeit in seinen Denkern.

Sokrates, ein Handwerker, der sich der Philosophie zuwandte, steht nur gleichsam verschleiert vor uns, da er kein schriftliches Zeugnis hinterlassen hat. Wir kennen ihn im wesentlichen aus den Platonischen Dialogen, wir wissen nicht, was sein Schüler ihm in den Mund gelegt und was er selber gedacht hat. Es scheint, als habe er das Sittliche überall aus dem Vernünftigen erklären wollen. Er wandte sich gegen die Sophisten, aber es ist deutlich zu sehen, daß er seinem Wesen nach selber zu ihnen gehörte. Seine Ironie muß der Mehrzahl seiner Mitbürger wie eine Verhöhnung erschienen sein, in seiner Vernünftelei sahen sie eine Gefährdung des Glaubens und der alten Sitte. So schreckliche Beispiele wie der Verrat seines Schülers Alkibiades und die Herrschaft der dreißig Tyrannen, auch seiner Schüler, schienen seinen erbitterten Gegnern recht zu geben. So wurde er 399 zum Tode verurteilt.

Der größte Schüler des Sokrates, Platon (427–347), ist deutlicher aus seinen Dialogen zu erkennen. Er verzweifelte an den politischen Systemen seiner Zeit und forderte vor allem eine Durchsittlichung des Staates. Gerechtigkeit ist für ihn der Hauptinhalt des Staates, zur Macht ist ihm nur berufen, der Höheres als die Macht kennt und sie nicht um ihrer selbst willen ausübt. Darum wollte Platon die Philosophen zu den Herrschenden im Staate machen, wobei er freilich den tiefen Sinn seiner Staatslehre gefährdete. In der Geschichte des Denkens ist er unsterblich als Begründer des Idealismus, der die Wirklichkeit von der Idee her mißt.

In der Kunst wirkte die allgemeine Auflösung der alten Bindungen nicht zerstörend wie in der Politik, sondern bereichernd und schöpferisch. Der Bildhauer Skopas schuf Gestalten voll innerer und äußerer Leidenschaft, Praxiteles Verkörperungen männlicher Schönheit und weiblicher Anmut, Lysippos Porträts mit bestimmten Zügen von unvergeßlicher Prägung. Aristophanes verspottete in seinen Lustspielen die Schwächen seiner Umwelt mit überlegener Heiterkeit. Er ist auch als Geschichtsquelle bedeutsam, da sich bei ihm Volksstimmungen spiegeln.

Ein Menschenalter nach Platon lehrte Aristoteles (gestorben 322), der ähnlich wie sein Vorgänger über die Jahrhunderte hinweg gewirkt hat, gerade weil er sich in vielem von ihm unterschied. Er näherte sich der Wirklichkeit nicht von der Idee her, sondern von den Einzelerscheinungen. Der Staat ist für ihn auch nur eine Erscheinung, mit der zu leben dem Menschen notwendig ist. Da er ein Grieche war, ist der Staat für ihn die Polis. So kam er dazu, den Menschen ein *zoon politikon*, ein Wesen der Polis, ein politisches Wesen also, zu nennen.

Die Westgriechen

Die Gleichartigkeit der Erscheinungen im Mutterland und in den kolonialen Gründungen hat auch die Westgriechen an dem Aufschwung wie an dem Verfall der Griechen teilnehmen lassen. Als im ersten Viertel des fünften Jahrhunderts die Karthager sich in gewaltigem Ansturm des griechischen Teiles der Insel zu bemächtigen suchten, warf sie Gelon von Syrakus bei Himera 480 zurück. Sechs Jahre später konnte sein Nachfolger Hieron bereits wagen, in die Verhältnisse des italischen Festlandes einzugreifen. Die Etrusker bedrohten die griechische Stadt Kyme, aber sie wurden vernichtend geschlagen und schieden seitdem als Macht ersten Ranges aus.

Während der Zeit des Peloponnesischen Krieges aber wurde die Bedrohung größer, und nicht überall gelang es mehr, sich ihrer zu erwehren. Samniten und andere italische Stämme drangen in die griechischen Siedlungsgebiete auf dem Festlande und rissen große Stücke heraus. Die Schwächung der sizilischen Griechen durch die Expedition Athens und die folgenden Kämpfe wandten von neuem den Blick der Karthager auf die Insel. Wirklich gelang es ihnen, den Raum gefährlich einzuschnüren, der den Griechen noch blieb. Da wandte die gewaltige Persönlichkeit des syrakusanischen Tyrannen Dionysios des Ersten (405–367) noch einmal das Schicksal. Er zwang die griechischen Inselstädte mit eiserner Kraft zusammen, baute eine starke Flotte und warf die Karthager weit zurück.

Sein Nachfolger, Dionysios der Zweite, war schwächeren Willens. Er rief zur Belehrung Platon und dessen philosophische Freunde an seinen Hof, um sich beraten zu lassen, wie man den Idealstaat aufbaue. Aber sei es, daß seine unsichere Natur keine eigentliche Herrscherkraft besaß, sei es, daß die Theorien Platons sich in der harten Wirklichkeit doch nicht bewährten, jedenfalls verjagte der Tyrann Platon, als er bemerken mußte, daß dieser seinen Schwager Dion begünstigte. Dion stieß den Tyrannen bald vom Thron und wollte nun jenes Reich der Sittlichkeit aufbauen, wechselte aber zwischen Schwäche und Brutalität so lange, bis er in einem Aufruhr ermordet wurde, den ein bisheriger Vertrauter, übrigens ein Anhänger Platons, entfacht hatte. Nun war die Wirrnis im griechischen Sizilien vollkommen, während auf dem italischen Festlande die Griechen immer mehr auf die Küstenstädte beschränkt wurden. Inzwischen wuchs weiter im Norden bereits die Macht der Zukunft heran, die das Erbe antreten sollte, das den schwächeren Händen der Griechen langsam entglitt.

Das bäuerliche Rom

Kein anderes indo-europäische Volk erscheint dem Betrachter so verschieden von dem griechischen wie das römische. Beide waren einander ebenbürtig an Reichtum der Begabung und der Kraft. Aber um wieviel nüchterner erscheinen die Römer, um wieviel zuchtvoller auch ihr Wille, um so viel großartiger ihre Fähigkeit zu dauernder Schöpfung in Staat und Recht!

Wer das Wesen Roms, wie es nach der Vertreibung der Etrusker vor uns steht, in ganz wenigen Worten umreißen will, tut es am besten mit dem Begriff des Bauernvolkes, dessen bestimmende Eigenheit freilich auch durch einige unverwischbare und unverwechselbare Merkmale, eben das besondere Römische, noch tiefer geprägt ist. Nicht umsonst heißt Italien eigentlich das Rinderland. Bäuerlich ist die Nüchternheit, mit der man dem Leben entgegentritt. Ihre Kinder nannten die Eltern oft nur nach der Zahl (der Fünfte, „*Quintus*", der Achte, „*Octavius*"). In den Familiennamen finden wir die äußerste Abneigung gegen alle Großartigkeit: der Schlappohrige, *Flaccus*, der Plattfüßige, *Plautus*, der Einfältige, *Brutus*. Bäuerlich ist die Hochschätzung der Rechtlichkeit, der Mäßigung und der Beharrlichkeit; bäuerlich ist die Enge, die gern im überlieferten Kreise der Anschauung bleibt. Auswärtigen Feinden mit Phantasie und schneller Entschlußkraft, wie Pyrrhos, Hannibal und Mithradates, war Rom zunächst immer unterlegen; gesiegt hat es schließlich durch die bäuerlichen Tugenden der Zähigkeit und der Geduld.

Bäuerlich ist die Religion, deren Götter bei der Bestellung des Bodens helfen und Feinde abwehren sollen, die dem Bauern gefährlich werden. Bäuerlich ist die Tapferkeit der Krieger, die in selbstverständlicher Erfüllung ihrer Pflicht kämpfen, ohne rauschhaften Überschwang und ohne das ritterliche Pathos, das bei Homer die Helden verklärt. Bäuerlich ist aber auch, anders als bei Homer, die Abneigung gegen den Krieg, der nur von der Bearbeitung des Bodens abhält, ist die Ehrfurcht vor dem überkommenen und geschriebenen Recht, aber auch die Neigung zur Beschäftigung mit Verträgen und Gesetzen. Bäuerlich schließlich ist die unbedingte Befehlsgewalt des Familienvaters über Haus und Gesinde, die er auch gegenüber dem erwachsenen Sohn behält.

Erst der Hinzutritt des eigentlich Römischen hat diese Züge zu weltgeschichtlicher Wirksamkeit gestaltet. Der Historiker geht nur ungern an die Aufgabe heran, Nationalcharaktere zu bestimmen. Sie sind zu fließend und wechselnd, zu sehr von den Ereignissen und von den Einflüssen der Umwelt abhängig. Aber das Volk der Römer zeigt von Beginn, zum mindesten von dem Zeitpunkt an, in dem es in den Kreis der Geschichte tritt, einige Eigenschaften, die nur ihm eigentümlich sind.

Den besonderen Sinn für die Autorität, den wir aus den Verhältnissen des Familienvaters zu allen Insassen seines Hauses erkennen, bewies der Römer auch gegenüber seinem Staate und seinen Behörden. Das hatte nichts Knechtisches an sich. Die Geschichte der römischen Republik ist zu reich an großen und starken Charakteren, die sich doch freiwillig unterwerfen, als daß der Irrtum aufkommen könnte, römischer Gehorsam sei der von Sklaven gewesen. „Eine Versammlung von Königen" hat der Grieche Kineas bei seinem Besuch staunend den römischen Senat genannt. Solche Männer gehorchten aus Einsicht, nicht aus Furcht. Römische Disziplin war nichts anderes als die ererbte Achtung vor der Erfahrung und dem Alter, zugleich vor dem in seinen Beamten verkörperten Staatswohl. Das eigene Ich, es sei auch stark und bedeutend, in die ehrfürchtige Anerkennung des Staatsganzen einzubauen war dem echten Römer selbstverständlich. Wohl steht Coriolan einmal, von seinem Volke beleidigt, gegen das Vaterland auf. Aber am Ende beugt er sich doch. Keine Gestalt wäre unrömischer als die des Alkibiades.

Was wir den Freistaat, die Republik nennen, war dem Römer die *res publica*, die Summe der öffentlichen Angelegenheiten, das öffentliche Wohl, das er scharf von der *res privata* trennte. Aber wie er der *res publica* zugestand, was sie erforderte, blieb er doch ein freier Mann, dessen *res privata*, die Familie also, das Eigentum, die Freiheit, sich zu bewegen und zu denken, geschützt war vor jedem Übergriff des Staates.

Hätte aber nicht auch wieder die Staatsgesinnung den Römer getragen, er hätte nicht von den Dörfern am Tiber aus das Weltreich begründen können, das seinen Namen trug und in seinen Folgewirkungen behielt bis in die germanisch-romanische Neuzeit hinein. Die Götter haben den Römern nicht überquellende Phantasie, nicht die Kraft der künstlerischen Gestaltung und nicht den forschenden Geist der großen Denker verliehen, die sie den Griechen so reichlich spendeten, aber sie haben die Römer entschädigt durch die nicht minder bedeutende Kunst, den Staat und das Recht zu bauen.

Die Tapferkeit des römischen Bauern entsprach nicht der Kampfbegierde der Ritter der Ilias. Noch lieber als mit dem Schwerte machte er auswärtige Politik in Verträgen und Bündnissen. Bedeutsamer für die Größe Roms als der eisengeschiente Legionar war der Diplomat und Vertragsjurist. Gerade in den großen Zeiten der Republik stehen die Unterhändler an geschichtlicher Wirkung über den Feldherren. Die Fähigkeit zur Gestaltung des Völkerrechts fand ihre Ergänzung in der Schöpfung des privaten Rechts und in der Ehrfurcht des Römers vor dem Geschaffenen. Das „Römische Recht" dauert in seinen Ausstrahlungen fort bis in unsere Tage.

Ein solcher Staat konnte nicht leichtfertig und ohne genügende Rechtsgrundlage in den Krieg gehen. Nur der „gerechte" Krieg war erlaubt, und die Väter Roms haben stets viel Mühe darauf verwandt, festzustellen, ob dieser Begriff Wirklichkeit geworden war, wenn der Kampf begann. Solange das Volk und seine Regierenden noch der alten Art anhingen, nahmen sie es ernst damit, zu prüfen, ob der Krieg auch gerechtfertigt war. Es war keine Heuchelei, wenn sie vom frommen und gerechten Kriege sprachen. Erst mit dem Beginn der karthagischen Kriege wurde das anders. Was später im staatlichen Alltag von der alten Formel blieb, war eine hochentwickelte Fähigkeit, den Gegner formal ins Unrecht zu setzen.

Gleich aber war allen Zeiten der römischen Geschichte die Ausprägung des Sinnes für staatliche Macht, nach außen wie nach innen. Der Instinkt für Macht war bei den Römern über die Jahrhunderte hinweg wirksam wie vielleicht bei keinem anderen Volke der Geschichte.

Volkstribunat und Zwölf Tafeln

Nach dem Sturz der Könige wurde der Herrscher ersetzt durch zwei jährlich neu zu wählende Beamte, die Prätoren. Später erhielten die obersten Verwaltungsbeamten und Heerführer die Bezeichnung Konsuln, während die Prätoren auf das Richteramt beschränkt wurden. In Zeiten äußerster Gefahr übergaben die Konsuln freiwillig ihre Herrschergewalt einem Diktator, der nach der Erfüllung seiner Aufgabe wieder zurücktrat. Die eigentliche Macht im Staate lag bei den Großbauern und den Nachkommen der alten etruskischen Adligen, deren Häupter allein den Senat bildeten. Die Handwerker und Kleinbauern, die Plebejer, hatten nur in der Volksversammlung Anteil an der Entscheidung über Krieg und Frieden und über die Gesetzgebung, waren aber politisch schon deshalb ohne Einfluß, weil sie in sozialer Abhängigkeit von den Patriziern lebten und ihnen auch bei der Stimmabgabe nicht zu widersprechen wagten. Sie mußten sich auch vor Gericht durch Patrizier vertreten lassen, viele von ihnen lebten in drückender Schuldknechtschaft. Als demütigend empfanden sie auch das Verbot der Eheschließung zwischen Patriziern und Plebejern, das die Herrschenden erlassen hatten, um als geschlossener Stand bestehen zu können.

Die Wandlung kam, wie bei den Griechen, von der Umwälzung des Kriegswesens. Die Patrizier fochten als Streitwagenkämpfer und als Reiter. In den schweren Kämpfen um den Bestand der Republik aber zeigte sich, daß die Zahl der adligen Krieger nicht ausreichte. Das Heer wurde also ergänzt durch die wohlhabenderen Plebejer, die sich eine Rüstung kaufen konnten. Schließlich mußten auch die weniger Wohlhabenden (nicht die völlig Besitzlosen) als Leichtbewaffnete in das Heer eingereiht werden. So war also ein Volksheer entstanden, und wie bei den Griechen forderten Handwerker und Kleinbauern staatliche Rechte, wenn sie auf dem Schlachtfelde kämpfen und bluten mußten.

Nach der Vertreibung der Könige bildete bald das Volksheer die Körperschaft, die über die Wahl der Beamten und die Gesetze abzustimmen hatte. Es stimmte nach den Hundertschaften ab, in die es eingeteilt war. Jede Hundertschaft hatte eine Stimme, und nur innerhalb der Hundertschaft entschied die Mehrheit. Rom handelte also anders als Athen, wo innerhalb der Volksversammlung die einfache Mehrheit entschied. Die besondere römische Abstimmungsform hatte ihren Grund darin, daß es achtundneunzig Zenturien der Reiter und gepanzerten Fußsoldaten, aber nur fünfundneunzig der Leichtbewaffneten gab. So wurde verhindert, daß die Wohlhabenderen von den weniger Besitzenden überstimmt werden konnten. Auch wurde die Gefahr vermieden, daß der angesammelte Schatz an Erfahrung und Bedächtigkeit einfach von der Masse vernichtet werden konnte, die zu dieser Zeit dem eigentlichen Staatswesen noch neu und fremd gegenüberstand. Auf der anderen Seite war eine Vergewaltigung der weniger Besitzenden schwer möglich. Eine Minderheit, die fast die Hälfte der Abstimmenden umfaßt, ist nicht leicht beiseite zu schieben, wenn sie weiß, was sie will.

Gestützt auf ihre militärische Unentbehrlichkeit erzwangen die Plebejer immer neue Zugeständnisse. Nach der Überlieferung zogen sie 494 auf den heiligen Berg, den Aventin, und sie verweigerten jede weitere Mitwirkung im Staate, wenn ihre Ansprüche nicht anerkannt würden. Hier wählten sie sich eigene Beamte, die *tribuni plebis*, was ungenau mit Volkstribunen übersetzt wird. Der Ausgang ihrer Tätigkeit war die Befugnis, ihre Standesgenossen gegen patrizische

Übergriffe zu unterstützen. Sie erhielten bald das Recht, die Entscheidungen auch der höchsten Beamten durch ihren Einspruch, ihr Veto, unwirksam zu machen. Dabei besaßen sie eigentlich nie eigene Befehlsgewalt.

Die Bedeutung des Tribunats ist in der Forschung immer noch umstritten. Mommsen hat es ein unheilvolles Kompromiß zwischen Patriziern und Plebejern genannt. Ortega y Gasset sieht in ihm die Verkörperung des Friedens zwischen den hadernden Ständen. Er erinnert daran, daß fünfhundert Jahre später Augustus den Staat aus der Idee des Volkstribunats erneuert hat. Wie dem auch immer sei, gewiß war das Tribunat auf die Dauer nur in Rom möglich, jeden anderen Staat hätte es gesprengt. Beamte, die alles verbieten und nichts gebieten können, die das Staatsleben zum völligen Stillstand bringen dürfen, ohne doch die mit der Befehlsgewalt verbundene Regierungsverantwortung zu besitzen, sind, theoretisch gesehen, eine Unmöglichkeit. Man muß sich vorstellen, was der athenische Demos aus einer solchen Einrichtung gemacht hätte! Daß sie in Rom hat fruchtbar gemacht werden können, zum mindesten für lange Jahrhunderte, war nicht möglich ohne einen hochentwickelten Sinn für staatspolitische Verantwortung, der jedem Versuch zum Mißbrauch wirksamer entgegentrat als irgendeine Verfassungsbestimmung.

Den Tribunen traten als Gehilfen die Ädilen, die Verwalter des besonderen Heiligtums der Plebejer, der *ädes Cereris* auf dem Aventin, zur Seite. Die Tribunen gewannen das Recht, die Plebejer in besonderen Versammlungen zusammenzurufen. Wie die Zenturialkomitien die Versammlung der Patrizier in den Hintergrund gedrängt haben, so wurde im Laufe der Jahrhunderte die Wirksamkeit der Zenturialkomitien allmählich überschattet von den Tribukomitien, den Versammlungen also der Plebejer.

Der Rechtsnotstand des kleinen Mannes erzwang, ähnlich wie in Athen hundertfünfzig Jahre vorher, die schriftliche Festlegung. 450 wurden die Gesetze in den „Zwölf Tafeln" niedergeschrieben, und zwar auf Anordnung der besonders für diesen Zweck bestimmten zehn Männer, der Dezemvirn. Die Plebejer erhielten Gleichberechtigung im Zivilprozeß. Wenn auch noch das Eheverbot zwischen Patriziern und Plebejern, dieses Sinnbild ständischer Ungleichheit, ausdrücklich bestätigt wurde, so war doch jetzt der römische Rechtsstaat geschaffen.

In den Zwölf Tafeln werden griechische Einflüsse deutlich, und ein Teil der Forschung hat den Römern eigene rechtsschöpferische

Kraft abgesprochen. Aber welch tiefen Einblick in die Verschiedenheit der Völker läßt die Tatsache tun, daß die römischen Kinder mit der genauen Kenntnis der Zwölf Tafeln aufwuchsen wie die griechischen mit Homer! Hans Delbrück hat die nachdenkliche Frage gestellt, ob die Hellenen von Natur aus andere Menschen als die Römer gewesen seien oder ob die Völker sich so verschieden entwickelt hätten, weil ihre Kinder so verschieden erzogen worden seien. Wer will wagen, diese Frage zu entscheiden? Was bleibt, ist der Eindruck einer tiefen Ehrfurcht vor Recht und Gesetz.

Im Jahre 445 wurde das Eheverbot zwischen Plebejern und Patriziern aufgehoben. Die Plebejer waren nun gesellschaftlich anerkannt. So wie die Menschen sind und wie die meisten Ehen geschlossen werden, waren es vor allem die reichen Plebejer, denen die Vernichtung der gesellschaftlichen Schranken zugute kam. Aber ihre Standesgenossen unterstützten sie immer, weil sie empfanden, wie sich auch ihre eigene Lage hob, wenn Plebejer und Patrizier rechtlich gleichgestellt wurden.

Politische Gleichberechtigung der Plebejer

Achtzig Jahre später erkämpften die beiden Volkstribunen Gaius Licinius und Lucius Sextius den Plebejern nach der gesellschaftlichen die volle politische Gleichberechtigung, indem sie von den Befugnissen des Tribunats rücksichtslos Gebrauch machten und den Staat durch ihr Einspruchsrecht lahmlegten. Durch die Licinisch-Sextischen Gesetze wurde 366 den Plebejern der Zugang zum Konsulat zugestanden. Bald kamen die übrigen Ämter dazu. Da sich der Brauch herausbildete, den Senat aus den früheren hohen Beamten zusammenzusetzen, war den Plebejern der Zugang in den Senat erkämpft.

Er war auch in den Jahrhunderten der Ständekämpfe der Hort der Beharrung geblieben, hatte doch den unumgänglich notwendigen Neuerungen seine Zustimmung nicht versagt, blieb so die Verkörperung römischer Staatsweisheit und bewahrte sein unvergleichliches Ansehen. Die Konsuln waren gehalten, in allen wichtigen Fragen den Rat des Senats einzuholen. Kein geschriebenes, aber das nicht minder mächtige ungeschriebene Gesetz machte es ihnen zur Pflicht, diese Ratschläge auszuführen. Keiner der jedes Jahr wechselnden Konsuln hätte gewagt, sich gegen die Autorität der aus lebenslänglichen Mitgliedern, aus von langer staatlicher Erfahrung getragenen Männern bestehenden Versammlung aufzulehnen. Bei ihm lag die Führung des

Staates, vor allem der auswärtigen Politik und der Finanzen. Er bewies in seiner Zustimmung zur Eingliederung der Plebejer die hohe Einsicht, zu der ein Adel fähig sein kann, der nicht wie der spartanische in Erstarrung und Inzucht verkümmern will. Er bewahrte sich vor diesen Gefahren, indem er die Reihen nicht abgeschlossen hielt, sondern sie auch den Tüchtigen aus andern Ständen öffnete; freilich nur den Tüchtigen. Er hatte es den Plebejern als Gesamtstand nicht leicht gemacht, sich durchzusetzen, er machte es später auch dem einzelnen Plebejer nicht leicht, in den Kreis des Adels einzudringen. Nur der Bewährte, der in seinem bisherigen Lebenskreis, bei der Erringung von Vermögen oder als Soldat Erfolgreiche, konnte hoffen, das Ziel zu erreichen. Auch dann wurde er noch eine Zeitlang als *homo novus*, als Neuling, mit einiger Kühle betrachtet. Erst wenn er und seine Familie sich auch in der neuen Umgebung bewährt hatten, wurde er vom Adel als einer der Seinigen, dann aber auch voll aufgenommen. So wurde das Blut aufgefrischt, so wurden die geistigen Kräfte verjüngt, so nur konnten die Mächte der Beharrung ein Segen für Rom werden.

Gegen das Ende des vierten Jahrhunderts, um die Zeit, in der die Polis alle Zeichen der Erschöpfung zeigte, war das Wunderwerk der römischen Verfassung im Wesentlichen vollendet. Hundertfünfzig Jahre später nannte der Grieche Polybios sie die beste Verfassung, die die Geschichte kenne. Die Nachwelt hat ihm recht gegeben. Auch die Verfassung der römischen Republik freilich war Ausdruck von Zeitbedingtheit. Als andere Jahrhunderte kamen, zeigte sie sich der Veränderung und Erneuerung bedürftig. Bestehen aber bleibt, daß kein Volk sich rühmen kann, etwas Größeres im Staatsrecht, dem geschriebenen wie dem ungeschriebenen, geschaffen zu haben. Freiheit und Autorität, Beharrung und Fortschritt hielten sich die Waage. Kein Bürger, der unsträflich sein Leben führte, hatte irgendwo mehr Freiheit als der Römer. Aber keiner kam so wenig auf den Gedanken wie er, diese Freiheit zu mißbrauchen und den Staat auszuhöhlen. Das Volk war in allen Ständen gleichberechtigt. Es hatte auch seinen Anteil an der Regierung, aber die alten Führungskräfte, verjüngt durch neu hinzutretende, waren stark genug geblieben und wurden vom Volke weiter anerkannt.

Mit Hilfe dieser Verfassung hat Rom Latium und dann Italien geeint. Erst als es Weltreich geworden war, wurde sichtbar, daß das alte Staatsrecht den veränderten Erfordernissen nicht mehr gewachsen war. Dann kam es zu schweren inneren Erschütterungen. Als die

Kaiser aber das neue Rom schufen und noch einmal Jahrhunderte der Größe und des Glücks heraufführten, taten sie es in Anknüpfung an die Verfassungsschöpfung der Republik.

Der Keltensturm

Unmittelbar nach dem Sturze der etruskischen Fremdherrschaft begann der Kampf der Römer mit den südetrurischen Städten um die Herrschaft über das Tibertal. Den Schlußpunkt dieser Auseinandersetzung bildete 396 die Zerstörung der etrurischen Gemeinde Veji.

Ununterbrochen ging inzwischen der Streit um die Vorherrschaft in Latium weiter. Mitten in die Zeit des steigenden Einflusses der Stadt Rom fiel eine äußerste Bedrohung ihres Daseins. Die Kelten brachen ein.

Die nord-, mittel- und westeuropäischen Völker des Indo-Europäertums hatten ungefähr um dieselbe Zeit wie die Griechen und die Römer das Eisen kennengelernt. Im ersten Abschnitt der sogenannten Eisenzeit, den man von 1000 bis 500 rechnet, stellten sie bereits tüchtige und formenschöne Geräte und Waffen her, von denen man die ersten wichtigen Funde bei dem österreichischen Ort Hallstatt gemacht hat. Gegen 500 begann der zweite Abschnitt der Eisenzeit, in dem die Erzeugnisse des Waffen- und Kunsthandwerks größeren Ausdrucksreichtum und technische Vollendung erreichten. Man nennt sie nach dem bedeutendsten Fundort die La-Tène-Zeit.

Gegen 450 wohnte das keltische Volk in Frankreich, Süddeutschland und Schlesien. Ein Teil von ihm brach damals zu Eroberungszügen auf. Die Kelten, oder wie die Römer sie nannten, die Gallier, überfluteten die Po-Ebene, wo sie die Etrusker unterwarfen oder verdrängten, und schwächten das Bündel etruskischer Stadtstaaten in der Toskana für immer. Vor ihrem Ansturm brach auch das römische Heer 387 an der Allia zusammen. Die Gallier nahmen Rom und plünderten es. Nur die hochgelegene Burg auf dem Kapitol widerstand ihren Angriffen. Durch ein hohes Lösegeld, wahrscheinlich aber auch durch einen Einfall der illyrischen Veneter in das keltische Land wurde es erreicht, daß die nordischen Eroberer wieder abzogen.

Die schwere Niederlage hatte den Römern die Unzulänglichkeit ihrer bisherigen Wehrverfassung auf die eindringlichste Weise sichtbar gemacht. Die Stadt wurde jetzt mit einer kräftigen Mauer umzogen, und das an Zahl allzu schwache Heer der Besitzenden wurde durch die Aufnahme der weniger Wohlhabenden verstärkt. Nach dem Keltensturm

Perikles

Hannibal

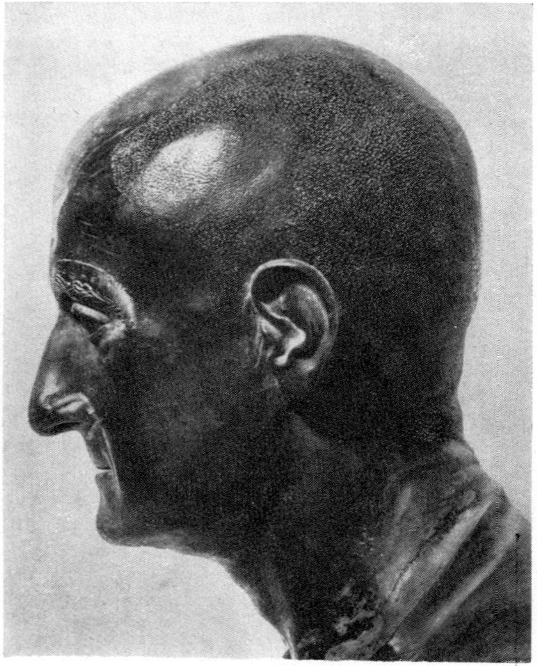

Scipio

König Pyrrhos

Marius

Sulla

Julius Caesar

ist wahrscheinlich die Einsetzung der 193 Zenturien in ihre Rechte vor sich gegangen. Innerpolitisch war die Antwort Roms auf die schwere Gefährdung die Zulassung der Plebejer zum Konsulat. So hat die Niederlage in ihren Endwirkungen Rom gestärkt.

Vor und nach dem Keltensturm hielt die Auseinandersetzung um die führende Stellung in Latium an. Als Vormacht des Latinischen Bundes konnte Rom mit seiner nächsten Umgebung die gegen Rom vordringenden mittelitalischen Stämme zurückdrängen. In ihrem Gebiet begann es mit der zukunftsreichen Anlage von Militärkolonien, Siedlungen von Wehrbauern also. Die Neusiedler blieben römische Bürger und halfen, Macht und Einfluß in den besiegten Gebieten für dauernd zu stärken.

Später geriet Rom in Streit mit den latinischen Städten; 388 war er zu Ende. Er wurde abgeschlossen mit einer Regelung, die seit je als ein Meisterwerk der Staatskunst betrachtet worden ist. Wohl wurde der Latinische Bund zerbrochen; jede Stadt schloß mit Rom ein Bündnis, aber untereinander gab es keinen Vertrag mehr, und auch die Ehegemeinschaft, die leicht zu politischer Gemeinschaft hätte führen können, wurde ihnen untersagt. Die Städte jedoch behielten ihre Selbstverwaltung, und im Verhältnis zu Rom wurde jeder Stadt in kunstvoller Abstufung mindere, annähernde oder volle Gleichberechtigung zugesprochen, je nach dem Maße ihrer Treue und Zuverlässigkeit. Denen Rom am meisten traute, wurde auch, unbeschadet ihrer militärischen Bundespflicht, volle Selbständigkeit zugesprochen. Andere genossen das volle römische Bürgerrecht und wählten mit zu den Komitien. Andere hatten dieses Recht nicht, waren aber in ihren inneren Angelegenheiten frei. Ein Latiner, der nach Rom übersiedelte, erhielt dort das Bürgerrecht.

Man hat das Verhalten Roms gegenüber den Latinern (und später gegenüber anderen italischen Stämmen) so gesehen, als sei es dabei von der Losung „*divide et impera*“, „Teile und herrsche!“ bestimmt gewesen. Aber mit Recht will Joseph Vogt das andere, das Goethische Wort „Vereine und leite!“ angewandt wissen. Rom führte die latinischen Bundesgenossen, aber es ließ ihnen die innere Freiheit und mißbrauchte seine Macht nicht. Deshalb folgten die Latiner schließlich willig der Tiberstadt und hielten selbst in Zeiten schwerster Not bei ihr aus. Die Spartiaten hatten die Unterworfenen zu Sklaven gemacht und ihren eigenen Stand abgesperrt; so waren sie ständig von inneren Aufständen oder durch die Furcht vor ihnen gelähmt, und die führende Schicht blieb an Zahl zu schwach. Der athenische Demos hatte die Bundesgenossen zu Untertanen erniedrigt und sich selber durch engherzige Abschließung zur Schwäche verdammt. Es war nicht der Zufall des Schlachtenglücks, der Sparta und Athen die Einigung ihres Landes versagte und sie Rom gestattete, sondern geschichtliche Gerechtigkeit.

Fünftes Kapitel

DIE STAATENWELT ZUR ZEIT DER MAKEDONISCHEN VORHERRSCHAFT

Die Einheit eines Volkes gehört zu seinen wertvollsten Gütern. Sie wurde in Europa gewöhnlich dadurch geschaffen, daß ein Stamm die Führung ergriff und die anderen Stämme dazu veranlaßte, diese Führung anzuerkennen. Die Nation wuchs dann im Laufe der Jahrhunderte zusammen. Den Griechen ist es nicht vergönnt gewesen, eine solche Entwicklung herbeizuführen, sei es, daß ihr Sinn für staatliche Einheit zu gering war, sei es, daß die jeweils zur Führung strebende Polis entweder an Macht zu schwach oder an gestaltenden Kräften zu arm war. So blieb nichts übrig als die Einigung von außen her. Mit der Zersetzung des staatlichen Lebens der Griechen nach dem Peloponnesischen Kriege war die Stunde der Makedonen gekommen.

Philipp einigt Hellas

Das Wort „von außen her" bedarf freilich der Einschränkung. Es ist noch umstritten, ob die Makedonen, die mit den großen Wanderungen in ihr Land gekommen waren, im vierten Jahrhundert noch reine Hellenen oder stark mit illyrischem und thrakischem Blut vermischt waren. Die griechische und die makedonische Sprache aber standen einander offenbar fast so nahe wie Dialekte derselben Sprache. Vor allem fühlten sich ihre führenden Schichten als Griechen. Aber die Makedonen hatten an der allgemeinen staatlichen und geistigen Entwicklung der Hellenen nicht teilgenommen. Sie hatten nicht zum eigentlichen Hellas gehört, und die Griechen selber betrachteten sie als Fremde.

In Makedonien war das altgriechische Heerkönigtum noch erhalten geblieben. Zu weltgeschichtlicher Bedeutung gelangte es unter Philipp (359–336). Er war hellenischer Bildung nicht unzugänglich, er bestellte als Lehrer seines Sohnes Alexander den Philosophen Aristoteles, und er sah als Jüngling bei einem Aufenthalt in Theben mit Aufmerksamkeit die Fortschritte der Taktik, die Epameinondas geschaffen hatte. Stärker bestimmend als solche Bildungselemente für seine Wesenszüge war eine ungeheure Kraft des Wollens und der Taten, die vom Barbarentum die Wildheit, aber auch die Unverbrauchtheit hatte. Seine Leidenschaft konnte gewaltsam ausbrechen; doch verstand er auch, geduldig zu warten, und er liebte das erregende Spiel der Diplomatie kaum weniger als den Angriff in der Schlacht. Sittliche Bedenken räumte Philipp beiseite, wenn er daranging, den Weg zu finden, auf dem es das erstrebte große Ziel zu erreichen galt. „Ein goldbeladener Esel übersteigt die stärkste Stadtmauer", war einer seiner menschenverachtenden Aussprüche.

Sein Ziel war ähnlich wie das Bismarcks zwei Jahrtausende später: Einigung des griechischen Volkes unter der Vorherrschaft der Makedonen. Deren bäuerlich-kriegerische Kraft formte jetzt der König mit neuer Taktik und Bewaffnung, so daß die Makedonen zum ersten Soldatenvolk der Balkanhalbinsel wurden. Anders als Bismarck sollte ihm die nationale Einigung nur Mittel zum Zweck für eine weit ausgreifende Außenpolitik sein: die zusammengeballte Macht von Makedonen und Griechen wollte der König zum Stoß gegen den alten Feind, gegen die Perser, führen und ihm die Vorherrschaft im Orient entreißen. Ihn mag dabei ursprünglicher Machtdrang ebenso getrieben haben wie ein allgemein hellenisches Gefühl.

Philipps Pläne stießen auf die tiefe Anhänglichkeit der Griechen an die ererbte Form der Polis. Längst hatte die griechische Stadt aufgehört, auf staatlichem Gebiete eine gültige Formung ihres Willens zu erreichen. Doch die Erinnerung an die große Überlieferung war Hunderttausenden von Griechen teuer. Mit Angst sahen sie die in Jahrhunderten geprägte Sonderart bedroht. Der Gedanke schien ihnen unerträglich, daß in einer allgemeinen griechischen Lebensform alles untergehen sollte, was gerade durch seine Sonderung ihren Stolz und ihre Liebe ausgemacht hatte.

Der Wortführer der Gegner Philipps war der Athener Demosthenes, der größte Redner, den die Griechen besessen haben. Ihm gelang es, seine Vaterstadt und dazu viele andere Griechen zum Widerstand gegen die Pläne Philipps hinzureißen. Ihm vor allem ist es zu danken, oder ihn vor allem trifft die Schuld, wenn sich die griechische Polis nicht kampflos dem Willen Philipps beugte und wenn ein letzter verklärender Schimmer von Heldentum ihren Untergang umgab. Aber mag noch der Nachgeborene sich vor seiner edlen Begeisterung beugen und noch aus der Lektüre seiner Reden von ihrer Glut ergriffen werden, die zukunftzeugenden Kräfte lagen doch bei seinen athenischen Gegnern. Der greise Isokrates rief damals Philipp auf, die Griechen zu einigen und mit ihnen gegen die Perser zu ziehen, so der überquellenden Bevölkerung Siedlungsraum zu geben und den griechischen Geist in den Orient zu tragen. Aischines trat ihm zur Seite. Beide sahen die inneren Kräfte der Polis nüchterner an als Demosthenes, der sie in romantischem Überschwang überschätzte und noch an eine Erneuerung glaubte, wo alle Anzeichen auf die Reife zum Sterben deuteten. Sie mußten zunächst vor Demosthenes zurücktreten; aber wenn es später überhaupt für kurze Zeit gelang, Makedonien und Griechenland zusammenzuschließen, so hatten sie wesentlichen Anteil daran.

Philipp ließ jahrelang die Mittel seiner glänzenden Diplomatie abwechseln mit der kriegerischen Kraft seines Heeres. Er scheute sich auch nicht, Widerstand grausam zu brechen, wenn es ihm notwendig erschien. So eroberte er zuerst die nordgriechischen Städte. Als es Demosthenes endlich gelang, mit anderen griechischen Städten ein Bündnis zu schließen und sogar die alte Gegnerin Theben darin einzuschließen, stand Philipp bereits an den Pforten Mittelgriechenlands. Bei Chaironeia zerschmetterte 338 sein Stoß die tapfer kämpfenden Griechen; seine Schlachtordnung war die Weiterentwicklung der Taktik des Epameinondas, dessen Landsleute nun der Wucht des makedonischen Ansturmes nicht standhalten konnten.

Philipp war großmütig oder klug genug, Athen, die Seele des Widerstandes, zu schonen. Aber in Korinth mußten sich nun die griechischen Städte (mit Ausnahme Spartas, das sich grollend abseits hielt) dazu verpflichten, in Zukunft untereinander Frieden zu halten und mit Makedonien ein Bündnis für den bevorstehenden Krieg gegen Persien zu schließen. Die führende Macht Griechenlands war damit der makedonische Oberfeldherr, und in der Burg mehr als einer Stadt lagen seine Besatzungen. Die Freiheit der inneren Verwaltung indessen wurde den Städten nicht genommen, und der Zwang, der selbstmörderischen Abschlachtung untereinander nun Einhalt zu gebieten, konnte nur heilsam sein. Weniger schroff konnte ein „Zwingherr zur Einheit“ kaum auftreten, als Philipp es in Korinth tat. Die Griechen jedoch fühlten sich gedemütigt. Sie empfanden die makedonische Vorherrschaft als Joch, und davor verblaßten die Wohltaten der Einigung.

Alexanders Sieg über die Perser

Noch bevor Philipp den Feldzug gegen Persien beginnen konnte, wurde er aus persönlichen Gründen, wahrscheinlich auf Anstiften seiner Gattin Olympias, von Männern aus seiner Umgebung ermordet. Sein Nachfolger war der erst zwanzigjährige Alexander (336–326), eine der rätselhaftesten Persönlichkeiten der Weltgeschichte. In seiner kurzen Herrscherlaufbahn zeigte er eine wahrhaft unheimliche Fähigkeit, Menschen zu gewinnen, bewies er aber auch, wahrscheinlich als Erbe der Mutter mehr noch als des Vaters, eine oft erschreckende Wildheit, neben Großmut Tücke, neben einer unbarmherzig zupakkenden Kraft eine vollendete Kunst des Wartenkönnens. Schon von seinen Zeitgenossen her, aus der Schule des mit ihm bald zerfallenen Aristoteles, gibt es eine alexanderfeindliche Überlieferung, deren Wirkungskraft dem Betrachter ebenso natürlich erscheint wie die schwärmerische Verehrung über die Jahrhunderte hinweg. Von den Neueren haben ihm Forscher wie Niebuhr und Beloch mit viel Scharfsinn die höheren sittlichen Eigenschaften ebenso abgesprochen wie das staatliche und kriegerische Genie. Aber immer wieder haben die Beurteiler seiner unvergleichlichen Persönlichkeit gehuldigt, ohne alle Widersprüche seines Wesens aufklären zu können. Sicher ist nur, daß wenige Menschen die Welt so verändert haben wie Alexander, und keiner mehr als er.

Als der junge König in Fehden an den nördlichen Grenzen beschäftigt war, wagten die Griechen es im Vertrauen auf die Gerüchte von seinem Tode, sich von ihm loszusagen. Die Thebaner belagerten die makedonische Besatzung auf der Burg. Demosthenes entflammte die übrigen Griechen und empfing von Persien nun reiche Hilfsgelder zur Organisierung des Widerstandes. Aber nach einem Gewaltmarsch von einer Schnelligkeit, die allein schon die Griechen bestürzte, war Alexander vor den Mauern Thebens und erstürmte sie. Im Namen der von den Thebanern lange gequälten Nachbarn ließ er die Stadt zerstören und verkaufte die Bewohner in die Sklaverei. Ein Schrei des Entsetzens ging durch Griechenland; eben dies war, was Alexander gewollt hatte. Maßlose Rachsucht, aber auch die kalte Überlegung, man müsse beim kommenden Krieg gegen Persien ein zum mindesten durch den Schrecken gebändigtes Griechenland im Rücken haben, hatten ihn zu der unmenschlichen Tat getrieben.

Er konnte griechische Hilfstruppen mit seinem Heer vereinigen, als er nun den Zug gegen Persien begann. In drei großen Schlachten, am Granikos (334), bei Issos (333) und bei Gaugamela (331), zerschmetterte er die persische Streitmacht. Der letzte König aus dem Hause der Achaimeniden, Dareios der Dritte Kodomannos, wurde auf der Flucht ermordet.

Das Werkzeug für seine Siege, das Heer mit seinem kunstvollen Zusammenwirken der schweren Reiter, der tiefgestaffelten Phalanx des Fußvolkes und der Leichtbewaffneten, war von seinem Vater geschmiedet worden. Hans Freyer hat davon gesprochen, wie oft die Geschichte sich zu ihren kriegerischen Helden die Erben einer bedeutenden wehrpolitischen Vergangenheit erwählt. Man wird an Cäsar und Marius, Karl den Großen und Karl Martell, Friedrich und seinen Vater, Napoleon und Carnot erinnert.

Schon vor Gaugamela hatte Alexander die phoinikischen Küstenstädte genommen und mit seinem Heer Ägypten besetzt. Nicht militärische Notwendigkeit, sondern romantisches Verlangen führte ihn in die Oase Siwa, zum Tempel des ägyptischen Hauptgottes, wo der Priester ihn als Sohn Amons begrüßte. Unauslöschlich war der Eindruck auf die Seele des jungen Mannes, die allem Ungewöhnlichen offen war. Den Gedanken der Gottessohnschaft und des Gottkönigtums nahm er ganz in sich auf. Später verschmolz er ihn in echt alexanderhafter Weise mit hochfliegenden politischen Plänen.

Grenzenlose Sehnsucht in die Weite führte ihn später nach Indien, wo er die Völker unterwerfen wollte, über die einst Dareios der Erste geherrscht hatte. Erst die Weigerung der völlig erschöpften Truppen erzwang am Hyphasis den Rückzug.

Alexanders Weltreich

Kein größeres Reich hatte bisher die Welt gekannt als dieses, das nun vom Adriatischen Meer bis zum Indischen Ozean reichte. Die Weite verwandelte den Herrscher. Als er durch Persien zog, erfüllte ihn immer tiefere Bewunderung für die Verwaltungskunst der Begründer des Staates, des Kyros und des ersten Dareios. Er fühlte sich nicht mehr allein als Makedone oder als Grieche. In dem Geist der toten Perserkönige wollte er aus dem Reiche eine große Einheit machen, wollte er eine lebendige Vielfalt der einzelnen Teile und ihrer Kulturen, die doch wieder zusammengehalten werden sollte durch eine einheitliche Dynastie und ein einheitliches Staatsbewußtsein der führenden Schichten. So holte er sich neben Makedonen auch Perser als hohe Verwaltungsbeamte; so nahm er persische Kleidung an und führte persisches Hofzeremoniell ein. Er vermählte sich mit einer Perserin und ließ in symbolhafter Massenhochzeit zehntausend Makedonen das gleiche tun.

Wenn er die Dynastie zum einigenden Band des Riesenreiches machen wollte, mußte er den König höher stellen, als es makedonischer oder griechischer Überlieferung entsprach. Auch von den Griechen verlangte er die Annahme des Gottkönigtums. Die Vergötterung lebender Mitmenschen war griechischen Menschen nicht völlig fremd. Jetzt aber den fernen Zwingherrn als göttlich anzuerkennen, fiel den Griechen schwer, und nur zögernd willfahrten sie dem Verlangen. Die Makedonen vollends, in den zugleich treuherzigen und nüchternen Vorstellungen des Heerkönigs groß geworden, hatten kein Verständnis mehr für Alexanders Träume. Als er als äußeres Kennzeichen seiner über alles Menschliche erhobenen Stellung den orientalischen Fußfall forderte, kam es zu offener Ablehnung. Der Grieche Kallisthenes, der als Geschichtsschreiber seiner Zeit die Taten Alexanders verherrlicht hatte, hörte nun auf, der Freund des Königs zu sein.

In der Gegnerschaft zu dem neuen Hofzeremoniell drückte sich die wachsende Verstimmung seiner Landsleute gegen die politischen Pläne Alexanders aus. Wenn Alexanders Gedanken Wirklichkeit wurden, mußte die führende Stellung der Eroberer in dem besiegten Lande, mußte aber schließlich auch die nationale Eigenart der Eroberer aufhören zu bestehen. Es gab noch dunklere Anzeichen für die Auflehnung als nur die Verweigerung des Fußfalles. Als Alexander den Kleitos, der ihm am Granikos das Leben gerettet hatte, mit dem Speer durchbohrte, geschah es in der Trunkenheit. Er bereute die Tat in unsäglichem Schmerz, und sie mag als Beispiel der leidenschaftlichen Wildheit des Königs gelten, der edle Züge nicht zu fehlen brauchten. Aber in dem Streit mit Kleitos war es auch um die Zurücksetzung der Makedonen gegangen. Und einen seiner Gardeoffiziere, den Philotas, mußte Alexander wegen einer Verschwörung zum Tode verurteilen lassen. Den Vater des Philotas, den Parmenion, seinen fähigsten Unterfeldherrn, ließ Alexander heimtückisch ermorden, obwohl Parmenion an der Verschwörung nicht beteiligt war. Kallisthenes mußte bald das Schicksal des Philotas teilen. Damals wandte sich Aristoteles von seinem Schüler ab. Einmal kam es zu einer offenen Meuterei der Makedonen. Wie Alexander den Aufstand bezwang, beweist die dämonische Kraft seiner Menschenverzauberung noch mehr als seine Fähigkeit zu unerbittlich schnellem Handeln. Aber die Kluft war sichtbar geworden, die sich zwischen ihm und seinem Volke auftat.

Die letzten außenpolitischen Pläne Alexanders reichten in fast grenzenlose Weiten. Er wollte Afrika umfahren lassen, selber auf dem Landwege bis zu den Säulen des Herkules, also bis Gibraltar dringen und über Südeuropa zurückkehren. Ein Reich, das alle damals bekannten Völker umschloß, stand als Ziel vor den fernetrunkenen Augen des Königs.

Dem erst Dreiunddreißigjährigen nahm der Tod das Schwert aus der Hand. Sein Sterben an der Schwelle des Mannesalters, auf der Höhe seiner Siege hat die geheimnisvolle Gestalt noch weiter verklärt. Aber es ist nun unmöglich, zu urteilen, was aus dem Riesenreich geworden wäre, wenn sein Schöpfer ein volles Menschenleben daran hätte setzen können oder wenn er wenigstens einen erwachsenen Sohn als Nachfolger hinterlassen hätte. So scheint es, als sei die größte Gestalt der Alten Welt im letzten gescheitert. Der Westen, den Alexander unterwerfen wollte, unterwarf später den Osten. Schon vorher war Alexanders Reich geborsten, weil seine innere Tragfähigkeit nicht stark genug war.

Dennoch hat Alexander das Gesicht der Welt verwandelt. Griechische Einflüsse auf den Orient gab es gewiß schon vorher. Er aber hat die Tore ganz weit aufgestoßen und so die Durchdringung des Orients und später der übrigen Mittelmeerwelt mit dem Griechentum begonnen, ohne die es seine Wirkung in die Jahrtausende nie hätte ausüben können. Man hat wohl gemeint, der Siegeszug des griechischen Geistes in den letzten vorchristlichen Jahrhunderten nach dem Verfall des griechischen Stadtstaates beweise die Unabhängigkeit der Kultur von staatlicher Macht. Doch war es das Schwert Alexanders, das die Wege für diesen Siegeszug geöffnet hat.

Die Reiche der Diadochen

Nach dem Tode Alexanders brach der Machttrieb der gewaltigen Persönlichkeiten, die als Feldherren unter Alexander gedient hatten, offen auf. Er verband sich mit den natürlichen Sonderbestrebungen der einzelnen Landschaften. Vergebens versuchten einige Träger der Reichsidee Alexanders, sein Werk fortzuführen. Als der achtzigjährige Antigonos, der letzte große Verwalter der Alexanderschen Gedankenwelt, 301 bei Ipsos geschlagen wurde und fiel, war die Teilung des Reiches besiegelt.

Drei Hauptstaaten bildeten sich auf dem Boden des Alexanderreiches. Die Griechen hatten für ihre Herrscher den gemeinsamen Namen

Diadochen, Nachfolger. Die alte Heimat Makedonien mit einer (freilich immer höchst unsicheren) Vorherrschaft im eigentlichen Griechenland fiel Kassandros zu, dessen Dynastie nach wechselvollen Kämpfen den Nachkommen des Antigonos Platz machen mußte. Ägypten wurde von Ptolemäus regiert, seine Hauptstadt war Alexandreia. Der größte Nachfolgestaat war der in Asien unter Seleukos, mit der Hauptstadt Antiochia. Er umfaßte das frühere babylonische Reich, das Stammesgebiet der Perser und Meder, Syrien und Teile des übrigen Vorderasiens.

Neben diesen größeren Staaten kamen bald kleinere auf, ein fast natürlicher Vorgang angesichts der Verschiedenheit der Völker und Kulturen. Am ehesten wurde davon das größte und innerlich am wenigsten geschlossene Reich, das der Seleukiden betroffen. Die Inder rissen sich wieder los. Folgenreich war vor allem eine Erhebung der Parther im Iran unter Arsakes, die in der alten persischen Landschaft gegen 250 das parthische Reich gründeten. Am Südrand des Schwarzen Meeres bildeten sich mehrere Staaten, von denen später Pontos dem römischen Weltreich gefährlich wurde. Um die Mitte des dritten Jahrhunderts drangen aus ihrer Heimat auch wieder Kelten nach Süden. Diesmal wurden sie von den inzwischen erstarkten Italikern abgewiesen und wanderten dann über den Hellespont nach Kleinasien, wo sie den Staat der Galater bildeten. Auf dem Boden der alten lydischen und phrygischen Staaten entstand unter ehrgeizigen Herrschern Pergamon. Auf dem griechischen Festlande schlossen sich zahlreiche Städte im Ätolischen und Archaiischen Bund zusammen. Beide verhinderten die volle Oberherrschaft Makedoniens in Griechenland. Es waren nicht die großen, alten Städte Athen, Sparta, Theben, die diese Aufgabe des Zusammenschlusses übernahmen, sondern ganz folgerichtig Landschaften, die bisher im Schatten der geschichtlichen Auseinandersetzung gestanden hatten und deren Kraft noch unverbraucht war.

Wenn auch das Einheitsreich Alexanders zerbrochen war, so blieb ein Abglanz der Idee doch in der außenpolitischen Wirklichkeit erhalten. Ein Gleichgewicht der Mächte bildete sich heraus, ein nie ganz ungefährdetes, nie durch Kämpfe ungetrübtes, aber doch im Wesen bestehendes Zusammenleben der Staaten. Es gab Grenzstreitigkeiten um Provinzen, aber es gab keinen erbarmungslosen Kampf um Sein oder Nichtsein der Völker und Staaten. Anders als durch ein solches Gleichgewicht der Mächte, in dem Spannungen erhalten bleiben, ist offenbar ein Zeitabschnitt des leidlichen Friedens für die Menschheit schwer zu gewinnen, solange nicht eine gemeinsame Weltregierung wie im römischen Kaiserreiche alle staatlichen Gegensätze aufhebt.

In den Diadochenreichen regierte der König als absoluter Monarch. Hellenismus ist „Griechentum ohne Polis". Der Herrscher war umgeben von einem stolzen makedonischen Adel. Aber er hatte von Alexander gelernt, die heimische Eigenart der Bevölkerung zu schonen. Alexander hatte die ungeheuren Schätze der Großkönige durch Münzprägung in Umlauf setzen lassen. Die Folge war ein Aufschwung der Wirtschaft und des Handels, der allen zugute kam und dessen Wirkungen bis zum Atlantischen Ozean reichten. Die Sprache des Handels in diesem Großraum war die griechische, in der Form der von den Dialekten befreiten *koiné*, der „Gemeinsamen". Wer ein Geschäft abwickelte, wer sich mit Literatur, Kunst oder Staatsdingen beschäftigte, sprach griechisch. Noch vierhundert Jahre nach Alexanders Tode wurden die vier Bücher, die alle anderen in der Menschheitsgeschichte an Wirkung überragen, die Evangelien von Christus, griechisch niedergeschrieben.

Von der geistigen Erscheinung des Hellenismus aus, wie wir nach Droysens Vorgang die griechische Geschichte von Alexander bis Augustus nennen, verbreitete sich griechische Denkart weit nach Westen. Um 250 waren die Oberschichten der beiden weltgeschichtlichen Rivalen, Karthagos wie Roms, bereits von ihr erfaßt.

Der Hellenismus gab der „klassischen" griechischen Kultur viel neue Züge. Sie löste sich von der Nation los. Das Ideal der geläuterten Bildung war an kein Einzelvolk mehr geknüpft, sondern galt für die ganze Menschheit. Nur weil dieses Ideal für einige Jahrhunderte gesiegt hatte, konnte später auch die allgemeine Menschheitsreligion des Christentums ihren Sieg in den Ländern und Völkern erringen.

In den Reichen der Diadochen durchdrangen die Religionen einander und strömten nun, von der Grundlage des geistig einheitlichen Riesengebiets aus, in das westliche Mittelmeergebiet. Auch die Götter hörten auf, einer einzigen Nation anzugehören. Überall verband sich die Duldsamkeit der Herrscher mit dem Erlösungsbedürfnis der Massen aller Völker und ihrer Sehnsucht nach einem ewigen Leben des Glücks im Jenseits. Die alten homerischen Götter verloren noch mehr von ihrer Kraft, sieghaft drang von Kleinasien und aus Ägypten der Kult der Götter vor, die durch orgiastischen Rausch oder durch das Versprechen einer besseren Welt Beglückung versprachen. Kybele, die Große Mutter, der griechische Heilsbringer Asklepios, die ägyptische Isis mit ihrem Gatten Osiris, der dem Totenreich entrissen wurde, sie erfüllten die Herzen auch vieler Griechen und Römer, die in der Verehrung des Zeus und des Jupiter, des Apollon und der Minerva kein Genügen mehr fanden. Am mächtigsten wurde im Laufe der Jahrhunderte Mithras, der iranische Lichtgott, in dessen Kult die Lehre Zoroasters fortwirkte. Seine Anhänger übten die Sakramente der Taufe und des Mahls, heiligten den Sonntag und feierten den 25. Dezember. Das Christentum konnte später den Mithraskult nur dadurch bekämpfen, daß es Bestandteile davon in seine Lehre aufnahm, so die Feier des 25. Dezembers und die Heiligung des Sonnentages, während der aus dem Judentum hervorgegangenen Religion eigentlich die Feier des Sabbaths gemäß gewesen wäre.

Von den Gebildeten, die auch der vielgestaltige Götterglaube des Orients nicht zu befriedigen vermochte, wandten sich viele den Philosophen zu. Die Philosophie forschte nicht mehr wie in der großen Zeit des klassischen Griechenlands nach dem Ursprung der Dinge, sondern gab Regeln dafür, wie man glücklich werden könne. Zenon lehrte in der Stoa (der bunten Halle zu Athen), daß man frei sein müsse von den Leidenschaften, daß man sich freudig in sein Schicksal fügen solle, weil man es doch nicht ändern könne. Epikuros leugnete das Übergreifen übersinnlicher Mächte in das Menschenleben. Der Weise kümmere sich nicht um die Welt; der Tod, die volle Bewußtlosigkeit, gehe den Menschen nichts an.

Daß der Hellenismus eine Spätstufe der Kultur bildete, wurde am deutlichsten in seiner Kunst. Die schöpferische Kraft erscheint gemildert, die Vielfältigkeit der Formen und der Reize ist gewachsen. In seinem Verzicht auf „edle Einfalt und stille Größe“ wie in seiner Hinneigung zu Bewegtheit und Aufgeregtheit finden wir Kennzeichen dafür, wie verwandt der Hellenismus der modernen Welt ist. Beide sind dem Wesen nach „gleichzeitige“ Erscheinungsformen ihrer Kulturkreise. Zur Spätstufe der Zivilisation gehört auch die Pflege der Wissenschaft durch die Könige, also durch den Staat. Zu ihr gehörte auch die hohe Schätzung der Hygiene, ferner die Fortbildung der Technik, die sich in machtvollen Bauten, ungeheuren Belagerungsmaschinen und großen Schiffen ausdrückte. Das germanisch-romanische Mittelalter war in solchen Ausdrucksformen der Zivilisation dem Hellenismus weit unterlegen, und erst unsere Neuzeit hat ihn darin erreicht und ganz spät übertroffen. Nach Wilamowitz-Möllendorffs bezeichnendem Vergleich übertraf eine kleinasiatisch-hellenistische Stadt Priëne bei weitem das Paris Ludwigs des Fünfzehnten an Sauberkeit und Gepflegtheit.

Am glanzvollsten entfaltete sich der Hellenismus in den großen Städten. Allein Alexander hatte Dutzende von ihnen gegründet. Die größte Bedeutung von ihnen erreichte das ägyptische Alexandreia, dessen Platz mit sicherem Blick für die geeignetste Stelle an der ganzen Küste ausgewählt worden war und das noch heute als einer der besten Häfen des Mittelmeers gilt. In den neuen wie in den alten Städten zeugten prunkvolle Paläste und Tempelbauten, Museen, öffentliche Büchereien, Leuchttürme und Hafenanlagen von dem Bedürfnis nach Machtentfaltung, von dem Reichtum und dem Geschmack der Herrscher und ihrer Völker. In die Städte vor allem strömten die Griechen; ihrem Bevölkerungsüberschuß hatte Alexander endlich die Wege geöffnet. Sie waren Beamte, Künstler, Gelehrte, Soldaten, Händler. Aber neben dem Griechenviertel fanden sich etwa in Alexandreia auch Viertel für Araber, Juden, Syrer, ein Ausdruck für das Weltbürgertum der hellenistischen Staatenwelt.

In weiterer Entfernung freilich vom Westen, etwa in Babylon, drang das Griechentum nur noch schwach in die fremde Welt ein. Und auf dem flachen Lande blieb dieser Einfluß im ganzen Bereich der Diadochenstaaten gering. Der Bauer hielt zäh an der ägyptischen und semitischen Art fest. Ein Jahrtausend später konnte der Islam an diese Überlieferung anknüpfen, als er das Gebiet des ehemaligen Alexanderreiches überflutete.

Samnium und Etrurien werden römisch

Die nachschaffende historische Phantasie mag einen Augenblick bei dem Gedanken verweilen, was aus der aufstrebenden Macht Roms geworden wäre, wenn nicht bei Ipsos 301 das makedonisch-griechisch-persische Reich auseinandergebrochen wäre. Selbst dem politisch begabtesten Volk der Alten Welt wäre es dann kaum möglich gewesen, Baustein auf Baustein zu der Schöpfung eines neuen Weltreichs zusammenzufügen, das ein noch größeres Gebiet umfaßte und länger dauerte als Alexanders Staat.

Ungefähr zu der historischen Stunde, in der Alexander mit den verbündeten Griechen die Vorherrschaft seines Volkes im Orient aufrichtete, griff Rom in den Bereich der Westgriechen ein. Die oskischen, also indo-europäischen Städte Kampaniens hatten zu dieser Zeit längst die Anregung der reicheren griechischen Kultur aufgenommen und waren schon damit in Gegensatz zu dem Bauernvolk der stammverwandten Samniten geraten, dessen Ausbreitung sie hemmten. So schloß

Capua ein Bündnis mit Rom, das hiermit die wirtschaftliche Kraft und die tüchtige kampanische Reiterei als Verstärkung gewann. Aber die Samniten fühlten sich dadurch eingekreist und begannen 327 den Krieg. Rom hatte ihn nicht gesucht. Er hat die Stadt bis an den Rand des Verderbens geführt; aber Rom hat wieder mit der äußersten Zähigkeit gekämpft, und der Siegespreis war hoch.

Am Anfang der Auseinandersetzung stand ein diplomatischer Erfolg. 326 schloß das griechische Neapel mit Rom ein Bündnis, das die militärische Oberherrschaft der Tiberstadt anerkannte, in dem Rom aber das innenpolitische und wirtschaftliche Eigenleben Neapels in bereits bewährter diplomatischer Weisheit anerkannte.

Der Kampf wurde trotz diesen Verstärkungen für Rom sehr hart, gerade weil die zähen samnitischen Bauern soviel gemeinsam hatten mit ihren latinischen Gegnern. Bei Caudium mußte sich ein römisches Heer ergeben und wurde unter das „kaudinische Joch" geschickt zum Zeichen seiner völligen Unterwerfung. Aber die unerschütterliche Zuversicht der Römer widerstand der Entmutigung. Wo das Schwert des Legionärs nicht hingelangen konnte, gelang den Zugriffen der Vertragsjuristen der Erfolg. Die mittelitalienischen Städte der Sabeller schlossen mit Rom ein Bündnis. Die etruskischen Bundesgenossen der Samniten wurden aus dem Krieg herausgesprengt, Samnium wurde mit einem Kranz von Wehrbauernsiedlungen eingekreist. Die Via Appia, das Werk des Appius Claudius, sicherte die schnelle Beförderung der Truppen zwischen Rom und dem Süden. So gelang am Ende der vernichtende militärische Schlag, gerade nach einem neuen bedeutenden Erfolge der Samniten. Sie hatten sich mit den Etruskern, die wieder in den Krieg eingetreten waren, und den von Norden hereinbrechenden Galliern vereinigt. Eine gewaltige Macht bedrohte Rom. Aber bei Sentinum wurden 295 die vereinigten Gegner geschlagen. Das Ergebnis war die Anerkennung der römischen Führung durch die Etrusker und die Samniten. In ganz Mittelitalien herrschte der Wille Roms. Aber auch diesmal blieb das innere Leben der neuen Mitglieder der italischen Wehrgenossenschaft unangetastet.

Der Krieg mit den Samniten war für die Entwicklung der römischen Taktik von großer Bedeutung. Im Felde hatten sich die Samniten mehr als einmal überlegen gezeigt, und Rom hatte keine Scheu, von dem Gegner zu lernen. Es lockerte die starre, nach griechischem Vorbild geformte Phalanx auf und entwickelte die Kampfführung mit kleinen, beweglichen Truppenkörpern, den Manipeln. (*Manipel* bedeutet wörtlich: eine Handvoll.) An die Stelle der langen Lanze trat der kurze Wurfspeer, das *Pilum*.

Süditalien wird römisch

Aus der Vermehrung des Bundesgebietes entsprang ein neuer Krieg, den Rom wiederum nicht gesucht hat und in dem doch wieder ein geheimes Gesetz römischer Machtentfaltung wirksam erscheint. Thurii, eine der Städte des griechischen Unteritaliens, bat Rom um Hilfe gegen die italischen Lukaner. Mit dem Eingreifen Roms in die Verhältnisse Groß-Griechenlands fühlte sich das reiche und mächtige Tarent bedroht. Zu Bundesgenossen gewann es nicht nur die immer noch grollenden Samniten, sondern auch einen tapferen, ehrgeizigen hellenistischen Fürsten, Pyrrhos von Epirus. Aber er stellte sich eine Doppelaufgabe, die über seine Kräfte ging: die stammverwandten Griechen des Festlandes gegen die Römer und die Griechen Siziliens gegen die Karthager zu schützen, die in dieser Zeit wieder gegen das syrakusanische Reich anstürmten. Das Endziel des Pyrrhos war wohl ein großes griechisches Reich im Westen unter seiner Führung.

Mit seinem mächtigen Heer, seiner für Italien neuen Waffe, den indischen Kriegselefanten und seiner bedeutenden Feldherrnbegabung schlug er die Römer mehrere Male, aber nie vernichtend. Die Manipulartaktik bewährte sich noch in der Niederlage, und in Rom siegte die alte Bauernzähigkeit. Der erblindete Appius Claudius gab ihr nach der Überlieferung ergreifenden Ausdruck, als er im Senat seine Standesgenossen beschwor, alle Friedensangebote des Gegners abzulehnen. In Sizilien zwar warf Pyrrhos die Karthager zurück, mußte aber bald bittere Erfahrungen mit der unzeitgemäßen Uneinigkeit und der bis zum Verrat gehenden Selbstsucht der griechischen Städte machen. Auch hier war die Polis den Anforderungen des staatlichen Lebens nicht mehr gewachsen. Als der König nach Unteritalien zum Kampf gegen die Römer zurückgekehrt war, blieb er zum ersten Male auf einem Schlachtfeld nicht mehr Sieger. (Als Ort des im Jahre 275 ausgefochtenen Kampfes wurde früher Benevent angesehen, heute ist er umstritten.) Pyrrhos begriff, daß seine Sache in Italien verloren war, und trat auf das griechische Festland über, wo er bald in neue Händel verwikkelt wurde. In Argos fiel dann der erste Feldherr seiner Zeit im Straßenkampf.

Mit seinem Ausscheiden war das Schicksal der unteritalischen Griechen entschieden. 272 bat Tarent um Frieden, und die anderen Griechenstädte, die an seiner Seite gestanden hatten, folgten bald. Die Herrschaft Roms reichte nun bis zur Straße von Messina. Die eigentliche Halbinsel Italien war unter römischer Führung geeint, militärisch und politisch überwacht und gefesselt durch die Anlage neuer Wehrbauernsiedlungen, aber bald auch innerlich gewonnen durch die Freiheit in der Selbstverwaltung und nicht zuletzt durch die wirtschaftlichen Vorteile, die der neue größere Wirtschaftsraum bot.

Neue Hinwendung zur Demokratie

In den kriegerischen Jahrzehnten wurde auch die Einfügung der Handwerker und Kleinbauern in den Staat vollendet, den zu verteidigen sie mit ihren Waffen und ihrem Blut geholfen hatten. Im Jahre 287 wurde das Hortensische Gesetz erlassen, wonach die Beschlüsse der Plebs für das ganze Volk gültig sein sollten. Der staatsrechtlichen Form nach war Rom eine Demokratie. Aber wie so oft war die staatliche Wirklichkeit anders als der Wortlaut eines Verfassungsartikels. Die Wahl der höchsten Beamten und die Beschlüsse über Krieg und Frieden blieben doch den Zenturiatskomitien vorbehalten, wo vorläufig noch die Besitzenden und Angesehenen die meisten Stimmen hatten. Und auch nach 287 machte die Plebs lange keinen Versuch, sich die Rechte zu nehmen, auf die sie nach dem Hortensischen Gesetz theoretisch ein Anrecht gehabt hätte. Vor allem blieb die Macht der Überlieferung bestehen, die von den „Vätern" übernommene Sitte und damit das Ansehen der hohen Beamten und des Senats. Willig nahm die Plebs auch in der kommenden Zeit die Führung durch den Adel hin an, sei es aus ererbtem Instinkt oder anerzogenem Vertrauen, sei es aus der praktischen Erfahrung, daß die Führung durch den Adel die persönliche Freiheit des Plebejers verbürgte und zugleich den jüngeren Söhnen dieses kinderreichen Volkes in den Wehrbauernsiedlungen die Möglichkeit eines selbständigen Daseins sicherte.

Der Adel bestand nun schon seit einem Jahrhundert nicht mehr nur aus Patriziern. Reiche Plebejer waren aufgenommen worden und wurden nach einigem Zögern als vollwertig anerkannt. Beide Schichten schlossen sich zusammen zu dem neuen Amtsadel, in dem die Patrizier noch immer stolz waren auf den alten Ruhm, der aber gemeinsam die höchsten Amtsstellen und damit den Senat besetzte.

Seine Führung in der Außenpolitik war unbestritten. Nach menschlichem Ermessen hätte sie ihm noch in Jahrhunderten nicht entrissen werden können. Aber die Geschichte ist der Bereich der menschlichen Freiheit und damit des Unberechenbaren. Es kam der verhängnisvolle Tag, an dem der Senat selber auf das Recht zur Führung verzichtete. Er hatte unermeßliche Folgen, für Rom und für die Welt.

Pompejus

Augustus

Odoaker erobert Rom

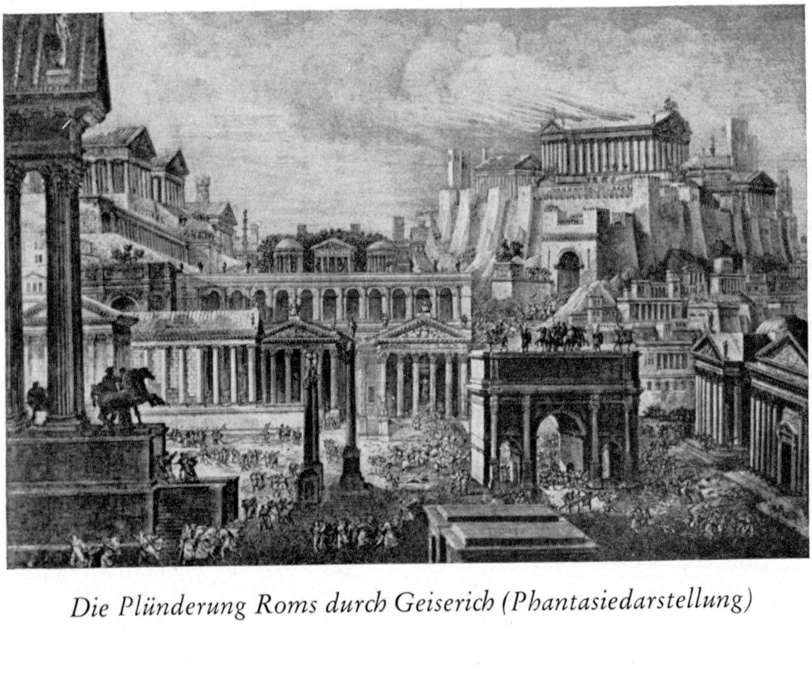

Die Plünderung Roms durch Geiserich (Phantasiedarstellung)

Das Mausoleum des Hadrian, die jetzige Engelsburg (Rekonstruktion)

Das Forum zur Kaiserzeit (Rekonstruktion)

Römische Legionäre überschreiten einen Fluß (Mark-Aurel-Säule)

Sechstes Kapitel

MACHT UND UNTERGANG DER RÖMISCHEN REPUBLIK

Als Alexander der Große seinen Siegeszug zur Aufrichtung des östlichen Weltreiches begann, war Rom ein Kleinstaat, von dem er nur flüchtige Kunde hatte. Zwei Menschenalter später war sein Reich in Teile aufgelöst, aber Rom war durch die Einigung des Halbinsel-Italiens eine Großmacht geworden, und es hatte bereits einen Kranz von Griechenstädten in das Gefüge der italischen Wehrgenossenschaft eingebaut. Pyrrhos von Epirus hatte die Drohung geahnt, die für die staatliche Zukunft des Griechentums heraufzog. Aber seine Macht war nur ein Splitter aus der immer noch beträchtlichen Volkskraft der Griechen. So hatte er das Schicksal der unteritalischen Griechen nicht abwenden können. Jetzt schlug die Stunde auch für das sizilische Griechentum, das einst den staatlichen und geistigen Formungskräften des Gesamtvolkes so machtvollen Ausdruck gegeben hatte. Es wurde verstrickt in die Auseinandersetzung zwischen den beiden Großmächten des westlichen Mittelmeeres. Als das Jahrhundert zu Ende ging, war der Untergang seiner staatlichen Selbständigkeit besiegelt.

Der erste Raubkrieg Roms

In Ostsizilien hatte um 300 das Griechentum in der Persönlichkeit des Agathokles von Syrakus noch einmal eine bedeutende Persönlichkeit hervorgebracht. Sie war dem großen Dionysios wahlverwandt und faßte die Kräfte des sizilischen Reiches machtvoll zusammen, diesmal in den Formen des Hellenismus, von dem er auch den Königstitel übernahm. Aber schon hatte er, um den Staat zu behaupten, ausländische Söldner in großer Zahl anwerben müssen. Ein großer Teil von ihnen waren Italiker. Nach seinem Tode war kein gestaltender Wille mehr wirksam, das Chaos brach aus. Ein Teil der Söldner rief in den Wirren

Karthago zu Hilfe, das sich nun dem jahrhundertealten Ziel der Erwerbung auch Ostsiziliens ganz nahe sah und die Burg von Messina besetzte. Ein anderer Teil entsann sich der alten Stammesverwandtschaft und bat die Römer, gegen die Karthager einzugreifen.

Es war das Jahr 264, in dem dieser Ruf an den Senat erging. Die Senatoren fühlten die volle Schwere der Entscheidung. Sie ahnten, was ein Eingreifen in den Kampf in Syrakus und ein Krieg mit den Karthagern bedeuten würde, mit denen Rom seit Jahrhunderten in Handelsbeziehungen gestanden hatte und mit denen zusammen es eben noch gegen Pyrrhos gefochten hatte.

Der „gerechte Krieg“, mit dessen Natur sich die Gedanken des bäuerlichen Rom so lange beschäftigt hatten, setzte nicht nur voraus, daß Rom angegriffen wurde. Auch wenn der Gegner einen Bundesgenossen angegriffen oder einen Vertrag verletzt hatte, war nach altrömischer Auffassung der Krieg sittlich gerechtfertigt. Davon konnte diesmal keine Rede sein; die Söldner des Agathokles genossen nicht eben den besten Ruf; es war dazu nur ein Teil, der sich an Rom gewandt hatte.

Aber auch wenn der Senat sein Gewissen nicht durch moralische Bedenken beschweren wollte, so mußten ihn doch die Überlegungen staatlicher Zweckmäßigkeit mit schweren Sorgen erfüllen, wenn er an einen Krieg mit Karthago dachte. Beide Staaten waren Großmächte, beide etwa gleich stark. Rom hatte das stärkere Heer und war auf dem Lande den Karthagern schon deshalb überlegen, weil sich seine Truppen aus römischen und italischen Bauern ergänzten, während die Karthager es längst müde geworden waren, ihre Schlachten selber auszufechten und sich auf gemietete Söldner verließen. Diese waren an Ausbildung den römischen Truppen überlegen, aber auf ihre letzte Hingabe in drangvollen Lagen war weniger Verlaß. Eine furchtbare Waffe blieb freilich das karthagische Heer immer, gerade in den sizilischen Kämpfen hatte sich das mehr als einmal erwiesen. Dazu war Karthago eine große Seemacht, während von der römischen Flotte nur Anfänge bestanden. Und schließlich war der karthagische Handelsstaat sehr reich, verglichen mit der italischen Wehrgenossenschaft, in deren Volkswirtschaft der mittlere und kleinere Bauernhof immer noch den Kern bildete. Die Senatoren konnten gewiß noch nicht alle Mühsale, Bedrängnisse und Verluste ahnen, die aus den Kriegen mit Karthago erwachsen würden. Aber viele sahen bereits, daß eine bewaffnete Auseinandersetzung zwischen den beiden Mächten langwierig und opferreich werden würde.

Und es war nicht sicher, daß dieser Kampf für ein echtes Ziel des römischen Volkes ausgefochten werden müsse. Wohl sprachen geopolitische Überlegungen dafür, Sizilien in den Bereich der Wehrgenossenschaft einzugliedern. Ein geeinigtes Italien ohne die sizilische Insel mußte als Halbheit erscheinen, die Aufteilung der Küsten an der Straße von Messina zwischen zwei Mächten mußte als unnatürlich empfunden werden. Aber gerade aus den geographischen Verhältnissen sprachen noch stärkere Gründe gegen den Krieg. Wollte man wirklich erobern, um die italische Wehrgenossenschaft abzurunden, dann war die Po-Ebene ein Ziel, das mit den natürlichen und gewohnten militärischen Mitteln des Bauernheeres leichter zu gewinnen war. Von der Po-Ebene aus bedrängten noch immer die Kelten, die alten Gegner Roms, mit störenden Einfällen das Gebiet der Wehrgenossenschaft.

In den Meinungsverschiedenheiten um den Kriegsbeginn wurde der Gegensatz zweier Grundauffassungen über die Zukunft Roms wirksam. Eine Gruppe, an der Spitze das mächtige Haus der Fabier, wollte über die See hinausgreifen, so das Wesen Roms verwandeln und aus ihm ein meerumspannendes Reich machen. Die andere Gruppe, geführt von den nicht minder mächtigen, ursprünglich aus dem Sabinerlande stammenden Claudiern, wollte ebenfalls ein starkes Rom. Aber sie steckte ihre Ziele näher und wollte das überlieferte Wesen Roms erhalten. Hätte sie gesiegt, so wäre ein geeinigtes Italien bis zu der Meerenge von Messina entstanden, eine starke Macht, die von außen kaum zu besiegen war, die aber auf ein Ausgreifen über die See, auf die Weltpolitik, verzichtet hätte.

Im Senat überwogen die Bedenken. Das Ungewisse, das im Kriege mit Karthago lag, erschreckte die meisten Mitglieder. Aber in dem Zwiespalt der Meinungen vermochte er sich zu keiner Entscheidung aufzuraffen. Das Unerhörte geschah: er verzichtete auf sein Führungsrecht und verletzte damit seine Führungspflicht. Er überließ den Beschluß den Zenturiatskomitien, also dem Volke, vor dem die Konsuln für den Krieg sprachen. Der Senat hatte den obersten Beamten diesmal keinen Rat erteilt. Es war die bisher dunkelste Stunde in seiner Geschichte.

Das Volk entschied für den Krieg. Es war verlockt durch die Aussicht auf Siedlungsland in Sizilien, von der erst die Folgezeit erwies, wie trügerisch sie war. Nackte Eroberungslust und Raublust trieben die Menge. Von den bevorstehenden Mühsalen und Verlusten hatte ihr leichter Sinn keine ausreichende Vorstellung. So ging das römische

Volk in die schwere Auseinandersetzung, die Jahrzehnte dauerte und für deren siegreiche Beendigung das römische Staatswesen einen allzu teuren Preis bezahlen mußte. Das Jahr 264 ist zum Unheilsjahr für Rom geworden.

Der Erste Punische Krieg (Punier wurden die Karthager von den Römern nach ihrem Muttervolk an der kleinasiatischen Küste, den Phoinikern, genannt), der jetzt begann, dauerte dreiundzwanzig Jahre (264 bis 241). In ihm erlitt Rom wie gewöhnlich zuerst manche Niederlagen. Die alte Bauernzähigkeit überwand auch sie. Schließlich schuf Rom sich eine Flotte. Als ihr Befehlshaber schlug Gaius Lutatius Catulus 241 die Karthager bei den Ägatischen Inseln und schnitt die karthagische Besatzung des Hamilkar Barkas auf Sizilien von Afrika ab. Damit war der Sieg errungen.

Im Frieden mußte Karthago sein Gebiet in Sizilien abtreten und eine Kriegsentschädigung zahlen. Als das römische Volk von den Bedingungen erfuhr, schlug es Lärm und erzwang vom Senat, daß er die Verdoppelung der Kriegsentschädigung durchsetze. Der Raubcharakter des Krieges zeigte sich klar. Dennoch hatten sich die Urheber des Krieges furchtbar getäuscht. Ein Fünftel der waffenfähigen Mannschaft Roms war in den ununterbrochenen Feldzügen gefallen, Sizilien war durch den Krieg verwüstet. Als die Felder auf der Insel wieder bestellt werden konnten und das sizilische Getreide nach Rom auf den Markt kam, bedrängte es wegen seines geringeren Preises die Bauern in Latium. Noch freilich zeigte sich nicht das ganze Unheil, das der Kriegsentschluß von 264 herbeigeführt hatte. Es wurde erst mehr als ein Menschenalter später offenbar.

Syrakus blieb ein freier Staat als selbständiger Bundesgenosse der Römer; noch war ihm eine Gnadenfrist gegönnt. Der bisher karthagische Teil der Insel aber wurde nicht mehr der italischen Wehrgenossenschaft angeschlossen, wie dies in früheren Zeiten mit eroberten Gebieten getan worden war. Der Senat spürte, daß die alte Verfassung nicht mehr ausreichte für das weit entfernte Land mit den vielen Griechenstädten. So wurde Sizilien Provinz. Die Bezeichnung hatte damals eine andere Bedeutung als heute. Sie kennzeichnete ein erobertes Gebiet, das ohne eigenes Recht durch einen römischen Statthalter regiert wurde.

Wenige Jahre nach dem Friedensschluß schritt Rom zu einer neuen Eroberung ohne Rechtsgrund. Als die Karthager einen Aufstand ihrer Söldner in Sardinien niederwerfen wollten, erklärte Rom die Unternehmung als gegen sich gerichtet, nahm Sardinien und erzwang eine neue Geldentschädigung. Der Krieg als Mittel zur Bereicherung, das war aus dem „gerechten Kriege“ des alten Rom geworden.

Cannae

Nach der schweren Niederlage des Staates war die regierende Aristokratie Karthagos bereit, sich mit dem im Frieden vorgezeichneten Schicksal abzufinden. Sie wollte sich mit den verbliebenen afrikanischen Besitzungen und mit den Handelsgewinnen des Mittelmeers begnügen. Aber in der Familie der Barkiden lebten ein stolzerer Ehrgeiz und eine glühendere Vaterlandsliebe. Zuerst Hamilkar Barkas, der unbesiegte Feldherr von Sizilien, dann sein Schwiegersohn Hasdrubal, schließlich Hamilkars Sohn Hannibal zwangen mit Hilfe der Massen die Regierung, ihnen zu gestatten, in Spanien große Gebiete zu erobern. Gestützt auf die Menschen- und die Wirtschaftskraft dieser Halbinsel, schufen sie noch einmal ein karthagisches Reich, das eines Tages ebenbürtig neben Rom stehen, möglicherweise sogar den Waffengang mit ihm wagen konnte.

Vielleicht war die ängstliche Zurückhaltung der Aristokraten, die so oft von Geschichtsschreibern ärmliche Krämerseelen gescholten worden sind, wirklichkeitsnäher als der hochgemute Heldentrotz der Barkiden. Vielleicht aber sahen diese nur schärfer als ihre Standesgenossen die Unvermeidlichkeit einer letzten verzweifelten Abwehr gegen den einmal entfesselten Eroberungsdrang der Römer. Rechtzeitig Macht dagegen aufzubauen war vielleicht Pflicht eines weitblickenden Staatsmannes. Wer will das entscheiden? Sicher ist nur, daß keine Großmacht nach einem einzigen verlorenen Kriege endgültig auf ihre Stellung verzichtet. So hatte das spanische Unternehmen der Barkiden den Sinn geschichtlicher Zwangsläufigkeit.

Während des karthagischen Eingreifens in Spanien war Rom in einen schweren Krieg mit den Kelten im Pogebiet verstrickt. Gegen immer neue gallische Einfälle blieb kein anderes Mittel, als die lange versäumte Aufgabe endlich in Angriff zu nehmen und den Feind zur Ruhe zu zwingen. Hätten die Barkiden den Angriff gegen Rom beabsichtigt, sie hätten die Gelegenheit der oberitalischen Verwicklung Roms nicht ungenutzt gelassen. Ein Mann von der leidenschaftlichen Tatkraft Hannibals hätte möglicherweise die schicksalsvolle Stunde nicht vorbeigehen lassen. Aber sein Schwager Hasdrubal, der damals befehligte, schloß mit den Römern einen Vertrag, der ihm das Gebiet bis zum Ebro sicherte, das Land jenseits des Ebro von karthagischer

Herrschaft ausschloß. Als dann nach Hasdrubals Tode Hannibal die südlich des Ebro gelegene Stadt Sagunt belagerte, forderten die Römer ihn auf, von dem Unternehmen abzustehen. Hannibal lehnte das Verlangen der Vertragsbrüchigen ab. Er wußte sicherlich, daß dies die Kriegserklärung der Römer zur Folge haben würde.

Der Zweite Punische Krieg (218 bis 201) begann; er wird nach seiner tragischen Hauptgestalt der Hannibalische genannt. Die Römer ahnten noch nicht die ganze Größe des Mannes, der ihnen jetzt entgegentrat, bis er plötzlich nach einem Marsch über die Alpen in Italien erschien, die alten Gegner Roms, die Kelten, zu den Waffen rief, mit ihrer Hilfe eine römische Armee nach der anderen schlug und schließlich bei Cannae (216) das doppelt so große römische Heer völlig vernichtete.

Cannae ist eine der wenigen Schlachten, in denen eine an Zahl unterlegene Streitmacht den Gegner umfaßt und völlig zertrümmert. Darum ist sie in der Geschichte der Kriegskunst unsterblich geworden, obwohl die strategische Bedeutung nicht so groß war, wie der Sieger erhoffen durfte. Die Schlacht ist in der Folgezeit vielfach mißverstanden worden und oft auf gefährliche Weise. Nicht allein das Feldherrngenie Hannibals hatte sie gewonnen. Ihm hatten die Fehler seines Gegners geholfen, der eben kein Berufsoffizier, sondern der Bürgermeister einer nicht einmal allzu großen Stadt war. Der römische Befehlshaber hatte sich zur Schlacht auf ungünstigem Gelände verlocken lassen; seine Truppen, eine Bauernmiliz, hatten anders als die erfahrenen Söldner Hannibals eine ungenügende Ausbildung. So weit war die Manipulartaktik noch nicht gediehen, daß die einzelnen Abteilungen es verstanden hätten, bei einer Umfassung geschickt zu wenden und den Kampf mit verkehrter Front auszufechten. Solche Bewegungen lassen sich nicht im Augenblick der Schlacht erfinden; sie müssen lange geübt werden.

Zu Beginn unseres Jahrhunderts gab der geistige Lehrer der deutschen Strategie, der Graf von Schlieffen, seinen Studien über die Umfassung den Titel „Cannae“. Im Jahre 1914 versuchte tatsächlich der deutsche Generalstabschef, das französische Heer zu umfassen, ohne zu bedenken, daß eine solche Bewegung gegenüber einem gutgeschulten und gutausgebildeten Heer wie dem französischen nur gelingen konnte, wenn man auch die Überlegenheit an Zahl hatte. Der strategische deutsche Mißerfolg in der Marneschlacht war vielleicht nicht möglich ohne das mißverstandene Beispiel Hannibals.

Der karthagische Feldherr hatte nicht die Absicht, Rom zu vernichten, als er nach Italien zog. Dazu verstand er zuviel vom Kriege; er wußte, daß er nicht in der Lage war, die gewaltige Festung Rom mit dem Kranz der latinischen Festungen zu bezwingen. Auch scheint es, daß er seiner ganzen Natur nach kein Anhänger von Vernichtung und Zerstörung war. Wohl hat er den Schwur gehalten, den er als Knabe vor seinem Vater abgelegt hatte, niemals Freund der Römer zu sein. Er konnte ihn aber auch ohne den Willen zur Vernichtung erfüllen. Was er plante, war die Zersprengung der italischen Wehrgenossenschaft, die Rückgewinnung der vollen Selbständigkeit für die Bundesgenossen.

Hannibal unterschätzte das Gefüge, das Rom seinem Bunde gegeben hatte. Hier lag der einzige Fehler von Bedeutung in seiner Laufbahn. Wohl ging nach der Kunde von der Niederlage des römischen Heeres Capua, die zweite Stadt Italiens, zu Hannibal über, und andere Städte folgten ihr. Im Kern aber blieb die Treue der Bundesgenossen zu Rom unerschüttert. Jetzt ernteten die Enkel die Früchte der weitblickenden Staatskunst des bäuerlichen Rom. Die Stadt selber aber zeigte die volle Größe ihrer Staatsgesinnung. Dem Terentius Varro, der die Niederlage bei Cannae durch seine Unfähigkeit verschuldet hatte, ging der Senat dennoch mit dem Ausdruck des Dankes dafür entgegen, daß er am Vaterlande nicht verzweifelt habe. Überall zeigte sich der unerschütterliche Wille zum Widerstand. Der letzte Mann wurde ausgehoben, sogar Sklaven wurden bewaffnet.

Wohl griff nun auch Philipp von Makedonien gegen Rom in den Krieg ein. Die römische Macht hatte vorher bereits in Illyrien in den makedonischen Bereich übergegriffen und den Argwohn Philipps erregt. Aber er mußte jetzt seine Kraft gegen die Griechen wenden, da diese die Gelegenheit benutzen wollten, die makedonische Herrschaft völlig abzustreifen. Antiochos von Syrien wurde der Form nach ein Bundesgenosse Hannibals, führte aber seine Truppen lieber gegen Ägypten als gegen Rom. Karthago stand fast allein, unterstützt nur von Syrakus, das die Erstickung durch Rom nahen fühlte und sich nun mit dem früheren Gegner zusammenschloß. Die anderen hellenistischen Mächte begriffen nur halb, welche Gefahr von Rom für alle heraufdämmerte.

Hier wird einer der wesentlichen Unterschiede zwischen der griechisch-römischen und der germanisch-romanischen Neuzeit sichtbar.

Wenn in unserer Welt der Wille zur Herrschaft über Europa seine gefährliche Wirksamkeit zu zeigen begann, so schloß sich gegen ihn das übrige Europa, im zwanzigsten Jahrhundert sogar mit Hilfe der Vereinigten Staaten, zusammen. So sind Karl der Fünfte, Philipp der Zweite, Ludwig der Vierzehnte, Napoleon der Erste, Adolf Hitler gescheitert. Eine solche Weltkoalition ist gegen Rom nicht zustande gekommen. So konnte es die Gegner einzeln unterwerfen.

Scipio

Und jetzt schenkte die Gunst des Schicksals den Römern den einzigen Mann, der Hannibal gewachsen war. Scipio aus dem vornehmen Geschlecht der Cornelier bewarb sich mit fünfundzwanzig Jahren um den Oberbefehl in dem schwierigen Krieg gegen die karthagische Besatzung von Spanien. Noch längst hatte er die herkömmliche Ämterlaufbahn nicht durchlaufen, sein Anspruch auf einen Posten von so einschneidender Bedeutung war ungewöhnlich. Nicht der Senat, sondern das Volk brachte ihn durch seine Gunst in die Stellung des Feldherrn. Es war begeistert von der männlichen Schönheit, dem bescheidenen Stolz und der Kühnheit des Bewerbers, der es verstand, sich als den besonderen Beauftragten der Götter erscheinen zu lassen und wohl auch selber daran glaubte. Glänzend bewährte Publius Cornelius Scipio das Vertrauen des Volkes. Im Handstreich nahm er Neu-Karthago, Cartagena, und lähmte damit den Nachschub Hannibals.

Noch länger freilich als ein Jahrzehnt dauerte der blutige Krieg, in dem Hannibal Mittel- und Süditalien durchzog und in dem er doch am Ende immer mehr in Unteritalien eingeengt wurde. Schließlich sah er sich gezwungen, nach Afrika überzusetzen, wo ihn Scipio bereits mit seinem Heere erwartete. Bei Zama brach 202 Karthagos Macht zusammen. Diesmal versagte Hannibals Umfassungstaktik, diesmal stand ihm kein Gemeindevorsteher, sondern der berufsmäßige Feldherr mit Truppen gegenüber, die in einem Jahrzehnt zu Berufssoldaten geworden waren. Zama ist eines der ganz seltenen Beispiele dafür, daß ein Feldherrngenie von einem anderen Genie, das zugleich sein Schüler ist, geschlagen wird. Das Ereignis fand nur noch in dem Zusammentreffen Napoleons und Gneisenaus eine Wiederholung.

Der Friede, zu dem Karthago sich jetzt bereit finden mußte, war schwer. Numidien (das heutige Tunis) wurde unter Massinissa selbständig, Karthago durfte nicht mehr ohne Erlaubnis Roms Krieg führen, auch gegen den räuberischen Massinissa nicht, die Flotte mußte ausgeliefert werden.

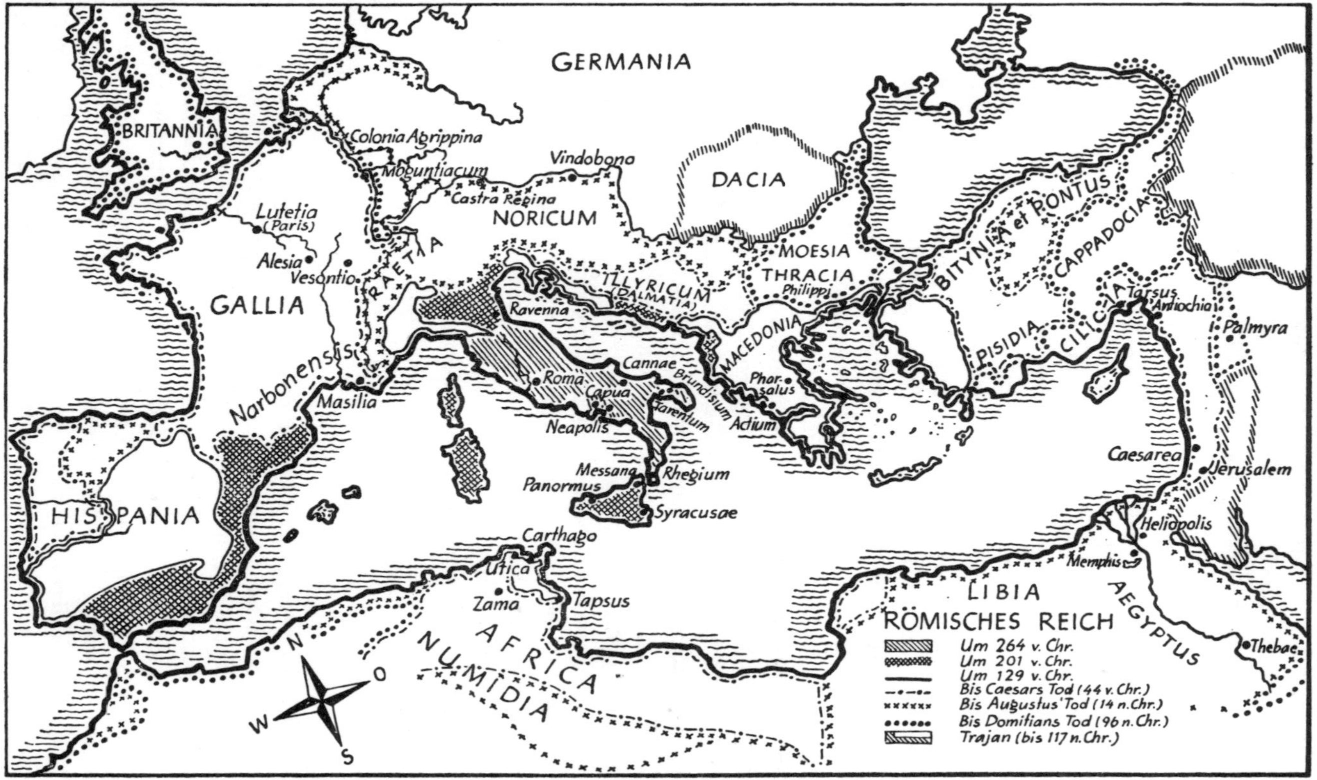
GERMANIA
BRITANNIA
Colonia Agrippina
Moguntiacum
Vindobona
Castra Regina
NORICUM
DACIA
Lutetia
(Paris)
Alesia
Vesontio
RAETIA
GALLIA
Narbonensis
Masilia
ILLYRICUM
(DALMATIA)
MOESIA
THRACIA
Philippi
MACEDONIA
Pharsalus
Actium
BITYNIA et PONTUS
CAPPADOCIA
PISIDIA
CILICIA
Tarsus
Antiochia
Palmyra
Ravenna
Roma
Cannae
Capua
Brundisium
Tarentum
Neapolis
Messana
Rhegium
Panormus
Syracusae
HISPANIA
Carthago
Utica
Zama
Tapsus
AFRICA
NUMIDIA
Caesarea
Jerusalem
Heliopolis
Memphis
Thebae
LIBIA
AEGYPTUS
N
O
S
W
RÖMISCHES REICH
Um 264 v. Chr.
Um 201 v. Chr.
Um 129 v. Chr.
Bis Caesars Tod (44 v. Chr.)
Bis Augustus' Tod (14 n. Chr.)
Bis Domitians Tod (96 n. Chr.)
Trajan (bis 117 n. Chr.)

Immerhin war Karthago nicht vernichtet, es konnte sein Dasein als Handelsstadt weiterleben und seine Eigenart behalten, auch ohne Reich. Von manchen Römern wurde dieser Friede dem Scipio als zu milde verargt, sie nahmen selbstsüchtige Beweggründe bei ihm dafür an: Er habe die Belagerung Karthagos nicht eingeleitet, weil sie zu langwierig geworden wäre und daher einem anderen hätte überlassen werden müssen; er habe aber selber als Bringer des Friedens in Rom erscheinen wollen, um dort den Beifall der Massen zu gewinnen. So habe er seine vaterländische Pflicht dem Ehrgeiz geopfert. Doch der Berufssoldat Scipio wußte besser als seine Tadler, daß das ausgeblutete Rom die Belagerung der von Hannibal verteidigten Festung Karthago gar nicht hätte vollbringen können. Auch lag seiner vornehmen Natur das Städtezerstören sowenig wie seinem großen Gegner. In unseren Tagen hat Liddell Hart, freilich unter dem tiefen Eindruck der verheerenden Folgen von Versailles, noch andere Beweggründe von Scipios Verhalten aufgezeigt. Scipio wollte die römische Vormacht im Mittelmeer. Aber er wollte sie inmitten von selbständigen Staaten, die gerade aus ihrer nationalen Freiheit die Kraft schöpfen konnten, sich selber zu verteidigen, und nicht gegen jeden Gegner den Schutz Roms brauchten. Später dachten die Feldherren und Unterhändler Roms anders als Scipio. Das Ergebnis waren Zerstörung und Unterwerfung. Am Ende war die ganze Mittelmeerwelt romanisiert. Aber sie war auch geschwächt und fiel dem Ansturm kräftigerer Völker zum Opfer.

Auch so, obwohl Karthago weiterleben durfte, hatte Rom Großes erreicht. Es war Herr von Italien, Sizilien und Spanien. In Afrika war Karthago ohnmächtig, Numidien ein Satellit Roms. Die Herrschaft über das ganze westliche Mittelmeer war gewonnen.

Das Bauerntum versinkt

Aber der Sieg war teuer erkauft. Als er errungen war, war Rom verwandelt. Es begann die Züge zu verlieren, die jahrhundertelang Ausdruck seiner Kraft gewesen waren. Das Bauerntum war zerstört. Kein Hof verträgt es, wenn sein Herr jahre- und jahrzehntelang abwesend ist, nach Hause zurückkehrt – wenn er überhaupt zurückkehrt – und das Anwesen niedergebrannt und vernichtet, die Bäume, in Unteritalien der Hauptbestandteil der bäuerlichen Wirtschaft, abgehauen findet, und wenn er das Kapital und vielleicht auch die rechte Arbeitslust zum Wiederaufbau nicht besitzt. Kapital war durch die reiche Siegesbeute in die Hände des senatorischen Adels gelangt, der es nur in Grund und Boden anlegen durfte, da Handeltreiben wie später dem germanisch-romanischen Adel als unschicklich galt. Er kaufte dem Bauern sein Landgut ab und errichtete mit Hilfe von Sklaven Weidewirtschaften, Öl- und Weingüter in großem Umfange. Sklaven gab es gerade infolge der vielen Kriege genug. Auch dienten die Provinzen, die nunmehr dem römischen Reiche angeschlossen wurden, häufig als willkommene Gebiete für Sklavenjagden. Aus den Großbauern wurden Großgrundbesitzer mit riesigen Sklavenherden. Die Plantagenwirtschaft des besiegten Karthago triumphierte noch im Falle der Stadt über das siegreiche Rom. Süditalien verödete. Die Weidewirtschaft braucht immer weniger Arbeitskräfte als der Ackerbau. In dem entvölkerten Lande begann sich das Fieber auszubreiten. Bis in unsere Tage hat sich Süditalien nicht von den Schlägen erholt, die es im Hannibalischen Kriege empfangen hatte.

Aber auch in Latium begann der sklavenhaltende Plantagenbesitzer den Bauern zu verdrängen. Der Wettbewerb des sizilischen und später des ägyptischen Getreides wurde übermächtig. Der Bauer verschuldete und konnte dann dem Kaufangebot des Adligen nicht widerstehen.

Alle die Entwurzelten strömten nach Rom und bildeten dort die für Rom ganz neue Klasse der von der Hand in den Mund lebenden Proletarier. Mit ihnen sanken in diese unterste Klasse die Handwerker, die sich gegenüber dem Wettbewerb der billigen Sklavenarbeit nicht behaupten konnten. Und anders als in der modernen Welt haben in der Alten weder Griechen noch Römer die Kraft besessen, die unteren Stände als Mitträger in den Staat einzubauen. Seit diesem Kriege begannen die hauptstädtischen Massen, die nicht nur arm, sondern auch ohne Zucht waren, eine Gefahr für die Republik zu bilden.

Der einzige Besitz der Proletarier war das römische Bürgerrecht. Es gewährte wenigstens einen geringen Anteil an der Kriegsbeute, wenn auch freilich das meiste in die Taschen des Senats und der durch Handel und Geldwirtschaft reich werdenden Plebejer floß. Einige Vorteile bot es in der Stellung vor den Mitgliedern der italischen Städte, die nicht das volle Bürgerrecht besaßen. Altrömischer Überlieferung hätte es entsprochen, wenn die großzügige Verleihung des Bürgerrechts an die Bundesgenossen fortgesetzt worden wäre. Aber die Proletarier wollten den Wert des einzigen, das ihnen geblieben war, nicht mit anderen teilen. Ihre Stimmenkraft und ihre politische Macht in den Komitien reichten immerhin aus, jeden Ansatz zur Wiederaufnahme der alten Großzügigkeit zu verhindern. Mißstimmung der Bundesgenossen war die Folge. Jetzt war Rom auch nicht klüger als Athen zur Zeit des Perikles. Nur war die Hinwendung zur Engherzigkeit wenigstens so lange aufgeschoben worden, bis die Stellung Roms in der Welt ernsthaft nicht mehr gefährdet werden konnte.

Ein Jahrzehnt nach dem Frieden starb Hannibal durch Gift. Er war der unversöhnliche Feind Roms geblieben. Der Haß der Gegnerin hatte ihn aus der Heimat vertrieben. Als er in Syrien den schwachen König zu einer tatkräftigen Politik gegen Rom zu entflammen suchte, mußte er von neuem weichen und sah sich bald auch in Bithynien bedroht. So machte er seinem Leben ein Ende. Er muß in bitterer Verzweiflung gestorben sein; aber eine düstere Befriedigung würde ihn wohl erfüllt haben, wenn er in die Zukunft hätte schauen können, in der das alte Rom schließlich an den Wunden zugrunde ging, die das Schwert Hannibals ihm geschlagen hatte.

Wie das gesellschaftliche, so war auch das Verfassungsgefüge des bäuerlichen Roms erschüttert. Die Mahner, die 264 vor dem entscheidenden Schritt in die dunkle Ungewißheit hinein Furcht gehabt hatten, hätten sich nun bestätigt fühlen können. Wohl war die Entwicklung zur Demokratie, die sich damals angebahnt hatte, gerade durch den Krieg wieder gehemmt worden. Seit Jahrhunderten hatte die Plebs steigende Macht in der Verwaltung, das Volk einen immer größeren Teil an den Entscheidungen gewonnen, und 264 hat es an einer der Wegkreuzungen der großen Politik in der Weltgeschichte den Ausschlag gegeben. Das war nun vorläufig zu Ende. Die Plebs hatte die Entscheidung erzwungen, die in der Folgewirkung zu dem Hannibalischen Kriege geführt hat, aber die Feldherren der Plebs hatten versagt. Die Unfähigkeit des Plebejers Publius Terentius Varro hatte zur Katastrophe von Cannae geführt. Schon vorher hatte Flaminius, in der Politik ein verdienter Anwalt der bäuerlichen Rechte, durch eine ähnliche Unkenntnis des Kriegshandwerks eine schwere Niederlage verschuldet. Der alte Adel hatte dann Rom retten müssen, und der Abkömmling eines der vornehmsten Geschlechter hatte bei Zama den endgültigen Sieg gewonnen. Seitdem war das Ansehen des Adels und damit des Senats wiederhergestellt, er bestimmte mehr als je die Politik und entsandte seine Angehörigen als mächtige Statthalter in die Provinzen.

Dennoch war etwas entscheidend anders in der Stellung des Senats geworden. Es ist kein Zufall, daß die Gestalt Scipios die erste in der römischen Geschichte ist, die deutlich erkennbare Einzelzüge trägt. Der jahrhundertelang gewachsenen Gemeinschaft trat jetzt der große Einzelne gegenüber, nicht mehr als Träger überpersönlicher Überlieferung, sondern des eigenen Wertbewußtseins. Und er hatte seine große

Stellung nicht erreicht, weil ihn seine Standesgenossen dorthin entsandt hatten, sondern weil sein Selbstbewußtsein sich mit der Begeisterung der Massen verband. Das Volk war nicht stark genug, allein zu regieren. Aber es war stark genug, seinem Liebling aus dem Adel das oberste Kommando zu geben. Der dergestalt zur Führung berufene Feldherr war ein militärischer Fachmann. Bisher hatte Rom seine Kriege geführt durch seine Bürgermeister. Das war schon einer militärischen Begabung wie Pyrrhos gegenüber nicht ungefährlich gewesen. Vollends gegenüber der Erfahrung und dem Genie Hannibals hatte sich die alte Übung als überholt erwiesen. Nicht nur weil Scipio eine große Begabung war, sondern auch, weil er und seine Truppen den Krieg gründlich erlernt hatten, hat er Hannibal besiegen können.

Der siegreiche Berufssoldat, der große Einzelne, der seine Volkstümlichkeit kennt und seine Schlachtensiege wie seine Beliebtheit benutzt, um hoch und höher zu steigen: der Ton war angeschlagen, der später bei Cäsar und nach zwei Jahrtausenden bei Napoleon wieder erklang.

Noch reichte die Macht Scipios nicht aus, den völligen Sieg im Kampfe um die Macht davonzutragen. Vielleicht hat er ihn nicht einmal gewollt. Aber es war ihm auch nicht vergönnt, in der hohen Stellung zu bleiben, die er und seine Familie eingenommen hatten. Marcus Porcius Cato, ein plebejischer Adliger, machte sich zum Wortführer der konservativen Kreise, die aus Furcht vor der sprengenden Macht der Einzelpersönlichkeit wie aus engherziger Abneigung gegen die neue hellenische Bildung der Scipionen den Sieger von Zama bekämpften. Noch erlag der große Einzelne den Angriffen; das römische Volk sank freilich nicht so tief wie das griechische und sandte seinen Retter nicht in Gefangenschaft und Tod. Aber verbittert und einsam starb Scipio in freiwilliger Verbannung fern von Rom.

Dennoch war etwas geschehen, was selbst Catos bäuerliche Tatkraft nicht ganz mehr zu unterdrücken vermochte. Die Spuren von Scipios Wirken waren nicht mehr auszulöschen.

Die Unterwerfung des Ostens

Seit der Vernichtung Karthagos gab es keine Macht, die Rom gewachsen war. Es ist möglich, obwohl nicht sicher, daß ein Bund aller hellenistischen Reiche noch im Stande gewesen wäre, Rom Halt zu gebieten. In den Auseinandersetzungen mit Rom hat freilich keines von ihnen innere Festigkeit bewiesen. Bisher hatte Rom alle seine Kriege mit schweren Niederlagen begonnen und war erst nach langen und blutigen Mühen Sieger geworden. Jetzt kamen die Zeiten, in denen der Gegner oft nach der ersten Schlacht zusammenbrach. Auf jeden Fall ahnten die hellenistischen Reiche das ihnen bevorstehende Schicksal nicht und erlaubten Rom so, sie einzeln niederzukämpfen.

Dabei hatte Rom offenbar nicht von Anfang an die Absicht, diese Staaten zu unterwerfen. Das römische Weltreich ist ebenso wie das britische nicht nach einem wohlbedachten Plan, sondern gleichsam zufällig entstanden. Rom wollte nach dem schwer errungenen Siege über Karthago keine ebenso gefährliche Macht aufkommen lassen. In dem Bestreben, mögliche Rivalen schwach zu machen, reizte es die hellenistischen Staaten zum Kriege und glaubte der Gefahren nur durch ihre Unterwerfung Herr werden zu können.

Mit Makedonien hatte Rom im Hannibalischen Kriege einen Verständigungsfrieden geschlossen. Als sich aber Makedonien und Syrien vereinigten, um Ägypten einige Besitzungen zu entreißen, beschloß Rom, die Machtvergrößerung nicht zu dulden. Titus Quinctius Flamininus schlug Philipp von Makedonien 197 bei Kynoskephalai; Syrien war, wie gewöhnlich, durch kluge Diplomatie ausgeschaltet. Dem besiegten König nahm Rom nichts von seinem Land. Doch wurden die Griechen jetzt feierlich für frei erklärt, was sie zu jubelnder Begeisterung für Flamininus und Rom hinriß.

Aber nun begann Antiochos von Syrien zu begreifen, wo sein Platz hätte sein müssen, und suchte mit den Griechen ein Bündnis gegen Rom. Lucius Cornelius Scipio, der Bruder des Siegers von Zama, schlug Antiochos 190 bei Magnesia. Die kleinasiatischen Besitzungen des Seleukidenreiches wurden an die Bundesgenossen Roms, an die Insel Rhodos und das hellenistische Pergamon verteilt. Bald freilich mußte auch dieser Staat verspüren, daß er nur ein Satellit der Römer war. Eine selbständige Politik wurde ihm nicht mehr gestattet.

Ähnliches begriff auch ein großer Teil der griechischen Städte, in denen die Begeisterung über die Befreiung durch die Römer schnell verflog. Mit ihrer Hilfe versuchte Makedonien, sich gegen die demütigende Rolle aufzulehnen, in die es durch Kynoskephalai hineingezwungen worden war. Lucius Ämilius Paullus schlug Philipps Sohn Perseus 168 bei Pydna; die Manipel der Römer waren der starren Phalanx der Makedonier überlegen. Makedonien wurde in vier von Rom abhängige Teile zerlegt. Als das Murren Makedoniens und Griechenlands nicht aufhörte, ging Rom noch härter vor. Makedonien wurde römische Provinz und völlig rechtlos; Korinth aber, in dem die Häupter der romfeindlichen Richtung wirkten, wurde 146 völlig zerstört.

Wer die Entfaltung der römischen Macht zum Weltreich in den letzten Jahrhunderten der römischen Republik bewundert, darf darüber die Seufzer der Geschundenen und Gequälten, oft Träger edelsten Geistes, in den unterirdischen Sklavensälen der Großgrundbesitzer, darf das Todesröcheln in den Häusern der von den Römern eingenommenen Städte nicht vergessen, wo das Schwert der Eroberer gegen Wehrlose mit fürchterlicher Roheit wütete. Ein römischer Feldherr hat in einer von ihm genommenen Stadt an einem einzigen Tage zweitausend vornehme Bürger zu Tode peitschen lassen. Das edle Verhalten Scipios in Cartagena bildete nur eine vielbestaunte Ausnahme. Was Goethe über Cäsar gesagt hat, daß wir zu human geworden seien, als daß wir uns noch seiner Siege freuen könnten, trifft im wesentlichen für die Eroberungskriege dieser ganzen Zeit zu. Vielleicht ist es nicht im vollen Sinne historisches Denken, das sich über die Grausamkeit der Sieger empört; der Römer selbst erwartete von seinen Feldherrn Großherzigkeit nur gegenüber den eigenen Mitbürgern und empfand gegen das Los der Fremden Gleichgültigkeit. Aber selbst den Griechen, die doch untereinander gewiß nicht Menschlichkeit im modernen Sinne zu üben geneigt waren, fiel die Roheit der Römer in ihren Kriegen gegenüber anderen Völkern auf. Das Beispiel Scipios beweist, daß sich bedeutende Männer von der furchtbaren römischen Sitte frei zu machen wußten. Nur gab es freilich zu wenige von Scipios Geist.

Mit der Zerstörung Korinths und der Unterwerfung Griechenlands war die Geschichte der Polis zu Ende. Was noch geschah in den griechischen Stadtstaaten, hatte keine Bedeutung mehr, die über die Grenze des Landes hinausging. Eines der tragischsten Kapitel der Menschheitsgeschichte war zu Ende. Nur der Nachlebende sieht den Untergang der griechischen Staatenwelt verklärt durch den triumphalen Sieg des griechischen Geistes. Freilich war er im wesentlichen gewonnen worden durch die Ausbreitung der griechischen Kultur in dem geistigen Weltreich des Hellenismus. Aber ein Abglanz des Sieges fiel doch auch auf das Mutterland. Schon im dritten Jahrhundert hatte griechische Bildung weite Kreise des barbarischen Westens erfaßt. Scipio und sein Gegner Hannibal gehörten zu ihren Trägern. Es war vergeblich, daß die Konservativen unter Führung Catos sich dagegen aufzulehnen versuchten. Die innere Überlegenheit des Griechentums war gerade vornehmeren Naturen zu deutlich spürbar. Bald konnte kein Römer für gebildet gelten, der nicht Griechisch sprach.

Im gleichen Jahr wie Korinth verlor eine andere große Stadt ihr Dasein. Karthago war keine Macht mehr, aber die römischen Großgrundbesitzer empfanden den Wettbewerb seines Getreides und seiner Früchte bitter auf den Märkten. Als Führer dieser Schicht von Plantagenbesitzern forderte Cato Karthagos Zerstörung. Auch war bei ihm und seinesgleichen der Hannibalische Schrecken noch wirksam. Wirklich ließ sich Rom zu der schmachvollen Tat bewegen, täuschte tükkisch Karthago, erreichte die Auslieferung der besten Waffen und reizte schließlich die unglückliche Stadt zu aussichtslosem Widerstand. Das Schicksal machte den entschiedensten Gegner Catos zum militärischen Vollstrecker seiner Wünsche. Der jüngere Scipio aus dem edlen Hause der Ämilier war durch Annahme an Kindes Statt Cornelier geworden. Nachdem seine Vorgänger jahrelang vergeblich Karthago belagert hatten, nahm er 146 die Stadt. Sie wurde völlig zerstört. Ihr Landgebiet wurde unter dem Namen der Provinz Afrika den römischen Plantagenbesitzern übergeben.

Dreizehn Jahre später wurde deutlich, daß Pergamon seine Rolle als Satellitenstaat Roms völlig begriffen hatte. Das Testament des letzten Königs Attalos vermachte sein Land den Römern. Unter dem Namen Asia wurde es römische Provinz (133).

Spanien und Südgallien werden römisch

Im gleichen Jahr vollendete Rom im Westen eine wichtige Eroberung. Spanien war dem Namen nach durch den Hannibalischen Krieg römisch geworden. Als die neuen Herren aber von der Küste aus vom Innern Besitz zu ergreifen versuchten, stießen sie auf den hartnäckigsten Widerstand der Kelt-Iberer wie der Lusitanier. Harte und oft treulose Behandlung der Bevölkerung durch die senatorischen Statthalter, dazu ihre militärische Unfähigkeit ließen die Feldzüge sich langwierig hinziehen. Erst 133 vermochte der jüngere Scipio den Kern des Widerstandes, die Stadt Numantia, zu nehmen.

Kurz darauf gelang es den Römern, zu Lande eine sichere Verbindung zwischen Spanien und Italien herzustellen. Die Po-Ebene war nach dem Hannibalischen Kriege von neuem unterworfen und unter dem Namen der Gallia Cisalpina Provinz geworden. Später wurde auch der südöstliche Teil des eigentlichen Galliens mit der römischen Bürgerkolonie Narbo (Narbonne) als Gallia Narbonensis 121 römische Provinz.

Die Gracchen

Rom war Weltmacht geworden. Aber um welchen Preis! Furchtbar war das innere Gefüge des Staates erschüttert. Die Großbauern, die einst die Republik gelenkt hatten, waren reiche und vornehme Herren geworden, viele von ihnen Träger hellenischer Bildung. Doch sie ertrugen ihren Reichtum schlecht. Die natürliche Selbstsucht, die jedem Stande eigen ist, war zu nackter Machtpolitik entartet, und die Senatoren hatten den Spürsinn für die kommende Entwicklung wie das Empfinden für die Bedürfnisse der unteren Stände verloren.

Oft nicht minder reich als sie waren diejenigen Plebejer, die mit dem beweglichen Kapital Geschäfte zu machen verstanden hatten, die an der Kriegsbeute ihren Anteil nahmen und als Steuerpächter zusammen mit den adligen Statthaltern die unglücklichen Provinzen aussaugten. Sie wurden Ritter genannt, weil früher die Reichen zu Pferde gedient hatten. Der Name darf nicht dazu verleiten, den Stand mit dem der mittelalterlichen Ritter gleichzusetzen. Von ihnen trennt sie eine Welt.

Noch war der Stand der mittleren und kleinen Bauern, der zusammen mit den größeren Hofbesitzern den Aufstieg Roms getragen hatte, nicht völlig verschwunden. Aber er war an Zahl gemindert und litt unter dem Druck der unaufhörlichen Kriegsdienste um so mehr, als nach römischer Überlieferung nur die Inhaber von Haus und Hof dienten.

Die Besitzlosen drängten sich in den Städten und vor allem in Rom zusammen, nur noch die Schatten ihrer Vorväter, in den Wahlversammlungen eine willige Beute von Schmeicheleien, Versprechungen und Bestechungen. Ganz unten lebten die Sklaven in entsetzlichem Elend, der böseste Fleck auf dem strahlenden Bilde der Macht des Weltreiches. In immer neuen und oft gefährlichen Aufständen entlud sich ihre Verzweiflung.

Es gab Reformbestrebungen, aber sie blieben in Ansätzen stecken. Zwei Brüder hatten Tatkraft genug, ihr ganzes Leben der Aufgabe zu widmen, Rom zu verjüngen. Ihr Geschlecht war das der plebejischen, aber hochadligen Sempronier. Von ihrer Mutter Cornelia her waren die beiden die Enkel des großen Scipio.

Der ältere von ihnen, Tiberius Sempronius Gracchus, ließ sich als Volkstribun wählen und brachte ein Gesetz ein, das den Plantagenbesitzern einen Teil ihrer Besitzungen nehmen und unter die Armen, aber nun als unveräußerliches Eigentum, verteilen sollte. In hinreißenden Reden, die zu den bleibenden Dokumenten künstlerischer Prosa aller

Zeiten gehören, gewann er das Volk von Rom für sich. Aber seine adligen Standesgenossen hatten kein Ohr für die vaterländische Sorge, die aus den Rufen des Tiberius in das Land drang. Dabei ging er zunächst nur behutsam vor. Die Großgrundbesitzer sollten das Land behalten, das sie den Bauern durch Geld und Druck genommen hatten. Sie sollten nur von dem Staatsland, das sie als reiche Senatoren eher hatten in Besitz nehmen können als die kapitalarmen Kleinbauern, einen Teil abgeben. Billiger konnte der Senat die soziale Erneuerung Roms nicht bekommen. Aber so verblendet hatten ihn Reichtum, Macht und Ichsucht, daß er sich weigerte, seinen Teil zur Rettung des Vaterlandes beizutragen. Er gewann einen anderen Tribunen, der Einspruch gegen das Ackergesetz erhob. Damit war es gefallen. Tiberius wollte das nicht ertragen, so ließ er durch das Volk seinen Gegner absetzen. Das war ein Bruch des Staatsrechtes, das es verbot, einen Tribunen zu behindern. Sein Vorgehen war bereits die Revolution. Damit gab er dem Senat die Gelegenheit, einen Straßenaufruhr zu entfesseln, und in ihm kamen 133 Tiberius und seine Anhänger um.

Sein Werk wurde später von seinem jüngeren Bruder Gaius wiederaufgenommen. Dieser handelte freilich nicht nur aus Patriotismus, sondern auch aus dem glühenden Wunsch nach Rache für den Tod des geliebten Bruders. Sein Haß verführte diesen bedeutenden Geist dazu, den Sinn für Maß und notwendige Beschränkung der Ziele zu verlieren. Er scheint der Nachwelt noch leidenschaftlicher, noch stärker als Erreger der Massen, aber auch bedenkenlos in der Anwendung seiner Mittel. Gaius ließ die Errichtung von bäuerlichen Militärkolonien nach dem Muster der alten Zeit beschließen, nur daß die wehrbäuerlichen Siedlungen jetzt in den Provinzen angelegt werden sollten. Die Massen gewann er durch einen Antrag, der den römischen Bürgern den Weizen zu sehr billigen Preisen verschaffte. Die verhaßten Senatoren schließlich traf er schwer und brachte sie zugleich in eine gefährliche Vereinzelung, als er ihnen durch Volksbeschluß die Rechtsprechung nehmen ließ und diese den Rittern überantwortete. Sein staatspolitisches Endziel war die Übertragung der ganzen Macht im Staate an die Volksversammlung, also die Herstellung der reinen Demokratie. Gewiß zweifelte er nicht daran, daß eine allmächtige Volksversammlung ihn dann zum Führer gewählt hätte.

Aber der Senat war ihm an Demagogie noch überlegen. Er gewann den Tribunen Marcus Livius Drusus dazu, den Gaius zu überbieten: noch mehr Kolonien sollten gegründet werden, aber nicht in den fernen Provinzen, sondern in der italischen Heimat. Dem Senat war es gewiß nicht ernst damit, aber er erreichte das Ziel, um das es ihm ging. Die Massen begannen von ihrem Liebling abzufallen und wandten sich dem neuen Stern zu. Und nun machte sich Gaius den hauptstädtischen Pöbel endgültig zum Feinde gerade dadurch, daß er eine wahrhaft staatsmännische Idee in den Parteikampf warf: die Latiner sollten das römische Bürgerrecht, die anderen Bundesgenossen wenigstens das latinische Recht erhalten. Aber die Proletarier hatten deshalb nicht die Verteilung des billigen Getreides beschlossen, daß sie es mit anderen teilen sollten. Gaius sah sich allein. Bei einem Aufruhr, den der Senat wieder entfesselte, ließ sich Gaius 122 von einem treuen Sklaven töten.

Die beiden Gracchen hatten Großes gewollt. Aber in ihren lautersten Absichten waren sie gescheitert, weil ihr Werk die Spuren der Überhitztheit trug, freilich auch, weil die Zeit für ihre Ideen noch nicht reif war. Tiberius hatte die Verfassung gebrochen, was immer ein gefährliches Mittel des politischen Kampfes ist. Die Geschichte liebt den langsamen und geduldigen Reformer mehr als den gewaltsamen Umstürzler. Gaius hatte mit dem Getreidegesetz schlimme Instinkte geweckt und für den Pöbel den Staat zur Futterkrippe gemacht. Er hatte wohl die Spaltung der herrschenden Schichten durch das Gerichtsgesetz erreicht. Aber er hatte damit die unglücklichen Provinzbewohner nun vollends ihren Quälern ausgeliefert, die nun über die Klagen der von ihnen Ausgeplünderten selber entscheiden durften. Und Gaius hatte zwar die sittliche Verwilderung des Senats, nicht aber die Zerstörung der sittlichen Begriffe und der Vernunft bei den Massen richtig eingeschätzt.

Aber es bleibt bestehen, daß in den beiden ein großer staatsmännischer Sinn und die Lauterkeit des Gemeinschaftsgefühls lebendiger waren als bei ihren Gegnern. Und wenn ihre politische Begabung in zwiespältigem Lichte erscheint, wie muß dann erst das Urteil über den Senat lauten, der einmal der Hort staatspolitischer Gesinnung gewesen war! Tiberius hatte als erster die Verfassung verletzt, aber der Senat hatte als der erste seine Anhänger auf die Straße gesandt, um die Gegner niederzuschlagen. So hat er die Zeit der Bürgerkriege eingeleitet, die ein Menschenalter dauern sollten, in denen Hunderte und aber Hunderte von Senatoren fielen und ganze Familien des Adels ausgerottet wurden.

Durch den Kampf und den Untergang der Gracchen war deutlich geworden, wie lebensgefährlich die inneren Spannungen sich entwikkelt hatten. Auch früher hatte es Ständekämpfe, aber nie eine Revolution gegeben. Damals hatten Patrizier und Plebejer ein gemeinsames

Bild von Rom und fanden sich immer wieder zusammen. Diese Gemeinsamkeit war nun zu Ende.

Im Guten wie im Bösen hat das Werk der Gracchen nachgewirkt. Zwar wurde das Ackergesetz bald vom Senat unwirksam gemacht. Aber die Massen hatten einmal Fürsprecher für ihre Sorgen und Nöte gefunden und fanden sie nun lange Jahrzehnte immer wieder. In den Kämpfen zeichneten sich zwei Parteien ab: die Anhänger des Senats, die Optimaten, also die „Besten", und die Popularen, die Anhänger der Volkspartei. Die großen Namen der Optimaten Sulla und Lucullus, der Popularen Marius und Cäsar tauchen am Horizont der römischen Geschichte auf.

Marius

Nach dem Tod der Gracchen schien die Macht der Optimaten unerschütterlich. Aber kein Stand behält im Staate die Herrschaft, wenn sie nicht gerechtfertigt wird durch Dienst und Leistung. Nicht viel mehr als ein Jahrzehnt nach dem Tode des Gaius Gracchus zeigte es sich, daß die Optimaten ihrer Aufgabe der Staatsführung nicht gewachsen waren. Die Entscheidung fiel in der auswärtigen Politik.

In Numidien, dem heutigen Tunis und Algier, hatte ein Nachfolger Massinissas mit Namen Jugurtha, eine ebenso hochbegabte wie tückische Natur, ein neues Reich gebildet, das den römischen Ansprüchen entgegentrat. In der Stadt Cirta ließ Jugurtha an einem Tage alle römischen Bürger ermorden. In dem Kriege, der aus dem numidisch-römischen Gegensatz entsprang (111 bis 106), gelang der optimatischen Führung kein endgültiger Erfolg. Aus der von Popularen geschaffenen Überlieferung schimmern die Züge von Bestechlichkeit und Unfähigkeit des Senats. Wichtiger noch war wohl, daß schwierige Kriege in Übersee gegen einen zähen und entschlossenen Feind mit der alten Heeresverfassung eines Bauernaufgebots und mit den jährlich wechselnden, daher zu langer Planung unfähigen Konsuln nur schwer geführt werden konnten. Aber der bedeutenden militärischen Begabung des Gaius Marius, eines Mannes aus armem Landadel mit bäuerischem Wesen, dessen Wahl zum Konsul die Popularen nach dem Mißerfolg der optimatischen Kriegführung erzwangen, gelang dann doch die Niederwerfung des Feindes. Er schlug Jugurtha und vernichtete dessen Macht. Wahrscheinlich hätte er den Erfolg nicht errungen, wenn ihm nicht in seinem Unterfeldherrn, dem Optimaten Lucius Cornelius Sulla, eine glänzende militärische Begabung zur Seite gestanden hätte.

Aber den Oberbefehl hatte Marius innegehabt, und der Jubel und der Dank Roms gehörten ihm.

Marius verstand zuviel vom Kriegswesen, als daß er geglaubt hätte, der Erfolg in der Schlacht sei allein von der Fähigkeit des Feldherrn abhängig. Gerade im Kriege gegen Jugurtha hatte er die Mängel der alten Heeresverfassung zu gründlich kennengelernt. Sie waren schon im Kriege gegen Hannibal deutlich geworden. Die leichten Erfolge gegen die morschen Reiche des Hellenismus hatten die Mängel nur verdeckt, aber gegen Jugurtha waren sie wieder offenbar geworden, und nach dem Siege ging Marius daran, sie zu beseitigen.

Das Bauerntum, das nach dem Herkommen immer noch das Heer stellte, war zusammengeschmolzen. So waren die Truppen an Zahl zu schwach, und die Bauern mußten immer wieder aufgeboten werden, so daß die Höfe für viele Jahre den Besitzer entbehrten. Auch konnte mit dieser Miliz, von der jedes Mitglied zwischen den Feldzügen immer den Wunsch hatte, nach Hause zurückzukehren, keine vielfältige Ausbildung erreicht werden, wie sie im Kriege gegen einen fähigen Gegner notwendig war. Marius vollzog nun die Wandlung. Er rief die Besitzlosen, die bisher vom Heeresdienst Befreiten, unter die Waffen, forderte sie zu langer Dienstzeit auf und versprach ihnen dafür Beute und Versorgung mit einem Hofe im Alter. So schuf er sich ein an Zahl ausreichendes und vollständig durchgebildetes Heer. Seine Partei aber sorgte dafür, daß der gefährliche jährliche Wechsel in der Heerführung aufhörte. Marius wurde bereits im Jugurthinischen Kriege nach dem Ablauf seiner Amtszeit als Konsul wiedergewählt.

Der Weg, den Marius einschlug, war zuerst von Scipio beschritten worden. Damals bereits hatte der Berufsoffizier an der Spitze von Soldaten gestanden, die in dem langen Kriege die Ausbildung von Berufssoldaten erhalten hatten. Und auch Scipio war von der Zustimmung des Volkes getragen worden. Der Weg des Marius war wohl schicksalhaft notwendig, nachdem Rom einmal die Bahn der Weltpolitik beschritten hatte. Aber es war viel Gefahr darin. Das Heer, das Beute und Versorgung wollte und einem ganz bestimmten Manne Vertrauen schenkte, er werde seine Wünsche erfüllen, dieses Heer war etwas ganz anderes als das Heer der alten Republik, das für das Vaterland gekämpft hatte und dessen Feldherr nur der erste der aufgebotenen Bürger war.

Vornehmlich das Verdienst des Marius war dann die Niederringung einer weit größeren Gefahr, als es Jugurtha gewesen war. Die germanischen Kimbern und Teutonen waren 120 aus Jütland nach Süden gezogen, nach der Überlieferung von gewaltigen Sturmfluten vertrieben, hatten die Kelten überrannt, die Römer 113 bei Noreja in Kärnten und 105 bei Arausio in Südfrankreich geschlagen und durchzogen nun Spanien. In Rom herrschte die blasse Furcht, daß sie in Italien einfallen würden. Seit dem Erscheinen Hannibals hatte die Stadt keinen solchen Schrecken mehr empfunden. Der Besieger des Jugurtha trat an die Spitze des Heeres, gab den Entmutigten neues Vertrauen und vernichtete die Teutonen bei Aquae Sextiae 102 in Südfrankreich und die Kimbern 101 bei Vercellae in Norditalien.

Rom war erlöst von dem Schrecken. Gestützt auf die grenzenlose Dankbarkeit der Bürger und auf ein ihm ergebenes Heer, in einer gärenden Zeit, in der alle alte Überlieferung unterspült war, vereinigte der siegreiche Feldherr eine politische Machtfülle wie kaum ein Römer vor ihm.

Marius wußte sie nicht zu nützen. Wohl wurde er im Jahre 100 zum sechsten Male Konsul. Aber der Mann des Kriegslagers war den Kämpfen, den Ränken und juristischen Einwänden, die sich gegen das Programm seiner Freunde erhoben, nicht gewachsen. Und nicht nur die Biederkeit des bäuerischen Soldaten, die er gern herauskehrte, hemmte ihn. Es war einfach eine Schwäche des Charakters, die sich jetzt enthüllte und ihn lähmte. Hilflos schwankte er zwischen seiner eigenen Partei und den Optimaten, konnte nicht einmal seinen Veteranen das Versprechen auf Bauernland erfüllen und sank schließlich so weit, daß er gegen seine eigenen Gesinnungsgenossen das Schwert zog. Von allen Seiten mit Mißtrauen betrachtet, gab er das höchste Amt wieder ab, das in seiner Hand der Hebel zur Erneuerung des Staates hätte werden können.

Sulla

Damit schien der Weg frei für seinen früheren Unterfeldherrn, den einzigen militärischen Führer von Rang, über den die Optimaten verfügten. Hochgebildet und hochbegabt, von kalter Entschlossenheit, stolz auf seine Herkunft, so war Sulla der geborene Anführer des Adels, so schien er dazu berufen, die Herrschaft seines Standes wiederherzustellen. Wie bei Marius fiel die Entscheidung über seinen endgültigen Aufstieg auf dem Gebiete der auswärtigen Politik.

In Kleinasien hatte das Reich der Seleukiden nach der Niederlage von Magnesia noch mehr von seiner früheren führenden Stellung verloren. Im Süden hatten sich die Juden unter der Führung des Judas Makkabäus von ihm losgerissen und 141 die Selbständigkeit wiedergewonnen, die sie Jahrhunderte vorher verloren hatten. Am Südrand des Schwarzen Meeres gewann das Königreich Pontos jetzt unter seinem Könige Mithradates, einem Manne von barbarischer und gewaltiger Kraft, weltpolitische Bedeutung. Der König faßte den verwegenen Plan, eine Großmacht in Kleinasien zu errichten und die Römer von dort zu vertreiben. Die von den Steuerpächtern furchtbar unterdrückten Provinzialen jubelten ihm zu. Gegen die Vereinigung des Mithradatischen Ansturms mit der Erhebung der Unterdrückten und Mißhandelten waren die Römer machtlos. Ihre Heere wurden geschlagen, und nun wurden an einem Tage achtzigtausend Italiker ermordet. Unter ihnen waren viele Frauen und Kinder, Opfer des Hasses, den die Grausamkeit und die Härte ihrer Landsleute hervorgerufen hatten. Dem gefangenen römischen Befehlshaber Marcus Aquillus ließ Mithradates in grausigem Hohn geschmolzenes Gold in die Kehle gießen, um dessen Geldgier zu stillen.

Man hat wohl gemeint, die Mithradatischen Kriege seien die letzte große Auseinandersetzung zwischen Rom und dem Hellenismus gewesen. Aber man zögert, in Mithradates einen Vorkämpfer des Hellenismus zu sehen, trotz seiner oberflächlichen griechischen Bildung und seinem Bündnis mit den griechischen Städten. Ferdinand Taeger hat darauf aufmerksam gemacht, daß Mithradates und sein Staat nach ihrem ganzen Wesen Verkörperungen des damals in die Barbarei zurückgefallenen Orients waren. So müssen wir wohl in den Mithradatischen Kriegen die erste Auseinandersetzung mit dem wieder anstürmenden Orient sehen, den Alexander für Jahrhunderte zurückgedämmt hatte.

Gegen die Bedrohung aus dem Osten wurde durch Los Sulla, einer der Konsuln des Jahres 88, zum Führer bestimmt. Aber er war einer der schroffsten Anhänger des alten Regimes. So befürchteten die Popularen von seinem Siege im Kriege neue innerpolitische Niederlagen für sich. Nun rafften sie sich auf, nicht nur zu einem neuen engen Bündnis mit Marius, sondern auch zu einer neuen Verletzung der Verfassung. Eine Volksversammlung enthob Sulla seines Oberbefehls und übertrug ihn dem Marius.

Wie sehr hatten die Popularen ihren Gegner unterschätzt! Sulla war nicht eine eigentlich zum Herrschen geborene Natur, dazu war er im Grunde zu genußsüchtig, dazu war seine innerste Anteilnahme an den Dingen des Staates zu gering. Aber dieser merkwürdige Mann konnte freilich die Menschen führen und verführen, und wenn er sich in seinen Ansprüchen bedroht sah, konnte er eine furchtbare Willenskraft entfalten, die sich über alle Bedenken hinwegsetzte. Jetzt beantwortete er den Verfassungsbruch mit dem Verfassungsbruch. Er wandte sich an die versammelten Soldaten seines Heeres in Kampanien und stellte ihnen vor, daß Marius sie um die lockende Beute in Asien betrügen werde, denn er werde mit anderen Truppen dorthin gehen. Und jetzt zeigte sich, was die wehrpolitische Umwälzung durch Marius für den Staat bedeutet hatte, wie aus einem Heere von vaterlandsliebenden Bauern eine Horde geworden war, die nur noch zwei Empfindungen kannte: wölfische Lust zur Beute und rückhaltlose Hingabe an den Feldherrn, dessen Glück und Führungsgabe sie vertraute. Die Truppen ermordeten die Tribunen, die ihnen von der Hauptstadt gesandt worden waren, und forderten den nur allzu gern bereiten Sulla auf, nach Rom zu ziehen. Kein Heer, das war Überlieferung aus Jahrhunderten, durfte Rom betreten. Der ultrakonservative Feldherr zertrat das Herkommen, der Bürgerkrieg war da.

Rom fiel nach kurzem Straßenkampf in die Hände der Eindringlinge. Es war natürlich, daß die eilig zusammengerafften, schlecht bewaffneten und nicht ausgebildeten städtischen Proletarier den sorgfältig geschulten Prätorianern Sullas nicht gewachsen waren. Das Werk des Marius wandte sich gegen seinen Schöpfer. Im letzten Augenblick konnte er nach Afrika flüchten, wo der Greis die Stunde der Rache abwartete.

Mit einigen Federstrichen zerstörte Sulla nach seinem Siege die in Jahrhunderten zugunsten der Plebs geschaffenen Neuerungen, doch hatte er nicht Zeit, lange an den Aufbau des Staates zu denken. Immer gefährlicher war die Bewegung im Osten geworden. Mithradates hatte sein Losungswort „Befreiung" auch nach Griechenland geworfen, und die meisten griechischen Städte, an ihrer Spitze Athen, waren zu ihm übergegangen. In Delos wurden an einem Tage zwanzigtausend Italiker ermordet. So war es hohe Zeit für Sulla, nach dem Osten zu gehen. Nach monatelanger Belagerung nahm er Athen. Mit der Plünderung mußte es die Stadt des Themistokles und des Perikles bezahlen, daß sie noch einmal den alten Traum von der Freiheit geträumt hatte. In Böotien schlug dann Sulla den Gegner 86 bei Orchomenos.

Aber wieder fehlte ihm die Zeit, den Sieg auszunutzen. Dringend riefen ihn die Verhältnisse in die Heimat. So schloß er Frieden auf der Grundlage des Besitzstandes vor dem Kriege. Das Abkommen konnte nach der Natur der Dinge nur den Charakter des Waffenstillstandes haben. Seine Soldaten belohnte Sulla reich mit dem Gelde, das er aus der unglücklichen Provinz Asien herauspreßte, deren Bewohner zu Bettlern wurden. Aber Sulla wußte nur zu gut, was er tat. Für das, was nun kam, brauchte er eine Truppe, die ohne Bedenken seinen Wünschen gehorchte.

Denn in Rom hatten sich sofort nach dem Abmarsch des Sullanischen Heeres die Popularen wieder erhoben. Marius kehrte zurück und wurde nun zum siebenten Male Konsul. Rachegelüste verhärteten sein Herz, mit dem Wüten gegen Wehrlose befleckte er den Ruhm des Germanenbesiegers. Wer von den Optimaten in die Hände der Schergen der Demokraten fiel, mußte sterben. In dem besinnungslosen Morden dieser Monate fielen unter den Dolchen auch viele Reiche, die kein anderes Verbrechen begangen hatten, als eben reich zu sein, und deren Vermögen die Begehrlichkeit der Mörder gereizt hatte. Wohl starb Marius bald, aber sein Amtskollege Cinna hielt zusammen mit seiner Partei das Regiment der Popularen aufrecht.

Der Bundesgenossenkrieg

Mit den Wirren in Rom verknüpfte sich die große Auseinandersetzung der Hauptstadt mit den Bundesgenossen. Der Kampf hatte 91 begonnen, also als Sulla noch in Italien war, und er war noch immer nicht beendet, als Sulla das orientalische Heer bei Orchomenos geschlagen hatte.

Die Einordnung der Bundesgenossen in das Gesamtgefüge des römischen Staatswesens, wie sie um 300 vorgenommen worden war, hatte etwas von staatsrechtlichem Künstlertum bewiesen. Aber ein Kunstwerk der Politik braucht die Fortentwicklung, sonst verkümmert es. Die Römer hatten weise gehandelt, als sie die Rechte abstuften nach dem Grade der Leistung für das Gemeinwesen und nach dem Grade des Vertrauens, das man den neuen Freunden schenken konnte. Aber sie waren so engherzig, den Bundesgenossen die Erweiterung der Rechte auch zu verweigern, als sie in hundert blutigen Schlachten und in der schwersten Bedrängnis ihre Treue zu Rom bewiesen hatten. Das altrepublikanische Rom war großzügig gewesen mit der Verleihung des Bürgerrechts, das neurepublikanische seit dem Hannibalischen Kriege hatte die Weisheit der Väter verloren. Seitdem wuchs die Gärung unter den Bundesgenossen. Gaius Gracchus hatte die Notwendigkeiten des Staates begriffen, er hatte gerade deshalb fallen müssen. Jetzt forderte ein anderer Volkstribun, Marcus Livius Drusus, der Sohn des Gegners der Gracchen, wieder die Verleihung des Bürgerrechts an die Bundesgenossen. Aber er wurde ermordet. Die Schreckenstat war das Zeichen zum Abfall der mittel- und süditalienischen Stämme von Rom. In Corfinium gründeten sie eine neue Hauptstadt mit dem Namen Italia.

In einem langwierigen und blutigen Kriege, der Rom zunächst wieder manche Niederlage einbrachte, gelang es, den Aufruhr einzudämmen. Marius und Sulla, damals noch beide Feldherren des gemeinsamen Staates, hatten großen Anteil an dem Erfolge. Aber den Widerstand völlig zu brechen hätte wohl noch Jahre gedauert. Auch breitete sich in Rom immer weiter die Einsicht aus, daß es nichts Unbilliges war, was die Gegner im Bürgerkrieg begehrten. So gewährte schließlich Rom jedem Bundesgenossen, auch dem aufständischen, der die Waffen niederlegte, das Bürgerrecht (88). Das Zugeständnis war freilich wieder eingeschränkt: die Neubürger durften nur in einer beschränkten Zahl von Bezirken stimmen, waren also in ihrem Rechte verkürzt. Doch hielt ein Teil der Kämpfenden das Entgegenkommen für vorläufig ausreichend und legte die Waffen nieder. Damit war, wenn auch mit den Waffen und noch unvollkommen, endlich eine heilvolle Entscheidung getroffen, aus dem Gemeindestaat Rom begann der Reichsstaat zu werden.

Andere Italiker freilich, an ihrer Spitze die Samniten, in deren Herzen der Groll gegen die Besieger aus dem vierten Jahrhundert nie ganz gestorben war, dazu viele Etrusker und Umbrer fochten weiter. Mit ihnen verband sich die Partei der Popularen; gegen beide marschierte nun Sulla aus dem Osten heran. Am Collinischen Tor, unter den Mauern von Rom, wurde 82 die Entscheidungsschlacht ausgefochten. Nach langem und gefährlichem Kampfe siegten der bessere Feldherr und die besser ausgebildete Truppe.

Der neue Herr von Rom bewies die kalte Grausamkeit, zu der er fähig war. Auf Ächtungslisten wurden die Namen seiner Gegner gesetzt, die damit für vogelfrei erklärt wurden. Ein furchtbares Morden hob an, das die marianischen Greuel noch übertraf. Die Mörder erhielten für ihre Untaten noch Belohnungen. Als in einer Sitzung die Senatoren sich entsetzten über das Stöhnen, das aus einem benachbarten Gebäude zu ihnen drang, beruhigte Sulla sie mit dem Hinweis, es werde dort nur eine kleine Zahl von Aufrührern hingerichtet. In Wirklichkeit waren es achttausend der gefangenen Samniten, die sich im Vertrauen auf sein Versprechen der Schonung ergeben hatten und nun auf seinen Befehl erschlagen wurden. In diesen Tagen wurde das tapfere und stolze Bauernvolk der Samniten, dazu der größte Teil der Etrusker ausgerottet. Samnium wurde zur Wüste gemacht und ist bis in unsere Zeit eine menschenarme Landschaft geblieben.

Welch einen Preis haben die Völker, welchen aber auch Italien dafür zahlen müssen, daß die Römer darangehen konnten, die Weltherrschaft anzutreten! In dem Wüten dieser Jahrzehnte war der letzte Hauch der Gedanken Platons untergegangen, daß die Gerechtigkeit der Kern des Regierens sei. Aber auch wer nicht so hohen Idealen nachstrebte, wer schlicht als Sinn des Regierens das Glück der Völker betrachtete, mußte sich in dieser Zeit wohl der quälenden Frage hingeben, ob nicht Rom und die Italiker glücklicher gewesen waren, als sie noch ein an die Scholle gebundenes Bauernvolk gewesen waren und sich noch nicht rühmen konnten, den Völkern der Erde ihren Fuß auf den Nacken zu setzen.

Sullas Reform

Die Popularen lagen am Boden, und seine unumschränkte Machtstellung nutzte Sulla zur staatsrechtlichen Reform aus. Nicht sich und seiner Macht galt sein Streben. Er selber war zum großen Ehrgeiz zu blasiert, aber er mag wirklich geglaubt haben, der Senat brauche nur die alte Macht wieder, um wieder so regieren zu können wie einst. Die von ihm verachteten Massen traf Sulla, indem er die Versorgung mit billigem Getreide aufhob; so, hoffte er, würden nicht immer neue Proletarier nach Rom ziehen. Die Tribunen mußten in Zukunft alle Anträge dem Senat zur Billigung vorlegen. Ihr Einspruchsrecht wurde eingeschränkt, ihre Macht wurde damit vernichtet. Den Rittern wurde die Gerichtsbarkeit wieder entzogen, dem Senat zurückgegeben.

Nachdem er den Staat nach seiner Weise neu geordnet hatte, legte Sulla alle Macht nieder und zog sich in ein Leben der Muße und des Genusses zurück, so gleichsam ein altrömisches Beispiel der Unterordnung des einzelnen unter den Staat gebend und zugleich seinen eigentlichen Neigungen folgend. Schon ein Jahr später, 78, starb er.

Er war eine gewaltige aber unheilvolle, eine in vielen Einzeldingen hochbegabte und im wesentlichen beschränkte Natur. Cäsar hat später von ihm gesagt, seine Rückkehr ins Privatleben verrate, daß er die Elemente der Staatskunst nicht verstanden habe. In der Tat erlaubte es die Lage Roms in diesem Jahrhundert dem großen Einzelnen nicht mehr, die Macht niederzulegen, wenn er wirklich dem Staate dienen wollte. Die Aufgabe war, den großen Einzelnen in das Staatsgefüge einzubauen, ohne ihn von der republikanischen Vergangenheit völlig zu lösen. Sulla aber hatte einfach das Rad der Geschichte zurückdrehen wollen, ein Versuch, der immer zum Scheitern verurteilt ist. Der Senat war die „Versammlung von Königen" nicht mehr, ihm konnte man die Regierung des Weltreiches nicht mehr anvertrauen. Die soziale

Frage hatte Sulla überhaupt nicht begriffen. Wer dem städtischen Proletariat das billige Getreide nehmen wollte, durfte den Versuch nur wagen, wenn er ihm gleichzeitig andere Lebensbedingungen verschaffte.

Was blieb an Sullas Andenken, war sein Sieg über den Osten. Doch haben die folgenden Jahre bewiesen, daß Rom auch noch andere Feldherren hatte, die diesem Amte gewachsen waren. Was blieb, war schließlich das Beispiel des Feldherrn, der, gestützt auf eine ihm blindlings folgende Truppe, der Hauptstadt und damit dem Reiche seine Befehle gibt. Cäsar, der ihn so herbe getadelt hat, war doch darin sein getreuer Schüler. Es blieb schließlich das Beispiel des Siegers im Bürgerkriege, der seine Feinde nicht nur niederwerfen, sondern ausrotten will. Marcus Antonius und Octavian sind ihm darin gefolgt.

Der Aufstieg des Pompejus

Sulla hatte bestimmt, daß seine Leiche, entgegen dem Brauche seines Geschlechtes, verbrannt werden sollte. Er hatte geahnt, daß sein Werk nicht lange Bestand haben würde und daß bei einem Umsturz, wie es der Roheit der Bürgerkriege entsprach, seine Leiche geschändet werden könnte. Und wirklich war schon wenige Jahre nach seinem Tode Sullas Verfassungsschöpfung zertrümmert.

Das Reich war nicht befriedet, als Sulla sein Amt niederlegte. Schon darum hätte er den Staat nicht allein lassen dürfen. Im Westen wie im Osten brannte die Fackel des Krieges weiter. Sertorius, einer der fähigsten Marianer, hatte sich nach Spanien geflüchtet und sich dort, nicht zuletzt infolge der ungewohnt milden Behandlung der Iberer, eine Hausmacht gegründet, so daß im strengen Sinne Spanien aufgehört hatte, eine römische Provinz zu sein. Gegen die von dort drohende Gefahr wußte der Senat sich keinen anderen Rat, als einen noch jungen Offizier aus Sullas Gefolge nach Spanien zu entsenden. Sulla hatte bestimmt, daß solche selbständigen Kommandos in den Provinzen nur hohen Beamten mit dem Titel Prokonsul und Proprätor übergeben werden dürften. Nach der von ihm festgesetzten Ordnung mußte man eine Reihe von Ämtern durchlaufen haben, bevor man zu diesem Range kam. Davon konnte bei Pompejus keine Rede sein, aber die Not durchbrach Sullas Bestimmungen.

So erhielt jetzt der Mann zum ersten Male einen selbständigen Befehlsbereich, der einige Jahrzehnte die erste Rolle in Rom spielen sollte und in vielem den Weg für die kommenden Jahrhunderte gebahnt hat.

Für sein Andenken bei der Nachwelt sind ihm zwei Tatsachen gefährlich geworden. Zum einen hatte er gegen ein Genie zu kämpfen und erscheint daher leicht geringer, als er war. In Wirklichkeit enthüllt alle eindringende Beschäftigung mit seinem Leben, daß sich in ihm eine ungewöhnliche militärische und politische Begabung vereinigt hatte; nur ein Cäsar war er eben nicht. Man braucht nur die beiden Gesichter miteinander zu vergleichen, die breiten und wie zerfließenden Züge des Pompejus mit der edlen Gestrafftheit des Cäsar, um zu begreifen, warum der eine unterliegen und der andere siegen mußte. Zum anderen aber war die Entwicklung für das Ideal des Pompejus, das Bündnis des großen Einzelnen mit dem Senat, noch nicht reif. Er kam zu früh.

Immer ging es in diesen Jahrzehnten um das Schicksal des großen Einzelnen. Im Vordergrund wurde zwischen Optimaten und Popularen, zwischen Anhängern der Senatsherrschaft und der Volksherrschaft gekämpft. Aber der Ideengehalt dieser Auseinandersetzung hatte sich längst verflüchtigt. Weder der Adel noch die Massen waren der Aufgabe gewachsen, ein Weltreich zu regieren. Sie wuchs auf die bedeutende Persönlichkeit zu. So liegt eine tiefe geschichtliche Berechtigung in dem Ringen der Pompejus, Crassus, Cäsar miteinander. Die Schicksalsfrage hieß nicht, ob die alte Verfassung oder die Volksherrschaft errichtet werden sollte, sondern ob der kommende Mann weise genug war, die Überlieferung wie das Freiheitsverlangen des Volkes zu schonen. Pompejus begriff diese Notwendigkeit stärker als sein Überwinder.

In Spanien hatte er Erfolge; bevor er den Endsieg erringen konnte, wurde Sertorius von einem Manne seiner Umgebung ermordet. Aber Pompejus durfte sich wohl die Rückgewinnung der wichtigen Halbinsel zuschreiben.

Spartakos

Inzwischen aber war in Italien ein Rivale in den Vordergrund getreten. Marcus Licinius Crassus war durch schamlose Geschäfte mit den Gütern der hingerichteten Marianer reich geworden und besaß durch sein Geld in dieser Zeit, in der Macht käuflich geworden war, einen steigenden Einfluß. Er hatte ihn dazu benutzt, den Oberbefehl in dem Kriege gegen Spartakos zu erlangen.

Spartakos war ein thrakischer Söldner im römischen Heere, der sich weigerte, gegen seine Landsleute zu kämpfen, und deshalb in die Sklaverei verkauft wurde. Schon dieses eine Ereignis beweist seinen hohen

Sinn, seinen Stolz und seinen Mut. Er entkam aus der Gladiatorenkaserne, sammelte einen Haufen entlaufener Sklaven um sich und schlug die ersten gegen ihn entsandten Truppen. Mit dem Erfolge wuchs sein Anhang, bis er es wagen konnte, ganzen konsularischen Heeren entgegenzutreten. Er schlug sie vernichtend und richtete einen proletarischen Staat mitten in Italien auf. Zahlreiche verarmte und verelendete Freie schlossen sich an. Die Sklavenaufstände hatten seit langem nicht aufgehört, immer wieder hatten sich die Mißhandelten und Geknechteten zusammengeschlossen und für lange Zeit ganze Landschaften gebrandschatzt. Aber noch niemals war die Gefahr so groß gewesen wie jetzt, da noch niemals die Zahl der Aufständischen so angewachsen war und da noch niemals eine so bedeutende Begabung an ihrer Spitze gestanden hatte.

Spartakos war selbst in seinen Siegen einsichtsvoll genug, zu sehen, daß auf die Dauer ein Sklavenheer den römischen Legionen mitten in ihrer Heimat nicht standhalten könnte. So wollte er es in die keltischen Gebiete jenseits der Alpen oder in seine thrakische Heimat führen. Aber die Geführten zwangen den Führer, den Marsch über die Alpen abzubrechen. Sie wollten lieber im reichen Italien als in den rauhen Bergen leben.

So konnte Crassus sie besiegen. Aber acht Legionen hatte er aufbieten müssen, soviel wie Rom gegen Hannibal in eine Schlacht gesandt hatte. So sehr war es heruntergekommen, daß es gegen einen begabten Räuberhauptmann eine Streitmacht aufstellen mußte wie gegen eine Großmacht. Spartakos fiel tapfer kämpfend, wie er gelebt hatte. Die fünftausend Überlebenden ließ Crassus auf der Via Appia kreuzigen.

Pompejus in Asien

Die beiden siegreichen Feldherren, beide nach der Macht strebend, fanden sich zu allgemeiner Überraschung zusammen. Pompejus wollte endlich in die ordentliche Ämterlaufbahn. Crassus half ihm zum höchsten Verwaltungsamt, und Pompejus unterstützte dafür Crassus. Der Senat witterte, wie gefährlich die bedeutende Einzelpersönlichkeit seiner überlieferten Stellung werden mußte, aber gegen die Heere der beiden war seine Abneigung machtlos. So wurden sie im Jahre 70 Konsuln und gingen nun daran, einige Stücke der Sullanischen Verfassung, die dem Zeitgeiste besonders widersprachen, zu vernichten. Die Ritter erhielten die Gerichtsbarkeit, die Tribunen ihre früheren

Rechte zurück. Die Getreideversorgung hatte schon bald nach Sullas Abdankung wiedereingeführt werden müssen.

Mit solchen Maßnahmen und gestützt auf seine Siege, gewann Pompejus eine Volkstümlichkeit, die ihm auch noch Nutzen brachte, als er nach seinem Konsulat wieder Privatmann wurde. Es war ein Volkstribun, der ein Kommando mit unbeschränkter Gewalt für ihn erreichte, damit er das Mittelmeer von der Seeräuberplage befreie, die damals die Versorgung Roms gefährdete. Die Piraten waren die erste Seemacht des Mittelmeers geworden. Drei Jahre waren zu ihrer Vernichtung vorgesehen, in drei Monaten fegte Pompejus das Meer von ihnen frei. Und nun erhielt er, wieder durch einen Volkstribunen, endlich den lange ersehnten Oberbefehl gegen Mithradates und damit den Glanz des höchsten militärischen Kommandos.

Längst war der Krieg wieder ausgebrochen zwischen dem König von Pontos und dem römischen Reich, den Sulla nicht zu Ende geführt hatte. In ihm hatte sich der Feldherr Lucius Licinius Lucullus ausgezeichnet, durch seine Siege über den König wie durch seine gerechte Verwaltung in den wiedergewonnenen und eroberten Gebieten. Aber gerade damit bereitete er seinen Sturz vor. Gerechtigkeit in den Provinzen bedeutete Einschränkung der Raubsucht, mit der die Steuerpächter die Eingeborenen aussaugten. Die mächtigen Ritter begannen in Rom zu schüren und die Soldaten gegen ihren Feldherrn einzunehmen. Jetzt wäre die Stunde des Senats dagewesen, die ordentliche Verwaltung in den Provinzen zu sichern und zugleich einen seiner Getreuesten zu schützen. Lucullus war ein Sullaner, einer der uneigennützigsten und zugleich fähigsten Männer der ganzen Partei. Aber der Senat ließ nicht nur die Ritter in ihrer Wühlarbeit gewähren, er unterstützte auch Lucullus nicht ausreichend mit Truppen und Nachschub. Schließlich verweigerten die aufgehetzten, freilich auch von Lucullus mit unzeitgemäßer altrömischer Strenge überanstrengten Soldaten ihm den Gehorsam, mitten auf seinem Siegesmarsch. Pompejus wurde sein glücklicherer Nachfolger, der nun Mithradates vernichtend schlug. Auf der Halbinsel Kertsch endete der gefährliche Gegner Roms 63 durch Selbstmord.

Nach dem Sieg über Mithradates wandte sich Pompejus dem Seleukidenreich zu, in dem innere Wirren geradezu nach dem Eingreifen von außen riefen. Der Staat besaß nur noch einen Schatten früherer Größe. Mit nicht allzu beträchtlicher Mühe zertrümmerte Pompejus die seleukidische Streitmacht, machte Syrien (64) zur Provinz und legte einen Gürtel von abhängigen Staaten aus den Trümmern des Seleukidenreiches um die neue Erwerbung. Zu diesen Schutzstaaten gehörte nun auch Judäa, in dem die miteinander streitenden Parteien den Pompejus um sein Eingreifen gebeten hatten. Der selbständige jüdische Staat, den Judäus Makkabäus hundert Jahre zuvor geschaffen hatte, war nun wieder in Abhängigkeit geraten.

Wie Pompejus als Feldherr der würdige Nachfolger des Lucullus gewesen war, so leitete er auch die Verwaltung Asiens in seinem Geiste. Er half beim Wiederaufbau der zerstörten Städte, legte feste und erschwingliche Steuersätze fest, sorgte überall für Gerechtigkeit und legte so den Grund für eine neue Blüte der lange mißhandelten Landschaften. Und er war mächtiger als Lucullus, an ihn wagten sich die Ritter nicht heran.

Im Jahre 62 landete er mit dem siegreichen, ihm ergebenen Heer in Brundisium. So war einst Sulla in Italien gelandet und auf Rom marschiert. Wenn Pompejus wollte, konnte er jetzt Alleinherrscher werden. Aber er entließ das Heer mit dem Versprechen, den Veteranen die Altersversorgung in Gestalt eines Bauernhofes zu besorgen, so wie einst Sullas Veteranen versorgt worden waren. Als dann der siegreiche Feldherr nicht mehr an der Spitze seiner Soldaten stand, war er machtlos. Kalt wies der Senat den unbequemen Einzelgänger ab. Pompejus hatte gehofft, vom Senat die höchste Stellung im Staate angeboten zu bekommen; er erreichte nicht einmal die Bestätigung der Grenzziehungen im Osten, nicht einmal die Versorgung der Veteranen.

Wer die Geschicke Roms in den Jahrzehnten vor der Landung des Pompejus in Brundisium überschaut, dem erscheint sein Verhalten als unbegreifliche Weltfremdheit. So ist sein Nichthandeln bei Brundisium auch immer gekennzeichnet worden. Mommsen, der nicht wahrhaben wollte, daß seinem vergötterten Cäsar ein auch nur halbwegs Ebenbürtiger gegenübergestanden habe, hat das Andenken des Pompejus mit seinem genialen Spott überschüttet. Dieser in jeder Beziehung außergewöhnliche Mensch, so hat er gemeint, hätte sich sehr gerne eine große Stellung außerhalb der Gesetze geschaffen, wenn es nur auf gesetzmäßigem Wege hätte geschehen können. Mommsen wollte damit die Halbheit, das Zaudern vor dem letzten Schritt treffen. So ist denn auch dem Pompejus vorgehalten worden, daß seine Bescheidenheit affektiert gewesen sei, daß er anstatt zu befehlen immer nur erklärt habe, mit Geringerem zufrieden zu sein, und daß er verbittert gewesen sei, wenn man ihn beim Worte genommen habe. Aber Eduard Meyer hat uns das Verständnis für die tragische Lage des Pompejus geöffnet. Er wollte anders als später Cäsar nicht Alleinherrscher sein. Er ersehnte die erste Stellung im Staate, aber sie war für ihn nur erstrebenswert, wenn er sie im Einverständnis mit dem von ihm verehrten Senat erhielt. Er war der Vorkämpfer des staatsrechtlichen Gedankens, den Augustus später verwirklichte. Es war das Unglück des Pompejus, daß der Senat noch nicht begriff, was er ein Menschenalter später begreifen mußte.

Der von seinen Standesgenossen zurückgestoßene Optimat näherte sich den Popularen. Das war die Stunde für den jungen Gaius Julius Cäsar.

Cäsars Anfänge

Der Abkömmling aus dem alten Geschlecht der Julier hatte aus Überlegung wie wegen seiner Familienbeziehungen seit den Anfängen seiner Laufbahn zu den Popularen gestanden. Marius hatte eine Julia, Cäsar eine Tochter Cinnas geheiratet. Natürlich war Cäsar kein Demokrat in dem Sinne, daß er geglaubt hätte, die Volksversammlung solle das Reich regieren. Immerhin hatte er für die Lage der Proletarier einen klareren Blick als etwa Sulla. Im übrigen war für ihn die Volkspartei eine Plattform für seinen Aufstieg. Der war für einen Mann seiner Begabung langwierig genug gewesen. Anders als Pompejus hatte er mühsam Sprosse um Sprosse der gewöhnlichen Ämterlaufbahn erklommen, hatte dabei freilich immer noch Zeit für ein Leben des Genusses und der Beschäftigung mit griechischer Bildung gefunden. Um an Beliebtheit zu gewinnen, hatte er eine riesige Schuldenlast auf sich gehäuft. Sie entsprang nicht einfach der Verschwendungssucht, sowenig wir uns auch Cäsar als sparsamen Verwalter seiner Finanzen vorstellen dürfen. So tief war die Bevölkerung der Hauptstadt gesunken, daß die Stimmen der Massen wie der Einfluß der Senatoren käuflich waren, die einen durch öffentliche Spiele und Gastmähler, die anderen durch offene Bestechung. Cäsar war ein großer Redner, aber er verließ sich lieber auf das Geld, wenn er ein Amt erhalten wollte.

Auf seinem Wege zur Macht hatte er sich eine Zeitlang nicht gescheut, Beziehungen zu der fragwürdigen Gestalt des Catilina aufzunehmen. Dieser, ein durch Verschwendung heruntergekommener Adliger, hatte sich mit einer Schar ähnlicher Glücksritter und mit einigen Führern des Proletariats zusammengetan, den Staat zu stürzen, mit keinem anderen politischen Ziel als dem, die Schulden zu streichen und reich zu werden. Der Konsul Marcus Tullius Cicero, ein der Sache der Optimaten ergebener Neu-Adliger, schlug die Verschwörung durch festes Zupacken nieder. Aber daß es einem Haufen adligen und nichtadligen Pöbels überhaupt möglich geworden war, den Staat ernsthaft zu bedrohen, zeigte die innere Fäulnis in der Welthauptstadt auf.

Catilina hatte sich bis dicht vor seinem Zusammenbruch des Schutzes durch Cäsar und Crassus erfreuen können. Daß der künftige Herrscher Roms in eine so dunkle Gesellschaft geraten war, ist bezeichnend genug. Man kennt weder seine noch die Beweggründe des Crassus genau. Vielleicht hofften sie wirklich, in der allgemeinen Anarchie, die ein Sieg Catilinas entfesselt hätte, nach oben zu kommen, vielleicht wollten sie den Senat auch nur mit dem Gespenst des sozialen Umsturzes schrecken, um sich ihm als Retter der Ordnung zu empfehlen. Auf jeden Fall waren sie klug genug, sich nicht allzu tief in die Netze der Verschwörung zu verstricken, so daß sie dem Strafgericht mit einigem Geschick entgingen.

In der Erkaltung des Verhältnisses zwischen Pompejus und dem Senat sah der rastlose Geist Cäsars dann eine bessere Möglichkeit, seinem Ehrgeiz neue Stufen nach oben zu bauen. Crassus und Pompejus hatten ihre Freundschaft nicht bewahren können, sie waren miteinander verfeindet, wie das bei ihrer Rivalität natürlich war. Jetzt gelang es der erfindungsreichen Überredungsgabe Cäsars, beide einander wieder zu nähern. Zur Belohnung wurde er in den Bund mit aufgenommen. In dem Ersten Triumvirat des Jahres 60 verpflichteten sich die drei, nichts zu tun, was einem von ihnen mißfallen würde. In dürren Worten hieß dies, daß die drei zusammen den Staat beherrschen würden. Nicht dem Wortlaut, aber dem Geiste nach war damit die Verfassung verletzt. Doch die drei waren zusammen mit der Volkspartei so mächtig, daß ihnen der Senat nur noch halben Widerstand entgegensetzen konnte. Jeder der drei brachte zu dem Triumvirat ein Stück politischer Hausmacht in der Form von Wählerstimmen mit. Das große Ansehen des Pompejus, der ungeheure Reichtum des Crassus und die Beliebtheit Cäsars als eines glänzenden Redners und freigebigen Spenders hatten zusammen so viel Gewicht in den Komitien, daß sie wagen konnten, gegen die Autorität des Senats aufzustehen.

Der politisch schwächste Partner des Triumvirats war Cäsar. Er war vierzig Jahre alt und hatte noch keine großen Taten aufzuweisen. Seine ausgezeichnete Verwaltung in Spanien, seine Beredsamkeit, sein Geschick im Umgang mit Menschen hatten ihm einige Beachtung gewonnen, aber fast alle sahen in ihm immer noch den jungen Elegant, den Demagogen und Schuldenmacher, den Helden zahlreicher Frauenaffären. Von der stahlharten Tatkraft seines Wesens hatten sie keine Vorstellung. Mit Pompejus konnte er damals nicht verglichen werden.

Er war für Rom zunächst der Agent des Bankiers und jetzt der Schützling des mächtigen Feldherrn.

Mit Hilfe seiner alten und neuen Freunde wurde Cäsar im Jahre 59 Konsul. Er schuf in dieser Zeit hunderttausend neue Bauernhöfe für die städtischen Proletarier, nahm damit die Gracchischen Gesetze wieder auf und verwirklichte ein Stück von dem, was in dem Programm der Volkspartei noch zukunftzeugende Kraft hatte. Nach dem Ablauf seines Amtsjahres ließ er sich durch den Beschluß des Volkes das diesseitige Gallien als Statthalterschaft für fünf Jahre übertragen. Auf Antrag des Pompejus fügte der Senat noch das Narbonensische Gallien, also Südostfrankreich hinzu. Mit diesem Beschluß tritt Cäsar in das volle Licht der großen Geschichte.

Cäsar in Gallien

Über die Beweggründe des Senats und des Pompejus, als sie Cäsar zum Herrn der beiden Provinzen machten, haben wir eine genügende Vorstellung. Ulrich Kahrstedt hat sie deutlich gemacht: Pompejus wollte, daß Cäsar sich in den Grenzprovinzen ein Heer aufbaue, mit dem er seinen Schutzherrn eines Tages zur Seite stehen könne. Der Senat aber sandte den unbequemen Demagogen gerne in die unruhigen Gegenden, da man für diese Zeit keine inneren Störungen von ihm zu erwarten hatte. Damit aber dieser Versammlungsdemagoge durch seine mangelnde militärische Kenntnis dem Reiche in diesen den unruhigen Kelten benachbarten Gegenden keinen Schaden zufügen könne, gab man ihm einen erfahrenen Offizier aus der Schule des Pompejus, den Labienus, mit.

Wenn wir nur wüßten, welche Gedanken den neuen Statthalter selber bewegten, als er sein Amt antrat! Sicherlich wollte er ein Heer und damit Macht gewinnen, so wie Marius, Sulla und Pompejus mit ihrem Heere Macht gewonnen hatten. Aber es ist unwahrscheinlich, daß er damals bereits daran gedacht hatte, die Alleinherrschaft zu erringen. Noch lebte Crassus; dieser und Pompejus und der Senat zusammen bildeten Mächte, gegen die nur ein Tollkühner anstürmen konnte. Und gerade hatte Cäsar seine geliebte Tochter an Pompejus vermählt; er war menschlichen Gefühlen nicht so unzugänglich, daß man glauben könnte, er habe der Tochter den Schmerz zufügen wollen, ihren Gatten zu entmachten. Er wollte nach oben, aber er wollte nicht allein oben stehen. Die Flamme des grenzenlosen Machtwillens hat sich in ihm erst spät und halb durch die Gewalt der Umstände entfacht. Und wohl dürfen wir eine andere, menschlich tröstende Überlegung hegen, wenn wir seine nicht unedle Persönlichkeit betrachten: daß er zwar von Anfang beabsichtigte, das eigentliche Gallien zu unterwerfen, daß er aber diese Absicht nicht um seinetwillen oder doch nicht nur um seinetwillen hegte, sondern als Römer, als Patriot, der den ewigen Herd der Unruhe löschen wollte, der dazu die dunkel drohende Germanengefahr durch die Errichtung eines vorgeschobenen Walles von Legionen zurückzudämmen plante.

Cäsar drang in das eigentliche Gallien gerade in einem Augenblick ein, der noch für den Nachlebenden voll hoher Spannung ist. Ariovist, der Fürst der germanischen Sueben, war im Begriff, auf keltischem Boden ein germanisches Reich zu errichten. Wäre es ihm gelungen, er hätte bald Nachfolger gefunden, und die große germanische Wanderung hätte Gallien – und Gallien allein? – überflutet, bevor es von römischer Kultur durchdrungen gewesen wäre. Man mag erwägen, wie anders sich das geistige Antlitz Europas geformt hätte, wenn nicht die Legionen Cäsars sich dem Ariovist in den Weg geworfen hätten. Bei Mühlhausen wurde er 58 geschlagen, die Sueben gingen über den Rhein zurück. In den folgenden Jahren besiegte Cäsar in unaufhörlichen Feldzügen einen der gallischen Stämme nach dem anderen.

Die Krise des Krieges begann, als ihm in Vercingetorix eine überragende Führerpersönlichkeit entgegentrat, der es gelang, die bisher untereinander verfeindeten gallischen Stämme zu einigen und mit ihrer geschlossenen Wucht Cäsar bei Gergovia zu schlagen. Der römische Feldherr mußte germanische Reiter zu Hilfe holen, bis er die Streitmacht des Vercingetorix bei Alesia (51) zertrümmern konnte. Dem Überwundenen setzte der Sieger in seinem Bericht über den Kampf ein unvergängliches Denkmal. Aber auch Cäsar war ein Sohn seines Volkes und ließ den ritterlichen Gegner gemäß der rohen römischen Sitte nach dem Triumphzuge töten.

Alleinherrscher

Aus den fünf Jahren, für die ihm Senat und Volk die Statthalterschaft zugesprochen hatten, waren acht geworden. Jetzt wollte Cäsar zurück im Vollgefühl seines Sieges, um sich von neuem um das höchste Verwaltungsamt der Republik zu bewerben.

Aber in Rom hatte sich vieles geändert. Crassus, der alte Freund Cäsars, hatte die Statthalterschaft in Syrien übernommen und hatte dort, von brennendem Ehrgeiz erfüllt, einen Krieg gegen die Parther begonnen. Bei Karrhai war er 53 geschlagen und getötet worden. Pompejus hatte einen Nebenbuhler verloren und mehrte seine eigene Macht noch immer weiter. Seine Beziehungen zum Senat waren enger geworden; er selber hatte in seinem Herzen immer seinen Standesgenossen zugeneigt, und der Senat sah sich auf seinen Namen und sein Schwert angewiesen, als in der Verwilderung dieser Zeit die Hauptstadt der Welt durch politische, sich gegenseitig bis zu blutigen Schlachten bekämpfende Banden heimgesucht wurde. Den so oft Zurückgestoßenen belohnte in dieser Lage die Übertragung mit diktatorischen Befugnissen unter dem Titel eines „Konsuls ohne Amtsgenossen“. Mit solcher Vollmacht sollte er dem Unwesen ein Ende machen. Wirklich gelang ihm diese Aufgabe, die dem Besieger des Mithradates freilich nicht allzu schwer fallen konnte.

Mit einer solchen Stellung hatte Pompejus sein Ziel erreicht. Er war nun unbestritten der erste Mann im Staate, der Princeps, und er war es geworden nicht durch Aufruhr und Bürgerkrieg, sondern in gesetzmäßiger Weise, im Bunde mit dem Senat, mit seinesgleichen. In solcher Lage konnte sein Bund mit Cäsar nicht dauern. Er hatte in dem Jüngeren ein Werkzeug gesehen, jetzt war eine selbständige Macht daraus geworden.

Wie die Stellung des Pompejus, so hatte sich auch die Cäsars völlig gewandelt. Er hatte als ein Politiker von gewissen, aber nicht überragenden Gaben gegolten, als er nach Gallien gegangen war; er hatte seinen Weg bis dahin als Demagoge gemacht; aber nun hatte es sich erwiesen, daß er ein Feldherr von hohen Graden war. Sein Ruhm beim Volke war durch die Besiegung des Erbfeindes ins Ungemessene gemehrt. Dazu war er durch die Plünderung der Tempelschätze und durch die den Besiegten auferlegten Tribute ein reicher Mann geworden, darin dem toten Crassus vergleichbar. Mit seinem Gelde hatte er sich bereits einflußreiche Freunde selbst im Senat gemacht. Das Heer aber hing an dem vergötterten Führer, der gelegentlich in der Schlacht in den vordersten Reihen focht, der es aus verzweifelten Lagen zum Siege geführt hatte, der auch den einfachen Legionar durch Hoheit und Liebenswürdigkeit zu bezaubern wußte. Mit einem so mächtigen Manne die Herrschaft zu teilen hätte dem innersten Wesen des Pompejus widersprochen, hätte seine ganze bisherige Laufbahn, sein ganzes Streben als sinnlos erscheinen lassen. Nun starb auch noch Julia, die Tochter Cäsars, und damit zerriß das letzte menschliche Band, das die beiden verbunden hatte.

Pompejus tat alles, dem Rivalen die Bewerbung um das Konsulat unmöglich zu machen. Aber nicht einmal er war die treibende Kraft gegen Cäsar, sondern die optimatische Partei im Senat, die in Cäsar immer noch den demagogischen Führer der Popularen, das Haupt des Restes der Catilinarier, den sozialrevolutionären Umstürzler sah. Ihr war er im Augenblick die größte Gefahr; war er erst beseitigt, dann mochte auch Pompejus in eine mittelrangige Stellung zurückgedrängt werden. Cäsar aber mußte damit rechnen, daß nach der Entlassung seines Heeres den auf diese Weise Entmachteten der Prozeß und die Ächtung treffen konnten. Dennoch war es ein furchtbarer Entschluß, als er sich nun entschloß, mit seinen Truppen den Grenzfluß zwischen seiner Provinz und dem eigentlichen Italien, den Rubicon, zu überschreiten und so den Bürgerkrieg zu beginnen. Niemand aber war sich der Tragweite der Entscheidung mehr bewußt als er. Als er seine Truppen über den Fluß gehen ließ, sagte er zu einem seiner Freunde: „Der Verzicht auf die Überschreitung wird mir Unglück bringen, die Überschreitung aber allen Menschen." Die große Einzelpersönlichkeit sprengte die Bande der Vaterlandsliebe und der Staatsgesinnung, die gewiß sonst Cäsar nicht fremd waren. Das brennende Gefühl, zum Höchsten geboren zu sein, vereinigte sich nun mit der Empfindung, für die einmal gewonnene Stellung, vielleicht für Freiheit und Leben fechten zu müssen. So nahm Cäsar das Mittel des Kampfes wieder auf, das Sulla zuerst benutzt hatte: mit dem Schwerte in der Hand sich den Weg in die Hauptstadt und zur Macht zu erkämpfen. Aber Cäsar ging ihn anders als Sulla zu Ende.

An Zahl der Truppen war er schwach, als er den Rubicon überschritt. Gerade die unwahrscheinliche Verwegenheit seines Vorgehens war sein Bundesgenosse. Die Nachricht von dem Unerwarteten lähmte die Senatspartei. Pompejus verzichtete auf hinhaltenden Widerstand in Italien, überließ dem Gegner die Hauptstadt und das beste Rekrutierungsgebiet des Reiches und ging mit dem Senat auf den Balkan hinüber, um dort den Widerstand aufzubauen und ein starkes Heer zu bilden. Als Cäsar ihm folgte, wurde er bei Dyrrhachium (Durazzo) geschlagen. Es war das letzte Mal, daß sich die Feldherrnbegabung des Pompejus bewährte. Dann ließ er sich von den hochmütigen Besserwissern des Senats verleiten, die Entscheidungsschlacht am falschen Ort und im falschen Augenblick zu schlagen. Bei Pharsalos verlor Pompejus 48 Ruhm, Glück und Macht. Den Flüchtenden, dem Cäsar vergebens nachgesetzt hatte, erschlugen ägyptische Hofbeamte, die glaubten, damit Cäsar gefällig zu sein. Noch freilich waren schwere

Kämpfe zu bestehen, aber bei Thapsus in Afrika und Munda in Spanien schlug Cäsar auch die letzten republikanischen Heere. Nach Thapsus begriff der geistige Führer der altrepublikanischen Partei, der lautere und tapfere Marcus Porcius Cato, der Urenkel des Gegners des älteren Scipio, daß die Sache der Republik verloren war. Bei Utica nahm er sich das Leben, stolz und aufrecht, bis zum Tode des tiefen Rechtes seiner Sache bewußt.

Cäsar war ohne Rivalen. Der lange Weg, den Scipio zuerst gegangen war, die Verbindung des Schwertes mit der Gunst des Volkes, war bis zum bitteren Ende beschritten. Cäsar war Alleinherrscher, so wie es Sulla gewesen war. Aber anders als Sulla dachte er nicht daran, die so schwer erkämpfte Stellung wieder aufzugeben. Er war in Wirklichkeit Monarch, und er wollte es bleiben.

Siebentes Kapitel

ROM UNTER DEN KAISERN

Ehrgeiz, Geltungsdrang, Leidenschaft zur Macht hatten den Kämpfen des letzten Jahrhunderts der römischen Republik ihr Gepräge gegeben. Aber sie hätten es nicht vermocht, wenn nicht eine tiefe Notwendigkeit hinter dem Machtwillen der Einzelpersönlichkeit gestanden hätte. Die alte Verfassung war ein Kunstwerk gewesen, aber sie war die Verfassung einer Stadt mit einem Kranz von Bundesgenossen. Als es galt, ein Weltreich zu regieren, konnte mit dem aus der bäuerlichen Gemeinde herrührenden Staatsrecht nicht mehr verwaltet, nicht mehr Krieg geführt, nicht mehr Diplomatie betrieben werden. Etwas Neues war notwendig. Vielleicht hätte der Senat dennoch seine alte beherrschende Stellung, nur in verwandelter Form, behalten können, wenn er nicht von dem unerwarteten Reichtum und der unerwarteten Herrscherstellung an der Spitze der halben Welt betäubt, aufgelöst, innerlich zersetzt worden wäre. Den Weg zur Demokratie zu finden aber blieb Rom versagt. Die Alte Welt hat, anders als die unsrige, den Begriff der Parlamentsverfassung nicht entdecken können, der Gedanke war zu ferne. So mußte die Volksversammlung der Urwähler entscheiden. Das bedeutete die Beschlußfassung durch die Einwohnerschaft Roms, dieser zum großen Teil aus Arbeitslosen bestehenden Stadt, während die Bauern und Handwerker des übrigen Reiches schon um der Entfernung willen an den Entscheidungen keinen Anteil haben konnten. In solcher Lage erscheint dem Nachlebenden die vorwaltende Macht der großen Einzelpersönlichkeit fast vom Schicksal gefordert zu sein. Die Frage war nur noch, ob der große Einzelne ohne Schranken oder ob er in weisem Verzicht auf die äußersten Möglichkeiten seiner Stellung herrschen sollte.

Nur kurze Zeit weilte Cäsar nach seinen Siegen in Rom. H. Straßburger hat auf die seltsame Erscheinung hingewiesen, wie ihn eine innere Unrast von dem Ort trieb, in dem er seinen Aufstieg erlebt hatte und in dem ihm doch von seinen adligen Standesgenossen immer nur Mißtrauen, Verachtung und Haß entgegenschlugen, oft freilich unter dem Mantel der niedrigen Schmeichelei. So kennen wir Cäsars eigentliches staatsmännisches Werk, seine sozialen und verfassungspolitischen Reformen, nur in Bruchstücken. Das meiste ist Plan geblieben.

Cäsar nahm die sozialpolitischen Gedanken seines ersten Konsulats wieder auf und schuf zahlreichen Proletariern aus der Hauptstadt Bauerngüter in Italien oder in Militärkolonien der Provinzen. Die von den römischen Optimaten zerstörten Städte Karthago und Korinth wurden wiederaufgebaut; hier wohnten Griechen und Römer nebeneinander. In Rom selber sorgten Arbeiten zur Verschönerung der Stadt für die Verminderung der Arbeitslosen. So konnte er die Zahl der Getreideempfänger von 320000 auf 150000 herabsetzen. Die wirklich Bedürftigen wurden also weiter versorgt. Damit war aus einem Mittel zum Gewinnen von Wählerstimmen, das die Begründer der Popularpartei geschaffen hatten, eine staatliche Armenunterstützung geworden. Seit Cäsar hörten die hauptstädtischen Massen auf, ein Element der Unruhe und damit eine politische Macht im Staate zu sein. Der Mann, den sie mit emporgetragen hatten, zähmte sie, durch seine persönliche und die staatliche Autorität, durch das Ausschalten des Parteienkampfes, aber vor allem durch die soziale Reform.

Noch einen anderen Gedanken der Gracchen nahm Cäsar wieder auf, ihn zugleich erweiternd und in größere Räume tragend. Gaius Gracchus schon hatte das Bürgerrecht nicht mehr auf die Stadt Rom beschränkt wissen wollen; im Bundesgenossenkrieg hatte man es den Italikern verliehen; Cäsars Reform ging noch über die Grenzen Italiens hinaus. Er dachte nicht mehr in den Formen des Stadtstaates, auch nicht mehr allein des italischen Staates, sondern des weiten Reiches. Er verlieh den Bürgern des diesseitigen Galliens, das ihm viele tüchtige Soldaten für seine Kämpfe gestellt hatte, das Bürgerrecht, dazu allen anderen Reichsangehörigen, die in das Heer eintraten, schließlich auch zahlreichen Bürgern nichtitalischer Städte, griechischen Gelehrten, Ärzten, Kaufherren. Sein Neffe Augustus ist einen Schritt zurückgegangen, er wollte mehr die römische Art betont wissen und sie auch in der Verleihung des Bürgerrechtes ausgedrückt sehen; ganz hat auch er das Rad nicht zurückdrehen können. Unter Cäsar bahnte sich die Entwicklung an, in der Rom nicht mehr Stadtstaat, sondern Hauptstadt eines Reiches war. Cäsar ahnte kaum, daß am Ende dieser Entwicklung auch Rom als Hauptstadt entbehrlich werden könnte. Nach Jahrhunderten haben seine Nachfolger die Hauptstadt von Rom weg verlegt.

Cäsars letzte Ziele

Noch hielt sich Cäsars Alleinherrschaft innerhalb der Grenzen der Verfassung. Er bekleidete das Amt des Diktators, war schon seit Pharsalos Konsul und damit oberster Verwaltungsbeamter, als Imperator führte er das Heer, als Inhaber der tribunizischen Gewalt war er unverletzlich. Aber es waren nur die Formen der Republik, die geblieben waren. Den Senat drückte er tief herab, indem er zahlreiche Emporkömmlinge aus seiner Anhängerschaft zu Mitgliedern machte. Er ernannte die Offiziere und die Beamten in den Provinzen; gegen seine Vorschläge zur Wahl der Beamten in Rom hütete sich jeder, Widerspruch zu erheben.

Dies alles oder doch das meiste davon war unvermeidlich. Aber nun zerbrach der Wille, der keine Grenzen mehr kennen wollte, den Sinn für das Maß und für das Mögliche. Kein gefährlicheres Gift gibt es für den Staatsmann als die unbeschränkte Macht. Nur wenige sind ihm nicht erlegen. Der Günstling des Glücks, der über soviel Gegner und soviel Widrigkeiten triumphierte, wurde von dem Rausch ergriffen, den ihm das Bewußtsein seiner Erfolge gab. Die Idee der hellenistischen Staatsauffassung bemächtigte sich dieses Geistes, der sonst immer hochgespanntes Römertum gewesen war. Die unumschränkte Monarchie der hellenistischen Könige, die Verehrung als Gottkönig, die Annahme auch des Königstitels, dies alles wurde Cäsars Ziel. Man dächte von ihm zu klein, glaubte man, er habe allein an dem Glanz des Namens gehangen. Worum es ihm ging, war vor allem die Herrschaft ohne Schranken, und es entsprach seinem Bedürfnis nach Helligkeit und Klarheit, daß er der Sache auch den Namen zufügen wollte. Schon trat er in den roten Schuhen auf, die einst die latinischen Könige getragen hatten, schon erhob er sich nicht mehr im Senat, wenn ihm die vielfältigen Ehrungen entgegengebracht wurden. Die Münzen trugen sein Bildnis, ein Monat erhielt den Namen Julius, in den Tempeln wurde seine Bildsäule aufgestellt. Sein letztes Ziel enthüllte sich.

Aber damit erweckte er sich gefährliche Gegner. Cäsar hatte nach seinem Siege das Schreckensregiment der Marius und Sulla nicht aufgerichtet zur tiefen Enttäuschung der vielen catilinarischen Existenzen und der Sozialrevolutionäre in seinem Gefolge. Es entsprach seiner vornehmen Natur wie seinem staatsmännischen Sinn, Milde und Versöhnlichkeit zu zeigen. Zwar hatte er nicht vergessen, daß er von den Popularen kam, seine sozialen Reformen bewiesen es. Aber er wollte nicht Parteimann bleiben, er wollte über den Gruppen stehen, er wollte die Streitenden miteinander und seine Gegner mit sich selbst versöhnen. So ließ er den früheren Pompejanern Freiheit und Vermögen (nur ihrem geistigen Führer, dem lautersten der Republikaner, dem Cato, gab er in einer Schrift die Ehre einer unauslöschlichen Feindschaft), so zog er viele von ihnen zu hohen Stellungen heran.

Aber die stolzen Herren des Adels konnten nicht vergeben und nicht vergessen, und selbst in seiner Milde fanden sie einen Stoff zum Haß. Wenn sie kommen mußten, von ihm zu erflehen, was sie für ihr gutes Recht hielten, so fühlten sie sich gedemütigt und verließen das Audienzzimmer auch dann mit Bitterkeit im Herzen, wenn ihr Gesuch gewährt worden war. Sie hatten Cäsar immer mit Mißtrauen betrachtet, mit Mißtrauen gegen seine politischen Pläne wie gegen seine menschliche Art, und es war nicht geringer geworden, seitdem er sie besiegt hatte. Nun schien es gerechtfertigt, da sein Plan sich enthüllte, in Rom den Thron der orientalischen Könige aufzurichten.

Man hat wohl gemeint, der Adel habe gegen Cäsar nur seine Vorrechte verteidigen wollen. Aber die Zeugnisse der Zeit geben beredte Kunde davon, daß auch andere und edlere Empfindungen in ihm lebendig waren. Wohl nährten Adelsstolz und ständische Selbstsucht die Feindschaft, aber die stärkere Antriebskraft noch war das dumpfe Gefühl, in Knechtschaft zu verfallen gegenüber dem übermächtigen und unberechenbaren Willen des einen. Der Geist des toten Cato lebte weiter und wirkte gegen den lebenden Monarchen.

In der Sorge vor der Knechtschaft flossen die Empfindungen des Adels zum ersten Male seit Geschlechterreihen zusammen mit denen des Volkes. Die Massen hatten Cäsar das Schwert gegeben, mit dem er sich die politische Macht erkämpft hatte, die Massen verehrten ihn weiter und bestaunten ehrfürchtig das geheimnisvolle Walten der Götter in ihm, die Massen wollten ihn ganz oben im Staate sehen; aber was sie nicht ertragen wollten, war der Anblick des Königsdiadems. Sie murrten, wenn Cäsars Umgebung Anstalten machte, es ihm zuzuerkennen. Wohl waren sie später entsetzt über die furchtbare Mordtat, aber Cäsars Griff nach dem Diadem billigten auch sie nicht. Denn der Königstitel hatte für die Römer eine andere und schlimmere Bedeutung als für die Orientalen. In der Königszeit war nach dem strengen Recht der Herrscher der alleinige Besitzer von Grund und Boden, seine Untertanen waren seine Knechte gewesen. Der Nebensinn von Sklaventum lag in dem Worte Königsherrschaft.

So hochmütig aber war Cäsar geworden, so sehr geringschätzig dachte er, der früher so sorgfältig auf die öffentliche Meinung geachtet hatte, jetzt über die Strömungen in der Nation, daß er nun auch die Königin Kleopatra von Ägypten nach Rom holte. Er hatte sich von ihr bezaubern lassen, als er auf der Verfolgung des Pompejus in ihr Land gekommen war. In einem Thronstreit zwischen ihr und ihrem Bruder hatte er sich für sie entschieden. Eine späte Liebesschwärmerei, die doch zu dem Bilde dieses Mannes gehört, hatte ihn lange an ihrer Seite festgehalten, fast zu lange für seine staatsmännischen Aufgaben.

Cäsar aber hätte nicht er selber sein müssen, wenn nicht auch während dieser Romanze sein staatsmännischer Sinn alle Wesenszüge seiner Umgebung sorgfältig beobachtet und manches von ihnen aufgenommen hätte. In Ägypten lernte er das Erbe Alexanders, die absolute Monarchie und das Gottkönigtum, aus der Nähe kennen, und manches von seinen letzten Plänen mag ihm zuerst in Alexandreia aufgedämmert sein. Und nun brachte er die Orientalin mit seinem und ihrem Sohn nach Rom, entzündete so bei allen Mißtrauischen neben der Feindschaft des Republikanertums noch die nationale Empörung und die Furcht vor der Überfremdung. Schon wurde die Besorgnis laut, Cäsar wolle die Hauptstadt in den Osten verlegen.

Cäsars Ende

Dazu bereitete er eine große außenpolitische Unternehmung vor, deren Gelingen seine Stellung unerschütterlich hätte machen müssen. Er wollte den Tod des Crassus rächen, den Feind an der Ostgrenze, das Partherreich, endlich unterwerfen und von da aus den Germanen in den Rücken fallen, auch sie den Römern unterwerfen. So sollte das Weltreich vollendet werden. Es waren im Grunde Alexanders letzte Pläne, die Cäsar wiederaufnahm, nur daß der Stoß nun in die andere Himmelsrichtung gehen sollte. Aber wie Alexander nahm ihm vorher der Tod das Schwert aus der Hand. Dem siegreichen Herrn über die ganze Welt, das spürten die Republikaner, konnte kein Wunsch mehr versagt werden; dann war der hellenistische Absolutismus nicht mehr aufzuhalten. Und schon beantragte Cäsar, man solle ihm für die Provinzen außerhalb Roms den Königstitel gewähren, damit seine Autorität auf dem bevorstehenden Feldzug dort gefestigt sei. Es war sicher, daß er nach seiner Rückkehr vor dem letzten Schritt nicht zurückzögern würde.

Etwa sechzig Adlige, darunter Pompejaner wie ehemalige Cäsarianer, fanden sich unter der Führung von Cassius und Brutus zusammen, um Cäsar zu töten, bevor er zu den Parthern abreisen konnte. Kein Eid der Geheimhaltung brauchte geschworen zu werden, denn kein Verrat war zu befürchten. Die edelsten und selbstlosesten unter Cäsars Standesgenossen waren darunter. Alle seine Milde hatte sie nicht versöhnen können. Der Riß in seiner Staatskunst wurde damit offenbar. Freilich, auch von den Enttäuschten unter Cäsars früheren Anhängern waren manche dabei, die ihn haßten, weil er ihnen die erwartete Plünderung der Güter ihrer Gegner und die Schuldenstreichung nicht gewährt hatte. Aber nicht sie bestimmten den Kern der Verschwörung, sondern die aufrichtigen Republikaner, auch die, denen Cäsar hohe Ämter gegeben hatte. Nicht in seinem frühen Tod, sondern in seiner Einsamkeit lag Cäsars tiefste Tragik.

Am 15. März 44 fiel er unter den Dolchen seiner Mörder. Sein rastloser Geist hatte zuletzt die Grenzen des Möglichen sprengen wollen und das Unerreichbare für sich begehrt. Daran ist er gescheitert, und sein Tod hat noch einmal einen blutigen Bürgerkrieg heraufgeführt. Aber das Bleibende an seinen Taten war mehr als das Vergängliche. Sein Neffe und Nachfolger, eine weniger geniale und vielleicht gerade darum wirklichkeitsnähere Natur, hat sein Werk von der Übersteigerung befreit, die Cäsar zum Verhängnis geworden war. Augustus kehrte zu den Gedanken des Pompejus zurück. Aber die im tiefsten Sinne schöpferische Leistung war doch die Cäsars. Er hat den Gedanken der Militärmonarchie, der einzigen Rettung, die es für Rom noch gab, zu Ende gedacht, und er hat sie verwirklicht. Hierin war Augustus sein Erbe, so wie es die folgenden Herrscher waren, mögen die Formen der Herrschaft auch schonender gewählt worden sein. Mit Recht hat darum zwei Jahrtausende lang die Menschheit die Träger der höchsten staatlichen Würde mit dem Worte Cäsar (das um die damalige Zeit wie *Kaisar* ausgesprochen wurde) bezeichnet.

Und mit der Eroberung Galliens und der Zurückdämmung der Germanen hat Cäsar noch einmal vier volle Jahrhunderte die Überflutung des Westens durch die Germanen verhindert und ihn ganz dem lateinischen Wesen gewonnen. Auch die Germanen haben es dann nicht mehr zerstören wollen, in vielem haben sie sich dem antiken Geist willig geöffnet. So hat Cäsar die Welt des Mittelalters mitbegründet. Ohne sie wäre die Geschichte der kommenden Jahrhunderte, wäre auch unsere eigene Geschichte anders verlaufen. Mit allen seinen Irrtümern war er doch der größte Römer, der je gelebt.

Philippi

Tragischem Irrtum waren auch seine Gegner zum Opfer gefallen. Sie wollten die alte Freiheit wieder aus dem Dunkel holen, aber die gab es nicht mehr. Sie wollten wieder die Republik, aber die war unmöglich. Entsetzt stob der Senat auseinander, als er die Kunde von der Ermordung des Herrschers hörte. Bald spürten die Cäsarmörder, daß sie fast allein waren, wenn sie die Republik neu schaffen wollten.

In der allgemeinen Verwirrung schob sich langsam ein Jüngling nach vorn, Gaius Octavius, der sich später Octavianus nannte, ein Großneffe Cäsars, von ihm an Kindes Statt angenommen und zum Erben erklärt. Schwächlich und oft kränklich, ein durch Willensanstrengung tapferer Soldat, aber ein schlechter Feldherr, nach außen kühl, scheinbar ohne große Leidenschaft, so schien er der gewaltigen Persönlichkeit des Oheims allzu unähnlich, als daß die Zeitgenossen den kommenden Mann in ihm hätten erkennen können. Aber gerade die kalt überlegende Vernunft, die den brennenden Ehrgeiz in ihm zugleich zu verdecken und zu zügeln wußte, gerade die Verschlossenheit, die keines seiner innersten Geheimnisse preisgab, gerade die Verschmelzung einander widersprechender Eigenschaften haben ihn schließlich auf den Kaiserthron geführt.

In Rom verstand Cäsars Unterfeldherr Marcus Antonius, der fähigste seiner Generale seit dem Abfall und dem Tod des Labienus, in einer meisterhaften Komödie die Mörder Cäsars über seinen Rachewillen zu täuschen. Als sie ihm Spielraum für sein Handeln gaben, wußte er die Massen mit aller Kunst der Demagogie und seiner mitreißenden Leidenschaft aufzuwiegeln. Die Führer der Verschwörung gingen in die Provinzen, die ihnen noch von Cäsar zugesprochen worden waren, wo sie nun damit beschäftigt waren, Heere aufzustellen. In Rom kam es zum Kampf zwischen Antonius und dem Senat. In eine Lage so voller Gefahren und voller Möglichkeiten schob sich der Jüngling hinein. Er fügte seinem Namen den des Adoptivvaters hinzu, empfahl sich den Veteranen Cäsars durch die Verwandtschaft mit ihrem Helden und erfüllte Cäsars Schenkungsversprechungen, die Antonius beiseite geschoben hatte, aus seinem eigenen Vermögen. So wurde er eine Macht, so konnte er es wagen, immer seine eigentlichen Absichten verschleiernd, erst der Bundesgenosse des Senats zu werden und sich dann dem Antonius als Helfer zu empfehlen. Die beiden schlossen zusammen mit dem Reiterobersten Lepidus aus Cäsars Gefolgschaft das Zweite Triumvirat, einen Bund also wieder zur Herrschaft über den Staat.

Er bedeutete für Tausende den Tod. Wieder gingen Ächtungslisten in das Land, wieder wie zu den Zeiten des Marius und Sulla wurde nach den politischen Gegnern gefahndet. „Es muß gestorben sein", war das furchtbare Wort des Jünglings, mit dem er alle Erinnerung an die Großmut des Adoptivvaters beiseite schob. In ihm und Antonius herrschte nicht nur Rachebedürfnis, sondern auch die eiskalte Überlegung, daß alle Milde Cäsars seine Feinde nur ermutigt hatte, daß es jetzt gelte, sie für immer einzuschüchtern, damit der Staat durch keine neue Unruhe mehr gefährdet werde. So fielen hundertzwanzig Senatoren und dreitausend Ritter, weil sie Cäsar feindlich gesonnen gewesen waren.

Unter den Toten war auch Marcus Tullius Cicero, der größte Redner Roms, jetzt der erste Mann des Senats. Er hatte nicht zur Verschwörung gehört, aber er hatte sie hinterher begrüßt und den Antonius geschmäht. Cäsar hätte versucht, einen Mann von seiner geistigen Bedeutung und seinem Ansehen zu sich herüberzuziehen, sei es aus Großmut, sei es aus staatsmännischer Überlegung. Aber diese Zeiten waren vorbei. Mommsen hat auch Cicero, den „Mann ohne Einsicht, Absicht und Ansicht", verhöhnt. In Wirklichkeit war Cicero einer der bedeutendsten Staatstheoretiker der Alten Welt, in seinem Wirklichkeitsdenken Platon überlegen. Er hat zuerst die Verbindung des Senats mit dem „besten Mann" gefordert, die Idee also entwickelt, die später einer der Überwinder Ciceros verwirklicht hat. Aber freilich, entschiedenes Auftreten im rechten Augenblick war nicht seine Sache. Als er sich nach Cäsars Tode entschlossen einer Partei zuwandte, war es die, deren Untergang schon in den Sternen geschrieben stand. Er starb würdig und gefaßt.

Nun galt es für Octavianus und Antonius, den Entscheidungskampf mit den Anführern der Cäsarmörder auszufechten. Bei Philippi trafen 42 die von ihnen geführten Legionen auf die Truppen von Cassius und Brutus. In zwei kurz aufeinanderfolgenden Schlachten wurden die letzten großen Heere der Republik geschlagen; was jetzt noch übrigblieb, waren Streifscharen oder Seeräubergeschwader. Cassius und Brutus fanden den Tod durch eigene Hand. Cäsar war gerächt, die Idee der republikanischen Freiheit durch die Niederlage und den Tod ihrer bedeutendsten Führer vernichtend getroffen.

Auf den ersten Blick erscheinen Cassius und Brutus und ihre Freunde als weltfremde Träumer, als Phantasten, unbrauchbar in der harten Wirklichkeit, die kein Versinken in Wunschträume duldet. War nicht alles Torheit, was sie begangen hatten? Sie hatten nicht nur die Lebenskraft der Republik überschätzt, sie hatten auch in den Einzelheiten des politischen Kampfes versagt. Nichts war für den Fall von Cäsars Tod vorausbedacht, seine fähigsten Mitarbeiter wurden nicht gefangengesetzt, keine Führung der Massen und der Heere war vorgesehen, und Kopflosigkeit zeigte sich, wo nur äußerste Zucht allein noch vielleicht Erfolg hätte bringen können.

Aber Eduard Meyer und H. Straßburger haben uns den Blick geöffnet dafür, daß sie mit allen ihren Fehlern nicht vergebens gewirkt haben. Wohl waren die im Senat liegenden Kräfte nicht mehr so mächtig wie zu Beginn der Republik, und vor allem reichten sie nicht mehr aus für das Weltreich. Aber die Anteilnahme des Senats an den Staatsgeschäften war doch nun Jahrhunderte alt, sie war als Idee immer noch lebendig, sie konnte nicht einfach beiseite geschoben werden, wie Cäsar es getan hatte. Indem sich Brutus und Cassius und ihre Freunde noch einmal zu ihr bekannten, erhielten sie dem Staat die Mitwirkung der führenden Schichten noch lange, gleichsam als Kraftzuschuß für das werdende Reich. Ohne die Verschwörung wäre die absolute Monarchie früher verwirklicht worden, in einer Zeit bereits, als im Reiche weder ein Bedürfnis noch der Wunsch danach vorhanden waren. Heute sehen wir, was damals Octavianus gewiß nicht sehen konnte, daß auch die Mörder seines Vaters am Bau seiner eigenen Staatsidee mitgeholfen haben, wie er sie später verwirklicht hat.

Actium

Octavianus hatte sich bei Philippi tapfer gezeigt, aber als Feldherr versagt. Es war natürlich, daß aller Ruhm und alles Ansehen nun Antonius umstrahlten. Den Adoptivsohn des toten Monarchen beiseite zu schieben konnte er nicht wagen, aber die Reichsteilung, die nun vonstatten ging, trug die Züge seiner Wünsche. Er selber nahm Gallien, ging aber nach dem Orient und befahl so dem an Gebietsumfang und Bevölkerungszahl größten Teil des Reiches; Octavianus erhielt Spanien, Lepidus Afrika. Das Mutterland sollte gemeinsam verwaltet werden und Rekrutierungsgebiet für alle drei bleiben. Doch mußte

Octavianus hier residieren, da ihm die Aufgabe zugedacht war, den Veteranen Cäsars eine Versorgung zu schaffen: das hieß aber, sich verhaßt machen bei Tausenden und aber Tausenden von Besitzern, die Platz machen sollten für die alten Soldaten. Es schien, daß eines Tages dem mächtigen Beherrscher des Orients das ganze Reich zufallen mußte.

Und wirklich schien die Rechnung aufzugehen. Octavianus sah sich bald einem Berg von Feindseligkeiten und Schwierigkeiten gegenüber. Es gab namenlose Verbitterung, es gab unaufhörliche finanzielle Verlegenheiten, so daß er sich in schwere Schulden stürzen mußte. Schließlich kam es in Italien zum offenen Bürgerkrieg. Aber die unendliche Geduld, die zähe Tatkraft in dem blassen jungen Mann, nicht zuletzt aber der Zauber, der für viele Veteranen in dem Namen Cäsar lag, siegten über alle Hemmnisse. Schließlich gelang es ihm doch, Italien zu befrieden. Als Lepidus in Streit mit ihm geriet, liefen die Soldaten zu dem Erben des großen Cäsar über. So war auch Afrika sein.

Und immer mehr zeigte es sich, daß die Rechnung des Antonius nur klug für den Augenblick gewesen war und die tieferen Kräfte im Leben des Reiches verkannt hatte. Wohl war der Orient reicher, namentlich Ägypten, in dem er nun das Herz der Königin und damit die Verfügungsgewalt über dieses noch unausgeraubte Land mit seinen Schätzen erhielt. Aber Italien, dieses durch zahllose Unruhen verarmte und zerstörte Land, war doch noch immer die Quelle des lebendigsten Staatsgefühls und des stärksten Nationalstolzes im ganzen Reich. Mochte noch soviel Fäulnis in der Hauptstadt sein, die Besten in Rom und das Land im ganzen fühlten sich immer noch als Träger einer großen Überlieferung und dachten nicht, sie leichtherzig wegzuwerfen. Und immer noch gab Italien die besten Soldaten. Mochten die Triumvirn bestimmt haben, jeder von ihnen sollte sich hier seine Soldaten suchen dürfen, es war doch natürlich, daß der sie am leichtesten ausheben konnte, der auch im Lande wohnte und herrschte.

Je länger Antonius im Osten blieb, um so mehr konnte sich Octavianus als Verkörperung römischer Art gegenüber dem halben Orientalen Antonius empfehlen. Und dieser tat alles, seinem Rivalen das Spiel zu erleichtern. Auch für ihn, wie früher für seinen Monarchen, wurde Kleopatra zum Verhängnis. Die letzte Ptolemäerin entfaltete nun den ganzen Zauber ihrer Persönlichkeit. Ob Antonius ihm erlegen ist, ob ihn mehr die politische Aussicht gelockt hat, an ihrer Seite erst Herrscher von Ägypten und des ganzen Orients zu sein, wird niemals ganz zu ergründen sein. Auf jeden Fall verfiel er der Verführung des Orients noch mehr als Cäsar. Als er seine Gattin Octavia verstieß, um

Kleopatra zur Frau zu nehmen, fühlte sich nicht nur ihr Bruder in Rom, fühlte sich das römische Volk in dem Vorgang beschimpft.

Dennoch hatte es Octavianus nicht leicht, die Erinnerung auszulöschen, die von der heiteren, frei strömenden, vollkräftigen Persönlichkeit des Antonius in Rom geblieben war. Sie wirkte selbst jetzt noch stärker auf die Massen und die Bürger als die kühle Verschlossenheit des Jüngeren, der doch niemals jung gewesen zu sein schien. Da entriß Octavianus rechtsbrecherisch den Vestalinnen das Testament des Antonius, das er in ihrem Tempel hinterlegt hatte. Die Veröffentlichung entzündete eine Welle der nationalen Empörung gegen den fernen Triumvirn. Römische Provinzen wollte Antonius den Kindern der Kleopatra schenken, das Reich also mindern; die Furcht wuchs, am Ende solle Rom unter die Herrschaft des Orients kommen.

So schworen Senat und Volk Roms dem Octavianus Treue, als er nun das Heer nach Osten führte, um den Entscheidungskampf zu gewinnen. Mit keiner anderen staatsrechtlichen Stellung als der, die ihm durch diesen Schwur gegeben war, ging er in die schwerste Auseinandersetzung. Klug hatte er den Krieg nur der Königin von Ägypten erklärt. Der Kampf sollte nicht als Bürgerkrieg gegen einen Feldherrn des toten Cäsar, sondern als ein nationaler Krieg gegen eine auswärtige Macht erscheinen. Schon dieser eine Zug läßt uns einen tiefen Blick in den Erfindungsreichtum, in die sorgsame Überlegung, in die Rücksichtnahme auf Stimmungen und Verstimmungen tun, die diesen Jüngling so rätselhaft frühreif erscheinen lassen. Und eine andere heilsam nüchterne Seite seines Wesens wurde dann sichtbar. Er hatte aus Philippi gelernt, er wußte, daß er kein Feldherr war, und er war nicht eitel genug, um des kriegerischen Ehrgeizes willen das ganze Glück des Feldzuges aufs Spiel zu setzen. So ließ er seinem Freunde Marcus Agrippa, einem der fähigsten Feldherren seiner Zeit, die Führung der Feldzüge.

Als bei Actium im Jahre 31 die beiden Flotten aufeinandertrafen, floh Kleopatra mit ihren Schiffen, bevor noch Agrippa seinen Umfassungsplan hatte vollenden können. Da verlor auch Antonius seinen Mut und eilte ihr nach. Damit war der Krieg entschieden. Nur noch der selbstgewählte Tod rettete den römischen Triumvirn und die ägyptische Königin vor der Gefangennahme und schlimmer Demütigung. Noch einmal waltete Octavianus mit kalter Grausamkeit in dem eroberten Alexandreia. Die Häupter der Gegenpartei wurden getötet, und auch sein Vetter Cäsarion wurde nicht verschont. Jeden möglichen Mitbewerber um den Thron galt es frühzeitig auszuschalten. Es war die letzte Gewalttat im Leben des Octavianus. Da sein Zweck erreicht war, schien er verwandelt: von Alexandreia aus befahl er nach Rom, den Sohn Ciceros zum Konsul zu wählen.

Augustus

Er war nun allmächtig im Staate, und er wollte es bleiben (31 vor bis 14 nach Christi Geburt). Aber selbst wenn nicht seiner Natur Vorsicht entsprochen hätte, die Iden des März mußten ihn schrecken, mußten ihn vor jedem Versuch warnen, die republikanischen Überlieferungen zu zerreißen. In solcher Lage tat er den Schritt, der wieder seine hohe Kunst der Menschenbehandlung verrät. Im Jahre 27 gab er alle seine Ausnahmebefugnisse an den Senat zurück und stellte damit staatsrechtlich die Republik wieder her. Und jetzt geschah, was der Kenner der Menschen und seiner Zeit vorausberechnet und gewollt hatte: der Senat, auf das tiefste erschreckt von der Aussicht auf neue Anarchie, dazu müde geworden, mit der Tatsache der Monarchie allmählich versöhnt, durch die Ächtungen und Ermordungen der stärksten Rebellennaturen beraubt, bat den Erben Cäsars, das Werk fortzuführen und den Staat nicht zu verlassen. Damals war es, daß der Senat ihm den Namen *Augustus*, der Erhabene, verlieh.

Indem er sich hatte bitten lassen können, Alleinherrscher zu sein, erschien die Stellung des Monarchen als Ausdruck des Willens der Nation, ihre Ausübung als Pflichterfüllung gegenüber dem Staate. Der Machtwille des Einzelnen trat in den Hintergrund. Und in der vielschichtigen und nie ganz zu enträtselnden Persönlichkeit des Augustus war es wohl wirklich so, daß er in seinen Herrscherjahren immer mehr in die hohe Auffassung von seinem Amt hineinwuchs.

Aber er hütete sich, aus dem Anerbieten der höchsten Gewalt die letzten gefährlichen Folgerungen zu ziehen, die seinem Oheim den Tod gebracht hatten. Keinen anderen Titel wollte er als die republikanischen, und seine Macht beruhte staatsrechtlich nur auf der Häufung von republikanischen Ämtern: des Konsuls, des Prokonsuls mit der Befehlsgewalt in den Provinzen, des Imperators als obersten Feldherrn, vor allem aber des Volkstribunen. Aus seiner Hilfeverpflichtung gegenüber dem Bürger und aus seinem Einspruchsrecht konnte Augustus jede Möglichkeit herleiten, gesetzmäßig in den strengen Formen des Gesetzes Entscheidendes zu tun, etwa die ganze Verwaltung des Riesenreiches lahmzulegen. Aber er brauchte dieses Recht nie zu benutzen. Nicht nur seine Macht an der Spitze des Heeres, mehr noch sein weithin strahlendes Ansehen genügte, ihm die Befolgung aller seiner Wünsche zu sichern. Am liebsten ließ er sich als den *princeps*, den ersten Bürger des Senates und dann des Staates, bezeichnen. In diesem Titel verschmolz seine führende Stellung mit dem Respekt vor den Formen der Republik. Als Prinzipat ist die Verfassung des Augustus in die Geschichte eingegangen.

Er war der Herrscher, und er war es allein. Aber er war es immer in den Formen der Republik. Galt dem Senat der Schein so viel mehr als das Wesen, daß er sich jetzt mit der Monarchie abfand, obwohl in ihr die Freiheit doch auch verloren war, um derentwillen Cäsar hatte sterben müssen? Oder war der Senat durch den Tod seiner tatkräftigen Mitglieder so verängstigt, daß er sich aus Furcht mit einer Tatsache abfand, die ihm im Innersten zuwider war? In solchen Fragen liegen die tiefsten Probleme nicht nur des augusteischen Staatsaufbaues, sondern der Natur der Politik beschlossen. Der Historiker kann nur die Vollendung der Staatskunst bei Augustus, seinen Sinn für Maß, seinen Blick für das Wesentliche, seine Kenntnis des Menschen bewundern.

Seine Neuschöpfung des Staates wäre nicht möglich gewesen ohne das tiefe Ruhebedürfnis, das über der Bevölkerung des ganzen Reiches lag. So viele Bürgerkriege waren geführt, so viele Menschen getötet, so viele Landschaften verwüstet, die Ideen der Adelsherrschaft waren dabei ebenso ausgehöhlt worden wie die der Demokratie; nun wollten die Millionen nichts anderes mehr als die Möglichkeit, in Ruhe ihren Beschäftigungen nachzugehen. Der Kaiser gab dem Reiche den Frieden. Kein Bürgerkrieg, keine Schreckensherrschaft brauchten mehr den Bürger zu beunruhigen. Als Augustus einmal die Macht hatte, entledigte sein Wesen sich der Härte, die ihm so lange hatte dienen müssen. Keine Gestalt der Alten Welt hat sich im Laufe ihres Lebens so gewandelt wie die seine: Er hatte gewütet wie Marius und Sulla; als er Herrscher war, regierte er mit der Milde Cäsars.

Weil Ruhe geworden war, begann nun der wirtschaftliche Neuaufschwung des Reiches. Jetzt bewies auch Italien wieder, daß es arbeiten konnte. Wirtschaftliche Überlegungen, wohl auch der Einfluß der griechischen Philosophie milderten das Los der Sklaven. Ihre Zahl wurde ohnehin geringer, da es keine Kriege mehr gab und da der Kaiser die Provinzen schützte. Im ganzen Reiche wuchsen Sicherheit, Ordnung, Wohlstand, Lebensfreude. Dem Kaiser, dem „Heiland", dankte die überschwengliche Verehrung der Reichsbewohner.

Dem Senat gab der Kaiser nicht nur die Befriedigung, daß die alten republikanischen Formen erhalten blieben, sondern er zog ihn für die obersten Ämter heran, so daß die Senatoren in der Verwaltung, wenn auch unter der Oberherrschaft des Kaisers, die alte führende Stellung behielten. Dennoch war die republikanische Gesinnung nicht ganz erloschen. Sie klingt uns noch lange danach aus den Büchern des Tacitus entgegen, sie wirkte sich selbst unter Augustus in Verschwörungen aus. Die geheimen Zettelungen waren ein Beweis mehr für die staatsmännische Weisheit des Augustus. Nur dadurch, daß er die Empfindungen der Mehrheit so klug schonte, war es möglich, daß die Verschwörungen auf kleinere Kreise beschränkt blieben. Und immer größere Milde konnte der Kaiser sich in der Bestrafung erlauben. Die letzte besiegte er dadurch, daß er ihren Führer zum Konsul machte...

Es entsprach der Abkehr von den weit ausgreifenden Eroberungsplänen Cäsars und dem Wunsche des Kaisers, sein Volk zu schonen, daß er die Zahl der Soldaten herabsetzte. Neben die römischen Legionen, in denen anders als unter Cäsar die Italiker bevorzugt wurden, traten die barbarischen Hilfstruppen. Eine Entwicklung wurde fortgesetzt, die Cäsar begonnen hatte, als er sich gegen Vercingetorix keinen anderen Rat mehr gewußt hatte, als germanische Reiter heranzuholen.

Zur Bedeutungslosigkeit verdammt war die Volksversammlung, deren Wählerstimmen zu gewinnen nicht mehr notwendig erschien. Es war nur folgerichtig, daß der Nachfolger des Augustus ihr die letzten formalen Rechte der Beamtenwahl nahm und sie dem Senat übertrug. Die Kaiser gaben den Arbeitswilligen und Arbeitsfähigen Nahrung, den anderen wurde sie geschenkt. Für alle sorgten „Brot und Spiele", prächtige und oft blutige Schaustellungen, sie bei guter Laune zu erhalten. Dies also war aus der demokratischen und proletarischen Revolution geworden, die hundertfünfzig Jahre zuvor von den Gracchen eingeleitet worden war. Ihr Kampf mit dem Adel hatte zur Herrschaft des Einzelnen geführt. Aber was fruchtbar gewesen war in den gracchischen Gedanken, ihr sozialer Inhalt, war verwirklicht worden, soweit er zu verwirklichen war.

Als Vertreter des römischen Nationalgefühls hatte Augustus den Antonius besiegt, als Verkörperung dieses Empfindens regierte er auch. Er war immer für das Reich da, aber zeigte zugleich dem tatkräftigsten und selbstbewußtesten Reichsteil, daß er mit ihm dachte und an seine Führungskräfte glaubte. Das Bürgerrecht verlieh er sparsamer als sein Oheim. Die von Cäsar in den Senat berufenen Emporkömmlinge, zumeist Nicht-Italiker, wurden von ihm mit sanftem Nachdruck bewogen, die erlesene Versammlung wieder zu verlassen. Der Wiedererweckung altrömischer Art galt auch seine Sittengesetzgebung gegen Ehebruch und Kinderlosigkeit, die Förderung des Kinderreichtums. Wer nicht verheiratet war, durfte die öffentlichen Spiele nicht besuchen, und seine Erbfähigkeit war beschränkt. Beamte mit Kindern wurden schneller befördert als Kinderlose. Dem erbitterten Widerstand der Ritter gegen die Ehegesetze setzte er seinen unbeugsamen Willen entgegen.

Altrömische Gesinnung durchdrang die Dichtung des augusteischen Zeitalters. Der eindringende griechische Geist hatte das Römertum nicht überfremdet, hatte es nur beweglicher, seine Sprache nur geschmeidiger und wohllautender gemacht, seine Phantasie auch auf die Kunst gelenkt. Zu Cäsars Zeiten hatte Catull die melancholische Süße seiner Liebe in seine Verse einströmen lassen. Cicero hatte in Schriften und Reden ein weithin hallendes Pathos entwickelt, dessen letzte Nachklänge wir in der Nationalversammlung der Französischen Revolution wiederfinden. Unter Augustus gelang Vergil die Verdichtung des römischen Nationalgefühls und des römischen Machtbewußtseins. Horaz feierte die männlichen Tugenden der Unerschütterlichkeit und des Kampfes für die feste Rechtsordnung. Livius entwarf in seiner römischen Geschichte ein verklärtes Bild des bäuerlichen Roms. Auch Properz dichtete römische Sagen neu, Ovids Neigung galt vor allem dem anmutigen Bericht von menschlich fesselnden Sagen.

Wenn so Augustus das Selbstbewußtsein der Römer stärkte und die Romanisierung der westlichen Provinzen weitertrieb, so mußte er den Osten geistig ganz dem Hellenismus überlassen. Und ganz konnte und wollte nicht einmal Augustus der Einwirkung hellenistischer Vorstellungen in den Westen steuern. Es war eine sachliche Notwendigkeit, die mit dem Wesen der Alleinherrschaft und der Ablösung der Adelsherrschaft zusammenhing, daß der größte Teil der Verwaltung nun von selbstbesoldeten und fest angestellten Beamten versehen wurde. Die Regierung Roms und der Provinzen durch die paar Hundert wechselnden ehrenamtlich tätigen Senatoren hatte zu jenem Chaos geführt, in dem die Republik untergegangen war. Und einem tiefen geistigen Bedürfnis entsprach die Verehrung des Monarchen nach hellenistischem Vorbild. Cäsars kühner Geist hatte die Jahrhunderte überspringen wollen und vorweggenommen, was erst später möglich war. Augustus war behutsamer, aber auch er veranlaßte nun, daß Cäsar nach seinem Tode zum Gott erklärt wurde, und er duldete, daß bei seinem eigenen Genius vor Gericht geschworen wurde. Das war noch nicht das hellenistische Gottkönigtum, aber die erste Annäherung an die orientalische Vorstellung war vollzogen.

Arminius

In der auswärtigen Politik versuchte Augustus zunächst den Weg fortzusetzen, den sein Adoptivvater eingeschlagen hatte, die Reichsgrenzen nach der Eroberung Galliens im Norden abzurunden. Alle Kelten und wenigstens die Westgermanen sollten in das Reich einbezogen, March und Elbe sollten die Grenze werden. Und wirklich gelang es seinen beiden Stiefsöhnen Tiberius und Drusus, die Alpenländer, Ungarn (Pannonien) und Süddeutschland bis zur Donau dem Reiche einzuverleiben.

Der Versuch zur Unterwerfung der Germanen scheiterte. Drusus war schon bis zur Elbe gelangt, aber das Gebiet war nur durchzogen, wurde noch nicht in vollem Maße als Provinz verwaltet. Als der Statthalter Varus damit begann und dabei die germanischen Sitten und das germanische Freiheitsgefühl erbitterte, erwuchs ihm in dem Cheruskerfürsten Arminius ein überlegener Gegner. Den germanischen Namen des Römerbesiegers kennen wir nicht, den Namen Arminius hatte er angenommen, als er wie viele Germanen im römischen Heere diente und dabei den Rang eines Ritters erhielt. Ihm gelang es, einen Bund mehrerer Stämme zu bilden, in kleinerem Maßstabe also zu vollbringen, was Vercingetorix zwei Menschenalter vorher in Gallien geschaffen hatte. Und er war glücklicher als Vercingetorix, weil ihm kein Cäsar gegenüberstand. Er gebrauchte Varus gegenüber die überlieferte Waffe des Schwächeren, die Verstellung und List, lockte ihn tief in unwegsame Gebiete, überfiel ihn dann im Teutoburger Wald mit seinen überlegenen und wegekundigen Scharen und hieb die drei Legionen des Varus zusammen (9 nach Christi Geburt).

In Rom herrschten Schrecken und Bestürzung. Man sah bereits die Zeit des Marius wiederkommen. Doch die Germanen dachten nicht daran, den Rhein zu überschreiten oder gar nach Italien vorzudringen. Der Eindruck eines neuen Cannae blieb dennoch tief und bleibend, auch bei den Kaisern. Der Nachfolger des Augustus entsandte noch seinen Verwandten, den Germanicus, zu Zügen durch das Land, aber nur, um den Völkern zu zeigen, daß Roms Macht ungebrochen sei. In Wirklichkeit verzichtete er auf die Unterwerfung der Stämme zwischen Rhein, Donau und Elbe. Die Erinnerung an die Niederlage mag dafür ebenso bestimmend gewesen sein wie das Testament des Augustus, das empfohlen hatte, Rhein, Donau und Euphrat als Grenze festzusetzen.

Erst durch diesen Verzicht ist die Schlacht im Teutoburger Walde zu einem weltgeschichtlichen Ereignis geworden. Die Niederlage

Ariovists durch Cäsar hatte es verhindert, daß Gallien germanisch wurde, der Sieg des Arminius verhinderte es, daß Westgermanien römisch wurde. Die Westgermanen blieben staatlich frei, und sie konnten ihre nationale Eigenart erhalten. Ohne die Westgermanen wäre es später kaum gelungen, das römische Reich zu zertrümmern, und auf die Westgermanen gründete sich später die Staatwerdung der Deutschen. Wie Cäsar gehörte daher auch Arminius zu den Gestalten, die erst die mittelalterliche Welt ermöglicht haben, mag sie auch erst Jahrhunderte nach seinem Tode heraufgekommen sein.

Im Osten begnügte sich Augustus mit dem Euphrat als Grenze. In Verhandlungen erreichte er es, daß die Parther die bei Karrhai erbeuteten Feldzeichen des Crassus zurückgaben. So durfte Augustus pomphaft verkünden, daß die Niederlage gerächt sei. Sein nüchterner Wirklichkeitssinn aber setzte auch hier dem Ausdehnungsdrang des Reiches eine Grenze. Er sah, daß die Kräfte des Reiches überspannt worden waren, daß sie eine Zeit der Ruhe brauchten. Seine staatlichen Überlegungen verbanden sich mit seiner eigenen unkriegerischen Natur. Die Zeit der *Pax Augusta*, des Großen Friedens, brach an.

Tiberius

Als Augustus gestorben war, hätte nach dem geltenden Staatsrecht jeder Senator Princeps werden können. Aber der dynastische Gedanke war mächtig geworden. Er hatte sich bereits in der Erhebung von Cäsars Adoptivsohn ausgedrückt, er verband sich aber auch mit der noch immer lebendigen altrömischen Vorstellung, daß ein großes Geschlecht ein Recht auf die einmal errungene Stellung im Staate habe. So wurde jetzt Tiberius Kaiser. Er war aus dem fürstengleichen Hause der Claudier, Stiefsohn und Adoptivsohn des Augustus. Tiberius war edel und fähig, er opferte sich für den Staat, er hatte bedeutende Gaben als Feldherr gezeigt und bewies sie jetzt als Staatsmann. Die weise und gerecht verwalteten Provinzen erlebten unter ihm eine großartige Blüte, die Staatskasse wurde durch die sparsame Politik des Kaisers gefüllt. Mit ihrer Hilfe konnte er in Zeiten wirtschaftlicher Krisen helfend und fördernd eingreifen.

Aber er hatte die Begabung nicht, die Menschen zu gewinnen. Jahrzehnte der Demütigung, der Zurücksetzung, der Schande in der eigenen Familie hatten sein Gemüt verdüstert, die angeborene Schwere seines Wesens verstärkt und ihn gelehrt, den Menschen zu mißtrauen. Er zog die Senatoren noch mehr zur Regierung heran als Augustus, aber es gelang ihm nicht, ihr wirkliches Vertrauen zu gewinnen. Es blieb eine persönliche Abneigung gegen ihn, die sich mit der noch nicht völlig erloschenen republikanischen Erinnerung verschmolz. Sie war gerade deshalb so verhängnisvoll, weil sie nie offen hervortrat, sondern sich hinter niedrigen Schmeicheleien verbarg. So wurde das Mißtrauen des Kaisers wachgerufen, so glaubte Tiberius, gegen angebliche Verschwörungen mit Majestätsprozessen und Hinrichtungen vorgehen zu sollen.

In Bitterkeit und Menschenfeindschaft zog er sich nach Capri zurück und überließ die Regierung dem Befehlshaber der kaiserlichen Garde, Sejanus. Dieser aber, ein Mann von brennendem Ehrgeiz, suchte für sich oder seine Familie den Kaiserthron zu gewinnen und wütete nun unter dem Vorwand, Verschwörungen niederschlagen zu müssen, nicht nur unter dem Senat, sondern auch unter der kaiserlichen Familie. Spät erst entdeckte Tiberius den ungeheuren Betrug und ließ Sejanus hinrichten. Aber er zeigte sich auch jetzt nicht mehr in Rom. In grenzenloser innerer Vereinsamung ist er gestorben.

Jesus

Unter Tiberius' Regierung geschah im fernen Jerusalem ein Ereignis, von dem stärkere Wirkungen auf die Menschheit ausgingen als von allen Kaisern. Jehoschua von Nazareth, den wir auf dem Umweg der griechischen und lateinischen Namensgebung als Jesus kennen, wurde während der Statthalterschaft des Pontius Pilatus gekreuzigt.

Wir wissen heute, daß im Mittelalter sein Geburtsdatum falsch berechnet worden ist; Jesus wurde wahrscheinlich sechs oder sieben Jahre vor unserer Zeitrechnung geboren. Er zog durch die jüdischen Lande, lehrte die Notwendigkeit der Erneuerung des Herzens und der Vorbereitung für das kommende Gottesreich und verkündete seinen eigenen Tod wie seine Wiederkehr. Ein Teil der Juden begann in ihm den Messias, den Gesalbten (griechisch *Christos*, lateinisch *Christus*) zu sehen, der sie von dem römischen Joch befreien und das Reich Davids wiederbringen werde. Als sie begriffen, daß das Reich Jesu nicht von dieser Welt war, fühlten sie sich in ihren Hoffnungen getäuscht. Ihre Führer, die in Jesus einen Ketzer sehen mußten, beschuldigten ihn bei Pilatus, den Aufstand gewollt zu haben, und Pilatus gab ihnen die Erlaubnis, das Todesurteil zu vollziehen. Aber Jesu Jünger verbreiteten die Gewißheit von seiner Auferstehung in Judäa. Paulus von Tharsos, zunächst ein bitterer Verfolger der jungen Gemeinde, bald ihr geistiger

Führer, trug dann die Lehre weit hinaus in die heidnischen Lande, bis in die Hauptstadt des römischen Reiches.

Der Kirchenvater Origines hat später entdeckt, wie sehr die Verbreitung der universalen Religion des Christentums abhängig war vom Bestehen des universalen Reiches. Es gab keine staatlichen Grenzen und dank dem Hellenismus keine nationalen Religionen mehr, die das Vordringen eines allumfassenden Glaubens gehindert hätten. Noch freilich gehörten zu den Bekennern der neuen Lehre vor allem Freigelassene und andere kleine Leute, die in der Religion allgemeiner Menschenliebe und der Fürsorge für die Mühseligen und Beladenen am ehesten den Zugang fanden.

Das Ende des julisch-claudischen Hauses

Der Nachfolger des Tiberius wurde einer der wenigen Überlebenden der julisch-claudischen Familie, Gaius Germanicus (37 – 41), der als Knabe bei seinem Aufenthalt im Kriegslager den Namen *Caligula*, Stiefelchen, erhalten hatte. Man könnte sagen, daß er sich vom Prinzipatsgedanken abkehrte und das hellenistische Gottkönigtum einführen wollte. Aber eine solche staatsrechtliche Begriffsbestimmung paßt nicht recht zu der Tatsache, daß Caligula geisteskrank war und daß sein „Cäsarenwahn“ wohl in Wirklichkeit eine Erkrankung des Gehirns war. Er ließ jeden ermorden, von dem er eine Beeinträchtigung seines Selbstgefühls befürchtete. Senatoren und Offiziere vereinigten sich, um Rom von diesem Scheusal zu befreien.

Nach seiner Schreckensregierung wurden im Senat die republikanischen Erinnerungen wieder lebendig, die nie ganz untergegangen waren. Aber ehe der Senat sich zu einem Entschluß aufraffen konnte, griff die Garde ein. Sie konnte sich ein Reich ohne Kaiser nicht vorstellen, sie brauchte auch selber einen Kaiser, wie der Kaiser sie brauchte. So holte sie aus seinem abgeschiedenen Gelehrtendasein ein Mitglied der kaiserlichen Familie, den Claudius, und machte ihn zum Kaiser (41–54). Der Senat wagte keine Weigerung. Die Entartung der Militärmonarchie wurde sichtbar. Cäsar hatte mit Hilfe des Heeres seine Herrschaft begründet, jetzt begründete das Heer durch seinen vornehmsten Truppenteil eine neue Kaiserherrschaft.

Unter Claudius wurde das Reich vortrefflich regiert, und zwar durch die Freigelassenen des Kaisers, die die obersten Ämter bekleideten. Hier setzte sich die Entwicklung der Verwaltungsorganisation durch

Berufsbeamte fort, wie Augustus sie geschaffen hatte. Die innere Verwaltung war den großen Vorbildern Augustus und Tiberius würdig. Mauretanien und Süd-Britannien wurden Provinzen. Aber in seinem engeren Umkreis war Claudius weltfremd und wollte die Schande nicht sehen, die seine sittenlose Gemahlin Messalina auf ihn häufte. Als man ihm die Augen öffnete, ließ er sie töten. Er heiratete dann Agrippina, eine Enkelin des Feldherrn aus der augusteischen Zeit. Nach einer freilich umstrittenen Überlieferung ließ sie ihn ermorden, um ihren Sohn Nero aus erster Ehe, den Claudius an Kindes Statt angenommen hatte, auf den Thron zu bringen.

Nero (54 – 68) war zunächst noch zu jung, als daß er selber hätte regieren können. Für ihn führten der Philosoph Seneca und der Gardepräfekt Burrus die Regierung. Gerechtigkeit und Ordnung herrschten überall. Aber als Nero älter wurde, erwachten böse Instinkte in ihm, Verschwendungssucht, Grausamkeit, Verfolgungswahn. Bald schien ein zweiter Caligula zu regieren. Er verfolgte alle tatsächlichen und eingebildeten Gegner im Senat, auch Seneca und selbst Agrippina mußten fallen. Der guten Gesellschaft Roms war es noch anstößiger, daß er auch als Schauspieler und Sänger auftrat, sich also zu Menschen hielt, die damals verachtet wurden.

Unter Nero vernichtete im Jahre 64 ein Brand große Teile der Stadt Rom fast völlig. Der Kaiser ließ sie prächtiger aufbauen, als sie zuvor gewesen war; er setzte damit das Werk Cäsars und Augustus' fort, wie dann später die anderen Kaiser sein Werk fortgesetzt haben. In den machtvollen Bauwerken der kaiserlichen Zeit mit dem bezeichnendsten Merkmal des weitgespannten, mächtig aufstrebenden Bogens verkörperte sich noch einmal das kraftvolle Römertum.

Auf Nero aber fiel der Verdacht, er habe die Stadt anzünden lassen, um seine Baugelüste zu befriedigen. Ihm zu begegnen, beschuldigte er die junge römische Christengemeinde der Brandstiftung und überlieferte viele dem Tode. Diese erste Christenverfolgung war gleichsam zufälliger Art, ihr lag noch nicht der systematische Vernichtungswille der späteren Kaiser zugrunde.

Aus der Empörung über Neros unwürdiges Leben entzündete sich ein Aufstand, der seiner Regierung ein Ende machte. Er ließ sich durch einen Sklaven töten. In den folgenden Wirren versuchten nacheinander die Feldherren Galba, Otho und Vitellius, die Herrschaft an sich zu reißen, kamen aber dabei um. Das syrische Heer erhob seinen Feldherrn Flavianus Vespasianus, dessen kraftvoller Art es gelang, sich durchzusetzen (69 – 79).

Die Flavier

Es waren jetzt etwa hundert Jahre her, daß Augustus den Staat neu begründet hatte, und es mochte scheinen, daß die Zeit des Prinzipats schon wieder zu Ende sei. Unter dem Schöpfer hatte die neue Staatsform ein volles Leben gehabt, aber dann war es zu schweren Auseinandersetzungen gekommen, die ihren Bestand in Frage stellten. Es liegt im Wesen einer Doppelherrschaft, wie Augustus sie begründet hatte, daß jeder der beiden Partner seinen Machtbereich auf Kosten des anderen auszudehnen sucht. Der Senat hatte dazu freilich nur gelegentlich Ansätze gemacht; die Entschiedenheit seines Herrschaftsstrebens war bereits gebrochen. Das lag zum Teil daran, daß die alten Geschlechter bis auf geringe Reste ausgestorben waren. Kriege, Bürgerkriege, Ächtungen, Majestätsprozesse hatten ganze Familien hingerafft. In dieser wie in jeder Spätform der Zivilisation wollten die Menschen das Leben selber genießen und scheuten die Mühe und Kosten der Kindererziehung. Die Ehegesetze des Augustus hatten gerade bei den Reichen am wenigsten genützt. Die neuen Adligen aber, die von den Kaisern in den Senat gebracht waren, hatten ihr Mannesalter alle schon in der kaiserlichen Zeit erlebt und kannten die Republik fast nur noch vom Hörensagen. Gewiß gab es immer noch eine republikanische Unterströmung, aber sie reichte nicht mehr aus, die Republik mit aller Kraft zu erstreben. Dieser Wille war bereits bei der Thronbesteigung des Augustus geschwächt. Wenn der Senat sich jetzt noch aufraffte, so geschah es wegen der Unwürdigkeit einzelner Kaiser. Die Republik wiederherzustellen hat er nur bei Caligulas Tode und auch da nur zögernd und schwach unternommen.

Die Kaiser dagegen hatten wiederholt versucht, ihre Macht als unumschränkt zu begründen und den Senat zur völligen Knechtschaft herabzuwürdigen. Aber der gesunde Sinn des Vespasian begriff sehr wohl, daß gerade in diesen Übergriffen der Kaiser eine Ursache für die unaufhörliche Unruhe der letzten Jahrzehnte gelegen hatte. So kehrte er zu den Bahnen des Augustus zurück, dessen Werk damit seine volle Lebenskraft bewies. Vespasian leitete einen Abschnitt neuer Zusammenarbeit des Monarchen mit dem Senat ein. In ihrem Verlauf freilich sank der Senat mehr und mehr in ein Schattendasein zurück. Das war unvermeidlich, so wie der Gang der Geschichte schon seit den Gracchen oder sogar seit dem älteren Scipio gewesen war. Aber dadurch, daß der Senat nur allmählich und gleichsam unmerklich in die Bedeutungslosigkeit zurücktrat, wurden dem Reiche Erregungen und Wirren erspart. Den Kaisern war es möglich, noch einmal eine hundertjährige Zeit des Friedens und des Aufschwungs herbeizuführen.

Übrigens waren auch die dramatischen Vorgänge der Kämpfe im ersten nachchristlichen Jahrhundert immer auf den kaiserlichen Hof und die obersten Schichten, also auf einen schmalen Kreis von Menschen beschränkt gewesen. Die künstlerische Kraft des Cornelius Tacitus verführt leicht dazu, in diesen Auseinandersetzungen den wichtigsten Inhalt jener Zeit zu sehen. Aber das Volk wurde in seiner täglichen Arbeit und seinem täglichen Leben davon nicht berührt. Das war vor allem das Verdienst der musterhaften Verwaltung, die Augustus begründet und Claudius fortgeführt hatte und die auch unter verächtlichen Kreaturen wie Caligula und Nero ihr Werk unbeirrt fortsetzte. Hieran knüpfte Vespasian an. Den Senat formte Vespasianus weiter um, indem er in großer Zahl keltische Adelige aus Gallien und Spanien hineinberief. Er wurde aus einer stadtrömischen Vertretung immer mehr zum Reichsparlament.

Während seiner Regierung mußte er einen Aufstand der Juden bekämpfen. Sein Sohn Titus eroberte im Jahre 70 Jerusalem und zerstörte die Stadt. Damit hatte das Judenchristentum seine landschaftliche Grundlage verloren. Erst von der Zerstörung Jerusalems an begann der Aufstieg Roms als Mittelpunkt und Hauptstadt des Weltchristentums.

Titus (79 – 81), der dem Vater in der Regierung folgte, regierte milde wie er. Sein jüngerer Bruder Domitian (81 – 96) war viel bedeutender als Titus. Er erweiterte das Reich, nahm die Wetterau und das Zehntland zwischen Rhein und Donau und begann die Errichtung des Grenzwalls, des Limes. Im Innern begann er mit musterhafter Verwaltung. Aber auch ihn überwältigte die Ideenwelt der schrankenlosen Herrschaft. Der Senat sah sich beiseite geschoben, dazu verhöhnt. Domitian ließ sich *dominus ac deus*, „Herr und Gott" also, nennen. Wieder wie zu Cäsars Zeiten schien das hellenistische Gottkönigtum zu triumphieren. Aber wieder unterschätzte der Herrscher die Macht der Überlieferung. Als er Widerstand spürte, wurde er mißtrauisch und zum Gewaltherrscher. Sein Druck wurde unerträglich, einer Verschwörung fiel er zum Opfer.

Die Adoptivkaiser

An die Abschaffung der Monarchie dachte der Senat nicht mehr. Aber er hatte diesmal die Kraft, den Herrscher selber zu benennen, und bestimmte aus seiner Mitte den greisen Nerva (96 – 98). Es war die glücklichste Wahl, die er treffen konnte. Denn erst Nerva verwirklichte die ciceronisch-augusteischen Gedanken von der Herrschaft des Besten vollkommen. Augustus hatte sich bei der Auslese seiner Nachfolger noch von der alten römischen Überlieferung leiten lassen, ein großes Geschlecht habe Anspruch auf die einmal errungene Stellung. Jetzt führte Nerva den Gedanken des Prinzipats unter dem geistigen Einfluß der Griechen zu Ende. Nicht mehr die Empfehlung durch die Vererbung, durch das Blut der Fürstenfamilien, sollte gelten; sie hatte sich als trügerisch erwiesen. Der Kaiser wählte jetzt den Besten aus den bewährten Männern des Staates aus, indem er ihn an Kindes Statt annahm und zu seinem Nachfolger machte. Die Zeit der Adoptivkaiser hob an.

Die Erbfolge, die hier waltete, gehört in der Geschichte der Monarchie zu den großen Ausnahmen. Alles staatstheoretische Vernünfteln muß vor den großen Gestalten verstummen, die Rom in diesem Zeitalter geführt haben. Unter ihnen erlebte das Reich noch einmal eine Zeit der Sicherheit und Gerechtigkeit. Gibbon hat vor fast zweihundert Jahren die Zeit der späteren Adoptivkaiser die glücklichste der Menschheit genannt, und diese Einsicht hat sich immer dem forschenden Auge bestätigt. Zusammen mit der Epoche des bäuerlichen Roms und der augusteischen Zeit zählt dieses Jahrhundert zu den größten Zeitaltern Roms, groß nicht im Sinne der Ausdehnung, sondern der Wohlfahrt, der Gerechtigkeit, der Sauberkeit der Verwaltung, des Friedens innerhalb des Reichsgebiets.

In ihnen vollendete sich die Verschmelzung des griechischen Geistes mit dem Römertum. Keine adeligere Gestalt bisher hatte die stoische Philosophie des Zenon so völlig ergriffen. Dem Schicksal sich nicht zu beugen, ihm aufrecht entgegenzugehen, seine Pflicht als Herrscher und als erster Bürger des Staates auch dann zu tun, wenn die Widrigkeiten einen zu übermannen drohen, solche hohe Auffassung vom Herrscheramt wurde jetzt ein Jahrhundert lang vorgelebt. Damit aber konnten die Adoptivkaiser auch das Große im Römertum wiederbeleben, die männliche Tatkraft, die Entschlossenheit des Willens.

Aber die tragische Doppelheit, die uns schon bei der Erscheinung des Perikles beschäftigt hat und die sich dem Betrachter der Geschichte immer wieder aufdrängt, die sich etwa noch aus der Ottonischen oder der Bismarckschen Reichsschöpfung erhebt, dieses Nebeneinander von lichten und düsteren Farben gibt auch der Regierung der Adoptivkaiser ihr Gepräge. Sie haben daran mitgewirkt, Italien wehrlos zu machen und die soziale Ordnung unter das Joch des Staates zu bringen.

Ihre Zeitgenossen haben die gefährlichen Folgen kaum zu spüren bekommen; die Enkel hatten Furchtbares darunter zu leiden.

Der Adoptivsohn Nervas war Trajan, ein spanischer General. So weit war die Romanisierung der Provinzen schon fortgeschritten, daß er wie ein echter Nachfahre einer der großen römischen Adelsfamilien erscheint. Er ließ dem Senat seine Ehrenrechte, gewann sich überall Zuneigung und Achtung und verwaltete musterhaft. Trajan war der letzte Mehrer des Reiches nach außen. Dacien (Rumänien) wurde wegen seines Goldes einverleibt, die Bedrohung durch den Gegner im Osten wurde im Angriff abgewehrt. So wurden den Parthern das Zweistromland und Arabien genommen und der Schutzstaat Armenien zur Provinz gemacht. Aber mit seinen Kriegen wuchsen auch der Steuerdruck und die militärischen Anforderungen an die Völker.

Vielleicht spürte Trajan selbst, daß er die Kräfte des Reiches überspannt hatte. Auf dem Totenbett ernannte er zum Nachfolger keinen seiner Feldherren, sondern Hadrian, der bisher im Staatsleben nicht hervorgetreten war. Eine der fesselndsten Gestalten auf dem Kaiserthron tritt uns mit ihm entgegen. Hadrian war hochbegabt und aller Bildung seines Zeitalters voll, in vielen Künsten und Wissenschaften sich versuchend und doch wieder von dem quälenden Bewußtsein erfüllt, daß er in keiner genüge, nach dem Edlen strebend, ewig zerrissen und verdüstert und doch immer wieder seine Stimmungen unter das Gebot der staatsmännischen Pflicht beugend.

In der Außenpolitik wich er völlig von der Bahn seines Vorgängers ab. An die Stelle des Angriffs trat die Verteidigung. Er wollte der erschöpften Bürgerschaft die Möglichkeit zur wirtschaftlichen Erholung zurückgeben, er glaubte auch an den kommenden ewigen Frieden. Zur Erbitterung der Feldherren Trajans gab er das Zweistromland und Armenien wieder auf und hätte wohl auch auf Dacien verzichtet, wenn nicht hier der Widerspruch der soldatischen Führer zu heftig gewesen wäre. Das Heer stellte er an den Grenzen hinter den befestigten Linien auf, ohne daß es über strategische Reserven verfügt hätte.

Mochte er mit seinem Rückzug aus dem Zweistromland nur einen Sinn für außenpolitisches Maß und für heilsame Beschränkung bekunden, so taten sich doch Gefahren in der wehrpolitischen Beschränkung auf, die sein Wille herbeiführte. Er setzte den Weg fort, den Augustus beschritten hatte, verminderte das Heer und hob immer mehr barbarische Grenzbewohner aus. Die Zahl der Italiker im Heer ging weiter zurück. Die der Staatsgesinnung und dem Blute nach die Hauptträger der Reichsidee hätten sein müssen, gewöhnten sich daran, sich von anderen verteidigen zu lassen. Den Zeitgenossen Hadrians ist die Drohung für das Reich und für Rom, die in dieser Entwicklung lag, kaum zum Bewußtsein gekommen; wir glauben heute zu sehen, daß sie lebensgefährlich war.

Antoninus Pius (138 – 161) und Marcus Aurelius (161 – 180) arbeiteten in der inneren Verwaltung zum Wohl der Bürger, aber Marcus Aurelius sah sich sehr gegen seinen Willen in unaufhörliche Kriege verwickelt. Die Parther rannten im Osten an. Mit äußerster Mühe konnte ihnen Halt geboten werden, aber die siegreichen Heere schleppten in das Reich und nach Italien einen furchtbaren Begleiter ein, die Pest. Von der Donau aus stießen die germanischen Markomannen und Quaden vor, überrannten die schwachen Grenzbesatzungen und konnten erst bei Aquileja, also in der Nähe von Venedig, zum Stehen gebracht werden. Die Kriege hatten die militärischen Schwächen des Reiches gezeigt, zusammen mit der Pest die Bevölkerung geschwächt und den Kaiser gezwungen, die Wirtschaft zu belasten.

Mit dem Tode des Marcus Aurelius war die Zeit der Adoptivkaiser zu Ende. Zeit seines Lebens hatte er sich selber bezwungen um des Staates willen; die Kraft, die natürliche Liebe zu seinem Sohn um seiner höheren Pflichten willen zu unterdrücken, besaß er nicht. Er brach mit der Sitte der Übergabe des Staates an den Besten und Würdigsten und hinterließ das Erbe der Regierung seinem Sohn Commodus. Der Grundsatz der Vererbung des Thrones innerhalb einer Familie schien wiederhergestellt.

Damit war die Zeit der Adoptivkaiser, aber auch die des Prinzipats zu Ende. Immer mehr war aus der Doppelherrschaft, wie sie Augustus zu begründen versucht hatte, der aufgeklärte Absolutismus geworden. Die Nachfolger des Marcus Aurelius zeigten dem Senat mit roher Deutlichkeit, daß seine Mitherrscherrolle zu Ende war.

Die zwei Jahrhunderte des Prinzipats hatten Großes für das Reich geleistet. Wenn es wahr ist, daß die Aufgabe des Staates vor allem darin besteht, der Kultur, der Gerechtigkeit und der Wohlfahrt der Bürger zu dienen, so hatte er im ganzen seine Aufgabe gelöst. Die höherstehende lateinische Kultur im Westen, die griechische im Osten waren in weite Bevölkerungsschichten eingedrungen. Wie es dem Wesen der Alten Welt entsprach, drückte sich die Ausbreitung der Kultur in der immer größeren Zahl der Städte und ihrem Aufblühen aus. An der Spitze stand die Millionenstadt Rom. Und im ganzen Weltreich war Friede, ein unerhörter Vorgang in der Geschichte der Alten Welt. Die Kriege berührten nur die Grenzbevölkerung, Einfälle wie der der Markomannen in das Innere des Reiches waren Ausnahmen.

Unter Marcus Aurelius pries Aristeides von Smyrna die Anmut und Schönheit, die man überall treffe, die geschäftigen Häfen, die Fülle der Gymnasien, Wasserleitungen, Bäder, Schulen in den Städten. Und wenig später war der Kirchenvater Tertullian voll des Rühmens über die lachenden Kulturen, die an Stelle der Einöden entstanden waren, des blühenden Lebens, der überall herrschenden Ordnung.

Aber daneben hatten sich auch Gefahren erhoben. Die Italiker, aber auch die Reichen und Gebildeten in den Provinzen hatten sich in den Zeiten der *Pax Romana*, des Römischen Friedens, dem Gedanken entwöhnt, daß man den Staat, seine Familie, seine eigene Zukunft mit den Waffen verteidigen müsse. Ein Kaiser wie Hadrian hatte sie darin noch bestärkt. Das Heer war zu einer lang dienenden Soldtruppe aus der Grenzbevölkerung geworden, und zwar aus Landarbeitern, aus Proletariern, die, anders als die arbeitenden Schichten der neueren Zeit, keinen Anschluß an die Kulturentwicklung gefunden hatten. Sie waren Analphabeten und blickten auf die reicheren Städter und die Römer mit Haß. Noch herrschte die römische Zucht in diesen Truppen; aber wehe, wenn der herrschende und beherrschende Geist fehlte, der sie auszuüben verstand!

Die andere Gefahr erwuchs aus Veränderungen im Sozialgefüge. Der aufgeklärte Absolutismus der Adoptivkaiser widerstand sowenig wie der aufgeklärte Absolutismus des achtzehnten Jahrhunderts der Versuchung, die Bürger zu bevormunden. Zwangsinnungen traten in den Städten an die Stelle der freien Zusammenschlüsse, in den Städten begannen seit Trajan kaiserliche Kommissare, die Steuereintreibung zu überwachen und damit die städtischen Freiheiten zu gefährden. Und gegen das Ende des Zeitalters begannen die geistigen Einflüsse aus dem Osten, auch die Verwaltung der römischen Überlieferung zu entfremden. Mit dem Stoizismus kam nach Rom die Überzeugung, so wie der Herrscher dem Staate dienen müsse, so müsse es auch der Bürger. Aber was bei den Kaisern freiwillig übernommen und dadurch geadelte Pflicht war, wurde bei den Bürgern durch staatlichen Druck erzwungen. So wurden sie Untertanen. Und dazu drang aus Ägypten das Vorbild der Liturgien ein. Dort war es üblich, daß die Bevölkerung dem Staate durch Arbeiten diente, die Liturgien genannt wurden. Jetzt übernahm das Reich die Sitte, und bei den zahlreichen Transporten mußte die Bevölkerung Brücken, Straßen, Mauern bauen. Der Zwangsstaat wurde sichtbar.

Die Soldatenkaiser

Die Adoptivkaiser hatten ihren Nachfolgern Großes hinterlassen, das wie alles Bedeutende in der Geschichte auch gefährdet war. Die entscheidende Frage lag darin, ob es anderen Kaisern gelingen würde, aus dem gleichen Geiste der Aufopferung für das Gemeinwesen das Erbe zu bewahren und die Gefahren zu bannen, die freien Kräfte der Römer und der anderen Völker also wieder zu entbinden.

Das Schicksal hat keine Antwort darauf gegeben, ob es noch möglich war, diese wahrhaft kaiserliche Aufgabe zu erfüllen. Denn Marcus Aurelius hatte den unwürdigsten Sohn und Nachfolger. Mit ihm begann das Verhängnis, denn nun brachen die Dämme, die bisher noch die Gefahren zurückgehalten hatten.

Commodus (180 – 192) war ein geistiger Nachfahre der Caligula und Nero, wilden Ausschweifungen ergeben, in einem unvergorenen Gemisch hellenistischer Einflüsse, krankhaften Selbstgefühls und Verfolgungswahns ein absolutistischer Herrscher, der sich für einen Gott hielt. Um Herakles zu spielen, ließ er Krüppel als Giganten ausstaffieren und erschlug sie mit einem Knüppel. Als er so tief sank, daß er eine Nacht in einer Kaserne der verachteten Gladiatoren zubringen wollte, und als er dabei sein Wüten gegen hohe Beamte fortsetzte, wurde er auf Befehl seiner Umgebung, die seine Schande nicht länger ertragen konnte, von einem Ringer erwürgt.

Und jetzt zeigte es sich, wer der wirkliche Herr im Staate geworden war. Nach dem allzu kurzen Zwischenspiel des edlen, bald von seinen eigenen Truppen ermordeten Pertinax bestimmten die barbarischen, dem Römertum feindlichen Scharen, die das Heer bildeten, einen der Ihren zum Kaiser. Mit Septimius Severus bestieg der erste Semit den Kaiserthron. Er war Phoiniker, also aus dem Volke Hannibals, aus dem nordafrikanischen *Leptis magnis*.

Damit begann die Zeit der Soldatenkaiser. Die Truppen, voll berstenden Selbstgefühls, ohne die Bindungen des Patriotismus oder der überlieferten Sitte, von keinem anderen Willen erfüllt als von der Lust, sich zu bereichern, und der Wut gegen alle höhere Bildung, erhoben einen General nach dem anderen, mit keinem anderen Ziel, als höheren Sold zu erlangen und die Bevölkerung zu drangsalieren und auszuplündern. Oft fiel die Wahl auf unwürdige, oft genug aber auch auf bedeutende Männer, die von dem tatkräftigen Verlangen erfüllt waren, dem Vaterlande zu dienen, die Ordnung, den Frieden wiederherzustellen. Es waren viele Männer von eisernem Willen und menschlicher Größe dabei. Es war doch alles vergebens. Fast immer, wenn die Truppen einen spürten, der sie an ihre Pflichten gemahnte, fielen die Kaiser einer Verschwörung oder einem Gegner im Bürgerkrieg zum Opfer.

Die inneren Wirren waren um so gefährlicher, als die Bedrohung von außen stieg. Bei den Germanen schlossen sich die Stämme zusammen, vornehmlich Franken, Sachsen, Alemannen und Goten, die nun mit größerer Wucht als bisher das Reich berannten. Im Osten wurde 224 im Partherreich das Geschlecht der Arsakiden gestürzt, und die Sassaniden begründeten von der alten Landschaft des Kyros her das Neupersische Reich, das von ungleich größerer Lebenskraft noch als das Parthische Reich erfüllt war, den Vorrang Roms nicht mehr anerkannte, selber den Ehrgeiz zu einer neuen Reichsbildung im Osten hatte und nun ständig die Grenzen beunruhigte.

Septimius Severus (193–211) begann als theoretischer Verfechter des Prinzipats und endete als Despot; sei es, daß diese Regierungsform seinen Neigungen entsprach, sei es, daß er in der drangvollen Zeit kein anderes Mittel der Herrschaft mehr sah. Seinen Söhnen hinterließ er die Mahnung, die Soldaten gut zu bezahlen und sich sonst um nichts zu kümmern. Er starb in Eburacum (York in England). Sein Sohn Caracalla, dem sein Vater den Namen Antoninus gegeben hatte, verlieh 212 in der *Constitutio Antoniniana* allen Reichsbewohnern das Bürgerrecht. Das Ende der Sonderstellung Roms war auch äußerlich bekundet. Die Soldaten verwöhnte er nach dem Wunsch des Vaters, gegenüber den oberen Ständen herrschte der Schrecken. Während dann eine Verwandte des Kaiserhauses, Julia Maesa, das Reich tatsächlich regierte, war dem Namen nach der vierzehnjährige Priester des syrischen Baal Elegabal Kaiser (218–222). Er schändete den Thron durch seine Ausschweifungen. Was noch an römischem Wesen lebendig war, mußte sich erniedrigt fühlen durch den Anblick des Kaisers im Priestergewande des syrischen Gottes der rauschhaften Feste.

Wen soll man aus der Reihe von Dutzenden von Kaisern noch herausheben, die in diesem Jahrhundert regierten und zumeist eines gewaltsamen Todes starben? Dieses Reich brachte noch in seinem langsamen Sterben gewaltige Männer hervor, aber keinem war es beschieden, seinen staatsmännischen Willen ausreifen zu lassen. Und immer mehr traten die eigentlichen Römer hinter die Provinzialen zurück. Welch ein Symbol war es, daß der Häuptling eines Beduinenstammes, Philippus Arabs, 248 als Kaiser das tausendjährige Bestehen Roms feiern konnte! Sein Besieger im Bürgerkrieg, Decius (249–251), war von

Geburt ein Pannonier, der das alte Rom zu erneuern suchte, auch in seinem Glauben, und deshalb eine unbarmherzige Verfolgung der Christen begann. Gallienus (253–268) war eine so starke Persönlichkeit, daß er es sogar wagen konnte, die Disziplin im Heere wiederherzustellen. Er brach völlig mit dem überlieferten hadrianischen System der befestigten Linien. In beweglicher Verteidigung durch schnelle Truppenkörper von ausreichender Stärke sollte das Reich geschützt werden. Die stärkste dieser Armeen bestand nur aus Reitern und lag in Mailand, von wo aus sie am leichtesten zu bedrohten Stellen hin entsandt werden konnte. Und eine solche strategische Reserve war wahrlich nötig, denn während dieser ganzen Zeit waren die Barbarenvölker in unaufhörlich flutender Bewegung gegen die Grenzen des Reiches, sie überschwemmten sie und drangen oft tief ins Reich ein. Um 250 überschritten Alemannen und Franken den Limes und den Rhein, das Zehntland und Rätien gingen bald verloren, im Osten mußten die Römer Syrien den Parthern überlassen.

Gallienus fiel einer Verschwörung zum Opfer. In Aurelianus (270 bis 275), einem der vielen tüchtigen, freilich völlig ungebildeten Kaiser aus Illyrien, die in dieser Zeit den Kaiserthron zu Rom innehatten, erhielt das Reich noch einmal einen Wiederhersteller römischer Zucht im Heere. Mit den Goten konnte er Frieden schließen, aber nur dadurch, daß er ihnen Dacien gab. Die Alemannen konnte er schlagen, aber freilich erst in Italien. Die mächtige Mauer, mit der er Rom damals umzog, gibt eine Vorstellung davon, was man bereits für möglich hielt: daß die Barbaren wie zu Zeiten der Schlacht an der Allia die Reichshauptstadt belagern könnten. In dem Wirrwarr des Kampfes zwischen dem absterbenden alten Glauben und den neuen, aus dem Osten stammenden Religionen, versuchte er das Volk in der Verehrung des einzigen *Sol invictus*, des unbesiegten Sonnengottes, zu einen, die fleischgewordene Versinnlichung des Gottes sollte der Kaiser sein. Aber auch Aurelianus fiel unter den Schwertern seiner Umgebung.

Die Vollendung des Zwangsstaates

Die Entwicklungskette, die mit dem Tode des Marcus Aurelius begonnen hatte, erhielt dann einen gültigen Abschluß durch den Illyrer Diokles (284–305), den Sohn eines freigelassenen Sklaven, der sich Diocletianus nannte, um damit kundzutun, wie sehr er sich als Römer empfand, und das Römertum wiederherstellen wollte. In ihm lebte ein machtvolles Staatsgefühl, aber freilich in den roh vereinfachenden

Formen, wie sie der Zeit und seiner eigenen geistigen Einfachheit entsprach. Er war nicht kraftvoller und nicht tüchtiger als manche seiner Vorgänger auch, aber die Völker waren grenzenlos müde geworden und ließen sich nun jeden herrscherlichen Willen gefallen. So konnte er länger regieren als seine Vorgänger und wenigstens die Anfänge zu einem neuen Reichsbau schaffen.

Vom Prinzipat, von Teilung der Herrschaft zwischen dem Senat und dem besten Bürger, war nun keine Rede mehr. Der Dominat, der mit Commodus begonnen hatte, war voll ausgebildet. Als *domus*, als Herr, ließ sich Diocletianus anreden, er trug den purpurseidenen Mantel und das Königsdiadem und führte ein strenges Hofzeremoniell ein. Wer gewürdigt wurde, vor dem Kaiser zu erscheinen, mußte auf sein Antlitz fallen und den Saum des kaiserlichen Mantels küssen – ein für einen Römer von ehedem unvorstellbarer Gedanke. Diocletian selber sah in sich noch den Diener des Staates, aber er sah auch, daß eine solche Auffassung zu verwickelt war für die einfacheren Gehirne der Soldaten und der meisten seiner Untertanen. So umgab er sich um der Wirkung für den Staat willen mit dem Nimbus übernatürlichen Wesens.

Der Senat verwaltete nichts mehr, sondern nur noch die kaiserlichen Beamten, die Selbstverwaltung der Städte war endgültig zertrümmert. Der absolutistische Staat war vollendet; man hat in dem Staat Ludwigs des Vierzehnten die Nachwirkung Diocletians sehen wollen.

Zum Teil aus militärischen Notwendigkeiten teilte er die oberste Gewalt, so daß zwei ältere Augusti und zwei jüngere Cäsaren je einen Abschnitt des Reiches als Verteidigungsgebiet zugeteilt bekamen, damit über all den bedrohten Stellen die höchste Autorität die Truppen führe. Ihre Regierungshauptstädte mußten nahe der Grenzen sein; so Nicomedia in Asien, Sirmium (Mitroviza), Mailand und Trier in Europa. Die Stadt Rom wurde zwar noch nicht dem Namen, aber dem Wesen nach als Hauptstadt entthront, die Reichsteilung wurde vorbereitet.

Der Bedrängnis der Armen suchte Diocletianus zu steuern durch einen Erlaß, der Höchstpreise für die Waren festsetzte. Naturgemäß verschwanden sie nun auf dem Schwarzen Markt. Diocletian war im Zwangsstaat groß geworden und konnte nicht anders regieren als in diesen Formen. Sein Erlaß über die Höchstpreise ist nur der Ausdruck einer Gesinnung und einer Wirtschaftsform, die im letzten Jahrhundert den ganzen Staat durchdrungen hatten.

Die orientalische Auffassung vom System der Liturgien, von der Verpflichtung des Staatsbürgers zur Arbeit für den Staat, hatte sich immer weitere Zweige des gesellschaftlichen Lebens unterworfen. Sie war unter den Adoptivkaisern nach Rom gedrungen und hatte in den kriegerischen Stürmen des dritten Jahrhunderts gesiegt; Kriege fördern immer die Staatsallmacht. Auch das Steuerzahlen erschien bald als Liturgie. Die alten Steuerpachtgesellschaften waren aufgelöst, aber nun wurden die reicheren Bürger gezwungen, die Ämter der Gemeindeverordneten zu übernehmen, und sie wurden haftpflichtig gemacht für die Zahlung der Steuern der übrigen Gemeindemitglieder, mußten sie also ständig überwachen und bedrängen. Grundlage der Steuern war die Selbsteinschätzung des Einkommens, aber Sklaven oder Nachbarn wurden hinterher befragt, den Steuersünder trafen harte Strafen, es gab Folterungen, und um ihnen zu entgehen, gaben viele ihr Einkommen höher an, als es wirklich war. Und niemand konnte dem Amt des Kurialen, also des Aufpassers und Staatssklaven, entgehen, wenn er dafür bestimmt war. Es gab Gemeindeverordnete, die gemeine Verbrechen verübten, aus keinem anderen Grunde als um der Hoffnung willen, wegen der Schande aus ihrem Stande ausgestoßen zu werden. Andere verzichteten lieber auf ihr Vermögen, sie flüchteten, und die Soldaten mußten sie zurückholen und neu in ihr „Ehrenamt" zwingen. Wer etwa seinen Bodenbau verbesserte, wurde Kuriale. Wer ein Schiff baute, kam zwangsweise in die Innung der Kauffahrteischiffer, mußte für den Staat fahren und dem Staat zuerst seine Waren anbieten.

Unter dem fern thronenden Kaiser, seinen mächtigen Generälen, seinen wilden Soldaten und seinen hart arbeitenden Beamten quälte sich die Masse der Bürger und Bauern, alle Sklaven des Staates und alle von der Geheimpolizei bespitzelt. Ein gestaffeltes System von Kasten, dem keiner entrinnen konnte, wohin seine Neigung auch immer ging, erstickte alle Unternehmungslust der Schaffenden und die Staatsgesinnung der Besten. Dumpfer Gehorsam und dumpfer Groll beherrschten die Gemüter. An ein ägyptisches Orakel etwa wurden in dieser Zeit folgende Fragen gestellt: Werde ich gepfändet werden? Werde ich ein Bettler? Soll ich flüchten? Wird meine Flucht vereitelt? Daß bei den Ausplünderungen durch die Soldaten, dem Steuerdruck des Staates und der Zerstörung aller Arbeitsfreude die Wirtschaft primitiv wurde und die Menschen verarmten, war natürlich. Das einstmals so blühende Reich war ein Staat von Bettlern geworden.

Eine Ausnahme bildeten nur die Besitzungen der großen Grundherren, die mächtig genug waren, sich dem allgemeinen Steuerdruck zu entziehen, in Villen lebten und sich kleine Privatarmeen hielten. Ihre Ländereien wurden nicht mehr von Sklaven bewirtschaftet, die seltener geworden waren, seitdem Rom nicht mehr eroberte. Das Land war an kleine Pächter verteilt, an *Kolonen*, die an die Scholle gebunden waren, ihr Leben in Dürftigkeit zubrachten und die Untergebenen der Grundherren waren.

An all diesen verhängnisvollen Zuständen änderte Diocletian nichts, er verschärfte sie nur, da sein an den Zwang gewöhnter Geist die Notwendigkeit der Freiheit nicht begriff. So konnte seine Absicht, das Römertum zu erneuern, aus innerem Ungenügen nicht verwirklicht werden. Seine Teilung der obersten Gewalt aber wurde bald wieder zerschlagen. Sie war auch als Thronfolgeordnung gedacht, die beiden Oberkaiser sollten nach einiger Zeit abdanken, wie die alten römischen Beamten abgedankt hatten, die Cäsaren sollten ihnen folgen und nun wieder Cäsaren ernennen. Diocletian selber dankte auch wirklich ab, mußte aber in seiner Villa in Salona (Spalato) noch den Zusammenbruch des ganzen künstlichen Systems erleben. Er starb wahrscheinlich durch eigene Hand, aus Furcht, er müsse durch seinen Nachfolger den Tod erleiden.

Seine Thronfolgeordnung setzte einen stärkeren Sinn für Gesetzmäßigkeit voraus, als er in diesen stürmischen Zeiten erhalten war. Es triumphierte der Machtdrang des einzelnen. Aus den Wirren nach der Abdankung des greisen Kaisers hob sich im Bürgerkrieg die Gestalt des Illyrers Konstantinus empor. Er suchte in seinem Kampf nach einem Bundesgenossen und fand ihn im Christentum.

Der Sieg des Christentums

Die christliche Religion hatte sich in der ersten Zeit vornehmlich unter den kleinen Leuten verbreitet. Aber allmählich hatte die griechische Philosophie begonnen, sich mit ihr zu beschäftigen, sie hatte ihre tiefsinnigen Spekulationen hinzugefügt und so zusammen mit der Überlieferung des Urchristentums die Grundsteine zu dem stolzen Gebäude der christlichen Theologie gelegt. Damit war auch der Verbreitung in die oberen Stände der Weg geöffnet worden.

Auch die Organisation der werdenden Kirche hatte sich gestärkt. Um 100 stand an der Spitze der Gemeinde der Bischof, unter ihm der Klerus mit Presbytern und Diakonen und mit einer ausgeprägten Fürsorge für die Armen, die seitdem das Ehrenzeichen aller christlichen Kirchen geblieben ist. Das Lehrgebäude festigte sich dank der Arbeit der Bischöfe. Um 180 legte die Kirche den Kanon der Schriften des Neuen Testamentes fest und schied andere Schriften aus.

Gerade indem es sich ausbreitete, wurde das Christentum der Gegenstand der Aufmerksamkeit des Staates und damit blutiger Verfolgungen. Rom war duldsam gegenüber den Religionen, das hing schon mit dem Einfluß des Hellenismus zusammen, der so vielen Religionen den Weg in alle Teile des Reiches gegeben hatte. Aber das Christentum erschien vielen als staatsgefährlich, weil seine Anhänger sich weigerten, an dem Kult für den Kaiser teilzunehmen, der sich aus der Verehrung des Genius zur Zeit des Augustus entwickelt hatte. Gerade pflichtgetreue Kaiser sahen in diesem Kult eine Klammer für die vielgestaltige Bevökerung des Reiches. Dazu kam die strenge Geschlossenheit der christlichen Kirche, die als hochmütige Absonderung empfunden wurde und den Haß des Pöbels wie das Mißtrauen der Kaiser herausforderte.

So kam es, daß selbst ein aufgeklärter Herrscher wie Trajan die Christen verfolgte, wenn auch seine Milde keine Angeberei wünschte. Im dritten Jahrhundert, als so viele ungebildete Barbaren den Kaiserthron innehatten, kam ihr Aberglaube hinzu. Sie fragten sich, ob nicht die Götter erzürnt seien und darum so oft den Waffen Roms den Sieg verweigerten. Am gefährlichsten waren die Verfolgungen unter Decius und Diocletian. Viele Christen wurden getötet, viele wurden schwach und wandten sich von ihrer Religion ab. Aber der fröhliche Mut der Märtyrer stärkte wieder die Kirche und half ihr neue Anhänger gewinnen.

Um 300 umfaßte das Christentum immer noch nur eine Minderheit der Reichsbevölkerung, aber sie war geschlossen genug, einem staatsmännischen Geist als bedeutungsvolle Macht zu erscheinen. Als Konstantin (Alleinherrscher von 324 bis 337) im Kampf gegen seinen Rivalen Maxentius 313 an der Milvischen Brücke vor Rom gesiegt hatte, schloß er den Bund mit dem Christentum: in dem Duldungserlaß von Mailand 313 erkannte er die neue Religion staatlich an und gestattete ihr die freie Ausübung des Gottesdienstes. Die vom Druck befreite Kirche gewann neue Anhänger.

Die Kirche dankte ihm für seinen Schutz, indem sie ihn als ihren Oberherrn anerkannte und ihm, der sich erst auf dem Sterbebett taufen ließ, erlaubte, auf dem ökumenischen Konzil von Nikäa 325 eine der schwierigsten Streitfragen des neuen Glaubens zu entscheiden. (*Ökumenisch* heißt bewohnt; gemeint ist die bewohnte Erde; ein ökumenisches Konzil ist eine allgemeine, alle Kirchenprovinzen umfassende Kirchenversammlung.) Es ging darum, ob der Presbyter Arius aus Alexandreia mit seiner Lehre recht habe, wonach Christus, die wirkende und schaffende Vernunft, der göttliche *Logos*, zwar am göttlichen

Wesen teilhabe, aber doch erst geworden sei, oder, in anderer Umschreibung, ob er Gott nur wesensähnlich und nicht wesensgleich sei. Arius ist später so verstanden worden, als habe er mehr an das Menschentum als an das Gottestum in Christi gedacht. Eine solche Auffassung lag nicht in der Absicht des Arius, doch mag sie seine Lehre manchem nähergebracht haben. Der Hauptgegner des Arius war später der Bischof von Alexandreia, Athanasius, der mit unermüdlicher Festigkeit immer auf der Wesensgleichheit Gottes und Christi beharrte.

Konstantin selber hielt den ganzen Streit für eine Auseinandersetzung über Spitzfindigkeiten, und viele der Konzilteilnehmer verstanden wohl nicht, worum es ging. Aber Konstantin wog ab, wo die größere Aussicht bestehe, daß die Lehre durchdringe, die ganze Kirche erfasse und damit auch die Einheit des Reiches festige. Weil er die stärkeren Kräfte bei den Gegnern des Arius sah, entschied er sich für sie. Der Ungetaufte führte eine der größten Entscheidungen in der christlichen Theologie herbei. Von Nikäa an entfaltete sich die Lehre von der Heiligen Dreifaltigkeit in ihrer vollen Stärke, mit all dem Geheimnisvollen, das sie umgibt und das ahnende Gemüt ebensooft beschäftigt wie den grübelnden Erkenntnisdrang. So hat Konstantin nach Rankes Wort verhindert, daß mit dem Siege des Arius die ganze Kosmologie festgelegt und die selbständige Spekulation wie das autonome Denken abgestorben wären.

Konstantin führte in der Verwaltung die Trennung zwischen bürgerlicher und militärischer Gewalt zu Ende, die bereits unter den Soldatenkaisern eingeleitet worden war. Die Einheit der beiden Gewalten war ein Hauptkennzeichen des Alten Roms gewesen, aber in den Stürmen des Jahrhunderts hatte sie sich nicht mehr aufrechterhalten lassen.

Bei der steten Gefährdung durch die anstürmenden Barbaren war es notwendig, Truppen oft von der Westgrenze nach dem Osten und umgekehrt zu schieben. Mit sicherem Blick sah Konstantin, daß am Bosporus die beste Möglichkeit gegeben war, solche Bewegungen zu leiten. So machte er Byzanz zu seiner Hauptstadt mit einem eigenen Senat, mit neuen herrlichen Bauten und Straßen. Nach ihm erhielt sie den Namen Konstantinopel. Und nicht einmal die zweite Stadt im Reiche war das entthronte Rom, sondern diese Stellung nahm Mailand ein.

Noch einmal gelang es dem Reiche dank der straffen Formung, die seine Kräfte durch Diocletian und Konstantin erhalten hatten, den Germanensturm für ein letztes halbes Jahrhundert mühsam aufzuhalten.

Aber auch Konstantin mußte tun, was schon Mark Aurel getan hatte, er nahm ganze Germanenstämme als Verbündete in das Reich auf.

Er regierte wie ein Despot und mußte es wohl in dieser Zeit, aber er setzte insofern das Werk des Diocletian fort, als er dieser Despotie die religiöse Weihe gab, von seinen Untertanen die Devotion verlangte und erhielt. „Eure Ewigkeit und Göttlichkeit" ließ er sich anreden. In solcher Haltung war bei ihm nicht nur staatliche Berechnung wirksam, wenn sie auch gewiß nicht fehlte. Konstantin war kein religiöser Heuchler, er fühlte sich seit seinem Siege im Bürgerkriege wirklich als Werkzeug Gottes. Mit solcher Verschmelzung politischer Überlegung und persönlicher Überzeugung schloß Konstantin den Bund zwischen Thron und Altar, der nach seinem Tode noch anderthalb Jahrtausende gedauert hat.

Noch einmal versuchte ein Verwandter Konstantins, Julianus, das Rad der Geschichte zurückzudrehen. Als Jünger der Philosophie und in seiner Jugendzeit Scheinchrist, bekämpfte er auf dem Kaiserthron das Christentum, wenn auch nicht in blutiger Verfolgung, und suchte einen neuen Kult des Heidentums zu schaffen. Darum hat ihn die Kirche den *Apostata*, den Abtrünnigen, genannt. Als er 363 bei Ktesiphon im Kampfe gegen die Perser gefallen war, zeigte es sich, daß die Reaktion nur durch seine Person stark gewesen war. Das Wort, das der sterbende Kaiser gesprochen habe: „Du hast gesiegt, Galiläer", ist ihm zwar erst von der Legende in den Mund gelegt worden, aber es bezeichnete die geschichtliche Lage. Das Christentum hatte wirklich gesiegt. 391 verbot der Kaiser Theodosius die Ausübung des Heidentums und machte das Christentum zur Staatsreligion.

Der große Germanensturm

Um diese Zeit begann ein Ansturm der Germanen gegen das römische Reich, der noch weit heftiger war als alle die Angriffe in den Jahrhunderten vorher. Er traf nun auf einen geschwächten Staat und führte in seinen letzten Wirkungen den Untergang des Reiches herbei.

Die Germanen waren den Römern, den Italikern und den Kelten stammverwandt als Glieder derselben indo-europäischen Sprach- und Völkerfamilie. Von den Zuständen während ihres Altertums (das weit in die griechische und römische Neuzeit hineinreicht) geben Cäsar und Tacitus Kunde. Die Germanen wohnten in Gehöften, die verwandten Familien als Sippen benachbart, mit einer ähnlich unumschränkten

Herrschaft des Familienvaters wie im bäuerlichen Rom. Wichtiger als der Ackerbau war die Viehzucht. Hochgeachtet waren die Fähigkeiten im Kriege und auf der Jagd. Die gesellschaftliche Gliederung in Adelige, Freie, Hörige und Sklaven war voll durchgebildet. Der Ackerboden wurde nicht in gleichen Losen, sondern nach Rang und Ansehen verteilt. Die Sklaven wurden milde behandelt. Die Erscheinungen der Natur wurden als Gottheiten verehrt, aber ohne besonderen Priesterstand.

Seit den Zügen der Kimbern und Teutonen hatten die Germanen immer wieder versucht, in das Römische Reich einzudringen, um sich hier Land zu holen. Andere waren dem Beispiel von Cäsars Reitern gefolgt und hatten sich als Soldaten anwerben lassen. Immer mehr war der Anteil der Germanen an der Zusammensetzung des römischen Heeres gestiegen. Konstantin hatte seine Siege im Bürgerkriege vor allem mit germanischen Scharen, germanischen Feldherren und Unterfeldherren errungen. So hat man sagen können, die Germanen hätten die römischen Soldaten nicht besiegt, sondern ersetzt, und die Völkerwanderung sei im Grunde eine Abwandlung der römischen Heeresverfassung. In diesem Gewoge von Einsickern und Überfluten bedeutete das Jahr 375 den wichtigsten Einschnitt. Die Völkerwanderung war gewiß schon lange im Gange, aber erst mit diesem Jahre nimmt sie den Charakter der unwiderstehlichen Flut an, unter der am Ende das Reich zerbricht.

Im fernen Asien war das mongolische Reitervolk der Hunnen vor Jahrhunderten von den Chinesen geschlagen worden, war dann langsam nach Westen gewandert und stieß 375 auf die Ostgoten in der Ukraine. Die Goten kamen ursprünglich aus Schweden, wo ihr Name noch heute in der Provinz Gotland erhalten ist. Die Ostgoten sind eigentlich die Ostro-Goten, die „Glänzenden“, die Westgoten die Wisi-Goten, die „Gütigen“. Doch da tatsächlich die Bezeichnung Ost- und Westgoten die Wohnsitze der beiden Stämme geographisch wiedergibt, hat sie sich auch in der Wissenschaft erhalten.

Die Goten waren wie alle Ostgermanen der römischen Kultur besonders zugänglich. Zu Beginn des vierten Jahrhunderts hatte ihr Bischof Wulfila den Goten das Christentum gebracht, und zwar in der arianischen Form.

Das Reich der Ostgoten zerbrach unter dem Stoß des asiatischen Reitervolkes. Die Ostgoten wurden später in Pannonien (Ungarn) angesiedelt. Der Druck wirkte sich weiter auf die Westgoten aus. Sie baten den Kaiser Valens um Überlassung von Land und nahmen mit seiner Einwilligung südlich der Donau Land. Das war ein gewöhnlicher

Vorgang in der Geschichte der Beziehungen zwischen Römern und Germanen. Mark Aurel, Konstantin und andere Kaiser hatten ganze Germanenstämme in das Reich aufgenommen, zumeist als Wehrbauern an der Grenze mit der Pflicht zur Abwehr von Angriffen ihrer germanischen Artgenossen, gelegentlich auch zur Auffüllung der entvölkerten inneren Gebiete. So mochte auch Valens diesmal den Vorgang sehen. Aber die Westgoten empörten sich, erbittert über schlechte Behandlung durch die Beamten des Kaisers, und sie schlugen das römische Heer unter Valens 378 bei Adrianopel. Der neue Kaiser Theodosius mußte ihnen erlauben, sich als „Verbündete" zwischen Donau und Balkan niederzulassen.

Auch dieser Vorgang erschien noch als herkömmlich im Rahmen des seit Jahrhunderten Gewohnten. Aber die Kraft des Reiches war nicht mehr wie die unter Mark Aurel und Konstantin, und nun schwächte es sich selber durch staatliche Spaltung. Diocletian hatte sie vorweggenommen, Theodosius führte sie zu Ende, indem er jedem seiner beiden Söhne einen Reichsteil hinterließ, Arkadius den Osten, Honorius den Westen. Von diesem Jahr 395 an gab es zwei römische Reiche. Der müde gewordene Wille der Herrscher vermochte nicht mehr, die verschiedenen Völker, Landschaften, Wirtschaftsbereiche, Verteidigungsgebiete in ein Ganzes zu zwingen.

Sogleich gerieten die beiden neugeschaffenen Staaten in Streit um die Grenzziehung, und diese Auseinandersetzungen benützte Alarich, der König der Westgoten, um die eben gewonnenen Wohnsitze wieder zu verlassen, die seinem Volke schon zu eng geworden waren, und sich nun gegen Italien vorzuschieben. Damals wurde die Hauptstadt von Mailand nach Ravenna verlegt, wo das Meer noch am ehesten Schutz versprach. Von den germanischen Kriegern des weströmischen Kaisers wurde Alarich zunächst zurückgeschlagen, drang wieder vor und zog 410 in die ehemalige Hauptstadt des Reiches ein, die seit der Niederlage an der Allia keinen auswärtigen Feind mehr in ihren Mauern gesehen hatte. Ein Stöhnen ging durch die Alte Welt, sie begriff, daß etwas Ungeheures geschehen war.

Die Statthalter in Afrika sperrten die Getreidezufuhr, und so brach Alarich nach Süden auf, um nach Afrika überzusetzen. In Süditalien, bei Cosenza, ereilte ihn der Tod. Sein Nachfolger Athawulf führte das Volk nach Gallien, mit sich die anmutige Kaiserschwester Galla Placidia, die er später heiratete. In Gallien wurde mit formeller Erlaubnis der Kaiser 429 das Tolosanische Reich der Westgoten mit der Hauptstadt Toulouse gegründet. Galla Placidia kehrte nach dem Tode

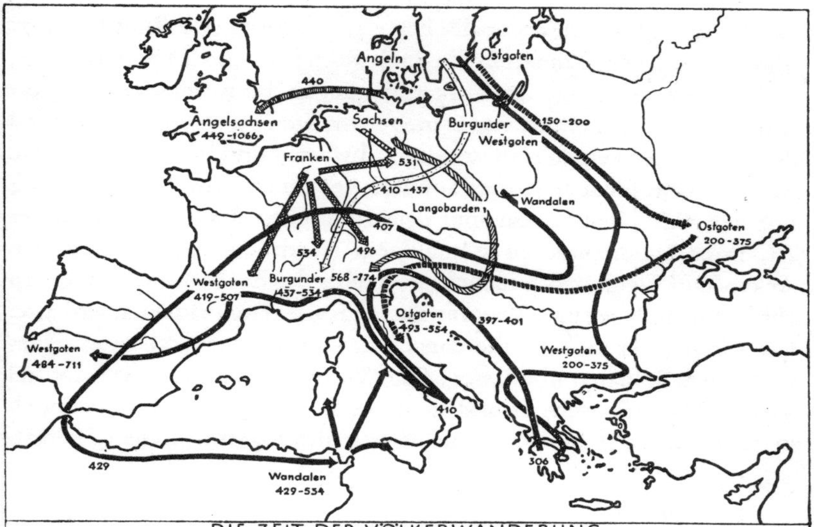

DIE ZEIT DER VÖLKERWANDERUNG

Athawulfs nach Rom zurück, heiratete einen General und wurde später noch Kaiserin. Die Westgoten eroberten auch Spanien, das sie ihrem Reiche hinzufügten.

Inzwischen waren auch anderswo die Dämme geborsten. In dem vergeblichen Bemühen, Rom zu verteidigen, hatten die germanischen Feldherren des Kaisers Truppen von Britannien und vom Rhein weggezogen. Die des Schutzes beraubten Gebiete wurden nun eine Beute des Feindes. In Britannien fielen in der Mitte des Jahrhunderts Angeln und Sachsen aus dem heutigen Schleswig-Holstein ein und unterwarfen in langen Kämpfen die keltischen Einwohner. Nur die tapfer verteidigten Gebirge von Wales boten ihnen Halt. Von den Eroberern hat Südbritannien den Namen *Angeln-Land*, England, erhalten. Die Burgunder, die durch die von den Hunnen ausgelöste Bewegung aus ihren Wohnsitzen in Ostdeutschland verdrängt waren, siedelten sich am Rhein an, wurden aber von den nachsetzenden Hunnen eingeholt und mit Hilfe des Römers Aëtius wieder verdrängt, bis sie an der Rhone dauernde Wohnsitze fanden. Die Wandalen, die über Schlesien bis in die Gegend südlich der Karpaten gelangt waren, mußten hier vor den Hunnen weichen und zogen nun über Gallien nach Spanien, wo die Landschaft Andalusien (*Wandalusien*) noch heute von ihrer Herrschaft kündet. 429 überschritt der wandalische König Geiserich die Meerenge von Gibraltar und begründete in Afrika ein selbständiges

Reich. 455 fuhren die wandalischen Kriegsschiffe nach Rom hinüber, und ihre Krieger plünderten die Stadt Rom vierzehn Tage lang.

Alle diese germanischen Völker, die gegen das Römische Reich anstürmten und schließlich von seinen Provinzen Besitz ergriffen, hegten ihm gegenüber keinen Haß, sondern Ehrfurcht und Bewunderung. Sie wollten Rom nicht zerstören, sondern gewinnen. Ihre hohe Achtung vor der römischen Kultur und dem römischen Recht kommt in der Art ihrer Landnahme zu sinnfälligem Ausdruck. Sie eigneten sich Acker- und Weideboden nicht kraft Rechts der Eroberung an, sondern auf der Grundlage eines Gesetzes, das der Kaiser Honorius erlassen hatte. Bei Einquartierungen sollte danach der Grundherr ein Drittel seines Gutes dem Soldaten überlassen. Die Westgoten machten zwei Drittel daraus. Die juristische Grundlage ihres Vorgehens stammte dennoch in ihrer Wurzel aus Rom, nicht aus ihrer germanischen Heimat.

Der Gottesstaat

Als die Wandalen in Afrika eindrangen, belagerten sie eine Zeitlang die Stadt Hippo Regius, bis sie in ihre Hände fiel. Während der Belagerung (430) starb in ihr ein Mann, dessen Wirken länger gedauert hat als alle Eroberungszüge und Raubzüge der Sieger: der Bischof Augustinus, der gewaltigste der christlichen Kirchenväter. Auch heute noch gehen die Deutungen seiner Lehre auseinander, was am besten die merkwürdig vielschichtigen Einflüsse erklärt, die von ihm ausgegangen sind. Er gab der christlichen Kirche die Begriffe, mit denen sie im Mittelalter ihr Lehrgebäude vollendete, er forderte von dem einzelnen die Anerkennung der Autorität der Kirche und begründete doch zugleich die individuelle Frömmigkeit, in deren Namen Luther später die mittelalterliche Kirche zerschlug. Er bildete scharf die Lehre von der Prädestination, von der Vorherbestimmung der Seele für Rettung oder Verdammnis aus und sah doch in der göttlichen Gnade eine Möglichkeit zur Rettung; auch hier war Luther später sein Schüler.

In seiner Schrift „Vom Gottesstaat“ deutete er die Weltgeschichte: als den Kampf des Reiches derer, die Gottes Willen tun, und des Reiches derer, die ihren eigenen Wünschen leben. Tausend Jahre wird die Herrschaft Christi dauern. Mit dem Erscheinen des Antichrists wird die endgültige Auseinandersetzung beginnen, an deren Abschluß das Gericht steht. Wendland hat darauf hingewiesen, wie hier die Geschichte der Völker ganz im Lichte der Theologie gesehen wurde; für die alten Begriffe von Staat und Vaterland, wie sie die römischen Kaiser gesehen hatten, war kein Platz mehr.

Vieles an der Theologie Augustins berührt heute den Staatsmann nicht mehr wie vor anderthalb Jahrtausenden. Aber dann findet sich ein Wort, das eindringt und bleibt: „Wenn es die Gerechtigkeit nicht gäbe in den Staaten, was wären sie anders als große Räuberbanden?" Das dumpfe Grollen aus der Tiefe des Herzens wird vernehmbar, das niemals verhallen darf.

Das Ende des weströmischen Reiches

Noch einmal entfaltete das alte Römertum einen letzten Glanz in dem Heermeister, dem Kriegsminister Aëtius. Die germanischen Heermeister waren im fünften Jahrhundert die eigentlichen Herrscher in Westrom geworden. Jetzt erhielt noch einmal ein Italiker die entscheidende Stellung. Aëtius konnte es unternehmen, sich dem hunnischen Vordringen entgegenzustellen und Europa davor zu bewahren, daß es unter die Herrschaft Asiens geriet.

Die Hunnen hatten sich in der Gegend von Theiß und Donau niedergelassen und mehrere germanische Völker in Abhängigkeit gebracht. Die hohen Tribute, die ihr König Attila durch den Schrecken des hunnischen Namens gewann, erlaubten es ihm, die Germanen milde zu behandeln. Der Name Attila *(Etzel)* ist germanisch, bedeutet *Väterchen* und läßt das Verhältnis des Wohlwollens und einer gewissen Zuneigung erkennen, das zwischen Herrscher und Beherrschten bestand. Im Jahre 451 zog Attila mit Ostgoten, Thüringern und Gepiden nach Westen, um ihn zu unterwerfen. Auf den Katalaunischen Feldern, bei Troyes, trat ihm Aëtius mit Westgoten, Burgundern, Franken, Alemannen und Wandalen entgegen. Die Schlacht war erbittert und kostete beide schwere Verluste. Den Sieg errang keiner von beiden auf dem Schlachtfelde, aber Attila trat den Rückzug an, zwei Jahre später starb er. Sein Reich löste sich in schweren Kämpfen auf, die germanischen Völker wurden frei. Die Trümmer der Hunnen wandten sich an die Wolga zurück, wo sie in den Steppenvölkern aufgingen.

Der römische Kaiser aber stattete auf seine Weise Aëtius den Dank ab, indem er ihn erdolchte, als der Feldherr eine Familienverbindung zwischen seinem und dem kaiserlichen Hause forderte.

Zwanzig Jahre später war die Geschichte des Kaisertums in Westrom zu Ende. Der Heermeister Orestes, barbarischen Stammes, machte seinen eigenen Sohn Romulus zum Kaiser. Die Soldaten nannten ihn spöttisch *Augustulus*, das Kaiserlein. Als Orestes die germanischen Söldner nicht mehr bezahlen konnte, weil die Staatskasse in dem zerrütteten Land leer war, verlangten sie die Ausführung jenes Einquartierungsgesetzes, das der Kaiser Honorius erlassen hatte. Orestes weigerte sich, da zerbrachen die germanischen Krieger das Kaisertum und wählten ihren Führer Odoaker zum König „von Italien". Orestes wurde getötet, der abgesetzte Romulus ergab sich in sein Schicksal und lebte von einem noch gnädig gewährten Jahresgehalt. So groß aber war immer noch der ererbte Respekt vor dem Kaiser, daß Odoaker nun in Ostrom die Bestätigung nachsuchte. Er bezeichnete sich als *patricius*, als römischen Patrizier, was die Bedeutung des Stellvertreters des Kaisers gewann, aber er war doch zugleich ein germanischer Heerkönig.

Mit der Absetzung des Romulus war ein Einschnitt in der Geschichte vollzogen. Die neuen Forscher wenden sich zwar entschieden gegen die These, die Germanen hätten das Römische Reich vernichtet. So hat in schönen und überzeugenden Worten Hans Freyer nachgewiesen, daß die Germanen nicht Zerstörer, sondern Erben waren, daß auch in ihnen Rom weitergelebt hat. Man beugt sich vor dem Wahrheitsgehalt dieser These, der vom ganzen Mittelalter bezeugt wird. Dennoch ist zu spüren, daß 476 etwas Vergangenheit wurde, was nie mehr wiederkam. Die römische Geschichte im strengen Sinne war abgeschlossen. Die Geschichte der romanischen und germanischen Gebiete beginnt.

Achthundert Jahre waren vergangen, seitdem Rom die Latiner gezwungen hatte, die Tiberstadt als Herrin anzuerkennen. In dieser Zeit war Rom zuerst Hauptstadt Mittelitaliens, dann der ganzen Halbinsel und schließlich fast der ganzen damals bekannten Welt geworden. Der Weg bis dorthin war steil und mühsam gewesen, er hatte anderen Völkern und auch Rom selbst viel Leid gebracht. Am Ende hatte Rom doch in großartiger Weise seine Eroberungen gerechtfertigt dadurch, daß es auch den Unterworfenen ein hohes Maß von Gesittung, Frieden, Wohlstand und leidlichen irdischen Glückes gebracht hatte. In innerer Schwäche und äußeren Wirren war das alles wieder vergangen und verfallen. Und nun befahl ein König der Germanen, wo vorher Konsuln und Kaiser geherrscht hatten.

Die Gründe

Der denkende Geist kann sich nicht damit begnügen, solche Tatsachen einfach festzustellen. Ein Ereignis von so weittragenden Folgen wie das Ende des weströmischen Reiches hat daher die Forschung immer wieder beschäftigt. Aber es liegt in der Natur solcher Vorgänge, daß ihre Ursachen vielschichtig und weit verzweigt sind. So hat man denn immer wieder neue Gründe für das Sterben des römischen Reiches gefunden.

Wer sich zu der Geschichtsphilosophie Oswald Spenglers bekennt, für den hat jener Vorgang das Wesen eines Naturgesetzes, etwas Unaufhaltbares und Unvermeidliches. Wenn Kulturen wie Pflanzen sind, dann müssen auch die Staaten aufsteigen, groß werden, dann greisenhaft erstarren und schließlich sterben. Aber Kulturen sind nicht wie Pflanzen. Die antike Kultur ist nicht untergegangen. Sie hat andere Formen angenommen, sie hat auch mit anderen Kräften um den Einfluß auf den Menschen ringen müssen, aber sie lebt noch mitten unter uns. Es ist kein Widerspruch, wenn man feststellt, daß die antike Kultur zur Zeit der Kaiser viele Züge der Spätformen trägt und daß sie dann doch erneuert worden ist. Kulturen können eine Zeitlang Zeichen der Erstarrung zeigen und sich dann wieder verjüngen. Die gewaltigste Kraft der Erneuerung in der Antike war das Christentum. Eine Zeit, in der eine neue Religion geboren und gefestigt wird, die noch zwei Jahrtausende später ganze Erdteile beherrscht, ist keine Zeit des Unterganges. Geendet hat nicht die antike Kultur, sondern der antike Staat.

Kennedy Frank glaubt, Rom sei nicht mehr widerstandsfähig gewesen, weil sich in dem Weltreich die höheren Rassen zu sehr mit den niedrigen vermischt hätten. So sei dem Staat die Widerstandskraft genommen worden. Nun wurde tatsächlich Italien gegen das Ende der Kaiserzeit von einem anderen Volk bewohnt als während der Republik. Von den Kriegsgefangenen anderer Rassen hatte immer eine gewisse Zahl das Glück, freigelassen zu werden. Durch ihre Ehen veränderte sich im Laufe der Jahrhunderte das Volkstum der Italiker. Aber die Wissenschaft von den Rassen ist noch nicht soweit, daß es auf die Fragen, die sich dabei erheben, endgültige Antworten geben könnte. Die Rassen der unterworfenen Völker hatten in Ägypten und Babylon Hochkulturen von langer Dauer und weltgeschichtlicher Wirkung geschaffen. Waren die Römer ihnen wirklich überlegen? Die indo-europäische Völkerfamilie, der sie ursprünglich angehörten, war selber aus verschiedenen Rassen entstanden. In Griechenland hatte eine Rassenmischung von eingewanderten Indo-Europäern und Vorgriechen die Kultur geschaffen, die der Menschheit als der Ausdruck großer künstlerischer Begabung und eines freien Geistes gilt.

Guglielmo Ferrero sieht in der Geschichte der römischen Kaiserzeit vor allem den tückischen Zufall walten, daß Mark Aurel vom Grundsatz der Adoption abgegangen war und daß er seinen unwürdigen Sohn zum Nachfolger gemacht hatte. Mit Commodus sei das Unheil hereingebrochen. Nun ist die These von Ferrero deshalb wertvoll, weil in ihr die heilsame Warnung davor liegt, das geschichtliche Geschehen in eine Reihe von scheinbar unabänderlichen Gesetzen pressen zu wollen. Es gibt in der Geschichte Zwangsläufigkeiten, aber es gibt in ihr auch die menschliche Freiheit, es gibt in ihr sogar den Zufall, und darum ist sie unberechenbar. Doch ist sie auch wieder nicht die Sinngebung des Sinnlosen, wie Theodor Lessing gemeint hat. Auch das wird am Beispiel des Commodus deutlich. Vor ihm gab es bereits die Gefahren, er hat nur die Dämme niedergerissen. Diese Gefahren gilt es zu untersuchen.

Hans Delbrück und Michael Rostovtzeff, so sehr sie sich in ihren Auffassungen unterscheiden, berühren sich doch wieder in der Meinung, die Ursachen des staatlichen Verfalls von Rom lägen zum Teil gerade in der größten Leistung des Weltreiches. Indem es die Kultur immer breiteren Kreisen vermittelt habe, seien die leitenden Schichten allmählich von der Masse aufgesogen worden. Man muß daraus folgern, daß die Führungskräfte in den drangvollen Zeiten schließlich gefehlt haben. Bedeutet dies, daß die Kulturen und Staaten zum Sinken verurteilt sind, wenn die Errungenschaften der Zivilisation und des Geistes in die Massen dringen? Darauf erhalten wir keine Antwort. Aber gerade die kriegerischen Horden, die im dritten Jahrhundert in Bürgerkriegen, Aufständen und Bedrückungen der Bürger so viel dazu taten, das Gefüge des Staates zu erschüttern, entstammten den Schichten, die von der Kultur des Weltreiches noch nicht erfaßt waren und die geistig führenden Kreise haßten.

Eine geistige und soziale Entwicklung von so verfließenden Erscheinungsformen, wie Delbrück und Rostovtzeff sie deuten, ist von den Nachlebenden schwer in Umrissen und Wirkungen zu begreifen. Aber ganz deutlich prägt sich die Tatsache aus, daß sich vom dritten bis fünften Jahrhundert die militärischen Niederlagen des Riesenreiches gegenüber den drängenden Germanen häufen. Waren die Germanen den Römern an militärischer Tüchtigkeit so überlegen?

Das Reich zählte unter den Kaisern vielleicht siebzig bis achtzig Millionen Einwohner. Die germanischen Stämme umfaßten zusammen kaum mehr als drei bis vier Millionen. Eine germanische Völkerschaft führte nicht mehr als zwanzigtausend Krieger ins Feld, und doch gelang es diesen Scharen, tief ins Reich einzudringen. Schon von solcher Gegenüberstellung aus wird die These Heitlands fragwürdig, das römische Reich sei an seiner Entvölkerung zugrunde gegangen. Wahrscheinlich zählte allerdings Italien unter den späteren Kaisern weniger Einwohner als in seiner Blütezeit, und das mag von Bedeutung gewesen sein. Aber noch immer war das Reich volkreich genug, um weiterzubestehen. Und Hans Delbrück hat darauf aufmerksam gemacht, daß im ganzen seine Einwohnerzahl kaum wesentlich gesunken sein kann. Die Veränderungen im sozialen Aufbau hatten günstige Wirkungen; Bauern, auch hörige Bauern, haben mehr Kinder als Sklaven.

Aber was den germanischen Eindringlingen entgegentrat, waren keine römischen Legionen mehr, sondern Germanen im römischen Sold. Ernst Kornemann hat Augustus und Hadrian für die lebensgefährliche Verringerung der Truppenzahl verantwortlich gemacht. Doch wahrscheinlich ist Rom in den Kriegen gegen die Germanen nicht deshalb — oder nicht nur deshalb — unterlegen, weil die Zahl der Soldaten geringer geworden war. Entscheidend war es, daß den Fremden der Schutz des Reiches anvertraut war. Verhängnisvoll waren der freiwillige Verzicht auf den Schutz des Vaterlandes durch die eigene Kraft, die leichtfertige Bequemlichkeit, die bürgerliche Scheu vor dem Soldatendienst, der trügerische Glaube, der schon Ägypten und Karthago ins Verderben geführt hatte, ein Staat könne sich allein durch fremde Kraft verteidigen. Daß ein Volk sich nicht behaupten kann, wenn es den Willen verliert, für sein Dasein zu kämpfen, ist eine der bleibenden Lehren der römischen Geschichte.

Freiwillige Wehrlosigkeit war die eine Gefahr, der Zwangsstaat die andere. Die Bürokratisierung des gesamten Lebens und die Knechtung der Wirtschaft hatten zusammen mit den verwüstenden Bürgerkriegen das Reich arm gemacht und die Staatsgesinnung zerstört. Die gedrückten Kolonen und Bergarbeiter begrüßten die eindringenden Germanen als Befreier. Siebzig Millionen Staatssklaven bildeten ein Gemeinwesen, das schweren Stürmen nicht gewachsen sein konnte. Bei Cannae war die militärische Niederlage auf dem Schlachtfeld schwerer gewesen als die Niederlagen am Ende der Kaiserzeit. Aber jetzt fehlte die lebendige Kraft der Gemeinschaft, und das Vaterlandsgefühl hatte unter dem erstickenden Zwang des orientalischen Despotismus seine Glut verloren.

Zur Knechtung gehört immer nicht nur ein Despot, sondern auch ein Volk, das sich knechten läßt. Der Bauer der römischen Republik und seine großbäuerlichen Führer im Senat hätten sich gegen die Unterdrückung, gegen die Eingriffe in das persönliche Leben, gegen die tief einschränkende Beschneidung in der Wirtschaft aufgelehnt. Die Römer der ausgehenden Kaiserzeit beugten sich. Es gibt kein erschütternderes Zeichen für den Zusammenbruch des römischen Freiheitsgefühls als die Berichte des Republikaners Tacitus über die zitternde Unterwürfigkeit des Senats, dem er selber angehörte. Nur so war es den Adoptivkaisern und ihren Nachfolgern möglich, den Bürgern so viel Zwang aufzuerlegen und ihn immer noch zu steigern. In den Gesinnungen der Römer war der Wandel vor sich gegangen, bevor der Wandel in der Verfassung von Staat und Wirtschaft vor sich ging. Wieder wird deutlich, wie schwer ein Nationalcharakter zu bestimmen ist. Das Eindringen orientalisch-hellenistischer Vorstellungen erklärt viel, aber nicht alles. Warum öffnete sich ihnen um 200 nach Christi Geburt dasselbe Rom, das ihnen so lange den Zugang verweigert hatte? Hier stehen wir vor den düsteren Folgen der großen Umwälzungen durch die Gracchen, durch Marius, Sulla und Octavian. So viele bedeutende Persönlichkeiten, so viele tapfere Kämpfer waren getötet worden, weil sie sich gegen die gerade herrschenden Mächte aufgelehnt hatten. Otto Seeck spricht von der Ausrottung der Besten. In den hundert Jahren zwischen dem Reformversuch des Tiberius Gracchus und der Schlacht bei Philippi waren in der Tat viele der Besten gefallen, hingerichtet, ermordet worden. Aber noch gefährlicher vielleicht war die lähmende Wirkung auf die übrigen. Rom begriff, daß es das Leben kosten konnte, für die Freiheit einzustehen, und daß die Freiheit damit vielleicht nicht einmal gerettet wurde. So erst konnte der Zwangsstaat begründet werden, der in den Stürmen der Völkerwanderungszeit nicht mehr lebensfähig war.

Der griechische Stadtstaat war zugrunde gegangen, weil in ihm das Streben nach Freiheit den Sinn für die Staatsnotwendigkeit und die gewachsene Autorität zerstört hatte. Der römische Staat ging zugrunde, weil der staatliche Zwang aus dem Bürger einen Untertanen gemacht, die Wirtschaft gelähmt und die Staatsgesinnung zerstört hatte. Hier wie dort waren es bedeutende Männer, die geholfen hatten, das Verhängnis zu vollziehen. In Perikles, den Adoptivkaisern und den meisten Soldatenkaisern wirkten staatsmännische Erfahrung, hohe Klugheit und entschlossener Wille. Und doch bedeutete ihre Tätigkeit Unheil für ihr Volk. Leicht schreibt sich die Wahrheit hin, daß jeder Staat die richtige Mitte zwischen Autorität und Freiheit schaffen und bewahren müsse. Aber auch für die Politik gilt das Wort von Clausewitz, daß alles sehr einfach und daß das Einfache immer sehr schwer ist.

Achtes Kapitel

DIE STAATENGRÜNDUNGEN DER FRANKEN, ARABER UND RUSSEN

Die germanischen Staaten, die bis zum Ende des weströmischen Reiches auf seinem Boden erwuchsen, waren alle nicht von langer Dauer. Erst den zäheren und mehr an ihrem Boden haftenden Franken gelang die Gründung eines Staates, der sich auch in Stürmen bewährte. Als er später wieder zerfiel, blieben doch kräftige Nachfolgestaaten zurück, deren politische Erben noch heute Millionen von Menschen sind. Geschichtlich gesehen nicht allzulange darauf gelang auch den Arabern, die bisher fast unbeachtet dahingelebt hatten, die Gründung eines großen Reiches, und wieder etwas später wurden die Grundsteine zu dem Staate der Russen gelegt, der heute große Teile Europas und Asiens umspannt. Alle diese Vorgänge stehen in einem zeitlichen Bereich, in dem die Antike in das Mittelalter übergeht. Ein neues Zeitalter hob an.

Der Beginn des Mittelalters

Als man begann, den Ablauf der Geschichte für das Auge des Betrachters in Abschnitte einzuteilen, wählte man die Begriffe des Altertums, des Mittelalters und der Neuzeit. Jedermann weiß heute, auch wenn er selber diese Ausdrücke gebraucht, daß sie nur ganz rohe Versuche darstellen, die Zeitalter abzugrenzen. Jede große Kultur hat ihr eigenes Altertum, ihr eigenes Mittelalter und ihre eigene Neuzeit. Was früher allgemein als Altertum bezeichnet wurde, enthielt in Wirklichkeit eine Vielfalt von Altertümern, Mittelaltern und Neuzeiten. In diesem Buche ist dafür der Ausdruck „Alte Welt“ gebraucht worden. Das ist auch ein ganz unscharfer Begriff, doch sind solche Ausdrücke schwer zu entbehren, wenn es darum geht, sich schnell einen Überblick zu verschaffen. „Das Mittelalter“ gibt es ebenfalls nicht. Wer den Ausdruck braucht, meint damit das Mittelalter der germanischen und romanischen Völker. Einige Merkmale bezeichnen es: das Vorherrschen eines kampffrohen Adels, der wirtschaftlich auf die Grundherrschaft gestützt ist; die tiefe Religiosität, die das Leben durchdringt und ihren machtvollen Ausdruck in der Papstkirche findet.

In jedem geschichtlichen Ereignis ist das eben Vergehende noch wirksam, und das Kommende wird schon vorbereitet. Daher ist es nicht leicht, einen Zeitabschnitt wie das Mittelalter genau abzugrenzen. Wenn auch das Herkommen seinen Beginn mit dem Jahre 476 ansetzt, so haben sich doch viele Beobachter mit scharfsinniger Darlegung für andere Jahre entschieden. Der Ausbau der Grundherrschaften war um 476 längst im Gange, und ebenso erlebte schon seit Jahrhunderten das religiöse Gefühl seine Steigerung. So ist denn die Verlegung der Hauptstadt des Reiches nach Konstantinopel als Ende der Antike aufgefaßt worden. Andere setzen den Beginn des Mittelalters mit dem Jahre 375 an. Die große Völkerwanderung hat das staatliche und geistige Gesicht Europas verändert, und in ihr ist der Sturz der weströmischen Kaiser nur eine Teilerscheinung.

Aber Alfons Dopsch und Henri Pirenne haben unseren Blick dafür geschärft, wie lebendig die Antike noch Jahrhunderte nach dem Untergang des Kaiserreiches in Westrom war. So lehnten es die germanischen Herrscher im Westen ab, sich selber zum Kaiser zu machen. Sie erkannten die Oberherrschaft des oströmischen Kaisers wenigstens der Form nach an. Auch war die große Wanderung mit dem Untergang des römischen Kaiserreiches keineswegs zu Ende. Ostgoten, Langobarden, Franken, Normannen sind auch später noch gewandert, und von Arabien hat die Welle einer neuen großen Wanderung ganz Afrika und Teile Südeuropas überspült. So lassen viele Geschichtsbetrachter das Mittelalter erst mit der Zeit um 800 beginnen.

Ein allgemeines Übereinkommen der Wissenschaft in dieser Frage ist kaum zu erreichen, weil die Anhänger jeder Auffassung einleuchtende Gründe vorbringen können. Bei sorgsamem Abwägen hebt sich doch das Jahr 476 heraus, weil in dem Hauptvorgang dieses Jahres eine ungeheure Symbolkraft liegt: die Kaiser, die jahrhundertelang die Welt beherrscht hatten, regierten nun nicht mehr in Italien. Fast überall im Westen waren germanische Könige die Herrscher. Es war vornehmlich ihr Adel, wenn auch in den romanischen Gebieten bald verschmolzen mit den keltischen und römischen Familien der Grundherren, der für lange Zeit mit den Königen zusammen die Geschicke Europas führte. Und fünf Jahre nach dem Zusammenbruch der weströmischen Kaiserherrschaft bestieg der Frankenkönig den Thron, dessen Wirken eine ganz neue staatenbildende Kraft in Europa wirken läßt. Um das Jahr 476 war auch die Anerkennung des Vorranges des römischen Bischofs in der katholischen Kirche vollzogen, der später für das Mittelalter so bedeutsam werden sollte. So bleibt dies Jahr ein Kennzeichen in der Entwicklung, von dem am leichtesten die große Umgestaltung des Lebens abzulesen ist, die das Mittelalter bedeutete.

Freilich ist keine Teilung des Geschehens in Abschnitte ohne Willkür möglich. Zerteilungen tun der Entwicklung immer Gewalt an. Alle jene Kennzeichnungen für einzelne Zeitalter sind nichts als Hilfsmittel zum leichteren Überschauen. Die Geschichte bleibt ein großer Strom, in dem jede Welle noch Vergangenes trägt und das Zukünftige bereits ahnen läßt.

Chlodowech

Goten, Burgunder, Wandalen, die bis 476 auf römischem Boden Staaten errichtet hatten, waren Ostgermanen. Sie hatten den Hunnen näher gesessen, von ihnen waren sie gezwungen worden, ihre Wohnsitze ganz aufzugeben und als wandernde Völker in ferneren Gegenden neu zu siedeln. Sie verloren den Zusammenhang mit der alten Heimat. Deshalb waren ihre Staaten weniger kräftig. Die Westgermanen hatten den Vorteil, den hunnischen Druck nur kurze Zeit aus der Nähe zu spüren, vielleicht war aber auch ihre Natur weniger dem Schweifen geneigt. So blieben sie auch bei ihrem Anstürmen gegen das Römische Reich mit ihren alten Wohnsitzen verbunden, und so dauerten ihre Reiche.

Zu Beginn des dritten Jahrhunderts hatten sich mehrere Völkerschaften vom unteren bis zum mittleren Rhein, dazu die Chatten, zu einem Gesamtvolk verbunden, das den Namen Franken hatte. Der Grund des Zusammenschlusses war militärischer Art. Vereint konnte man eher hoffen, den Strom zu überschreiten und die Legionen zu schlagen. Im fünften Jahrhundert waren sie bis zur Somme vorgedrungen. Innerhalb dieses fränkischen Bundes gab es immer noch Teilkönige. Einer von ihnen war Chlodowech (481–511) aus dem Geschlechte, das nach dem sagenhaften Stammvater Merowech benannt wird.

Es ist unmöglich, die Gestalt Chlodowechs anders als mit Melancholie und mit schwarzen Gedanken über die Rolle von Recht und Unrecht im menschlichen Geschehen zu betrachten. Er war einer der tückischsten, treulosesten und grausamsten Gestalten der Geschichte, aber er schuf ein Reich von großer Macht und langer Fortdauer. Er schlug Syagrius, einen romanisierten gallischen Adligen, der in Mittelgallien noch einen Rest römischer Herrschaft nach der Abdankung seines Kaisers aufrechterhalten hatte. Das Gebiet wurde fränkisch. Dann vertrieb Chlodowech die Alemannen aus dem südöstlichen Gallien. Diese siedelten nun in der heutigen Schweiz; das Elsaß hatten sie bereits im dritten Jahrhundert gewonnen. Die Westgoten mußten alles Land nördlich der Garonne aufgeben.

Dann beseitigte Chlodowech die fränkischen Teilkönige, indem er einen nach dem anderen durch List und Betrug in eine Falle lockte und ermorden ließ. Der Bischof Gregor von Tours, der diese Schandtaten unbefangen erzählt, läßt den König hinterher klagend ausrufen: „Wehe mir! Ich bin wie ein Fremdling unter Fremden zurückgeblieben, keinen einzigen Vetter habe ich mehr, der mir helfen könnte, falls mir etwas Widriges zustoßen könnte." Aber Gregor, so sehr ihm die Bekehrung Chlodowechs gefällt, schenkt doch diesen Worten keinen Glauben; nicht der Schmerz habe sie Chlodowech in den Mund gelegt, sondern der böse Wunsch, vielleicht noch jemanden zu finden, den er ermorden könnte.

Und ein solcher Mann brachte der christlichen Kirche einen ihrer größten Triumphe, indem er sich taufen ließ, damit auch sein Volk der Kirche zuführte und die Verbreitung des Christentums bei den übrigen Westgermanen einleitete. Wir wissen nichts Genaues von seinen Beweggründen. Sicher ist nur, daß es nicht die hohe Sittlichkeit der Bergpredigt gewesen sein kann, die sein Herz bezwang. Seine christliche Gemahlin hatte ihn schon lange bestürmt, und es mag sein, daß er schließlich ihren Bitten nachgab. Aber am nächsten liegt es bei einer Persönlichkeit wie der seinen, daß er aus politischer Berechnung gehandelt habe. Albert Hauck freilich glaubt doch eine Spur von echter Überzeugung in seiner Bekehrung finden zu können: er habe in dem Gott der Christen den wirksamsten Schutzherrn für sein Reich gesehen, und so habe er in ihm den wahren Gott erkannt.

Aber wenn wir auch seine Beweggründe nicht kennen, so liegen doch die Folgen seiner Handlung klar vor unseren Augen. Chlodowech wählte nicht, wie die anderen Germanen vor ihm, die arianische Form des Christentums, sondern die katholische. Damit gewann er sich die Herzen der katholischen Gallier und Römer in seinem neugegründeten Reich. In den anderen germanischen Staaten auf römischem Boden sahen die Katholiken mit Haß, Verachtung oder Furcht auf ihre arianischen Besieger, in Gallien verschmolzen Eroberer und Besiegte allmählich miteinander. Außerdem gewann Chlodowech mit einem Schlage in den überzeugten Katholiken der anderen germanischen Staaten willige Helfer.

Das Bündnis des fränkischen Königtums mit der katholischen Kirche war vollzogen, das im späten Mittelalter den Beherrscher von Frankreich zum „Allerchristlichsten König“ gemacht und bis zum Jahre 1830 gedauert hat. Chlodowech sah in dem Bund ganz unbefangen eine Gewähr für weitere Vergrößerung seiner Macht. Er hatte die Taufe nach dem Sieg über die Alemannen empfangen, später schloß er Freundschaft mit dem König der Westgoten und besiegelte sie in einer Zusammenkunft. Aber dann erwachte der Glaubenseifer in ihm, und er rief den Seinen zu: „Es verdrießt mich gar sehr, daß diesen Arianern ein Teil Galliens gehört. Darum auf mit Gottes Hilfe, wir wollen sie besiegen und uns ihr Land unterwerfen!“ Und wirklich besiegte Chlodowech die Westgoten. Den fränkischen Königssohn Chloderich, der auf seiner Seite gekämpft hatte, ließ er kurz darauf ermorden.

Chlodowechs Nachfolger

Auch Chlodowechs Söhne mehrten die Macht des neuerstandenen Reiches. Sie unterwarfen die Burgunder, besiegten die Thüringer und vertrieben die Westgoten aus dem Rest von Gallien. Die Bayern, die Nachfolger der ehemaligen Markomannen, die aus Böhmen in das Gebiet südlich der Donau gezogen waren, mußten Tribut zahlen.

Die Germanen nahmen im allgemeinen das Christentum an, ohne seine Tiefe zu erkennen. Was sie bezwang, waren die Bekundung der Macht und das Geheimnisvolle, das um seine Priester und Heiligen lag, dazu die Gewänder der Priester, der Gesang, der Weihrauch, vom sechsten Jahrhundert an auch das Geläut der Glocken. Erst auf einer späteren Stufe konnte der läuternde Einfluß der neuen Religion ihre Herzen durchdringen. Vorher waren es mehr äußerliche Gründe, die Hoffnung, einen kraftvollen Beschützer zu bekommen, oder die Furcht vor dem Eingreifen des fremden Gottes, von denen die Germanen besiegt wurden. Einen Blick in die Seele eines solchen Getauften läßt uns der Ausspruch des Königs Chlotachar tun, der auf der Höhe seines Lebens plötzlich von einem Fieber ergriffen wurde und auf dem Sterbelager ausrief: „Wehe, wie mächtig, glaubt mir, muß jener Himmelskönig sein, der derartig gewaltige Könige wie mich so ums Leben bringt.“

Doch heißt es, die Nachfolger Chlodowechs wohl zu sehr in Schutz nehmen, wenn man vorbringt, das Losreißen von der alten Religion und die überstürzte Bekanntschaft mit einer neuen, unverstandenen hätten die Franken in eine Auflösung aller sittlichen Begriffe geführt; aus einer solchen Verwirrung der Empfindungen seien die Greuel entstanden, die das Jahrhundert nach Chlodowechs Tode beflecken. In Wirklichkeit muß zu Beginn des Mittelalters in den Germanen ein Gefühl der geistigen Leere geherrscht haben, des Ungenügens an der alten Religion, die sie nicht mehr befriedigte. Jene Greuel aber entsprangen offenbar dem Wesen des Merowingergeschlechtes, das dann auch seine Umgebung mitsamt den Klerikern verdarb. In Chlodowechs Blut saß das Gift der Tücke und der Mordlust, das er vererbte. Die Erzählungen des Gregor von Tours über die Zeit seiner Nachfolger lesen sich wie ein Verzeichnis aller Grausamkeiten, die machtlüsterne Hirne ersinnen können. Ein König läßt seinen Sohn und dessen Familie lebendig verbrennen; eine Königin läßt ihre unmündigen Söhne lieber töten, als daß sie die Knaben Mönche werden läßt; eine andere läßt ihre Tochter ertränken, weil sie fürchtet, die Jüngere könne das Herz ihres Verlobten gewinnen; eine dritte wird schon im Greisenalter mit ihrem Haar, einem Arm und einem Bein an ein wildes Pferd gefesselt, das sie zu Tode schleift, bis die Glieder abgefallen sind; Menschen werden zuerst betrogen, verraten und dann lebendig begraben, gefoltert, zerhackt. Es ist eine Galerie von Höllengemälden, die wir vor uns sehen. Die einzige Mahnung, mit der ein Priester einen dieser königlichen Mörder zurückhalten kann, war höchstens die Drohung mit der Wunderkraft des heiligen Martin; aber auch die wirkte nur selten.

Soll der Nachlebende den Urhebern all dieser Greueltaten mildernde Umstände zubilligen, weil der Mangel einer klaren Thronfolgeordnung immer wieder Unruhe schuf und die wilden Machtinstinkte begünstigte? Die Germanen glaubten an die magische Kraft des königlichen Bluts und wollten es ganz dem Reich erhalten wissen. So vererbten die Herrscher das Königstum ihren Söhnen in der Form der Gesamtherrschaft, was Anlaß zu immer neuen Bruderkämpfen gab. Die römische Auffassung vom Staate als von etwas Überpersönlichem, als von einer Idee war verlorengegangen. Pirennes Scharfsinn ist zu weit gegangen, wenn er in den Jahrhunderten nach dem Ende des Weströmischen Reiches zu viel Fortleben der Antike und zu wenig Umwälzung durch die Germanen sehen wollte.

In den andauernden Kämpfen der Könige und Königssöhne untereinander erlahmte die Kraft des Herrscherhauses. Immer stärkere

Macht gewannen die Großen. Aber zwischen sie und das Königshaus schoben sich diejenigen adligen Familien, die den *major domus*, den Vorsteher des königlichen Haushalts, den Hausmeier, stellten. Unter ihnen ragten die Nachkommen des Bischofs Arnulf von Metz hervor, die nach ihm die Arnulfinger oder, nach ihrem größten Sohn, die Karolinger genannt werden. Die Hausmeier übernahmen allmählich die eigentliche Regierungsgewalt und wußten auch den Übermut der Großen zu zähmen, während die Merowinger in ein bloßes Schattendasein mit vielen äußeren Ehren und ohne Macht sanken.

Theoderich der Große

Ungefähr um dieselbe Zeit, in der die Franken auf früher römischem Boden einen großen Staat begründeten, sicherten sich die Ostgoten eine Herrschaft in dem Hauptlande des früheren Römischen Reiches. Die Kaiser in Konstantinopel hatten Odoaker nur widerwillig die Anerkennung seiner Herrschaft gewährt. Als er Ausdehnungsgelüste spüren ließ, riefen sie gegen ihn die Ostgoten herbei, die in Pannonien wohnten, der Form nach unter oströmischer Oberherrschaft. In langen Kämpfen besiegte der gotische König Theoderich (493–526) die Scharen Odoakers. Als dieser sich ergeben hatte, wurde er bei einem Gastmahl in Ravenna niedergestoßen.

Die Geschichte hat Theoderich den Namen des Großen geschenkt, den sie so selten vergibt, und die Sage hat ihn als Dietrich von Bern verklärt. Kraftvoll war er und gütig, sein Name leuchtete weithin, und er war verehrt im Abendland. Wer sich bedroht sah, wandte sich an ihn. Er bewahrte die Burgunder vor Vernichtung durch Chlodowech und rettete den Westgoten das Land südlich der Garonne. Sein Ziel war nicht unaufhörliche Machtausbreitung wie bei Chlodowech, sondern Gleichgewicht, ein germanischer Staatenbund.

Die Ermordung Odoakers haben wohlwollende Historiker mit einem jähen Wortwechsel in der Trunkenheit erklärt, und wirklich spricht die ganze Persönlichkeit Theoderichs gegen ein vorbedachtes Verbrechen, denn er regierte milde auch gegenüber den Unterworfenen, sorgte für die italische Bevölkerung und bemühte sich um Gerechtigkeit. Erst gegen Ende seiner Regierung ließ er sich zu Gewalttaten hinreißen, aber da handelte er in gutem Glauben und in dem Gefühl der staatlichen Notwehr gegen eine angebliche Verschwörung der Römer. Neben der Gestalt Chlodowechs erscheint er licht und edel.

Man muß hinzufügen, daß er von den staatsmännischen Eigenschaften des schrecklichen Frankenkönigs kaum eine besaß. Theoderich hatte eine unklare Vorstellung davon, daß er berufen sei, das Römische Reich fortzuführen, daß darin die Eingesessenen ihren Berufen weiter nachgehen und daß seine Goten sie als Krieger beschützen sollten. Unter ihm lebten zwei Völker, und er tat alles, die Scheidewand noch zu verstärken. Er selber wurde dem Rechte nach Römer, aber sein Volk blieb dem Rechte nach germanisch. Römer und Germanen wurden nach verschiedenem Recht verwaltet. Dabei zeigte er, obwohl ziemlich ungebildet, eine etwas übertriebene Verehrung des römischen Wesens und eine Geringschätzung der eigenen Art. Die religiöse Spaltung verschärfte die Verschiedenheit der Rechtsstellung. Arianer und Katholiken standen sich fremd gegenüber. Es gab keine Ehen zwischen Römern und Goten. In solcher Zerteilung gingen die Möglichkeiten zur Formung eines neuen Volkstums verloren.

Schlimmer noch war die Entwicklung bei den Wandalen in Afrika. In dem von den Römern überkommenen Luxus und in dem heißen, zu Müßiggang verführenden Klima erschlafften sie, und von der stürmischen Tapferkeit, die sie unter Geiserich zum Schrecken des Mittelmeeres gemacht hatte, war bald nichts mehr zu spüren. Dazu behandelten sie anders als die Ostgoten die Besiegten schroff, und sie drangsalierten die Katholiken so hart, daß diese ihre Augen sehnsuchtsvoll nach dem künftigen Retter in Byzanz richteten.

Justinians Sieg über die Germanen

In Ostrom war die staatliche Entwicklung so weitergegangen, wie sie von Diocletian und Konstantin vorgezeichnet worden war. Kaiser und Kirche hatten ein enges Bündnis geschlossen; der Herrscher stand hoch erhaben über dem Volke; ein knechtisches Hofzeremoniell, das die Begriffe Byzanz und Byzantinertum für alle Zeiten verächtlich gemacht hat, schloß ihn in übermenschliche Höhe ab; aber hinter der Wolke von göttlicher Verehrung verbargen sich irdische Leidenschaften und Schwächen, Einflüsse von Hofbeamten, Feldherren, Frauen. Durch die Straßen der Stadt Konstantinopel trieb sich eine gaffende und schaulustige Menge, die in der Rennbahn, so wie die römische in der Zirkus-Arena, den Platz ihres höchsten Glückes fand. Mit der Spaltung des Reiches war das sprachliche Band zerrissen, das Osten und Westen früher vereint hatte. Die Kenntnis des Griechischen war in Italien schon in den Stürmen des dritten Jahrhunderts geschwunden, im Osten wurde seit der Reichsteilung Latein nur noch von wenigen verstanden. Das oströmische Kaisertum stützte sich in Sprache und Volkstum auf Griechenland und die von den Griechen geistig eroberten Landschaften, es wurde ein griechisches Kaisertum.

Die von den beiden großen Kaisern ererbte straff gegliederte Bürokratie gab dem Reich eine erstaunliche Kraft. Folgenreich wurde vor allem, daß die militärische Stärke größer war als im Westen. Ostrom war in den entscheidenden Jahrhunderten nicht so berannt worden wie Westrom. Das ist wahrscheinlich der unvergleichlich günstigen Lage Konstantinopels am Meer zu verdanken, die alle Anstürme schlecht bewaffneter Barbaren aussichtslos machte. So hatte Ostrom Zeit, sich wieder zu kräftigen, und so konnte es seine weltgeschichtliche Sendung erfüllen, die Anstürme des Islams zurückschlagen, bis der Westen stark genug geworden war, die Aufgabe selbst in die Hand zu nehmen.

Damals bestieg in Konstantinopel ein Offizier mit Namen Justinian, der Sohn eines Bauern aus der Gegend von Skoplje, den Thron (527–565). Er war eine höchst problematische Natur, voller Widersprüche und Unberechenbarkeiten, weitblickend und versponnen, klug und unschöpferisch, unternehmungslustig und verzagt. Justinian hatte das Glück, Theodora zu gewinnen, eine Tänzerin von höchst zweifelhaftem Ruf, die Tochter eines Bärenführers. Er erhob sie zur Kaiserin und Mitregentin, und Theodora fand eine hohe Glücksmöglichkeit darin, sich von hochadeligen Hofbeamten bei Empfängen die Fußspitzen küssen zu lassen. Furchtbar traf ihre Rache jeden, der in den Verdacht geriet, sie zu mißachten. Aber die Geschichte sieht oft anders aus als die Erzählungen in den Lesebüchern. In dieser Frau entfalteten sich ungewöhnlicher Mut, Charakterstärke und Klugheit. Solange sie lebte, stand Justinians Schicksal unter einem günstigen Stern.

Als sich einmal gegen den Kaiser ein gefährlicher Streit der beiden Zirkusparteien (unter dem Rufe „*Nika*“, „Siege!“) erhob, wollte Justinian fliehen. Theodora weigerte sich, ihm zu folgen; lieber wolle sie sterben. Und sie fügte die wahrhaft kaiserlichen Worte hinzu, sie halte es mit dem alten Spruch, daß der Purpur das schönste Leichentuch sei. Da blieb auch Justinian, und sein Feldherr Belisar schlug den Aufstand nieder. Dreißigtausend Leichen deckten den Boden der Straßen und der Arena.

Zu Ehren der heiligen Sophie ließ Justinian die berühmte Kirche erbauen, die das Muster vieler Kirchen in Byzanz und in Rußland geworden ist. Er ließ die Gesetze und Verordnungen sammeln, denen spätere Zeiten den Gesamtnamen des *Corpus juris* gegeben haben und die bis in unsere Zeiten eine der unentbehrlichen Grundlagen der Rechtswissenschaft geblieben sind. Der uns selbstverständliche Grundsatz, daß ein Gesetz möglichst klar und vernünftig sein müsse, fand hier eine folgenreiche Verwirklichung.

Aufmerksam blickte Justinian nach Westen, wo Länder, die zum Reich gehörten, von fremden Königen regiert wurden. Er griff in einen Streit zwischen Arianern und Katholiken in Afrika ein, und mit leichter Mühe warf Belisar die Wandalen nieder (533), vor denen ein Jahrhundert vorher Rom gezittert hatte. Gelimer, der letzte Wandalenkönig, war nach der Gefangennahme gefühlsselig genug, einen Schwamm zu verlangen, seine Tränen zu trocknen, und eine Harfe, sein Leid zu besingen.

Ungleich härter war der Kampf gegen die noch unverbrauchte kriegerische Kraft der Ostgoten. Fast zwanzig Jahre dauerte es, bis Belisar und Narses den Gegner niedergerungen hatten. Hätte Theoderich auch die Wehrkraft der Italiker geformt und mit der gotischen verschmolzen, kaum wäre Justinians Eroberungsplan gelungen. Das letzte gotische Heer Tejas wurde 553 von den germanischen Söldnern des Narses am laktarischen Berge bei Neapel vernichtet. Die Trümmer entließ Narses, die Ostgoten verloren sich in der umwohnenden Bevölkerung, wir wissen nicht, wo. Das Volk war ausgerottet, Italien stand wieder unter einem Kaiser.

Für das Land war der Krieg ein großes Unglück. Die Bewohner stöhnten nun unter dem furchtbaren Steuerdruck der oströmischen Verwaltung. Die Äcker waren verheert, die Kunstschätze zerstört, die Städte begannen zu veröden. Damals sank Rom zu einer mittleren und ein wenig schmutzigen Landstadt herab, auf deren Forum das Gras wuchs, deren Bevölkerung das Kapitol nur noch als Ziegenberg kannte und in der nur noch Trümmer und unbewohnte Häuser an den Glanz und die Pracht der Hauptstadt der Welt erinnerten.

Der Staat der Langobarden

Nach der Vernichtung der Ostgoten regierte zunächst der siegreiche Feldherr Narses das italienische Land. Aber er zerfiel bald mit seinem Kaiser und wurde abberufen. Die Kunde kam zu den germanischen Langobarden, die von ihren Wohnsitzen an der Elbe nach Pannonien gewandert waren. Von ihnen hatten viele unter Narses gegen die Goten gekämpft. Sie erzählten sicherlich den Daheimgebliebenen von der Schönheit des Landes, aber auch von der Schwächung der oströmischen

Besatzung durch den Sturz des Feldherrn. Drei Jahre nach Justinians Tode drang der Langobardenkönig Alboin in das Land (568) und eroberte mit leichter Mühe die Poebene, die nach seinem Volk den Namen Lombardei erhalten hat. Auch Mittelitalien konnte er zum großen Teil nehmen, aber Ravenna, Venedig und Süditalien hielten ihm stand, und in Rom vermochte ihn der Papst durch Verhandlungen und Geldzahlungen zu bewegen, daß er von seinen Eroberungswünschen abstand. So begann mit der langobardischen Eroberung die Zerreißung des Landes in Ober- und Unteritalien und den dazwischenliegenden Kirchenstaat, die bis 1870 gedauert hat.

Die Langobarden nahmen bald das Christentum an, zuerst das arianische und dann das katholische. Mit Ostrom schlossen sie 680 einen Vertrag, der ihre Eroberungen anerkannte.

Das Ende der Völkerwanderung

Damit war das Ende der großen Völkerwanderung gekommen, die von dem hunnischen Einfall (375) ausgelöst worden war. Über zweihundert Jahre hatte sie mongolische und germanische Völker vom Dnjepr bis an den Wüstenrand der Sahara aufgewühlt, ein großes altes Reich zerstört und neue aufgerichtet. Die meisten von ihnen haben Glanz und Ruhm verbreitet, von ihren Taten berichteten die Sänger, erzählte man sich noch im hohen Mittelalter am Lagerfeuer, aber sie selber sind untergegangen. Damit aber bedeutet die Völkerwanderung eine ungeheure Verschwendung germanischen Blutes.

Und in die Räume, die von den Ostgermanen unter hunnischem Druck verlassen waren, vom Dnjepr bis zur Elbe rückten die Slawen nach. Einen Teil der verlorenen Gebiete konnten die Germanen im hohen Mittelalter zurückgewinnen, das meiste blieb ihnen verloren. Für einen Augenblick darf der Betrachter innehalten und sich fragen, wie die Weltgeschichte verlaufen wäre, wenn nicht der hunnische Ansturm aus der Steppe in die erst noch werdenden Staatenbildungen der Ostgermanen hineingestoßen wäre. Jahrhunderte hatten die Steppenreiter gebraucht, bis sie sich aus Innerasien bis zum Dnjepr vorgeschoben hatten. Hätte ihr Vormarsch ein oder zwei Jahrhunderte länger gedauert, wäre dann nicht die germanische Welt gefestigter und widerstandsfähiger gewesen? Haben die Hunnen so die Aussicht auf ein großgermanisches Reich zerstört, das bis in die Steppen Südrußlands hineingewachsen wäre?

Der Reiter von Hornhausen

Die Alhambra von Granada

Fränkische Krieger (Elfenbeinrelief)

Otto der Große

Heinrich der Vierte

Münzen der Kaiserzeit
oben links: Heinrich der Zweite, rechts: Otto der Große
unten links: Heinrich der Vierte, rechts: Heinrich der Dritte

Die Geschichte gibt darauf keine Antwort. Mit einiger Sicherheit können wir dagegen die Wirkungen für die romanischen Völker abschätzen. Das Eindringen des Germanentums war ein wertvoller Kraftzuschuß in das keltisch-italische Blut, das müde zu werden drohte. Am stärksten ist der germanische Einklang bei den Franzosen zu spüren. Sorgfältige Schätzungen haben ergeben, daß nach Chlodowechs Eroberung etwa ein Fünftel der Bewohner Galliens Franken waren. In den anderen germanischen Königreichen auf einstmals römischem Boden war der Anteil geringer, am größten in der Lombardei. Doch müssen zur Völkerwanderung im weiteren Sinne auch die Anwerbungen germanischer Krieger und die Verpflichtung germanischer Grenzbauern unter den Kaisern gerechnet werden. Die Volkstümer der Briten, Franzosen, Spanier, Italiener, namentlich der Nordfranzosen und Norditaliener, sind ohne die germanischen Bestandteile nicht denkbar.

Mit dem Eindringen des germanischen Blutes wurde auch das alte indo-europäische Freiheitsgefühl wieder entfacht, das in den letzten Jahrhunderten verschüttet war. Schon vor der großen Völkerwanderung sehen wir seine Wirkungen: in der Nähe der germanischen Wehrbauernsiedlungen innerhalb des römischen Reiches vernehmen wir plötzlich von Erhebungen der Kolonen, die sonst schweigend die harte Bürde der Knechtschaft getragen hatten. Das Gefühl für Freiheit ist im Mittelalter nie ganz wieder verlorengegangen. Nur ein unhistorischer Blick freilich würde in der Staatenwelt des Mittelalters die Verwirklichung des Freiheitsideals suchen, wie wir es in Europa seit 1789 kennen. Dennoch bleibt ein Unterschied im allgemeinen Lebensgefühl gegenüber der spätrömischen Zeit. Es gab gewiß auch im Mittelalter Herrschsucht auf der einen und Gedrücktheit auf der anderen Seite, aber immer wieder brach, oft in wilder und maßloser Art, das Freiheitsgefühl durch in Aufständen der Großen, der Städte, der freien Bauern. Dieses Empfinden lebte auch in den oberitalienischen Stadtbürgern, in deren Adern langobardisches Blut floß und die einen bitteren Kampf ausfochten gegen den Unterwerfungswillen der germanischen Kaiser, des Rotbarts und seines Enkels.

Für die Germanen hatte die Völkerwanderung die bleibende Bedeutung, daß sie in diesen Kriegen und Eroberungen näher mit der antiken Kultur in Berührung kamen als jemals zuvor. So begannen sie jetzt, bedeutende Teile von ihr zu übernehmen. Der Streit ist noch nicht völlig geschlichtet, ob dies ein Segen oder ein Fluch für die Germanen war. Kurt Breysig hat es beklagt, daß die Germanen daran gehindert worden seien, die Ansätze ihrer eigenen Kultur zu entwickeln, und daß sie von Beginn ihrer eigenen Staatenwerdung gezwungen gewesen seien, gleichsam auf fremden Krücken zu gehen. Der Wert solcher Überlegungen will sorgsam erwogen werden. Doch ist es nicht möglich, mit Sicherheit auszusagen, was aus der germanischen Kultur geworden wäre, wenn sie sich nicht antiken Einflüssen geöffnet hätte, und ob sie nicht auf die Dauer erstarrt wäre.

Befruchtung durch fremden Geist braucht nicht Überfremdung zu bedeuten. Die Griechen haben östliche Einflüsse genug empfangen, und doch stehen ihre Kultur und ihre Staatenbildung unverwechselbar vor uns. Auch die germanischen und romanischen Völker haben später zwar oft Zeiten erlebt, in denen ihre Eigenart verdeckt erschien, aber dann hat sie sich immer wieder mächtig durchgerungen. Das Nibelungenlied und die deutsche Klassik, Shakespeare und Rembrandt, wer wollte hier das eigentümlich Germanische übersehen, auch wenn man die Fortdauer antiker Anregungen spürt?

Die gewaltigen Ereignisse der Völkerwanderung fanden in der Sage Widerhall, und noch Jahrhunderte später verdichtete sich die Erinnerung daran im Nibelungenlied, wie sich die Erinnerung an die mykenischen Streifzüge in der Ilias verdichtet hatte. Der hohen künstlerischen Kraft des Liedes ebenbürtig ist die stärkste Verkörperung des großen Erlebens in der bildenden Kunst, in dem Reiter von Hornhausen. Wessen Augen aus der Malerei unserer Tage gelernt haben, von der Kunst nicht getreue Nachbildung der Natur zu fordern, wird leicht an der „falschen" Zeichnung von Reiter und Pferd vorbeisehen und den erschütternden Gehalt des Ganzen auf sich wirken lassen. Nach Hans Weigerts schöner Deutung reitet hier der einsame Kämpfer, der noch nicht wie Dürers Ritter seine Geborgenheit in dem Glauben gefunden hat, der auf sich allein gestellt ist, während nur durch einen dünnen Strich von ihm getrennt sich alle Dämonen bäumen. Kein sanftes Lebensglück im Frieden erwartet den Reiter, sondern nur Not und Kampf und Tod, die auch sein Pferd schon wittert. Der Reiter von Hornhausen ist ein tragischer Held, so wie es die Götter der Germanen und wie es viele Könige der Völkerwanderungszeit waren.

Die Ausbreitung der römischen Kirche

Das Schicksal der neu entstehenden germanischen Staaten, namentlich des fränkischen, verknüpfte sich bald eng mit dem römischen Papsttum.

Chlodowechs folgenreiche Taufe war noch ganz ohne Einfluß Roms geschehen, aber Jahrhunderte später vollzogen die fränkischen Könige ein enges Bündnis mit dem Papst.

Schon in den ersten Jahrhunderten des Christentums hatten diejenigen Bischöfe ein besonderes Ansehen, die in großen und alten Städten wie Rom, Nicomedia, Alexandreia ihr Amt ausübten. Allmählich gewann der Bischofsstuhl von Rom besonderes Ansehen. Die Überlieferung, daß Petrus hier der erste Bischof gewesen sei und den Märtyrertod erlitten habe, wirkte zusammen mit der immer noch fortwirkenden Achtung vor der Gründungsstadt des Weltreiches. Unter dem Papst Leo dem Ersten (um 450) war der Vorrang des römischen Bischofs vor den anderen bereits anerkannt.

Aber das war nur ein Vorrang im Ansehen, keine Entscheidungsgewalt. Wohl beanspruchte sie der römische Bischof, gelegentlich wurde sie auch zugestanden, aber grundsätzlich wehrten die übrigen Bischöfe sie ab. Die Umwälzung zugunsten des Papstes vollzog sich zusammen mit der Mission.

Als der große Papst Gregor der Erste (590–604) über den Sklavenmarkt von Rom ging, fielen ihm eine Schar angelsächsischer Sklaven durch ihre Wohlgestaltetheit und ihre Gesichter voll inneren Lebens auf. Er erwog, dieses Volk sei es wohl wert, daß man sich um seine Seelen bemühe, und er sandte den Mönch Augustinus nach England, der hier mit Erfolg sein Bekehrungswerk ausübte und erster Bischof von Canterbury wurde. Den missionierenden Mönchen gab Gregor die Mahnung mit, lieber die Tempel des Götzendienstes nicht zu zerstören und die heidnischen Feste unbehelligt zu lassen, als den Erfolg ihrer Bekehrungsarbeit zu gefährden. „Einen hohen Berg besteigt man nicht in Sprüngen, sondern langsamen Schrittes.“

Selten findet man kirchliche und politische Weisheit in einem einzigen Satz so verdichtet wie hier. Das Erbteil der frühchristlichen Kirche, aber auch der frührömischen Staatskunst, wurde sichtbar. Die Kirche hatte schon immer gewußt, daß für viele Menschen Äußerlichkeiten zunächst wichtiger sind als der innere Gehalt einer Religion, daß man auch sie gewinnen muß und daß dies am besten durch Duldsamkeit in den Dingen geschieht, die für den Glauben nicht wesentlich sind. So hatte sie die Feier des 25. Dezember vom Mithrasdienst übernommen, so hatte sie die Orte des heidnischen Gottesdienstes oft nicht verflucht, sondern gerade dazu aufgesucht, um dort ihre eigenen Feste zu begehen und so die Gemüter der Feiernden unmerklich immer mehr hinüberzulenken zur eigenen Lehre. Aber das eigentliche Ziel hatte sie nie dabei aus den Augen verloren. Die Briten, denen gegenüber Augustin nach Gregors Anweisung so schonend verfuhr, wurden später die überzeugtesten, ja leidenschaftlichsten Anhänger der römischen Kirche.

Aber die Führer des Christentums in England gerieten bald in Auseinandersetzungen mit den iro-schottischen Mönchen. Der heilige Patrick hatte im keltischen Irland zuerst getauft, und unter seinen Nachfolgern war eine Mönchskirche entstanden, die sich nicht an die Verfassung der katholischen Kirche hielt. Sie hatte beträchtliche Erfolge auf dem Festland, namentlich an Rhein und Donau, wo heute noch Kirchen und Klöster wie das nach dem Heiligen Gallus benannte St. Gallen, ferner Reichenau, Regensburg, Salzburg und Würzburg an ihre Wirksamkeit erinnern. Auch in Süd-Britannien wirkten sie. Mit ihnen schien sich ein neuer Zweig in der Kirche zu entfalten.

Aber ihnen trat nun die eben erst begründete Kirche in England mit Entschiedenheit entgegen, und das Lebenswerk des großen Gregor fand nach seinem Tode seine Krönung. Das war die Tat des englischen Adeligen Wilfried, der später Erzbischof von York wurde. Er hatte seine theologische Bildung auf dem Festlande empfangen und überzeugte den König Oswith davon, daß er dem Nebeneinander der irischen und der römischen Lehre ein Ende machen müsse. Das aber könne nur dadurch geschehen, daß man dem Bischof von Rom Gehorsam erweise, da allein in ihm Petrus weiterlebe, mit dem Christus seine Kirche gebaut habe. Die Entschiedenheit seiner Lehre drang durch, die Angeln und Sachsen verehrten den römischen Papst vor allen anderen und waren bereit, ihm unbedingte Folgschaft zu leisten.

Aus diesem religiösen Kreis ging Winfried hervor, der gegen das Ende des siebenten Jahrhunderts auf das Festland hinüberging. Es war eine sinnbildliche Handlung, daß er auch nach Rom zum Papst reiste, von ihm den Namen Bonifatius erhielt und sich große Vollmacht geben ließ. Er predigte nicht nur bei den noch Unbekehrten in Hessen, Thüringen, Bayern und Schwaben, sondern ordnete auch die fränkische Kirche, wo es seit Chlodowech viele Getaufte, aber wenig Christen und nur Anfänge einer kirchlichen Ordnung gab. Er wirkte auch im Missionsgebiet der iro-schottischen Mönche, gegen die er durch seine kraftvolle Persönlichkeit und sein geduldiges Mitertragen aller Nöte und Leiden des Volkes obsiegte. Alle Neu- und Altbekehrten führte er unter die Oberherrschaft Roms. Wenige Päpste haben soviel dafür getan, die Macht des Römischen Stuhls in der Kirche zu sichern wie er. Als er 754 von den heidnischen Friesen erschlagen wurde, hatte er ein weltgeschichtliches Werk bereits getan.

Wichtige und willige Diener der Kirchen, aber doch von eigen geprägter Art, wurden in dieser Zeit des frühen Mittelalters die Mönche. Askese, Eremitentum, Mönchsgemeinschaften hatte es schon vorher im Christentum gegeben, aber erst jetzt erfuhren ihre Zusammenschlüsse die Formung, die eine geschlossene und nachhaltige Wirkung ermöglichte. Im Jahre 529 gründete Benedikt von Nursia auf dem Monte Cassino das erste Kloster jenes Ordens, der von ihm seinen Namen erhalten hat. Zum ersten Male wurde jetzt fromme Versenkung verbunden mit Pflege der Wissenschaft und dem Landbau. Jene großartige Verbindung war geschaffen, die das Mönchstum zu einem der größten Kulturträger des Mittelalters gemacht hat.

Dank der Tapferkeit und Klugheit von Bischöfen, Priestern und Mönchen, dank auch des Bekehrungseifers frommer Königinnen gelang es, bis etwa um 750 alle Ostgermanen und Westgermanen bis auf die Sachsen dem römischen Glauben zuzuführen. Die Langobarden, die zuerst arianisch geworden waren, traten zum Katholizismus über, ebenso die Westgoten. Alle diese Stämme und Völker nahmen aus freiem Willen den christlichen Glauben an.

Mohammed

Aber eben in der Zeit, in der das Christentum katholischer Prägung große Erfolge in Mittel- und Westeuropa errang, wurde es eines weiten Gebietes im Süden beraubt. Die jüngste der großen Weltreligionen wurde geschaffen.

Ihre Geburtsstätte war Arabien. Das Land war von Beduinen bewohnt, die sich als tapfere Krieger bewährten und deshalb gern von den Kaisern angeworben wurden, aber deren Stämme untereinander in endlosem Hader verstrickt waren, so daß sie nie bisher zu einer geschlossenen Einheit und Wirkungskraft gekommen waren. In diesem Dasein fern von der großen Geschichte hätte Arabien noch jahrhundertelang leben können, wenn ihm nicht ein religiöses und staatliches Genie erweckt worden wäre. Die späte Wandlung der Araber ging von einem einzigen Manne aus, von Mohammed.

Die meisten Historiker von heute schätzen das Wort Treitschkes nicht sehr, daß „Männer die Geschichte machen". Sie halten es mehr mit den großen Entwicklungsreihen, mit verfassungspolitischen, wirtschaftlichen, sozialen und geistigen Bewegungen, die fast mit der Kraft von Naturgesetzen die Völker und Staaten durch die Jahrhunderte tragen. In solcher Betrachtung liegt etwas ungemein Fruchtbares, und unsere Erkenntnis von der Geschichte ist durch sie bereichert und verfeinert worden. Aber von Zeit zu Zeit geschieht etwas Rätselhaftes. Der große Einzelne erhebt sich, zerschlägt eine Welt oder baut eine neue auf. Und wenn dergleichen vor sich geht, dann sind wir wieder geneigt, uns einer Geschichtsbetrachtung zu beugen, der etwa Kurt Breysig vor einem Menschenalter Gestalt gegeben hat und die in der herrscherlichen Persönlichkeit den eigentlichen Träger der Entwicklung sieht.

Mohammed war ein Beduine aus nicht allzu vornehmer Familie, der als Kaufmann auf Karawanenreisen fremde Einflüsse erfahren und einige Lehren des Judentums und des Christentums kennengelernt hatte. Viel blieb nicht davon haften; so glaubte er, die Heilige Dreifaltigkeit bestehe aus Gottvater, Maria und Christus. Mohammed war Zeit seines Lebens nicht nur ein ungelehrter, sondern auch ein ziemlich ungebildeter Mann und, was wichtiger ist, ein Mann ziemlich einfachen Denkens. Er liebte zwar die Träumerei, aber nicht eigentlich das spekulative Denken oder die Versenkung in Geheimnisse, die der menschliche Geist nur zu ahnen und nicht zu begreifen vermag. Aber es ist in der Geschichte häufig, daß gerade Menschen von einem holzschnittartigen Denken eine große Macht auf ihre Mitwelt ausüben und selbst von reichen Geistern ehrfürchtig bestaunt werden. Das hängt nicht damit zusammen, daß der einfachere Geist die Willenskraft ungeschwächt erhält, wie man oft geglaubt hat, sondern daß seine Vorstellungen jedem einleuchten, ohne daß er sich die verhaßte Mühe des Nachdenkens zu machen braucht.

Peinlicher als seine Primitivität sind für uns Züge von Rachsucht und Grausamkeit. Er wollte seine Religion zuerst als Fortsetzung der jüdischen gründen; als er aber von den Juden in Medina ausgelacht wurde, ergrimmte er. Nicht nur gab er sein Vorhaben auf, sondern er ließ später alle Juden in Medina töten.

In Mekka, wo ihm die Heirat mit einer reichen Witwe die Gelegenheit gab, ganz seinen Träumereien und Eingebungen zu leben, erzählte er seinen Freunden von den Visionen, die er gehabt habe, von den Erscheinungen des Erzengels Gabriel, von dem neuen Glauben, der sich in ihm zu formen begann. Arabisches Nationalgefühl und die Leidenschaft des Religionsstiftens flossen bei ihm zusammen. Die Araber waren Götzenanbeter, und sie befehdeten sich untereinander; jetzt lehrte Mohammed sie den einzigen Gott, Allah, anbeten. Wenn die Araber sich entschlossen, ihm zu folgen, so mußten sie aufhören, ihre

Götzen anzubeten, aber sie mußten, in der Religion geeint, auch als Volk zusammenwachsen.

In Mekka fand er eine kleine Gemeinde von Anhängern, aber auch viele Gegner, die am alten Glauben festhielten. Er war noch am Anfang seines Werkes, als ihn ein Streit zwischen zwei Stämmen nach Medina rief. Man forderte ihn auf, Schiedsrichter zu sein. Mohammed löste die Aufgabe glänzend, und damit war eigentlich sein Erfolg entschieden. Schon in dieser einen Handlung wird ein grundlegender Unterschied zwischen Christentum und Mohammedanismus ganz deutlich. Jenes ist reine Religion, dieser ist Religion und Politik zusammen, Religion und nationale Tat.

Mit Recht feiern die Anhänger Mohammeds diesen Auszug von Mekka nach Medina (622) als den Beginn ihrer Zeitrechnung. Von da an breitete sich Mohammeds Einfluß aus. Sein Ruf drang weithin, und was ihm bei den ersten Stämmen gelungen war, gelang ihm später noch bei anderen. Allen predigte er seine neue Lehre, und alle nahmen sie sie an. Sein politischer Erfolg, die Einfachheit und die Verlockungen seines Glaubens gewannen ihm die Herzen seiner Mitbürger. Nach acht Jahren hatte er eine mächtige Schar von Anhängern. Auf sie gestützt, konnte er es wagen, gegen Mekka zu ziehen und die Stadt zur Unterwerfung zu zwingen. Nach dem Siege vollzog er ein Kompromiß, das höchst bezeichnend für seine genial-schlaue Natur ist. Er umritt siebenmal die Kaaba, das einzige Nationalheiligtum der Araber, einen Meteorstein, der von ihnen wie ein Gott verehrt wurde. Er bezeichnete mit seiner Lanze alle Götzenbilder, die zerstört werden sollten, aber er ließ dann die Verehrung der Kaaba unangetastet. Sie sei, so verkündete er, von Abraham den Arabern geschenkt. So wußte er wieder die Erinnerungen an die alten Bräuche zu schonen.

Die Ausbreitung des Islams

Arabien war schon zum größten Teil unter dem neuen Glauben geeint, als Mohammed 632 starb. Nach seinem Tode erschien seine Lehre zusammengefaßt im Koran, einem für unsere Begriffe enttäuschenden Buch mit manchen Weitschweifigkeiten, Wiederholungen und einigen wirren Stellen. Aber gewisse Grundgedanken leuchten klar hervor: die Notwendigkeit, sich in den unabänderlichen Willen Allahs zu ergeben (*Islam* heißt Hingabe), sich mit guten Werken und mit dem Kampf für den Islam einen Platz im Himmel zu gewinnen, wo eine

Fülle irdischer Freuden den tapferen Gläubigen erwartet. Die Vorstellung vom unabänderlichen Schicksal, vom *Kismet*, kann auf die Menschen und Völker lähmend und erschlaffend wirken, aber sie kann auch den Kriegern eine stürmische Tapferkeit geben: da die Todesstunde vorherbestimmt ist, hat es keinen Sinn, vor ihr zu fliehen. Wenn sich damit noch die Erwartung auf das Paradies verbindet, so wird der Mut zur Todesverachtung. In den ersten Jahrhunderten der mohammedanischen Religion hat der fanatische Glaube Entscheidendes beigetragen, den Arabern die Herrschaft über große Länder zu gewinnen.

Es entsprach dem Wesen Mohammeds und seines Glaubens, daß der Koran auch eine Zusammenfassung der wichtigsten Vorschriften und Gesetze für das tägliche Leben ist, die größere Wirkungskraft dadurch gewinnen sollen, daß sie als Ausfluß göttlichen Willens erscheinen. Allah ist, nach dem glücklichen Ausdruck H. A. L. Fischers, wie sein Prophet ein Araber, er kennt seine Araber, und er weiß, welche Gefahren ihrer Gesundheit von dem heißen Klima drohen. So gebietet er ihnen häufiges Fasten und Waschungen, verlangt die Enthaltung vom Schweinefleisch wie von allen berauschenden Getränken. Welchen Gewinn mögen später die arabischen Heerführer in gefährlichen Feldzügen allein aus der Tatsache gezogen haben, daß sie der Nüchternheit ihrer Gefolgsleute sicher sein konnten!

Nachdem Arabien im Islam völlig geeint war, trugen die Nachfolger Mohammeds, die Kalifen, den Kampf für die neue Lehre weit über die Grenzen ihres Landes hinaus. Dabei spielte sicherlich die Lust am Kampf und an der Beute bei diesen kriegerischen Beduinen eine nicht geringere Rolle als religiöse Überzeugung. Unter Omars gewaltigen Schlägen brachen die oströmischen Heere wie die persischen zusammen. Syrien, Palästina, Ägypten (642), Persien selbst (641) wurden dem Islam unterworfen.

Aber schon auf der Höhe der Erfolge begannen die Auseinandersetzungen um die Führerschaft, die seitdem so oft die islamischen Reiche heimgesucht haben. Omar wurde ermordet. In den Wirren nach seinem Tode rang sich die Persönlichkeit Muawijahs, des Sohnes des Ommejah, hervor, der die Dynastie der Ommajaden begründete (661 bis 750). Aber ein Teil der Gläubigen hielt daran fest, daß der ermordete Ali, ein Verwandter Mohammeds, der gesetzmäßige Kalif sei. Von hier an begann die Spaltung des Islams, die bis heute andauert. Die Partei Alis, die Schiat Ali, begründete die Glaubensgemeinschaft der Schiiten, die heute ihren Hauptsitz in Persien hat. Sie unterscheidet sich von der Mehrheit der Mohammedaner auch dadurch, daß sie nur den

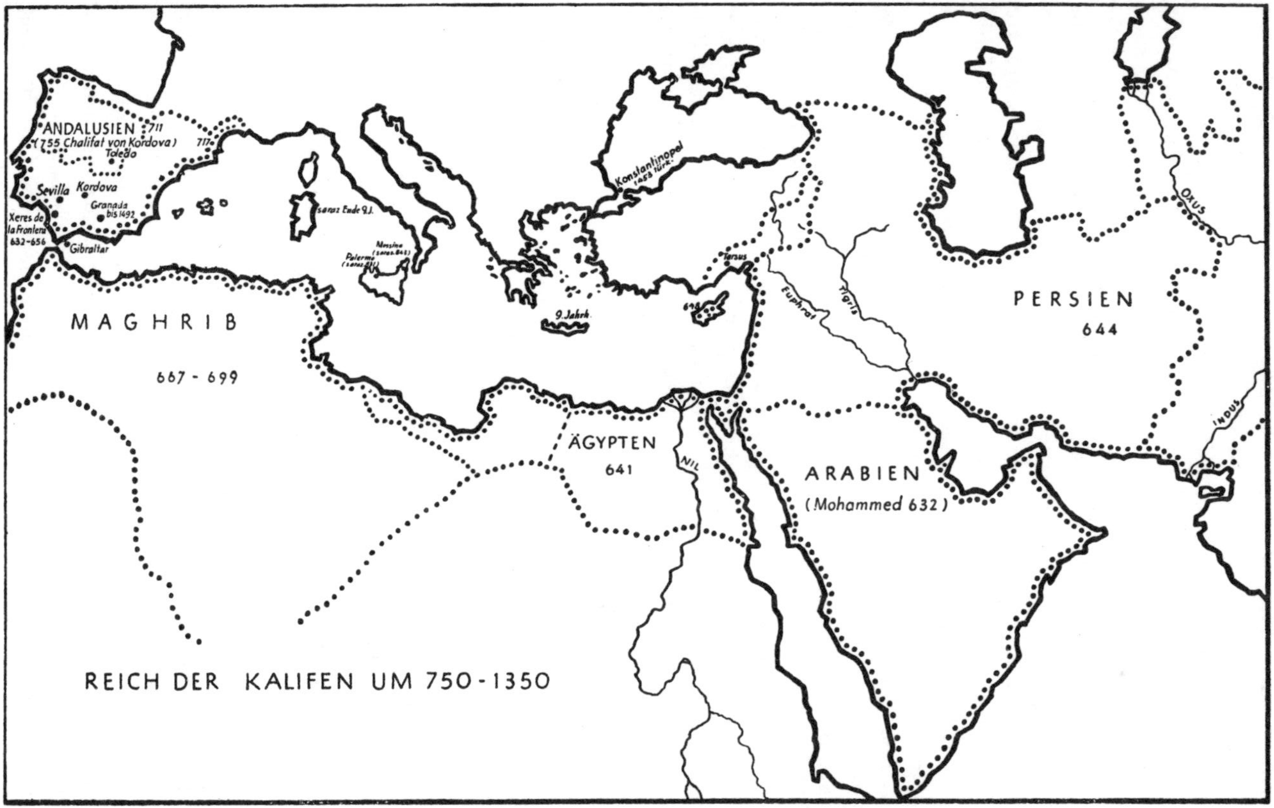
ANDALUSIEN 711
(755 Chalifat von Kordova)
717
Toledo
Sevilla
Kordova
Granada bis 1492
Xeres de la Frontera 632-656
Gibraltar
saraz Ende 9.J.
Messina
Palermo
Konstantinopel 1453 türk.
Tarsus
648
9. Jahrh.
MAGHRIB
667 - 699
ÄGYPTEN
641
NIL
Euphrat
Tigris
PERSIEN
644
OXUS
INDUS
ARABIEN
(Mohammed 632)
REICH DER KALIFEN UM 750-1350

Koran, nicht die Sunna, die Überlieferung, anerkennt, nach der die Anhänger der herrschenden Richtung Sunniten genannt werden.

Unter den Ommajaden ging die Eroberungswelle weiter. Ganz Nordafrika wurde nun den Oströmern entrissen. 711 überschritt Tarik die Straße an den Säulen des Herkules. Nach ihm wird seitdem der südspanische Felsen Dschebel Tarik, Gibraltar, genannt. Bei Xeres de la Frontera (nach neuerer Auffassung am Salado) schlug Tarik im Jahre 711 den westgotischen König vernichtend. Bald war ganz Spanien von den Arabern beherrscht. Vom Indus bis zu den Pyrenäen erstreckte sich ein einziges mohammedanisches Reich, noch nicht hundert Jahre nachdem der Prophet ausgezogen war, einigen Beduinenscheichs in Medina seine Lehre zu verkünden.

Die Unterwerfung so weiter Gebiete war bisher ohne Beispiel. Es bleibt etwas Rätselhaftes für den Betrachter in dem völligen Zusammenbruch der persischen, der oströmischen und der westgotischen Herrschaft in diesen Ländern. Man hat angeführt, Perser und Oströmer hätten seit Jahrhunderten gegeneinander Krieg geführt und seien darum erschöpft gewesen. Von den Westgoten nahm man lange an, seit dem Übertritt zur katholischen Kirche habe die Priesterschaft den Staat überwuchert und ihn damit nach außen ohnmächtig gemacht. Von anderer Seite wird neuerdings geltend gemacht, die Kirche habe den Staat gekräftigt.

Aber die Erklärung für das ungeheure Geschehen liegt wahrscheinlich bei den Arabern, nicht bei den von ihnen Besiegten. Die Araber waren immer tapfer gewesen, einzelne Stämme waren schon vor Mohammed in Persien eingedrungen. Nun war diese kriegerische Kraft dank Mohammed geeinigt, dazu aber noch erfüllt von dem Fanatismus einer noch jungen und darum feurig geglaubten Religion. So wirkte der Islam damals wie ein mächtiger Sprengkörper in einer alt gewordenen Welt.

Zwischen Nord und Süd war ein tiefer Graben des Glaubens, der Herrschaftsform, der Rasse gezogen. Er hat bis heute gedauert. Die Germanen hatten vom Römischen Reich den Westen losgerissen, jetzt ging ihm der Süden verloren. Das Reich hatte sich im Laufe langer Jahrhunderte um das Mittelmeer gelegt, Nordafrika war entweder dem griechischen oder dem lateinischen Geist erschlossen worden. Fast wirkte es dabei wie ein südliches Stück Europa. Das war nun vorbei; wie wir sagen müssen, für immer vorbei. In der Neuzeit haben weder Engländer noch Franzosen, noch Italiener eine ähnlich verwandelnde und formende Kraft in Afrika entwickeln können wie Griechen und

Römer vordem. Kein Septimius Severus, kein Athanasius, kein Augustinus, kein großer Angehöriger und Beflügler also des Abendlandes ist in den modernen Zeiten dem afrikanischen Boden mehr erwachsen.

Jetzt hörte auch der rege Handelsverkehr auf, der in der Spätantike das Mittelmeer erfüllt und die Provinzen des Reiches miteinander verbunden hatte. Wohl hielt sich im Osten, nicht ohne Mühe, die Flotte der Kaiser von Byzanz, aber das westliche Mittelmeer wurde ein arabisches Meer. Gold, Gewürze, Schriften drangen nun kaum mehr nach Rom oder zu dem neuen fränkischen Reich. Indem er dies alles erwägt, kommt Hans Freyer zu dem Schluß, daß jetzt erst die Antike zu Ende gegangen sei.

Und dennoch bewahrte selbst das erobernde arabische Reich noch einen kostbaren Schatz. Niemand, so scheint es, kann sich dem griechischen Geist nahen, ohne davon angerührt zu werden. Als die Araber die östlichen Provinzen des Römischen Reiches gewannen, stießen sie auf die Zeugnisse des Griechentums und spürten mit der Zeit ihren stillen und unwiderstehlichen Einfluß. Noch einmal geschah den Arabern, wenn auch im schwächeren Grade, was schon den anderen Orientalen geschehen war. Die Araber haben die hellenische Überlieferung nicht selbständig fortentwickelt und neu geformt, wie es unter den Diadochen geschehen war. Dazu reichte ihre schöpferische Kraft nicht aus. Aber sie bewahrten sie, und dies war viel. Die griechischen Denker, die griechischen Mathematiker und Naturwissenschaftler fanden bei den arabischen Gelehrten hohe Achtung. In ihren hohen Schulen wurde das große Erbe von Generation zu Generation weitergereicht. Das berührte lange Zeit den Norden nicht, dessen Geist mit endlosen Kriegen und mit Theologie beschäftigt war. Aber als später die Mauern niedergerissen wurden, die zwischen arabischen und westeuropäischen Staaten errichtet worden waren, wurden die Christen mit Staunen gewahr, welche Kostbarkeiten die Araber bewahrt hatten.

Nur langsam und allmählich hatte die große Eroberung eine Ausbreitung des mohammedanischen Glaubens zur Folge. Die Araber schätzten das Dasein eines Herrenvolkes, das von der Arbeit der Unterworfenen lebte. Die beherrschten Völker waren rechtlos, aber sie wurden in ihrem Glauben nicht gekränkt. Denn wer zum Islam übertrat, wurde steuerfrei und minderte so die Einkünfte für die Herrenschicht. Das ist der Hintergrund der religiösen Duldsamkeit, die auf den ersten Blick der arabischen Herrschaft so gewinnende Züge gibt. Allmählich aber drang die Lehre des Islams in breitere Schichten ein, sei es, daß sie durch ihre Überzeugungskraft siegte, sei es, daß die

Neubekehrten an der bevorzugten Stellung der herrschenden Religionsgemeinschaft teilhaben wollten. So sind Nordafrika, Persien, später andere Teile Asiens mohammedanisch geworden und geblieben bis auf unsere Tage.

Konstantinopel, Tours und Poitiers

Im zweiten Jahrzehnt nach 700 hatte der Islam eine große und furchterregende Stellung gewonnen. Seine Züge hatten bisher unwiderstehlichen Charakter gehabt, und nun bedrohte er von zwei Seiten her die abendländische Welt. In veränderten Formen wiederholte sich die Bedrohung, unter der das Abendland zur Zeit der Dareios und Xerxes gestanden hatte: Umflügelung und Zerschmetterung.

Aber wie damals ballten sich an beiden entscheidenden Flügelpunkten die Kräfte der Abwehr zusammen und errangen den Sieg in der Verteidigung. Leo der Dritte, fälschlich der Isaurier genannt, wehrte mit seinen Kriegern auf den Mauern von Konstantinopel im Jahre 717/718 die Angriffe der an Zahl übermächtigen Araber ab. Gestützt auf die unvergleichliche militärische Lage der Stadt am Meer, auf ihre Befestigungen, auf die neue Erfindung der Flammenwerfer, die man damals griechisches Feuer nannte, getragen aber vor allem durch seine eigene Tatkraft, so bereitete er am Ende den Belagerern eine Niederlage, rückte ihnen nach und schlug sie in Kleinasien noch einmal in offener Feldschlacht.

Ein halbes Menschenalter später prallten die Reiterscharen der Sarazenen im mittleren Frankreich auf die Krieger des Westens. Es war eine der großen Entscheidungsstunden der Weltgeschichte. Nur noch die schmale Strecke zwischen Loire und Main war zu durchreiten, dann war das Ende der geformten staatlichen Kraft erreicht, die allein den Arabern Widerstand leisten konnte. Die Eroberer hatten größere Bereiche schnell gewonnen; gelang ihnen auch dies, dann war ihre Herrschaft im Westen und Mitteleuropa nicht mehr aufzuhalten. Eine Ahnung von der Bedeutung der Stunde muß in Karl Martell, dem Hausmeier des Königs der Franken, gelebt haben. Er hatte den ganzen fränkischen Heerbann, im neueroberten Gallien wie im alten Lande, aufgeboten. Bei Tours und Poitiers trafen 732 die beiden Heere aufeinander. Als der heiße Kampf zu Ende war, bedeckten der sarazenische Führer und viele seiner Krieger tot das Schlachtfeld, nur noch Trümmer konnten sich über die Pyrenäen zurückziehen.

Es war ein germanischer Fürst mit Kriegern germanischer Herkunft, die Europa gerettet hatten. Zweihundert Jahre später bezwangen die Nachfahren der Germanen, die Deutschen unter Otto, eine neue Drohung aus dem Osten, die der Ungarn. In der Neuzeit übernahmen dann die Habsburger die Verpflichtung zur Abwehr gegen den Osten. Als Rüdiger von Starhemberg bei Wien die Türken aufhielt, rettete er seinem Kaiser die Hauptstadt, bewahrte er Europa vor östlicher Überflutung. Die Habsburger reichten die Aufgabe an die Preußen weiter. Bei Zorndorf und bei Tannenberg wurde wieder der Anmarsch aus dem Osten zum Stehen gebracht.

Mit den großen Niederlagen von Konstantinopel und Tours war im wesentlichen die Ausbreitungskraft der Araber gebrochen. Im neuen Jahrhundert gelang von Afrika aus noch die Besetzung von Sizilien, 878 wurde Syrakus genommen. Von da drangen die Araber nach Unteritalien vor. Aber später erscheinen sie mehr als beharrende denn als ausgreifende Macht. Ihre Streifzüge waren Plünderungsunternehmungen, keine Eroberungskriege mehr.

Die Schwächung nach außen war auch die Folge des Zerfalls der staatlichen Einheit. Kein herrscherlicher Wille mehr formte das Riesenreich, das auf die Dauer zu groß war für eine einheitliche Verwaltung. Der Kalif aus dem Hause der Abassiden, der jetzt in Bagdad residierte, wurde zu einer Art Ehrenherrscher, die staatliche Gewalt lag in den übrigen Teilen des Reiches bei den Unterfürsten, in Spanien bei den Nachkommen der Omajaden, die in Cordova ein besonderes Kalifat errichtet hatten.

Reichtum und Beute ließen die kriegerische Kraft erschlaffen. Söldner sollten verteidigen, was die Beduinen erobert hatten. Persische Sitten mit Verschwendung, mit einem großen Hofstaat, mit den Harems, Haremswächtern und Haremsintrigen drangen ein. Aber auch die geordnete Verwaltung wurde übernommen, und das Vergnügen an Kunst und Wissenschaft wuchs. Die arabischen Staaten wurden Träger einer hohen, den west- und mitteleuropäischen Ländern lange Zeit überlegenen Kultur.

Der Aufstieg der Karolinger

Die Kräfte, die den Arabern bei Tours und Poitiers Halt geboten hatten, führten auch das fränkische Reich aus dem Verfall und begründeten seine neue Machtstellung. Unter den Merowingern war der

Staat immer mehr geschwächt worden durch Erbteilungen und Unruhen, aber die Hausmeier aus dem Geschlecht der Arnulfinger nahmen seine Geschicke in ihre tatkräftigen Hände und stellten seine Macht wieder her. Pippin, zubenannt der Mittlere, schlug 687 bei Tertri den Rivalen; seitdem gab es wieder ein einheitliches Reich. Pippins Sohn Karl Martell erfüllte die weltgeschichtliche Aufgabe, den Einfall der Sarazenen abzuwehren, und gewann damit neuen Ruhm und Ansehen für sein Geschlecht.

Mit dem Namen Karl Martell ist die Schöpfung des Rittertums und des Lehnswesens im Abendland verknüpft. Früher nahm man an, er habe gegenüber den sarazenischen Reitern die gepanzerte fränkische Reiterei geschaffen an Stelle des fränkischen Fußvolkes, dies sei ihm nur durch Vergebung mit Land möglich gewesen, und so dürfe man in ihm den Schöpfer von etwas völlig Neuem sehen. Die Kritik der Gelehrten hat gezeigt, daß diese Ansicht Übertreibungen enthält. Reiter gab es schon bei den Frühgermanen, und die Panzerung ist ein Erbteil der Römer. Im Kampfe gegen die Perser hatten die Römer die schwere Bewaffnung vom Gegner übernommen. Auch die Vergebung mit Land war schon früher üblich. Der römische Patron gab es seinem Klienten, der germanische Gefolgsherr seinem Mann.

Aber der Kern in jener älteren Auffassung bleibt bestehen. Gepanzerte Reiter konnten den Sarazenen besser widerstehen als die früheren leichtbewaffneten oder als ein Heer, das nur aus Fußvolk bestand. Wenn Karl Martell römische Vorbilder übernahm, so vermehrte und verstärkte er doch die Waffen der Panzerreiter. Kriegsdienst aber über so weite Entfernungen wie die des fränkischen Reiches, dazu die Anschaffung von Roß und Rüstung waren teuer. Wir haben schon gehört, daß nicht einmal die Kaiser zuletzt noch Bargeld genug hatten, ihre Krieger zu besolden, und daß sie deshalb die Truppen bei den Grundherren einquartierten. Erst recht besaß ein fränkischer König so große Summen nicht, die notwendig gewesen wären, ein Ritterheer zu besolden. So gab Karl Martell den Kriegern Höfe als *beneficium*, oder *feudum*, von deren Ertrag sie leben konnten und wofür sie sich verpflichteten, für ihn in die Schlacht zu reiten.

Das ist das Wesen des mittelalterlichen Lehnswesens, des feudalen Staates. Die Inhaber eines solchen Lehens nannte man nach dem keltischen Wort *gwas* (Knecht) Vasallen. Karl Martell gab den Vasallen das Land, das sie zu ihrem Unterhalt brauchten, zum Teil aus dem Königsgute. Doch zwang er auch die Kirche dazu, aus ihrem reichen Besitze Land auszugeben und ihm dafür Krieger zu stellen. Auch die

Großen gaben, was schon in römischer Zeit Gewohnheit gewesen war, einen Teil ihres Besitzes an Vasallen, dazu erhielten sie aber auch vom König solches Land, das sie weitergaben. Das solcherart ausgegebene Land galt zunächst als geliehen, aber allmählich wurde es als Besitz betrachtet und schließlich den Nachkommen weitergegeben.

Karls Sohn Pippin, zubenannt der Kurze, erbte von ihm eine königliche Stellung, und in ihm regte sich der Wunsch, selber König zu werden. Aber er wagte den entscheidenden Schritt nicht, ohne den Papst um Rat gefragt zu haben. Ein Jahrhundert vorher wäre keiner der fränkischen Großen auf den Gedanken gekommen, sich in Rom Hilfe bei einer weltlichen Maßnahme zu holen. So sehr war inzwischen dank Bonifatius das Ansehen des päpstlichen Stuhles gestiegen, daß Pippin glaubte, sich die päpstliche Unterstützung sichern zu sollen. Aus Rom kam die erwünschte Antwort, es sei besser, daß der die Würde habe, der die Macht besitze, und nicht der, der ohne Macht sei. So wurde der letzte Merowinger in ein Kloster gesandt, und Pippin ließ sich von Bonifatius im Jahre 751 zum König der Franken salben. Damit erhielt das Königtum eine religiöse Weihe, die ihm bisher bei allen Germanen gefehlt hatte, aber darin zeichnete sich auch bereits eine Macht der Kirche ab, die sie bisher nicht besessen hatte. Pippin mochte das Gefühl haben, die Krone sicherer tragen zu können, seitdem ihn ein berühmter Bischof gesalbt hatte.

Bald fand sich die Gelegenheit, sich dem Papste für den wichtigen Dienst erkenntlich zu zeigen. Zwischen Rom und Byzanz war offener Streit. Der große Kaiser Leo der Dritte, derselbe, der die Araber geschlagen hatte, war von Sorge erfüllt, die im Osten immer mehr überhandnehmende Verehrung der kirchlichen Bilder möchte die Reinheit der Lehre trüben, zum Aberglauben führen und damit auch den Staat schwächen. So hatte er im Jahre 730 verboten, Bilder von Gott, Christus und der Jungfrau Maria zu zeigen. Das widersprach tief der Auffassung des Papstes und der Gläubigen im Westen. Der Papst folgte der kaiserlichen Anordnung nicht, die kirchliche Spaltung begann, die der staatlichen Zerreißung des Römischen Reiches dreieinhalb Jahrhunderte später folgte.

Dem Namen nach gehörte das Gebiet des Bischofs von Rom noch immer dem Kaiser, und der Zwist mit ihm konnte für den Papst leicht gefährlich werden. Da er selber zu schwach war, einen Kampf zu bestehen, mußte er sich nach einem Schutzherrn umsehen. Der König der Langobarden wäre am ehesten in Betracht gekommen, aber gerade weil er so nahe war, mußte der Papst fürchten, von ihm zu einem kleinen Landbischof heruntergedrückt zu werden. So sah er sich nach einem anderen Bundesgenossen um; das ist der Sinn jener moralischen Hilfe, die er Pippin lieh. Die Folge war, daß der Langobardenkönig den Papst hart bedrängte, und nun eilte Stephan der Zweite in das Frankenland, wo er Pippin noch einmal salbte und wo ihm Pippin den Schutz des Stuhles von Sankt Peter zusagte. Der König warf mit seinem Heer die Langobarden nieder. Die Besiegten übergaben den Franken die Schlüssel der Städte des Exarchats von Ravenna, das sie erobert hatten, und die Franken ihrerseits schenkten sie wieder dem Papste, der sie und das Gebiet von Rom zusammen verwaltete. Er nahm die Schenkung gerne entgegen, und er begründete die Annahme mit den Worten: „Weil die menschliche Natur überall auf Vergrößerung des Besitzes gerichtet ist, wäre es töricht, zu verlangen, daß ein Bischof darauf verzichten solle."

Der König und seine Großen waren bei ihrem Vorgehen auch bestimmt worden dadurch, daß man ihnen eine Urkunde vorzeigte, nach der Konstantin der Große zum Dank für Taufe und Heilung von einer schweren Krankheit dem päpstlichen Stuhl Italien mit der Stadt Rom zu eigen gegeben hatte. Diese Urkunde war gefälscht, wir wissen nicht von wem. Im fünfzehnten Jahrhundert wiesen die italienischen Humanisten den Betrug nach.

Machterweiterung durch Karl den Großen

Karl, der Sohn Pippins, war ein echter Franke, kraftvoll und entschlossen, mit einem ausgeprägten Machtinstinkt, aber auf die Vergrößerung seines Herrschaftsbereiches bedacht, insofern ein Nachfolger der Merowinger, aber anders als diese zugleich ehrenhaft, zuverlässig und höherer Bildung aufgeschlossen.

In dem neu aufbrechenden Streit zwischen dem Langobardenkönig und dem Papste griff er mit Waffengewalt ein. Der letzte Langobardenkönig mußte ins Kloster gehen, Karl setzte sich in Pavia die Eiserne Krone der Lombarden aufs Haupt (774). Da er zugleich als *patricius* Oberherr von Rom war, reichte seine Macht in Italien bis zum Garigliano. Südlich der Pyrenäen wurde den Arabern das Gebiet entrissen, das mit einem Stück bis zum Ebro reichte und den Namen der Spanischen Mark erhielt. Gegen die Westslawen errichtete er an der Elbe die Sorbische Mark. Den aufsässigen Bayernherzog schickte er ins Kloster. Indem er unmittelbar Herr über Bayern wurde, geriet er in

Canossa

Innozenz der Dritte

Das dritte Kloster Cluny

Friedrich Barbarossa

Heinrich der Sechste

den Kampf mit den Avaren, den Stammverwandten der Hunnen. Er warf sie zurück, stieß nach, nicht nur mit Kriegern, sondern auch mit der Mission und bayrischen Bauern, und schob so in der Ostmark, dem Kern des späteren Österreichs, zum ersten Male wieder germanisches Siedlungsgebiet nach Osten vor.

Die schwersten, aber auch die folgenreichsten Kriege hatte er gegen die Sachsen zu bestehen. Sie dauerten mit Unterbrechungen über dreißig Jahre (772–804). Die Sachsen waren die einzigen Westgermanen, die Heiden geblieben waren. Der Krieg gegen sie war gerechtfertigt dadurch, daß sie unaufhörlich die fränkischen Grenzgebiete überfielen. Aber als Karl seine Krieger gegen sie führte, wurde er auch von dem frommen Eifer getrieben, dem Bekehrung, auch gewaltsame Bekehrung, als ein gottwohlgefälliges Werk galt.

Die Sachsen setzten der fränkischen Oberherrschaft wie dem Christentum mit dem besonders verhaßten Kirchenzehnten lange Zeit hartnäckigen Widerstand entgegen, obwohl sie durch den Abzug vieler kühner Krieger nach Britannien geschwächt waren. Sie fochten unter der Führung des Adligen Widukind tapfer und zäh. Karl begriff, daß er sich mit Schlachtensiegen nicht begnügen konnte, sondern verpflanzte Sachsen in größerer Zahl nach dem Frankenland, Franken nach Sachsen und legte in dem eroberten Land Pfalzen und Klöster an, die wie Corvey noch heute mit ihren Mauern davon künden, daß sie auch als Festungen dienen mußten. Die Entscheidung fiel dadurch, daß die sächsischen Adligen zu Karl übergingen, da sie die Gewißheit erhielten, daß sie ihre Vorrechte behalten durften. Damit waren die Sachsen ihrer natürlichen Führer beraubt. Auch Widukind ließ sich taufen. Sein Urenkel herrschte später als ein christlicher König über Sachsen und Franken.

Der lange und tapfere Freiheitskampf der Sachsen hat ihnen noch mehr als tausend Jahre später viel Zuneigung eingebracht. Klare Überlegung muß doch urteilen, daß ihre Eingliederung in das Reich segensvoll auch für sie war. So nur gewannen sie den Anschluß an die allgemein-europäische Kulturentwicklung; auch hätten sie allein schwerlich den vordringenden Slawen widerstanden.

Aber auf den Feldzügen Karls gegen die Sachsen liegt der düstere Schatten von Verden. Eine sächsische Schar hatte eine fränkische bei Hameln überfallen und vernichtet. Diese Frankenschar war den Sachsen gegen die Slawen zu Hilfe gekommen. Als Karl racheheischend herannahte, überlieferte ihm der sächsische Adel viertausendfünfhundert seiner Landsleute, und Karl ließ sie alle bei Verden an der Aller zusammenhauen. Die Berichte darüber haben vielen Forschern Kummer bereitet, da sie nicht in das Bild eines edlen Herrschers passen und das Andenken eines Königs beflecken, der nicht nur der germanischen, sondern auch der deutschen Überlieferung teuer ist. So ist die Zahl Viertausendfünfhundert von manchem Historiker als übertrieben bezeichnet worden, andere haben gemeint, die gefangenen Sachsen seien nur umgesiedelt, nicht aber getötet worden. Eindringende Untersuchung hat immer wieder ergeben, daß die Quellen und nicht ihre weitherzigen Ausleger den Tatbestand richtig wiedergeben.

Leider spricht auch das, was wir von der menschlichen Natur wissen, für die Richtigkeit der Quellendarstellung. Karl war nicht der erste und nicht der letzte Herrscher, der so handelte und damit sein Andenken trübte und dem dennoch die Geschichte unbefangen den Namen des Großen verlieh. Theodosius der Große ließ nach einem Aufstand siebentausend Mann im Zirkus zusammenhauen, Basileios der Zweite ließ fünfzehntausend gefangenen Bulgaren die Augen ausstechen, und noch achthundert Jahre nach Karl, nach so viel Fortschritten der Zivilisation, verfuhr der große Cromwell bei Drogheda mit den gefangenen Iren so wie Karl bei Verden mit den Sachsen. Es ist ein Zug von plötzlich aufbrechender Wildheit in diesen Männern, den man verdammen oder entschuldigen mag, den man aber nicht hinwegleugnen darf.

Als Gesamtergebnis aller seiner Kriege hatte Karl ein Reich geschaffen, in dem nun alle festländischen Westgermanen und mit den Langobarden auch ein ostgermanischer Stamm vereinigt waren, darunter alle Stämme, die später das deutsche Volk bildeten. Es reichte vom Ebro bis zur Elbe, von der Eider bis zum Garigliano. Mit dem römischen Kaiserreich freilich darf man es nicht vergleichen; der Umfang des Reiches der Cäsaren war größer, und vor allem kam ihm an Macht keiner gleich. Dagegen lag die Welt, so weit der Blick der zur Zeit Karls handelnden Menschen reichte, im Gleichgewicht dreier Mächte: des Frankenreichs, Ostroms und der Sarazenen. Doch war wenigstens der Westen des Festlandes, soweit er christlich war, wieder geeinigt.

So mochte als ein natürlicher Abschluß der Erhöhung von Karls Ansehen erscheinen, was am Weihnachtstage 800 geschah. Der Papst Leo der Dritte, von seinen mächtigen Gegnern in Rom schwerer Vergehen angeklagt, hatte sich ins Frankenland geflüchtet, und Karl hatte ihn zurückführen, den Reinigungseid schwören und wiedereinsetzen lassen. Als der König nun in Sankt Peter im Gebet versunken kniete, setzte ihm der Papst die Kaiserkrone aufs Haupt, während die vorher eingeweihten Römer eine Dankeshymne anstimmten. Karl war überrascht und verstimmt. Er hatte vorher über die Annahme des Kaisertitels verhandelt; obwohl sie seiner Stellung keinen Deut wirklicher Herrschgewalt hinzufügte, spürte Karl, daß auch in dem Strahlenglanz einer Krone eine Machtvergrößerung liegen kann. Aber gerade weil sein Machtinstinkt untrüglich war, ahnte er, was die Form der Krönung bedeutete. Der Bischof hatte den Herrscher gekrönt, was ein neuer Vorgang in der Geschichte des germanischen Herrschertums war; gab der Bischof aber die Krone, so konnte er sie auch wieder nehmen. Die künftigen Niederlagen des deutschen Königtums gegenüber dem Papst zeichneten sich an diesem Weihnachtstage des Jahres 800 bereits am Horizont der Geschichte ab.

Als tausend Jahre später ein anderer Herrscher das Imperium Karls in der *Nôtre Dame* zu Paris erneuern wollte, schickte sich wieder ein Papst an, dem Kaiser die Krone aufs Haupt zu setzen. Aber Napoleon war anders als Karl nicht überrascht, nahm sie dem Papste aus der Hand und setzte sie sich selber auf.

Die Völker aber gewannen aus der Krönung Karls die Vorstellung, das Römische Reich sei wiederhergestellt, und die Klammer für seine Einheit seien Kaiser und Papst.

Wenige Freie

In der inneren Verwaltung setzte Karl den Brauch der Merowinger und der Hausmeier fort. Die Gebiete von einer gewissen Größe wurden im Auftrage des Königs von besonders mächtigen und fähigen Grundherren, den Grafen verwaltet, die gleichzeitig Verwaltungsbeamte, Anführer des Heerbanns, Richter und Wirtschaftsinspektoren des Königsgutes waren. Bei der Größe des Reiches und der Unvollkommenheit der Verkehrsmittel war jeder Graf ein kleiner König. Karls herrscherlicher Wille versuchte zwar, auf seinen zahlreichen Reisen einzugreifen, auch entsandte er regelmäßig seine Königsboten, die *missi dominici*, je einen geistlichen und einen weltlichen Herrn, denen es oblag, die Tätigkeit der Grafen zu prüfen. Aber er vermochte nicht überall zu sein. Im kaiserlichen Rom hatte es glänzende Straßen, eine schnelle Post und ein ausgebildetes Beamtentum gegeben; alles dies war aus innerer Schwäche vergangen oder durch äußeren Druck zertrümmert und bedurfte langer Jahrhunderte, bis es neu geschaffen werden konnte. In den Dingen der allgemeinen Verwaltung und der Rechtsprechung war jede Grafschaft ein Herrschaftsbereich für sich.

So mehrten sich gegen Ende von Karls Regierung die Zeichen aufbegehrender Selbständigkeitsbestrebungen. 811 mußte der Kaiser hören, daß auch seinen Königsboten kein Gehör mehr geschenkt wurde. Der Zerfall des Riesenreiches kündigte sich an.

Den schmerzlichsten Anblick für den Nachgeborenen bietet unter der Regierung Karls der Stand der freien Bauern. Er schmolz unaufhaltsam dahin. Sechsundvierzig Jahre regierte Karl, und fast immer war Krieg. Wie hätte der Bauer so oft in die entfernten Gegenden ziehen können, über den halben Kontinent hinweg? Immer mehr begaben sich freiwillig in die Hörigkeit. Der Grundherr, entweder ein Adliger oder die Kirche, nahm von ihm Abgaben und Leistungen und stellte dafür Krieger für den Heerbann. Das wurde dadurch erleichtert, daß die mittelalterlichen Heere alle nur klein waren. Ein deutscher König führte auf einmal kaum mehr als achttausend Ritter, dazu vielleicht die gleiche Anzahl Hilfstruppen, ins Feld. Die Hörigkeit bot im Anfang den Bauern manche Erleichterung, der Grundherr schützte auch wirtschaftlich sein immer unsicheres Dasein, aber auf die Dauer wurde die Abhängigkeit drückend. Der Stand der freien Bauern ist niemals ganz ausgelöscht worden, aber die Masse der hörigen Bauern gibt dem Mittelalter das Gepräge.

Karl sah, welchen Schwund an Volkskraft die Entwicklung zur Folge haben mußte. Auch konnte es dem König nicht gleichgültig sein, daß sich zwischen ihn und die Bauern nun die großen Herren schoben, so daß sein Wille viele seiner Untertanen erst auf Umwegen, und dadurch gebrochen, erreichen konnte. Was er tun konnte, den Freien zu helfen, geschah, so in der Anordnung, daß je sieben Bauern einen Mann für den Krieg ausrüsten durften. Aber das waren nur kleine Mittel.

Dürfen wir Karl anklagen wegen dieser Entwicklung, die zu dem unheilvollsten Kennzeichen des Mittelalters gehört? Die Antwort ist nicht leicht zu geben. Was sich unter Karl vollzog, war lange im Werden. Schon unter Karl Martell hatte ähnliches sich mit voller Wucht angekündigt, aber schon unter den Frühgermanen gab es Hörige. Was geschah, war wohl unaufhaltsam.

Vor einem Jahrhundert freilich hat Heinrich von Sybel Karl beschuldigt, viel zuviel Kriege geführt zu haben. Zum mindesten beim Übergreifen über die Pyrenäen und über die Alpen sei nicht mehr staatsmännische Kunst, sondern maßlose Welteroberungslust wirksam gewesen. Freilich sprach aus Sybel der „Kleindeutsche“, also der Mann einer politischen und wissenschaftlichen Partei, die alle deutsche

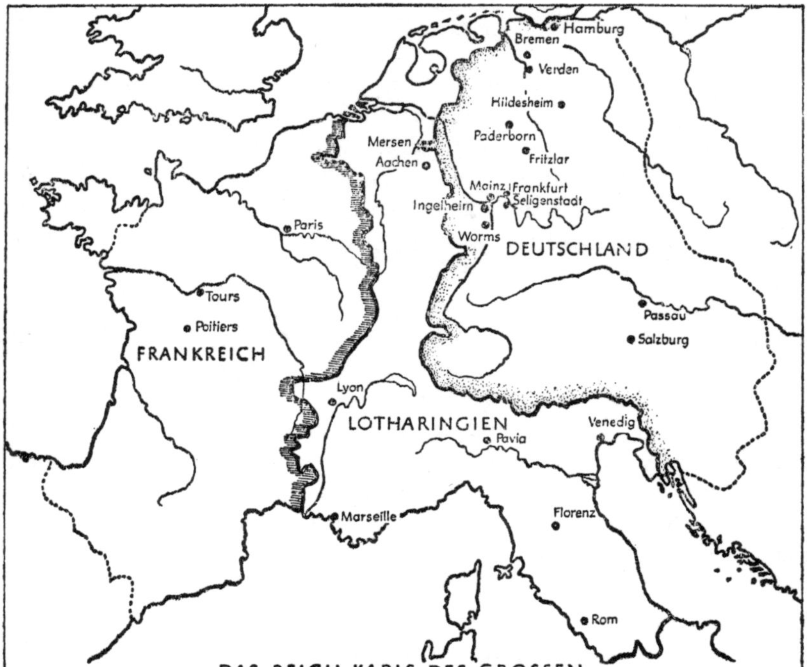

DAS REICH KARLS DES GROSSEN

Vermengung in italienische Angelegenheiten als Sünde betrachtete. Aber es bleibt ein Kern in seinen Darlegungen, der zu nachdenklicher Erwägung zwingt. Und Arnold Toynbee hat noch kürzlich Karl den Großen mit kalter Verachtung einen Militaristen genannt. Wer lange regiert und dabei unaufhörlich Kriege führt, wird kaum der Gefahr entgehen, die Kräfte seines Volkes zu überspannen.

Nur hätte auch eine gemäßigte Außenpolitik unter Karl die Herabdrückung der Freien höchstens verzögert, nicht aufgehalten. Karl hat sie beschleunigt, nicht geschaffen. Sie entsprach den Verhältnissen der Zeit, dem Überwiegen der Naturalwirtschaft, die einen regelmäßigen Sold für Krieger unmöglich machte. Sie entsprach auch der militärischen Technik mit Roß und Panzer und den weiten Anmärschen für die Feldzüge. Die neue Kriegführung erlaubte es den Bauern nicht mehr, zwischen den Schlachten ihren Boden zu bestellen. Auch in Rußland, das kaum Einflüssen aus dem Westen geöffnet war, wurden die Freien herabgedrückt, ein Beweis, wie unabhängig der Vorgang von dem Wirken einzelner Personen war.

Ein Erbe

Zu den anziehendsten Seiten von Karls Tätigkeit gehört sein Bemühen um eigene Bildung und um die Bildung seines Volkes. Er selber lernte noch spät Latein wenigstens lesen, und in seiner Hofschule zu Aachen versammelte er eine Anzahl ausgezeichneter Gelehrter, keiner von ihnen ein schöpferischer Geist, aber alle angeregt und anregend und große Liebhaber von antiken Schriften, die in großer Zahl abgeschrieben und so für die späteren Jahrhunderte gerettet wurden. Die meisten Franken wurden von dieser „karolingischen Renaissance" nicht berührt, aber sie bleibt ein Zeichen dafür, um wieviel sich der Sinn der Herrscher seit dem bloßen Ausleben des Machttriebes unter Chlodowech bereichert hatte.

Karl war viel zu groß und darum viel zu unbefangen, er war auch zu sehr kraftvoller Franke, als daß er sich und sein Volk zu geistigen Hörigen der Antike hätte machen wollen. Er ließ den Monaten germanische Namen geben, auf seinen Befehl wurden die germanischen Heldensagen gesammelt. Was gäben wir darum, wären sie erhalten geblieben! Sein Sohn Ludwig, schwächer als er, ließ sie später als Zeugnisse des Heidentums verbrennen, ein unersetzlicher Verlust.

Karls Gestalt, im Zusammenhang der abendländischen Geschichte gesehen, erscheint mehr als Erbe denn als Schöpfer. Die weltgeschichtliche Tat, das Abendland vor den Arabern zu retten, hatte sein Großvater, das Bündnis mit dem Papst hatte sein Vater vollzogen. Hans Delbrück nennt Karl einen Augustus, keinen Cäsar. Aber es ist gewiß kein geringer Ruhm, ein Augustus zu sein. Und der Blick auf Einigung des Westens, das Bemühen um Gerechtigkeit und Ordnung, das Aufkeimen neuer Bildung verklärten gerade heute für viele sehnsuchtsvolle Betrachter die Herrschaft Karls. Es ist begreiflich, daß mancher schmerzvoll ausgerufen hat, das ganze Unheil für unseren Erdteil rühre daher, daß Karls staatlichem Erbe keine Dauer beschieden sei.

Der Beginn der deutschen und der französischen Geschichte

Aber dies Erbe konnte wohl nicht dauern. Man darf mit Karls Nachfolgern nicht zu streng ins Gericht gehen, daß es ihnen nicht gelungen ist, die Einheit des Reiches zu erhalten. Die Aufgabe war übermenschlich.

Im Jahre 843 teilten sich im Vertrage zu Verdun die Enkel Karls des Großen das Fränkische Reich. Ludwig, der Deutsche zubenannt, erhielt Ostfranken. Es reichte bis zum Rhein, an einigen Stellen griff es darüber hinaus. Karl erhielt Westfranken, Lothar das schmale Gebiet zwischen Rhein, Schelde, Rhone und Saône, dazu Italien und mit ihm die Kaiserkrone. Von Lothar erhielt sein Staat den Namen *Lothari regnum*, Lothringen, der heute auf ein Teilstück des früheren lotharinischen Gebietes beschränkt ist.

Nach Lothars Tod wurde 870 im Vertrage zu Mersen auch sein Gebiet geteilt; der größte Teil fiel an Ostfranken, der kleinere an Westfranken. Italien und Burgund machten sich selbständig. Westfranken ragte mit Flandern in das deutsche, Ostfranken mit den Gebieten um Maas und Mosel in das französische Sprachgebiet.

Beide Reichsteile wurden heimgesucht von auswärtigen Feinden. Von der Wolga her waren die Ungarn gekommen, damals noch ein wildes Reitervolk, das immer wieder in Ostfranken und die Lombardei einfiel. Von Schweden und Dänemark her kamen die Nordmänner gesegelt, fuhren die Flußmündung herauf und brandschatzten die umliegenden Gegenden. Köln, Paris, Lyon, London wurden damals geplündert.

Im Jahre 911 erhielt der normannische Herzog Rollo vom französischen König das Land als Lehen zugewiesen, das nach den Eroberern seinen Namen bekam. Rollo war nur dem Namen nach der Vasall des Königs, und die Lehensübereignung bedeutete den völligen Sieg der Eindringlinge. Aber sie nahmen bald französische Sitte und Sprache an. Als sie anderthalb Jahrhunderte später England eroberten, erschienen sie dort nicht als Stammesverwandte, sondern als Franzosen.

Wenn auch die Königsgewalt oft bemüht war, den Gefahren von außen entgegenzutreten, so ging doch die Abwehr immer mehr in die Hände der örtlichen Gewalten über, die am ehesten ihre Kräfte zur Stelle hatten. So ist das neunte Jahrhundert gekennzeichnet durch das Aufkommen neuer landschaftlicher Gewalten, der Herzogtümer, die sich in Ostfranken mit dem Sondergeist der germanischen Stämme verbanden.

Ganz ging der Gedanke einer größeren Einheit nicht verloren. In Ostfranken war einer seiner wichtigsten Förderer der Erzbischof von Mainz, dessen Sprengel weit verstreut und nicht landschaftlich abgerundet war. Aber zu Beginn des zehnten Jahrhunderts erschien den Menschen der Zusammenschluß nicht mehr lebensnotwendig verbunden mit der Idee des allumfassenden Einheitsstaates, wie er unter Karl dem Großen bestanden hatte. Die generationenlange Scheidung zeigte ihre Wirkungen. Als im Jahre 911 der letzte ostfränkische Karolinger starb, hätte nach alter germanischer Auffassung vom Vorrang des königlichen Blutes ein westfränkischer Karolinger zum Nachfolger gewählt werden müssen. Das Grenzherzogtum Lothringen ging denn auch zum Westen über. Die Großen der übrigen ostfränkischen Herzogtümer aber wählten einen der ihren, Konrad von Franken, zum König. Damit ist das Jahr 911 zu einem Jahr des Schicksals geworden. Von hier an rechnet man die deutsche Geschichte.

Freilich, wer den Beginn der deutschen Geschichte starr festlegen will, kommt in ähnliche Schwierigkeiten, wie wenn er eine Jahreszahl für den Beginn des Mittelalters sucht. Die Geschichte fließt stetig. So haben Forscher und Staatsmänner genug andere Jahreszahlen vorgeschlagen. Von ihnen leuchtet am ehesten die Anregung ein, sich auf das Jahr 843 zu einigen. Aber auch nach dem Vertrag von Verdun ist der Wunsch nach staatlicher Einheit des alten karolingischen Reiches wirksam gewesen. Ein Karolinger noch hat wieder West- und Ostfranken gemeinsam regiert: Karl der Dritte 885–887. Das Entscheidende im Jahre 911 aber ist der klar erkennbare Wunsch der ostfränkischen Stämme, für sich zu bleiben und den Staat nicht mehr zu teilen. Hier liegt die Wurzel des besonderen deutschen National- und Staatsgefühls, so schwach es auch noch lange Zeit geblieben ist.

Der Ausdruck *diutisk*, „deutsch“, wurde damals von den Kanzleien nicht gebraucht. Er ist offenbar um 600 aufgekommen und bezeichnete die Gebiete um die Sprachgrenze, in denen sich die alte germanische Sprache erhalten hatte und nicht von der aus dem Lateinischen fortentwickelten Romanischen überwuchert und verdrängt worden war. Später hat der Ausdruck *diutisk* den Sinn von volkstümlich im Gegensatz zur lateinischen Sprache der Bildung erhalten.

Gerhard Tellenbach hat in seiner schönen Untersuchung nachgewiesen, daß der „Beginn“ der deutschen Geschichte in Wirklichkeit ein langsames Werden war, das sich über ein Jahrhundert hinzog.

Auch der französische Staat ist nicht an einem Tage geschaffen worden. Das Jahr 843 prägt sich auch hier ein. Aber die weitere Entwicklung ist hier noch zähflüssiger als in Deutschland. Vielleicht darf man den Beginn der französischen Geschichte in die anderthalb Jahrhunderte zwischen 843 und 987 ansetzen. Klar erkennbar ist nur, daß 911 Deutschland tatsächlich bestand, auch wenn es nicht so genannt wurde. Der amtliche Name blieb vorläufig Reich der Franken, worin die ursprüngliche staatsbildende Kraft der Franken noch einmal anerkannt wurde, ohne daß sie jedoch noch eine Oberherrschaft beanspruchten.

Nikolaus der Erste

Auch das italienische Teilgebiet des Reiches hatte unter den Einfällen der Madjaren schwer zu leiden, auch hier zerrissen die Herrschaftsbereiche der aufstrebenden Großen die staatliche Einheit. Das Fehlen einer starken Schutzherrschaft bekam auch der Papst zu spüren. In Nikolaus dem Ersten (858–867) gewann es noch einmal einen kraftvollen Verkünder päpstlicher Ansprüche in der Kirche, aber auch gegenüber den weltlichen Gewalten. Seine Stütze war die Sammlung von Erlassen und Gesetzen, die man dem Bischof Isidor zuschrieb, der um 600 in Sevilla regiert hatte. In ihm war die unbedingte Unterordnung der Bischöfe unter den Willen des Papstes, aber auch die Freiheit der Kirche von allen weltlichen Eingriffen klar ausgesprochen. Diese sogenannten pseudoisidorischen Dekretalien waren der Kirche in ihrem Kampf lange Zeit eine wirksame Waffe. Erst später erkannte man, daß sie gefälscht waren, wir wissen wieder nicht von wem.

Aber nach Nikolaus Tod bemächtigten sich die Adelsfamilien des Papsttums. Es wurde die Beute in ihren Kämpfen untereinander. So wurde seine Würde in den Kampf der Parteien gezerrt. Nur ein Eingreifen von außen konnte es daraus erretten.

Die Anfänge Spaniens

Im Norden Spaniens hatten sich bereits bei der Eroberung des Landes durch die Araber Scharen von Christen in die unwegsamen Bergländer geflüchtet und hier tapfer ihre Selbständigkeit behauptet. Unter Karl dem Großen verschmolzen ihre Gebiete zum Teil mit der Spanischen Mark. Als das Fränkische Reich im neunten Jahrhundert zerfiel, machte sich auch die Spanische Mark selbständig. Aus ihr erwuchsen die christlichen Staaten Asturien, Navarra, Aragon und Barcelona.

Das Königreich England

Im gleichen Jahrhundert wie in Frankreich und Deutschland vollzogen sich auf der britischen Insel die Anfänge der Staatwerdung. Nach der Eroberung durch Angeln und Sachsen regierten Teilkönige das Land. Egbert von Wessex (Westsachsen) schlug die Heere von Mercien und dann von Northumbrien (929). Er legte den Besiegten die Anerkennung seiner Oberherrschaft auf. Sein Sohn Alfred der Große (871–899) rettete das Land vor den Dänen, die fast das ganze

Land erobert hatten und es brandschatzten. Alfred gehörte zu den wenigen Männern, die in der verzweifelten Lage den Mut nicht verloren. Sein Beispiel gab auch seinem kleinen Heere Mut, das in der Entscheidungsschlacht die Dänen aufs Haupt schlug. Die in England bereits angesiedelten Dänen ließen sich taufen. Immer noch gab es freilich räuberische Einfälle, aber das Dasein des Landes war bewahrt. Mit Recht durfte sich Alfreds Sohn Eduard als erster König von England nennen.

Doch war das Gefüge des neuen Gemeinwesens nicht fest. Auch die Staatwerdung der Engländer zog sich über einen längeren Zeitraum hin. Als abgeschlossen kann man sie erst mit der normannischen Eroberung (1066) bezeichnen.

Die Anfänge der russischen Geschichte

Als die Germanen schon lange im vollen Licht der Geschichte standen, lebte der östlichste Zweig der indo-europäischen Völkerfamilie, das Slawentum, noch am Rande der großen Ereignisse in der Staaten- und Kulturwelt. Keine Beweiskraft schriftlicher Urkunden hilft uns zur Erforschung der Jahrhunderte, aus denen wir für die Kenntnis des Arminius, Theoderichs oder Karls so viele Anhaltspunkte haben. Wahrscheinlich haben die Slawen sich in einer Zeit, die wir nicht mehr genau feststellen können, an den Nordostabhängen der Karpaten niedergelassen, deren Vorgelände bis zum Dnjepr sie bebauten. Hier duckten sie sich und ließen die Stürme der Völkerwanderung über sich hinwegfegen, zäh, leidend und geduldig. Skythen und Goten und Hunnen und Avaren brausten über sie, sie aber klammerten sich an ihren Boden, sie wurden wohl beherrscht, aber sie blieben bestehen. In welchem Maße dabei fremdes Blut in sie eingedrungen ist, läßt sich nur ahnen.

Als dann die großen Wanderungen zu Ende waren, zeigte es sich, daß riesenhafte Gebiete der Steppen und des Waldes leer geworden waren. Nun zog Jahrzehnt um Jahrzehnt ein Strom von slawischen Bauern und Jägern, lüstern nach Ackerboden und Pelzwerk, in die herrenlose Weite. Die einen wanderten nach Süden auf die Balkanhalbinsel und wurden die Ahnen der Serben, Kroaten, Slowenen und Bulgaren, zum Teil auch der Griechen. Vor allem mit den Bulgaren hatte das oströmische Reich harte Kämpfe zu bestehen. Den südlichen Slawen mußte es die Halbinsel zum großen Teil überlassen. Die anderen wanderten in die Landschaften an der Weichsel, an der Oder und an der

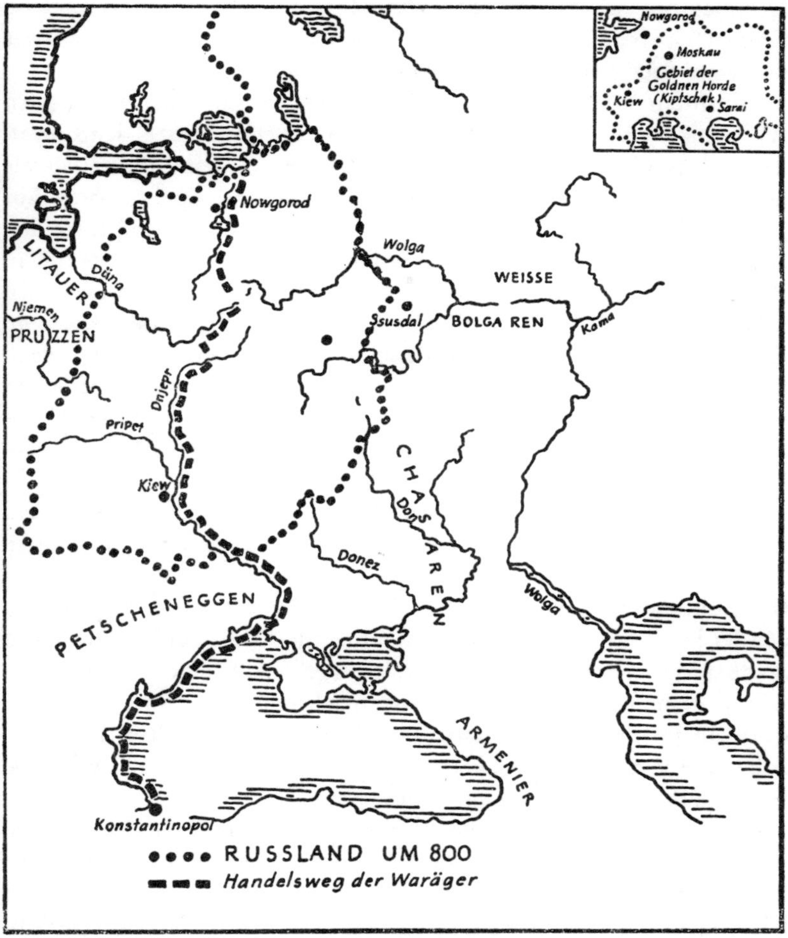

Elbe, wo vorher Germanen gesessen hatten. Als die Flut der Germanen dann wieder nach Osten zurückströmte, wurde ein Teil dieser westslawischen Wanderer mit ihnen verschmolzen, ein anderer Teil blieb als Tschechen, Slowaken und Polen bestehen.

Vom siebenten Jahrhundert an ergoß sich ein dritter Strom in die Gebiete am Dnjepr und den Strom entlang nach Norden. Die Slawen kamen nicht als kriegerische Eroberer, sondern als friedliche Siedler. Im Norden des heutigen Rußlands wohnten damals die Finnen, ein den Ungarn verwandtes Volk, das von den Slawen entweder verdrängt oder überflutet wurde, bis es auf den kleinen Rest des ursprünglichen

Gebietes beschränkt war, den wir heute als Finnland und Estland kennen. Die Slawen lebten noch ohne gemeinsame staatliche Klammer und wohl auch ohne stärkeres Gemeinsamkeitsgefühl.

Mit ihrem Vordringen wurden sie die Herren eines der wichtigsten Wege des Welthandels. Von der Ostsee über den Ilmensee, den Lowat, den Dnjepr und die Küste des Schwarzen Meeres entlang führte damals die Straße, die das westliche Europa mit Konstantinopel verband. Auf diesem Wege waren große Reichtümer zu gewinnen, hier drohte freilich auch immer der harte Kampf mit wilden und kriegerischen Stämmen. Beides lockte das Volk, das den Russen gegenüber an den Gestaden der Ostsee saß. Es war dieselbe Lust an kriegerischen Abenteuern, an Eroberung und Beute, die in diesen Jahrhunderten die Dänen nach Britannien, die einen Teil der Normannen nach Ost- und Westfranken und später ins Mittelmeer führte und die jetzt auch die starke Triebfeder für andere Normannen war, sich der Handelsstraße auf dem Dnjepr zu bemächtigen.

Daraus ist der Staat der Russen entstanden. Wir gäben viel darum, wenn wir von diesem großen Ereignis Genaueres wüßten, aber diese Zeit war für die Russen noch schriftlos, und so sind wir auf spätere Berichte angewiesen, die vielleicht halb legendenhaft waren. Danach hat 862 der Fürst eines schwedischen Stammes, der Roß oder Ruß hieß, von Stadt und Gegend Nowgorod Besitz ergriffen. Einige Unzufriedene seines Stammes aber drangen weiter nach Kijew vor und gründeten dort ein unabhängiges Fürstentum. Ein Verwandter Rjuriks, Oleg, zog später nach Kijew und vereinigte die beiden Gebiete. Kijew wurde Hauptstadt des neuen Gesamtstaates.

Durch den Herrschaftswillen von außen her war er entstanden. Um dieselbe Zeit, in der für den östlichen Zweig der indo-europäischen Völkerfamilie der Name Slawen allgemein wurde, sonderten sich nun wieder die östlichsten Glieder von der großen Gemeinschaft ab. Es war nicht der Wunsch der Ostslawen und auch nicht ein natürliches Gesetz der Entwicklung, das sie hieß, sich abzusondern, es war nichts als der Wille ihrer neuen Herren, ihre staatliche Gewalt nicht allzuweit von den Flüssen zu errichten, auf denen ihre Herrschaft beruhte.

Die Überlieferung wollte wissen, daß Rjurik von den Slawen gerufen worden sei, damit er ihre Streitigkeiten schlichte. Darin darf man den Widerschein der Willigkeit sehen, mit der die Slawen die Führung durch Menschen eines anderen Volkes auf sich nahmen. Als später das Nationalbewußtsein der Russen erwachte, nahmen sie Anstoß daran, daß ihr Staat von außen gegründet worden sei. Im Zarenreich hat es Gelehrte gegeben, die mit Eifer die These verfochten, die ersten Fürsten des Gesamtstaates seien Slawen gewesen. Die Forschung hat doch nur bestätigen können, daß Schweden die Staatsgründer waren. Aber der russische Nationalismus lebt auch im Bolschewismus weiter. In dem Geschichtslehrbuch des Moskauer Professors E. A. Kosminski von 1950 wird die Frage überhaupt umgangen, welchem Volk Rjurik angehörte.

Die neuen Herren des werdenden Staates, die nach einem nordischen Wort für kriegerische Gefolgsleute *Waräger* genannt wurden, waren nicht zahlreich genug, als daß sie lange ihre Sonderart gegenüber den Slawen hätten bewahren können. Wie stets in solchen Fällen nahmen sie bald Sprache und Sitte des Gesamtvolkes an und verschmolzen mit ihm. Dafür gaben sie ihm ihren Namen. *Ruossi*, Russen hießen bald nicht nur die Eroberer, sondern auch die Unterworfenen.

Neuntes Kapitel

DAS ZEITALTER DER DEUTSCHEN VORHERRSCHAFT

Die modernen Beurteilungen des deutschen Nationalcharakters beklagen häufig seinen Mangel an staatlicher Formungskraft. Wer von solchen Meinungen herkommt, steht erstaunt vor der Tatsache, daß es den Deutschen eher als ihren Nachbarn gelungen ist, einen leidlich geschlossenen und darum starken Staat zu bauen und ihm lange die führende Stellung in Europa zu bewahren. Aber diese Gunst des Schicksals hat auch ihre dunklen Seiten gehabt. Weil die Deutschen früher „fertig" waren als Franzosen, Italiener, Spanier, Engländer oder Russen, kamen sie auch leichter in die Versuchung, über ihren eigenen Bereich hinauszugreifen und ihre Kraft zu überspannen. So zerriß nun wieder der innere Zusammenhang, und so haben die Deutschen im neunzehnten Jahrhundert, nach mancherlei staatlichen Verlusten, zum zweiten Male den Zusammenschluß vollziehen müssen, in einer Zeit, in der andere und glücklichere Völker längst geeinigt waren, die nun das Aufkommen der neuen Macht mit Erstaunen und Mißtrauen betrachteten.

Die ersten Könige

Der deutsche König Konrad der Erste (911–918) mühte sich in fruchtlosen Versuchen ab, die Sicherheit des Staates zu stärken und die unbotmäßigen Herzöge unter den Willen des Herrschers zu beugen. Sein Volk muß ihm gleichwohl ein ehrendes Andenken bewahren, weil er es vermochte, seine Umgebung zu bewegen, die Zeichen der königlichen Gewalt seinem Feinde, dem Herzog Heinrich von Sachsen zu überbringen und ihn so zum Nachfolger zu empfehlen.

Heinrich der Erste (919–936) war ein kluger und nüchterner Herrscher, der die Selbständigkeitsbestrebungen der übrigen Herzöge schonte und sich mit der Anerkennung seines königlichen Vorranges dem Namen nach begnügte. Aber die Verdienste, die er als Herzog für sein Sachsenland gewann, kamen auch dem Glanz des königlichen Namens zugute und halfen so seinem Sohn, die Ansprüche der königlichen Herrschaft umzusetzen. Gegenüber den unaufhörlichen Ungarneinfällen legte er verschanzte Lager an, aus denen sich später Städte entwickelten. Im Jahre 933 schlug er die Ungarn in Mitteldeutschland, was ihren Einfällen nicht für immer ein Ende setzte, den Deutschen aber bewies, daß man mit Tatkraft und Entschlossenheit auch dieser Gefahr Herr werden konnte. An der Havel und an der mittleren Elbe unterwarf er die Slawen, und der König von Böhmen mußte ihm huldigen.

926 kehrte auch Lothringen zu dem staatlichen Verbande zurück, dem es seit dem Vertrage von Mersen angehört hatte und aus dem es 911 ausgeschieden war. Man darf in diesem freiwilligen Schritt zur Wiedervereinigung keinen Ausfluß nationalen Gefühls sehen. Das Nationalgefühl hat in diesen Jahrhunderten keine Rolle bei Entschlüssen gespielt, auch war Lothringen zum großen Teil dem Volkstum nach französisch. Der Grund für den Entschluß von 926 lag in der Unzufriedenheit des Herzogs von Lothringen mit seinem König in Paris.

Heinrichs Sohn, Otto der Erste (936–973), hatte vom Vater die Willenskraft geerbt, fügte ihr aber einen feurigen Schwung hinzu, der ganz seine Persönlichkeit und sein Wirken prägt. Von der sittlichen Würde dieser Gestalt ging eine große Anziehungskraft auf seine Umgebung und auf die Völker aus. Seit Otto wurden die deutschen Könige vor der Krönung kirchlich gesalbt. So wurde deutlich gemacht, daß sie ihr Amt als einen Dienst an höheren als weltlichen Zielen auffassen sollten. Für manchen kalt rechnenden und skrupellosen Interessenpolitiker auf dem Thron mag ein solcher Brauch nur ein Mittel gewesen sein, der Krone ein größeres Ansehen zu verleihen und so ihre Macht zu erhöhen. Otto aber fühlte sich in seinem Inneren immer den großen christlichen Idealen verpflichtet.

Als die Herzöge gegen seine königliche Obergewalt aufstanden, unterwarf er sie in harten Kämpfen und besetzte die erledigten Herzogtümer mit Verwandten. Es zeigte sich dann, daß sich auch in ihnen natürliche Selbstsucht und Ehrgeiz mit dem Sonderungstrieb der Stämme verbanden. So schuf er sich neue und zuverlässige Hilfe in Bischöfen und Äbten, die alle aus dem hohen Adel stammten. Er gab ihnen viel Königsgut, die hohe Gerichtsbarkeit und das Recht auf Märkte, Zoll und eigene Münze. Da die obersten Kirchenfürsten keine Ehe eingingen und da ihre kirchlichen Sprengel weit verstreut waren, konnten sie mit der Landschaft nicht in solchem Maße verwachsen, daß ihre Herrschaft lebensgefährlich für den Zusammenhalt des Staates geworden wäre. Nach dem Ableben eines geistlichen Lehensträgers konnte der König das Amt neu besetzen, während die weltlichen Lehen immer mehr erblich wurden. Als erfahrene, tatkräftige, oft auch schwertgewaltige Staatsmänner standen die geistlichen Fürsten dem König Otto und seinen Nachfolgern treu zur Seite. Erst als der König in Streit mit ihrem geistlichen Oberherrn, dem Papst, geriet, als sie von schweren Gewissenskonflikten bedrängt wurden, erst da zerfiel der Bau der ottonischen Reichskirche.

Die aufsässigen Böhmen zwang Otto zum Christentum und zur Anerkennung seiner Oberherrschaft zurück. Sie halfen ihm später die Ungarngefahr besiegen. Weiter nördlich kämpften seine Markgrafen Gero und Hermann Billung gegen die Slawen, Gero oft grausam und treubrüchig. Wie stets in diesen Landschaften waren dabei Verbreitung des Christentums und Germanisierung eins. Den größten Ruhm gewann dann Otto, als er das Heer der wieder einbrechenden Ungarn bei Augsburg 955 nicht nur schlug, sondern vernichtete. Seitdem hörten die Einfälle der Ungarn auf, sie hielten sich in ihren Grenzen und nahmen 1001 unter ihrem König Stephan das Christentum an.

Mit der unbestrittenen Macht über das volkreiche Ostfränkische Reich, mit seinen Siegen über Slawen und Ungarn war Otto den Herrschern in den damals noch zerrissenen Nachbarländern an Macht weit überlegen. In wenigen Jahrzehnten war das vom Zerfall bedrohte Deutschland zur vorherrschenden Macht Mittel- und Westeuropas geworden. Der König konnte es sich auch erlauben, in die inneren Verhältnisse anderer Staaten einzugreifen. Der Thronfolger des Königs von Burgund wurde an seinem Hofe erzogen, eine lockere Oberherrschaft über dieses reiche Land bereitete sich vor. In dem erbitterten Streit des Königs Ludwig von Frankreich mit seinen Großen trat Otto gegen den König auf, solange dieser noch Lothringen begehrte, und er half ihm mit seinem Heere, als Ludwig auf Lothringen verzichtete. Er war ein Schiedsrichter für Frankreich geworden.

Kaiser Otto der Große

Niemand im Westen erhob Einspruch, als Otto nach der Krone Karls des Großen griff. Es erschien natürlich, daß dem mächtigsten Herrscher der Christenheit auch der kaiserliche Titel gebührte. Damit griff Deutschland nach Italien hinüber. Im Jahre 951 bereits war Otto in einem Streit der lombardischen Großen gerufen worden und hatte, durch eine Ehe mit der Witwe des letzten Königs von Italien, die Lombardei als Herrschaftsbereich gewonnen. 962 rief ihn der Papst Johannes der Zwölfte, einer jener weltlich gesinnten Adligen, die nach dem Tode Nikolaus des Ersten auf den Päpstlichen Stuhl gelangt waren, nach Rom, damit der König ihm gegen seine Angreifer helfe. Aus den Händen dieses unwürdigen Priesters empfing Otto die Kaiserkrone. Damit war ein Vorgang vollzogen, wie er für Deutschland kaum folgenreicher gedacht werden kann. Die Krone hat seitdem immer wieder Deutsche geschmückt, der letzte Kaiser legte sie erst 1806 nieder.

Seitdem Heinrich von Sybel und Julius Ficker vor neunzig Jahren ihren Streit gegen und für die Kaiserpolitik Ottos des Großen begonnen haben, ist er nach Zeiten des Waffenstillstands immer wieder neu entbrannt. Ganz wird er wohl nie geschlichtet werden. Ihn über das Jahrhundert hinweg in seinen bedeutendsten Vertretern zu verfolgen ist für Gelehrte und Ungelehrte, Historiker und Laien eines der erregendsten Schauspiele, das die Wissenschaft bieten kann. Das liegt an der Bedeutung des Gegenstandes, an dem Zwielicht des Ungewissen, in das manche Erscheinungen getaucht sind, vor allem aber auch an dem Scharfsinn, der Leidenschaft, der glanzvollen Sprache der meisten dieser Forscher. Die mittelalterliche Kaiserpolitik ist offenbar wie wenige Gegenstände geeignet, das kämpferische Temperament der Gelehrten zu entflammen. Wenn man Gründe und Gegengründe unbefangen zu prüfen versucht, wird man vielleicht zu folgenden Schlüssen kommen:

Die Erwerbung der Kaiserkrone legte um den deutschen Namen Glanz und Ruhm und trug damit mächtig dazu bei, das erst aufkeimende Gefühl der Zusammengehörigkeit der Deutschen zu steigern. Auf den Romzügen kamen immer wieder die Großen und die Ritter der verschiedenen Landschaften zusammen. Indem sie eine große und gemeinsame Aufgabe zu erfüllen strebten und oft dafür kämpften, wurde hier der geistige Zusammenschluß der Deutschen gefördert. Besonders wohltuend für den Deutschen des zwanzigsten Jahrhunderts, der unter der bedrückenden Erinnerung an die Entartung des deutschen und anderer Nationalismen steht, ist dabei der Eindruck aus den Quellen, wie maßvoll und gesund dieses Nationalgefühl war und wie fern ihm Verkrampfung lag.

Wirkliche Macht brachte die Kaiserkrone den Deutschen nicht. Sie wurden nicht durch die Krönung ihrer Herrscher in Rom die Vormacht in Europa, sondern ihre Herrscher wurden gekrönt, weil die Deutschen die Vormacht hatten. Die immer unsichere Oberherrschaft über das Gebiet von Rom war ebensosehr eine Belastung wie ein Gewinn. Einen Zuwachs an politischer und wirtschaftlicher Macht brachte dagegen die Gewinnung Oberitaliens. Es zeigte sich aber später, daß sie in immer neuen Kriegen behauptet werden mußte. Eine Politik, die sich der Grenzen rein militärischer Erfolge bewußt gewesen wäre, hätte vermutlich nach einiger Zeit die Lombardei aufgegeben. Freilich ist ein so weiser Entschluß des Verzichts in der Geschichte der Völker sehr selten.

Die Kolonisierung des Landes östlich der Elbe ist durch die Kaiserkrönung Ottos zunächst gefördert worden. Die Idee von der im Kaisertum verkörperten Einheit des Christentums förderte den Willen zur Christianisierung im Osten, die auch Germanisierung bedeutete. Auf die Dauer hatte die Kolonisierung im Osten unter den Romzügen zu leiden. Die Krieger, die immer wieder nach Italien ritten, dort kämpften oder fielen, fehlten an der Elbe und an der Oder. Umstritten ist allerdings, ob die deutsche bäuerliche Kraft stark genug gewesen wäre, noch mehr Gebiete zu besiedeln, als es ohnehin im hohen Mittelalter der Fall war.

Die wirkliche Gefahr der Kaiserpolitik lag in der deutschen Innenpolitik. Wohl war Deutschland unter den ersten Königen zusammengeschlossen, aber der Zusammenhalt war noch jung und darum nicht allzu fest. Die alle Stämme überwölbende Autorität der Krone konnte im Mittelalter nicht durch Erlasse und Beamte gesichert werden, namentlich in einem so weiten Reiche wie dem deutsch-italienischen, sondern nur durch ständiges Eingreifen des Königs selbst. Immerwährendes Herumreisen gehörte zu den Aufgaben des königlichen Amtes. Von der Ferne allein konnte er nicht wirken. Seit Otto aber waren die deutschen Könige allzu lange dem heimatlichen Boden ferne, mußten sie zuviel Kraft ihren italienischen Gebieten widmen. Ihr Fernbleiben förderte die nie ruhenden Selbständigkeitsgelüste der Großen.

Das deutsche Königtum befreite mit Hilfe einer allgemein europäischen Reformbewegung das Papsttum aus der unwürdigen Stellung als Spielball der Adelsparteien und gab ihm sein moralisches Ansehen und seine sittliche Würde zurück. Gerade aber das erneuerte Papsttum wurde notwendigerweise ein Gegner des deutschen Königtums, weil beide Mächte sich in Italien viel zu nahe waren, als daß ihre Ansprüche sich nicht überschneiden sollten. Der Streit mit dem Papsttum aber schwächte das Königtum der Deutschen. Auch mit den Herrschern von Frankreich und England geriet der Papst in Streit; so wie die

Dinge im Mittelalter lagen, war er unvermeidlich. Aber die Auseinandersetzung zwischen westeuropäischen Herrschern und dem Papste gewann niemals die Bitterkeit, noch hatte sie die jahrhundertelange Dauer, die dem deutschen Königtum zum Verhängnis geworden sind.

Waren die Deutschen besonders imperialistisch, daß sie immer wieder nach Italien zogen? Aber der deutsche Imperialismus des Mittelalters war nicht ausgreifender als der französische oder der britische. Die Franzosen errichteten im Orient bedeutende Fürstentümer, und die Könige von England eroberten halb Frankreich. Nur stießen die deutschen Könige auf einen weit ernsteren Gegner als die Engländer oder Franzosen, weil er eine Macht über die Seelen hatte, in der ihm kein anderer gleichkam. Die Gewalt des Papstes über die deutschen Fürsten, geistliche wie weltliche, war unvergleichlich, weil er eine moralische Autorität besaß, die niemand sonst erreichen konnte. Vor dem Bündnis des Papstes mit den deutschen Fürsten mußte später Heinrich der Vierte zurückweichen, dieses Bündnis schuf noch den späten Hohenstaufen die Gegenkönige.

Überspannung des Kaisertums

Unter Otto dem Zweiten (973–983) brachen die Gefahren der Überspannung bereits auf, die durch die Verstrickung der deutschen Königsmacht in italienische Angelegenheiten herbeigeführt worden waren. Er versuchte, Unteritalien gegen die Sarazenen zu schützen, wurde aber bei Cotrone (982) geschlagen. Die deutschen Ritter, die in Italien fochten, fehlten im Osten. So konnten sich die Slawen erheben und die deutsche Herrschaft östlich der Elbe abwerfen. Das Lebenswerk Ottos des Großen, soweit es im Osten errichtet war, war verloren.

Unter Otto dem Dritten (983–1002) wurde die tiefe Frömmigkeit übermächtig, die sich bei seinem Großvater mit weltfroher Tatkraft verbunden hatte. Er wollte die Herrschaft Gottes auf Erden herstellen, suchte ein enges Bündnis mit dem Papste und machte seinen Freund Gerbert von Reims als Sylvester den Zweiten zum Papste. Seinen Wohnsitz nahm er in Rom. Aber die selbstbewußten Römer wollten keinen fremden König in ihren Mauern dulden, und er vermochte sie nicht zu bezwingen. Im Anmarsch gegen das geliebte Rom, das ihn vertrieben hatte, ist er, ein Gescheiterter, früh gestorben. Mathilde Uhlirz hat sein Andenken von ungerechten Anklagen befreien wollen und aufgezeigt, daß ihm Züge weltkluger Entschlossenheit nicht fremd waren. Der Gesamteindruck bleibt doch, daß er die deutschen Kräfte an Ziele wandte, die dem Wesen des Königtums fremd sein mußten.

Das Kaisertum auf der Höhe

Es war ein Gewinn für Deutschland, daß auf den Jüngling Otto mit seinen allzu hochfliegenden Plänen ein Herrscher folgte, der mit seinem Namensvetter, dem Begründer des sächsischen Königshauses, die Nüchternheit gemeinsam hatte. Heinrich der Zweite (1002–1024), ein Vetter Ottos, gewann zum Teil die Slawenlande östlich der Elbe zurück. Er wurde später heiliggesprochen, blieb aber immer ein Herr der Kirche, zwang die Klöster zu strenger Regel und verwandte ihre Überschüsse für staatliche Zwecke.

Mit Heinrich waren die sächsischen Könige ausgestorben. Zu seinem Nachfolger wurde der Urenkel einer Tochter Ottos des Großen, Konrad der Zweite (1024–1039), gewählt. Mit ihm begann die Regierung des Hauses der Salier, wie sie später nach dem Stamm der Salfranken genannt wurden, zu dem sie gehörten. Alle waren sie voll herrischen Sinnes, der sie auf große Höhen führte und in schwere Gefahren brachte.

Konrad gewann im Osten die Lausitz zurück und erzwang nach dem Aussterben des burgundischen Königshauses die Übertragung der herrscherlichen Gewalt an den deutschen König als erledigtes Lehen. Der Kirche gegenüber regierte er kühl, ohne den Willen zum Verständnis für die aufkeimende Bewegung in ihren Reihen, und zwang sie zum Dienst und zu Abgaben.

Sutri

Sein Sohn Heinrich der Dritte (1039–1056) war seinem Vater an Tatkraft gleich, aber ihm unähnlich dadurch, daß die tiefe Frömmigkeit, die ihn beseelte, auch sein Verhältnis zur Kirche prägte.

Über hundert Jahre zuvor war in Frankreich das Kloster Cluny gegründet worden. Von ihm ging eine Welle der inneren Erneuerung aus. Die Klöster waren gerade in Frankreich verweltlicht, weil sie als Versorgungsplätze des Adels galten, des frommen wie des nicht frommen, und die Mönche waren dem Wohlleben ergeben. In Cluny aber stellte man die alte strenge Ordensregel und die unbedingte Oberhoheit des Abtes über die Mönche wieder her. Die Bewegung ergriff auch Deutschland und Italien. Ihre Macht war so groß, daß die Wirkung auf die Kirche auch außerhalb der Klöster nicht ausblieb. Reinigung von Mißbrauch und Verweltlichung war überall ihr Ziel. Heinrich, selbst von ihr erfaßt, stellte sich in ihren Dienst. In Rom war auch das Papsttum tief gesunken; selbst ein ehrenhafter Mann, der die Kirche reinigen und darum auf den höchsten Stuhl der Christenheit gelangen wollte, wußte sich nicht anders zu helfen als dadurch, daß er einem unwürdigen Papst die Tiara für eine Summe Geldes abkaufte. Heinrichs frommer Zorn machte dem Treiben ein Ende. Auf der Synode zu Sutri (1046) erzwang er die Absetzung dreier Päpste, die damals nebeneinander regierten oder regieren wollten, und setzte einen neuen, einen Deutschen ein. Deutsche waren auch die unmittelbaren Nachfolger, und unter ihnen erhob sich das Papsttum wieder zu ehrfurchtgebietender Höhe. Der König aber hatte seine tiefsten Triebe befriedigt, seinem Machtwillen wie seiner Frömmigkeit war genuggetan. Die Leitung der Kirche war erneuert, und diese Erneuerung durfte er als sein Werk, die Päpste der Reform als seine Geschöpfe betrachten.

Wenn man erwägt, daß seit der Zeit von Heinrichs Vater der deutsche König auch in Burgund gebot, daß der tschechische Herzog sein Land in das deutsche Königreich eingliedern mußte, daß Polen tributpflichtig war und daß der König von Ungarn sein Land von Heinrich zu Lehen nahm, so kann man begreifen, daß Heinrichs Herrschaft als die Höhe deutscher Machtentfaltung gepriesen worden ist.

In Wirklichkeit zeigte der Bau schwere Risse auf. Die größte Gefahr drohte gerade von Heinrichs stolzestem Werk, dem durch die Reform neu gekräftigten Papsttum. Die Cluniazenser hatten sich längst nicht mehr mit der Klosterreform begnügt, sie forderten die Reform auch der übrigen Geistlichkeit nach ihrem Muster. Dazu gehörte auch die Ehelosigkeit der Priester, die bis zu dieser Zeit noch heiraten durften. Das mochte den deutschen König nicht berühren. Aber wenn die Cluniazenser gegen die Vergebung kirchlicher Würden durch Laien stritten, so griffen sie die Grundlagen der ottonischen Reichskirche an, auf der immer noch die staatliche Ordnung beruhte. Bischöfe und Äbte waren auch Beamte des Reiches, also ernannte sie der König; wenn ihm die Ernennung aus der Hand genommen wurde, gab er seine Königsgewalt dahin. In der Forderung der Cluniazenser lag dennoch eine tiefe innere Berechtigung. Unmöglich konnte sich gerade die gereinigte Kirche damit abfinden, daß ihre höchsten Ämter nach rein weltlichen Überlegungen besetzt wurden. In dem Augenblick, in dem das Papsttum sich diese Forderungen zu eigen machte, war der Zusammenstoß mit dem Königtum unvermeidlich.

Und Heinrich setzte nun selbst in seinem Vetter Leo dem Neunten (1048–1054) einen Mann von großer Herrscherkraft auf den Päpstlichen Stuhl. Die unbeugsame Entschiedenheit Leos verkörperte den wiedererweckten Stolz der Kirche auf die eindringlichste Weise und wirkte auf seine Nachfolger fort.

Bereits trat dem Kaiser das neuerwachte Selbstbewußtsein der Kirche an manchen Stellen schroff entgegen. Der Bischof Wazo von Lüttich rief ihm zu, die priesterliche Weihe spende allein das Leben, die des Königs bringe den Tod. Der Erzbischof Halinard von Lyon weigerte sich überhaupt, dem König den Treueid zu leisten. Beide waren hohe Reichsbeamte. Es war gewiß keine kühle staatsmännische Überlegung, die Männer von solcher Gesinnung zu hohen Würdenträgern machte.

Auch in Deutschland war das Königtum gefährdet. Die Großen erstarkten, sie waren wegen der Kirchenpolitik Heinrichs unzufrieden, und einer von ihnen, Gottfried von Oberlothringen, heiratete die Witwe des Markgrafen von Tuszien, von der Toskana also. Gottfrieds Herrschaftsbereich umspannte jetzt also Länder nördlich wie südlich der Alpen.

Beurteiler, die den Gang der Geschichte vornehmlich als Deutsche sehen, haben die Erneuerung des Papsttums durch Heinrich beklagt. Hätte er den Römischen Stuhl nicht in seiner Erniedrigung lassen können, wie es sein Vater getan hatte, und sich stärker der Aufrichtung der Königsgewalt in Deutschland, gestützt auf die kleinen Vasallen, widmen müssen? Auch darin hätte ihm sein Vater Vorbild sein können.

Aber wie hätte er so zu handeln vermocht, wie nun einmal sein Wesen und seine Entwicklung waren? Er glaubte an die Reform mit heißer Inbrunst, er konnte nicht mitten auf dem Wege innehalten, da es darum ging, der Reform auch das höchste Amt der Kirche zu öffnen. Seit Otto dem Großen waren die deutschen Könige die Schirmherren des Papsttums, sie konnten es jetzt nicht vom Segen der inneren Erneuerung ausschließen. Das wäre eine moralische Ungeheuerlichkeit gewesen, die Heinrichs Charakter nicht entsprochen hätte, die aber auch vergeblich gewesen wäre. Bewegungen von solcher Wucht wie die Reform sind durch taktische Scheinklugkeit nicht aufzuhalten.

Wohl mag man erwägen, ob nicht Äußerungen wie die Wazos von Lüttich und Halinards von Lyon den Kaiser hätten bewegen müssen, die Königsgewalt von der hohen Geistlichkeit zu trennen, die ottonische Reichskirche also rechtzeitig und vorsichtig aufzulösen, die Bischöfe auf das Kirchenamt zu beschränken. Dem forschenden Blick Johannes

Bühlers erscheint der Gedanke sinnvoll; seine Ausführung hätte dem Kaiser gegeben, was dem Kaiser gebührte, und doch das Recht der Kirche nicht gekränkt. Aber alle Erfahrung lehrt, wie schwer sich Menschen und Staaten von Einrichtungen trennen, die sich lange gut bewährt haben. Es hätte eines genialen Blickes in die Zukunft bedurft, um gegen 1050 bereits zu erkennen, daß sich die ottonische Reichskirche überlebt hatte.

Es war ein großes Unglück, daß Heinrich auf der Höhe des Lebens starb. Gerade weil er die Reform mit getragen hatte, gerade weil sich die Kirche ihm, dem rettenden „Daniel", vielfach zu Dank verpflichtet fühlte, wären die unvermeidlichen Kämpfe zwischen Kaisertum und Papsttum weniger erbittert verlaufen, als es nun geschah. Dazu war sein Sohn Heinrich ein sechsjähriger Knabe, als der Vater starb. Bevor der Sohn erwachsen war, hatte das Papsttum Zeit, seine moralische Stellung gegenüber dem Kaisertum zu kräftigen, seinen eigenen Herrschaftsanspruch anzumelden.

Heinrich und Gregor

Heinrich der Vierte (1056–1106) war ein echter Salier mit der Macht seines Herrscherwillens und seinem wahrhaft kaiserlichen Selbstbewußtsein. Aber der politische Wert solcher Eigenschaften wurde gemindert durch eine Leidenschaftlichkeit, die ihn zu überstürztem Handeln trieb. Auch rief er Widerstände in seiner eigenen Umgebung, ja in seiner eigenen Familie hervor, ein untrüglicher Beweis dafür, daß in ihm die größte Herrschergabe, Menschen zu gewinnen und zu führen, nur noch gebrochen wirkte. So hat er der deutschen Königsmacht empfindlich geschadet. Aber er machte die Verluste, die er durch seine Unbesonnenheit der königlichen Stellung zufügte, wenigstens zum Teil wett durch unbeugsame Zähigkeit und durch eine hohe diplomatische Kunst, die er gerade in verzweifelten Lagen bewies. Er vermochte selten, die Tatsachen vorauszuberechnen, aber wenn die ungünstigen Ereignisse eingetreten waren, erkannte er die Macht der Wirklichkeit an und gewann noch immer das Beste aus ihnen.

Heinrich ging dabei bis zur Selbstentäußerung, aber er gab sich und sein Königtum niemals ganz auf, er verzweifelte noch in den düstersten Stunden nicht an dem, was unveräußerlich war im Königsrecht. Mit unverbrüchlicher Treue zu seiner hohen Aufgabe hielt er es fest. Solche letzte Unerschütterlichkeit rührte aus seiner Charakterstärke, aber auch daraus, daß er eins war mit der sittlichen Idee des Königtums und die verpflichtende Aufgabe vor der Christenheit spürte. Das politische Urteil über ihn muß immer zwiespältig lauten, aber menschlich versöhnt das Leben des „unglücklichsten deutschen Königs“ durch seine Tragik, in der wie in der großen Dichtung Schuld und Schicksal verschmolzen sind.

Als für ihn noch seine Vormünder die Geschäfte des Königreiches führten, regierte Nikolaus der Zweite die Kirche. Unter ihm wurde im Jahre 1059 ein Erlaß über die Papstwahlen herausgegeben. Allein die Kardinäle sollten von nun an wählen. Bisher war jede Papstwahl an die Zustimmung des Kaisers gebunden; dieses Rechtes gedachte die neue Urkunde nur noch ganz unbestimmt und nur für den Sohn Heinrichs des Dritten.

Das reformierte Papsttum schloß mit seinem Streben, die neuen Ideen zu verwirklichen, ein Bündnis mit dem Volke. In Oberitalien hatte sich an dem Widerstand gegen das Regiment des städtischen Adels und der hohen Geistlichen die Bewegung der *pataria* entzündet, die ihren Namen von dem Mailänder Trödelmarkt empfangen hatte. Sie kämpfte auch gegen die Priesterehe, und zwar mit allen Mitteln, die einer fanatisierten Masse gemäß waren. Hostien, die von einem verheirateten Priester gespendet worden waren, wurden mit Füßen zerstampft. Leidenschaftlich wandte sie sich gegen die Vergebung hoher kirchlicher Ämter durch Laien. Den vom Kaiser eingesetzten Erzbischof von Mailand zwang sie, auf das Amt zu verzichten und es vom Papst zurückzunehmen.

Zugleich gewann das Papsttum in Italien eine wertvolle weltliche Unterstützung. Die Christen in Unteritalien hatten sich seit dem neunten Jahrhundert gegen die Sarazenen behaupten müssen. Die Christen riefen die kriegerischen Normannen zu Hilfe. Konrad der Zweite belehnte die Normannen mit Aversa bei Neapel. Immer mehr von ihnen kamen ins Land, und sie machten sich allmählich zu seinen Herren. Nikolaus der Zweite gab es dem großen Normannenfürsten Robert Guiskard zu Lehen, ohne der kaiserlichen Oberhoheit zu gedenken. So gewann er sich Helfer für die kommenden Kämpfe. Bald gingen sie daran, auch Sizilien zu unterwerfen.

Die machtvollste Persönlichkeit unter den Beratern des Papstes Nikolaus war der Mönch Hildebrand aus Cluny, später Kardinaldiakon in Rom, Vertreter der entschiedensten Reformer, von der Bewegung und der eigenen Kraft immer weiter nach oben getragen, in tumultuarischem Verfahren 1073 zum Papst erhoben, erst nachträglich durch die Kardinäle bestätigt. Man hat in ihm einen Nachkommen der alten Germanen, vielleicht einen Deutschen sehen wollen, man hat nicht nur in seinem Namen, sondern in seiner kirchenpolitischen Wesensart eine Bestätigung seines Deutschtums sehen wollen: in der Auffassung der Kirche als einer großen Gefolgschaft für Christus, die durch den Manneneid an ihn gebunden ist und keinen anderen Eid, auch nicht den an den König oder an das Eheweib, duldet.

Seine weltgeschichtliche Größe liegt in der ungeheuren Wucht, mit der er sich für die Vorherrschaft des Papsttums einsetzte, in der Leidenschaft seines Kampfes, die auch in ihm geadelt war durch das Bewußtsein, einer höheren Idee zu dienen, der Verwirklichung des Reiches Gottes auf Erden. Aber unter ihm streitet die Kirche nicht mehr nur, um sich von weltlicher Oberherrschaft zu befreien, sie will nun selber die weltlichen Fürsten beherrschen. Wie so oft in der Geschichte werden aus den Befreiern Eroberer. Auch Gregor war eine Eroberernatur, nur daß der erstrebte Gewinn im geistigen Bereiche lag. Kein Name, so lehrte er, sei dem des Papstes gleichzusetzen, und er habe das Recht, Kaiser abzusetzen.

Wenn man das Wesen dieses Mannes erkennen will, dann muß man die Bilder des dritten Klosters von Cluny betrachten, wie sie auf alten Stichen erhalten sind. Da ist nichts mehr von der mönchischen Demut, in der die Bewegung begonnen hatte, da ist alles machtvoll, bezwingend, fordernd. Da ist nicht nur die betende, sondern auch die kämpfende und triumphierende Kirche. Und hier, nicht in Rom, schlug in diesen Jahrhunderten das Herz der Christenheit.

Canossa

Der junge König Heinrich versuchte, in Sachsen durch Burgenbau und Mehrung des Krongutes dem Königtum eine machtvolle Stellung aufzubauen, geriet dabei aber in den Kampf mit den Sachsen, unterlag zunächst, kam dann durch kluge Ausnutzung der Fehler seiner Gegner wieder hoch und siegte. Der Argwohn der Großen aber gegen die wachsende Macht Heinrichs blieb. Da traf den König der Blitzstrahl aus Rom.

Der König hatte in seiner Umgebung auch Geistliche, die durch Simonie in ihr Amt gekommen waren, das bedeutete durch Zahlung einer Summe an den Herrscher. Das deutsche Königtum hatte lange Zeit einen Teil seiner Einkünfte aus diesem Brauch bezogen, und Konrad der Zweite hatte ihn kräftig geübt. Aber inzwischen hatte die Reform gesiegt, und ihre Träger mußten Anstoß daran nehmen, wie hier die obersten Ämter der Kirche als käufliche Ware behandelt wurden. So bannte unter dem Vorsitz des Papstes die Fastensynode zu Rom von 1075 die Räte des Königs. Sie ging weiter, verurteilte auch die Investitur der Bischöfe und Äbte durch Laien und traf damit das Königtum in seinem Lebensnerv, in seiner Verfügungsgewalt über die höchsten Beamten.

Auch die deutschen Bischöfe standen dem Herrscher bei der Abwehr zur Seite. Aber in verhängnisvoller Weise gingen sie über das Maß des sittlich Gerechtfertigten und politisch Erreichbaren hinaus. Nur zu gerne ließ sich das Ungestüm des fünfundzwanzigjährigen Königs von ihnen leiten. Die Wormser Synode erklärte Gregor für abgesetzt.

Wohl hatte vor einem Menschenalter der Vater Heinrichs römische Päpste entthront, aber inzwischen war eine neue Welt heraufgezogen, inzwischen stand der Päpstliche Stuhl wieder achtunggebietend und Ehrfurcht heischend in der Welt da, weil er seine sittliche Würde wiedergewonnen hatte. Und wenn früher deutsche Könige Päpste abgesetzt hatten, dann standen diese Herrscher in oder bei Rom an der Spitze von Tausenden von Rittern, jederzeit bereit, dem Widerstrebenden ihre Hand fühlen zu lassen. Heinrich aber war ferne und schwach.

Er mußte seinen Fehler begreifen, als nun Gregor mit dem Bann, mit der Ausstoßung aus der Kirche, antwortete, ihn für abgesetzt erklärte und alle Untertanen vom Eid gegen ihn entband. Die Ausstoßung aus der Kirche bedeutete damals die Ausstoßung aus der Gemeinschaft mit seinesgleichen. Umgang mit dem Gebannten zu haben bereitete den Menschen schwere Gewissenspein. Nur allzu viele von den Großen aber benutzten gerne den Bannfluch, sich vom König loszusagen, um um so selbständiger walten zu können. Bald war Heinrich von fast allen verlassen.

Da überwand er sich selbst und faßte den rettenden Entschluß, indem er den salischen Herrscherstolz besiegte. Barfuß erschien er im Schnee vor dem Tor der toskanischen Burg von Canossa, kein König mehr, ein büßender Sünder, der um die Spende der kirchlichen Gnade flehte. Der Papst, der sich mit seinen Beratern auf der Burg aufhielt, spürte wohl, daß ihm der sichere Sieg entwunden werden sollte. Lange sträubte er sich, den Büßenden in die Gemeinschaft der Kirche wieder aufzunehmen. Aber die Anschauungen der Zeit waren mächtig auch in ihm, seine Umgebung bedrängte ihn; wie hätte gerade der Vater der Christenheit sein Herz so verhärten können, den Reuigen zurückzustoßen? So nahm der Papst den König in die Gemeinschaft des Abendmahls wieder auf. Als aber Heinrich die Bedingungen beschwören sollte, daß er sich mit den Fürsten nach dem Urteil des Papstes vergleiche, weigerte er sich; das sei der Würde des Königtums nicht angemessen. Tief hatte er sich gebeugt, tiefer sollte er sich noch beugen; aber nie zerbrach er innerlich.

Der Tag von Canossa, dieser 28. Januar 1077, ist lange als schwere Niederlage des Königtums erschienen, und er hat durch Bismarcks berühmtes Wort die gültige Prägung im Sinne der schwersten Demütigung erfahren. Die spätere Forschung dagegen hat in Heinrichs Verhalten einen Beweis erfolgreicher Staatsmannskunst gesehen, in der Lösung vom Banne einen Sieg über den Vernichtungswillen des Papstes. Unbefangene Beobachtung kommt wohl zu dem Schluß, daß beide Auffassungen berechtigt sind, daß aber die Älteren den tieferen Sinn des Vorgangs besser erkannt haben. Wohl war Canossa wirklich ein Erfolg für Heinrich; auch lag in der Selbstdemütigung eines Herrschers für das Mittelalter nicht etwas so Anstößiges wie in den Augen des modernen Menschen, da schwere Gemütserschütterung und Zerknirschung damals den Menschen häufiger überkamen als uns und als Beweis reinen Menschentums gedeutet wurden. Aber einen Erfolg hatte Heinrich doch nur insofern errungen, als er von der äußersten Verlassenheit und Ohnmacht befreit war und nun wieder beginnen konnte, ganz allmählich den schwierigen Weg zum Wiederaufstieg zu beschreiten.

Doch der symbolhafte Charakter des königlichen Büßertums vor dem Burgtor von Canossa bleibt unvergleichlich und unvergeßlich. In dem Vorgang wurde abgeschlossen, was vorher geschehen war, als die Großen auf Geheiß des Papstes den König verlassen hatten: der Papst war mächtiger als der König, die Kirche mächtiger als der Staat. Gregor war vorher vor der Bannung gewarnt worden. Er dürfe so einem König gegenüber nicht handeln, hatte man ihm gesagt. Er hatte es doch gewagt, und der Triumph war sein. Indem Heinrich sich beugte, erkannte er an, daß der Papst berechtigt war, Herrscher zu bannen und abzusetzen und seine Untertanen vom Eide zu befreien.

Salerno

Was nun noch kam, war mehr ein Nachspiel zu den drei Tagen von Canossa. Der zurückgekehrte König mußte mit den Großen kämpfen, stritt teils unglücklich, teils glücklich gegen zwei Gegenkönige, geriet in einen neuen Streit mit dem Papst, indem nun Gregor, von der eigenen Leidenschaftlichkeit hingerissen, den Bogen überspannte, Heinrich zum zweiten Male bannte, in einem Augenblick, in dem die Welt dies als ungerecht empfand. Die Waffe war abgestumpft. Letzte Versöhnungsversuche Heinrichs lehnte er ab, und Gregor mußte erleben, in der Engelsburg eingeschlossen, wie Heinrich in Rom eindrang und sich im Lateranpalast vom kaiserlichen Gegenpapst Clemens dem Dritten zum Kaiser krönen ließ.

Wohl rettete den Eingeschlossenen sein Vasall. Seltsam verstrickte sich das Schicksal der normannischen Könige, der oströmischen und der deutschen Kaiser. Robert Guiskard hatte Sizilien erobert, aber sein Eroberungswille reichte weiter, bis nach Byzanz. Schon war er in Thessaloniche, das heutige Saloniki, eingedrungen, da rief ihn die Bedrängnis des Lehnsherrn zurück. Der Kaiser in Konstantinopel hatte die Verkettung der Kaiserschicksale wohl begriffen, und er hatte Heinrich Hilfsgelder für seinen Kampf bezahlt. Jetzt lohnten sie sich, Robert ließ ab von dem oströmischen Gegner und eilte mit seinem Heer nach Rom gegen Heinrich. Ihn trieb nicht nur die Treue des Lehnsmannes, sondern auch die kühle Überlegung, daß seine Herrschaft in Unteritalien bedroht sei, wenn der kaiserliche Wille unbeschränkt in Mittelitalien herrsche. Vor seinem Heer mußte Heinrich abziehen, aber so furchtbar hausten nun die Normannen in der unglücklichen Stadt, daß vor der Wut der Bewohner auch Gregor weichen mußte. Im normannischen Salerno starb er 1085, und seine letzten Worte lassen einen tiefen Blick in seine Seele tun, die mit dem Schicksal haderte: „Ich habe die Gerechtigkeit geliebt und die Ungerechtigkeit gehaßt; darum sterbe ich in der Verbannung". Er gedachte dabei des Bibelwortes „Du liebtest Gerechtigkeit und hassest gottloses Wesen, darum hat dich Gott, dein Gott, gesalbet mit Freudenöl". Er erwog, wie anders sein Schicksal verlaufen war, und so schied er unversöhnt mit seinen Gegnern, in seinem Herzen das Gefühl, er sei gescheitert.

Er war es nicht. Gregor war einer von den wenigen der Geschichte, deren Ideen nicht mit ihrem Leben enden. Wie sein großer Gegner hatte er sich in vielem vergriffen, aber im Bleibenden hatte er gesiegt. Er hatte gefordert, die Kirche müsse auch über die Fürsten herrschen, und er hatte damit seinen Nachfolgern den Weg in die Zukunft gewiesen. Gewiß war Gregor nicht im Bismarckschen Sinne ein Staatsmann der Möglichkeiten, wie Albert Hauck festgestellt hat. Ein kühl abschätzender Politiker hätte vielleicht im Augenblick mehr erreicht. Aber es gibt Naturen von gewaltiger Größe, die alle Regeln der politischen Kunst sprengen. Gerade die ungeheure Wucht, mit der Gregor für seine Forderungen eintrat, die Leidenschaft, mit der er focht, haben eine Glut entzündet, die in Jahrhunderten nicht erloschen ist. Was er gesagt und getan, blieb unvergessen. Alle die machtvollen Päpste der kommenden Jahrhunderte, Alexander der Dritte, dem der Rotbart die Steigbügel hielt, Innozenz der Dritte, der dem halben Erdkreis gebot, Innozenz der Vierte, der dem Staufer Friedrich die schönsten Siege zerbrach, alle standen sie auf Gregors Schultern.

Und zehn Jahre nach seinem Tode in der Verbannung stand sein mächtiger Besieger wieder allein. In dem Nachfolger Gregors, dem Franzosen Urban dem Zweiten, hatte Heinrich einen Gegner gefunden, der weniger schroff als Gregor, aber nicht weniger zäh und unendlich geschmeidig war. Ihm gelang es, den Sohn Heinrichs und seine Gattin zu sich herüberzulocken, den Bund der lombardischen Städte gegen Heinrich aufzubringen, ihm in Deutschland gefährliche Gegnerschaft zu entfachen. Heinrichs Sohn Konrad starb später an gebrochenem Herzen, aber die Vereinzelung des Königs war vollzogen. Um 1095 behauptete sich Heinrich mühsam in Padua und Verona, abgeschlossen von Deutschland.

Es war die gleiche Zeit, in der Urban der Zweite die westeuropäische Ritterschaft hinriß zur Kreuzfahrt für das Heilige Grab. Die Kreuzzüge wurden später zu einem machtvollen Ausdruck abendländischen Gemeinsamkeitsgefühls, aber sie begannen ohne den deutschen König, der machtlos am Rande des großen Geschehens stand, froh, sich gerade noch behaupten zu können. Der Wandel seit Sutri war vollkommen.

Das deutsche Königtum hat sich aus der Schwäche dieser Tage wieder zu erheben vermocht, und selbst Heinrich konnte noch glücklichere Tage sehen. Aber so stark, wie es gewesen war, wurde es nie mehr. Wohl blieb die Ehrenstellung, die mit der Kaiserkrone verbunden war, bei den deutschen Herrschern, aber ihre tatsächliche Macht entsprach nicht dem Titel. Neben das deutsche Selbstgefühl trat der erwachende Stolz der Franzosen und Engländer. Die Oberherrschaft Heinrichs des Sechsten ein Jahrhundert später hatte mehr den Charakter eines Zwischenspiels. Die Kirche vollends war niemals mehr gezwungen, vom deutschen König Hilfe oder gar Erneuerung dankbar annehmen zu müssen, wie dies unter Otto dem Großen und Heinrich dem Dritten geschehen war. Die Macht des Papsttums über Seelen und Staaten war größer geworden als je zuvor. So hat Leopold von Ranke die auf Canossa folgenden Jahrhunderte das hierarchische Zeitalter nennen können.

Aber auch bei der Gestalt Gregors spüren wir die tragische Doppelheit, der keine große Gestalt der Geschichte zu entgehen scheint. Der

Papst, der in die Jahrhunderte wies mit seinen Machtansprüchen für die Kirche, hat in der Leidenschaft seines Kampfes (vornehmlich in der *pataria*) die Laien gegen den Klerus aufgerufen. Er lehrte sie, über die Autorität der Geistlichkeit nachzudenken und schließlich daran zu zweifeln. Schon 1076 klagte Siegebert von Gembloux, daß die Laien es sich herausnähmen, über die heiligen Sakramente zu disputieren. So hat man den großen Gregor den Vater aller Ketzerei nennen können. Die Sekten, die immer mehr dem späteren Mittelalter das Gepräge gaben, haben ihren geistigen Ursprung in der Zeit Gregors. Die Unruhe, die damit erwuchs, hat weiter und weiter gewirkt und sich schließlich in der Reformation, in der Kirchenspaltung also, den Ausdruck gesucht.

Spaltung wurde auch in die Herzen des mittelalterlichen Menschen getragen, wenn er jetzt auf Kaiser und Papst sah. Sie waren ihm bisher als eine Einheit erschienen; die zwei Schwerter, so hatte er geglaubt, wirkten zusammen, das Reich Gottes auf Erden zu verwirklichen. Jetzt traten an die Stelle der Einheit Kampf, Bitterkeit und Haß. Für den mittelalterlichen Menschen ging damit Kostbares verloren. Die Kirche aber, die nun um so viel erhöht wurde, vereinsamte auch damit. Sie wurde schärfer gemessen als bisher, und wie alles einsam Ragende fand sie viel mehr Kritiker. Die Herbheit des Tadels wurde häufiger, und die spätmittelalterliche Kirche sah sich härter angegriffen als die der früheren Jahrhunderte.

Ingelheim

Heinrich der Vierte erlebte noch einige Jahre der Ruhe und des Erfolges. Konrad starb, Verhandlungskunst und Gunst des Schicksals sprengten die Front der Gegner des Kaisers. Er konnte in Deutschland wieder die Regierung übernehmen, jetzt gestützt vornehmlich auf die Städte und die Ministerialen. Die Ministerialen waren Dienstmannen des Königs, die nicht mit großen Lehen ausgestattet waren und bei denen um so weniger die Gefahr bestand, sich gegen den Herrscher aufzulehnen. In den letzten Jahren beschritt Heinrich Wege, die in die Zukunft führten.

Aber gerade hieraus erwuchs ihm die letzte Gefahr. Die Großen, deren Fehderecht Heinrichs Politik des inneren Friedens beschränkte, sahen mit tiefem Mißtrauen auf seine Volksfreundlichkeit; und nun verbündete sich mit ihnen und der Kirche zum zweiten Male sein eigener Sohn. Heinrich, als König der Fünfte zubenannt, war ein Politiker von nackter Selbstsucht und eisig kalter Berechnung, wie sie auch das Mittelalter neben den großen leidenschaftlichen und sich verströmenden Naturen kennt. Er fürchtete wohl, daß nicht nur Heinrich, sondern daß die Dynastie der Salier überhaupt untergehen müsse in dem doppelten Kampf gegen Kirche und hohen Adel, und er war entschlossen, für sich selber die Macht zu behaupten, auch wenn er seinen Vater verraten sollte. Er hatte schwören müssen, nie etwas gegen den Kaiser zu unternehmen. Papst Paschalis der Zweite löste ihn von dem Eide. Der durch tückischen Betrug gefangengenommene Kaiser fiel in einem Augenblick des Zusammenbruchs auf der Pfalz zu Ingelheim dem Sohne zu Füßen; alle Umstehenden weinten, nur einer blieb kalt: der Sohn.

Aber selbst in diesen Tagen, die schlimmer waren als die vor Canossa, verlor Heinrich nicht völlig den kaiserlichen Stolz. Der päpstliche Legat versprach, sich für die Lösung des Bannes zu verwenden, wenn der Kaiser ein moralisches Schuldbekenntnis öffentlich verlese; der Kaiser weigerte sich. Später ersuchte er die Fürsten um Vermittlung mit der Kurie, aber keine Bedingung wollte er annehmen, die seine herrscherliche Würde verletzte.

Dem Kaiser gelang es, nach monatelanger harter Haft auf der Burg Böckelheim zu entkommen. Im Begriffe, den letzten Feldzug gegen den treulosen Sohn zu tun, starb er.

Er hatte durch Unbesonnenheit Kräfte herausgefordert, deren Macht er zu spät erkannte; hatte zurückweichen und sich demütigen müssen, aber war nie zerbrochen. Noch bis in die Gefangenschaft hinein hatte er die weltlichen Rechte des Königtums unbeirrt verfochten und damit dem Sohne wie allen nachkommenden Herrschern das kostbare Erbe der moralischen Selbstbehauptung übergeben. So erscheint er Gregor nicht unebenbürtig. Aus dem Zusammentreffen der beiden Gestalten, in denen die Kräfte und Ideen des Zeitalters Leben und Blut gewannen, ist erst der Riesenkampf möglich geworden, der die kommenden Jahrhunderte erfüllte. Daß in ihm das weltliche Herrschertum nicht völlig unterlegen ist, daran hat auch Heinrich mit allen seinen Irrtümern seinen wuchtigen Anteil.

Das Wormser Konkordat

Als Bundesgenosse der Kirche hatte Heinrich der Fünfte (1106–1125) den Kampf gegen seinen Vater begonnen, als geistiger Erbe seines Vaters kämpfte er gegen die Kirche. Die Königsrechte verfocht er weniger leidenschaftlich, aber kaltblütiger als der Besiegte von Canossa.

Er hatte es auch leichter als sein Vater; kein Gregor und kein Urban standen ihm mehr gegenüber; auf die Zeit der großen Herrscherpersönlichkeiten auf dem Päpstlichen Stuhl, die auch die Kirche tief beunruhigt hatten, war eine Abspannung, war die Zeit der mehr nach innen gewandten, mönchischen Persönlichkeiten getreten. Paschalis der Zweite war dem Manne nicht gewachsen, den er für sein Geschöpf gehalten hatte. Er mußte als Gefangener des Kaisers auf die päpstlichen Ansprüche verzichten.

Aber auch das war nur von kurzer Dauer. Unter Calixtus dem Zweiten, einem Manne von fürstlicher Abstammung und politischem Wirklichkeitsblick, wurde 1122 im Wormser Konkordat der Friede im Investiturstreit nach fünfzigjährigem Kampf geschlossen. Er enthielt ein echtes Kompromiß, wie es ähnlich um diese Zeit in Frankreich und England geschlossen wurde. Der König belehnte in Zukunft mit dem Szepter, der Papst gab Bischofsring und Bischofsstab. Die Wahl wurde durch die Domkapitel vorgenommen, nicht mehr durch den Willen des Königs. Das war ein Sieg der Kirche. Aber sie ging in Gegenwart eines Vertreters des Königs vor sich. Wenn auch nur ein Mitglied des Kapitels einen anderen als den Mehrheitskandidaten wählte, gab der König den Ausschlag. Das war ein Sieg des Königs. Es mußte ihm immer möglich sein, wenigstens ein Mitglied des Kapitels für sich zu gewinnen.

Diese für den König günstige Regelung galt freilich nicht für Italien. Hier war die Bischofsernennung jetzt dem König völlig genommen, ein Vorklang für kommende Zeiten, in denen die deutschen Könige ihre Herrscherstellung in Italien immer schwerer bewahren konnten.

Vollen Frieden und volle Klarheit konnte das Konkordat nicht bringen. Es war nur ein Waffenstillstand in einem Kampf, der noch lange kein Ende nahm.

Wenn im Konkordat weder der deutsche König noch der Papst die Sieger waren, so gab es doch daneben einen Dritten, der sich mit Recht als Sieger fühlen durfte: den Stand der Reichsfürsten. Er war in dem Streit der beiden Gewalten mächtig emporgekommen, seine Lehen waren nur erblich, und er hatte den Ausgleich von Worms vermittelt, was sein Selbstgefühl weiter erhöhen mußte. Immer mehr verschmolzen dabei geistliches und weltliches Fürstentum in der staatlichen Stellung miteinander, beide eifersüchtig auf die Wahrung ihrer Rechte bedacht und sie nach unten wie gegenüber dem König wahrend. Die Hoffnungen auf einen höheren Grad der Ergebenheit der geistlichen Fürsten, die Otto der Große gehegt hatte, waren im Investiturstreit zerfallen.

Die Capetinger in Frankreich

Nach dem modernen Urteil ist der Franzose dem Deutschen dadurch überlegen, daß sein National- und Staatsempfinden gegenüber den landschaftlichen Selbständigkeitsbestrebungen stärker ist als das des Deutschen. Daraus schließt man leicht auf die Verschiedenheit der Nationalcharaktere. Die Geschichte aber warnt vor solchen Verallgemeinerungen.

Als die Deutschen bereits einen leidlich geschlossenen Staat gebildet hatten, mußte sich der König von Frankreich noch immer mit seinen Herzögen herumschlagen. Darum sind die französischen Vorgänge im neunten und zehnten Jahrhundert zwar bedeutsam für die Geschichte Frankreichs, werden aber blaß vor dem Hintergrund der Weltgeschichte.

Das große Ereignis des zehnten Jahrhunderts in Frankreich war das Aussterben der karolingischen Hauptlinie im Jahre 987. Die westfränkischen Großen wählten nicht den Vertreter der Nebenlinie des Hauses, der als Herzog von Niederlothringen Vasall des Kaisers Otto war, sondern den mächtigsten Herzog, Hugo von Francien mit dem Beinamen Capet nach der Kapuze, die er zu tragen pflegte. Mit ihm bestieg das Haus der Capetinger den Thron, den es bis 1830 innegehabt hat. Valois und Bourbonen waren nur Zweige des Hauses Capet. Noch die Ankläger der Französischen Revolution nannten den König Ludwig Capet.

Mit so langer Dauer der Dynastie erwuchs den Franzosen ein großer Glücksvorteil, verglichen mit dem staatlichen Los der Deutschen. In beiden Ländern herrschte staatsrechtlich die Wahlmonarchie, aber die alte Überlieferung von dem höheren Wert des königlichen Geblütes wirkte nach, so daß gewöhnlich ein Sohn des letzten Königs zum Nachfolger gewählt wurde. In Deutschland aber starben die Dynastien im Mittelalter mehrere Male nach kurzer Dauer aus. So boten sich immer wieder verschiedene Bewerber an, und die Fürsten wurden dadurch stets von neuem auf die Möglichkeit gelenkt, einen Mann nach ihrem Belieben zu wählen. In Frankreich blieb die Dynastie in der Herrschaft, und so wurde durch das Einwirken des Geblütsrechts die Monarchie zu einer Erbmonarchie, gewann der Staat damit die größere Stetigkeit.

Vom Herzogtum Francien aus, das später den Namen *Ile de France* erhielt, wuchs die Macht des Königtums gleichsam ringförmig in das Land hinein. Mit ihr erwuchs das französische Nationalgefühl.

Auch der französische König kam mit Gregor dem Siebenten in Streit um die Investitur, genauso wie die englischen. Aber Gregor war klug genug, einzusehen, daß er nicht gegen mehrere Fronten kämpfen konnte. Um Heinrich, der als Anwärter auf die Kaiserkrone und als Landesherr von halb Italien der gefährlichere Gegner war, mit voller Kraft bekämpfen zu können, ließ er die westeuropäischen Könige im wesentlichen unbehelligt.

Kastilien wird christlich

Für die Pyrenäenhalbinsel war die Zeit seit der Eroberung durch die Araber, die nach einer afrikanischen Stammesbezeichnung in Spanien Mauren hießen, die eigentliche Heldenzeit. In ununterbrochenen Kämpfen, die zusammen fast achthundert Jahre dauerten, gelang es zuerst, sich der Mauren zu erwehren, und dann, sie Schritt um Schritt zurückzudrängen.

Dem Königreich Asturien, das bald den Namen Leon annahm, gelang im elften Jahrhundert die Eroberung Kastiliens. Die Christen hätten schwerlich ihre Grenzen so weit vorrücken können, wären nicht die Mauren durch innere Uneinigkeit geschwächt gewesen. An diese Kämpfe knüpft sich die Erinnerung an den Grafen Rodrigo Diaz de Vivar, den das Volk nach dem arabischen Wort für Held als den Cid kannte. Sie ist einer der vielen Beweise dafür, wie sehr das Volk und die Legende ihre Lieblinge verklären. Dieser Ritter ohne Furcht und Tadel, dem Corneille den Wohlklang seiner Verse geschenkt hat, war in Wirklichkeit von hemmungsloser Selbstsucht, und um seiner persönlichen Ziele willen stritt er auch wohl mit den Mauren gegen seine christlichen Glaubensbrüder. Aber in der letzten Zeit seines Lebens, als er wieder für die Christen kämpfte, gelang ihm tatsächlich, Valencia zu erobern und hier bis zu seinem Tode 1099 eine selbständige Herrschaft zu errichten.

Dänen und Normannen in England

In England war die Idee des Einheitsreiches zwar wirksam geblieben, doch hatte das Land das Unglück, zum zweiten Male einem Einfall der Dänen zum Opfer zu fallen und diesmal völlig unterworfen zu werden. Aber die Eroberer waren nicht mehr die Plünderer zu

Zeiten Alfreds. Der Dänenkönig Knut (1016–1035), der zu gleicher Zeit sein Heimatland, England und Norwegen regierte, gab den Angelsachsen Gleichberechtigung und nahm auch aus ihnen seine Berater. Aber das Reich, das die Nordsee umspannte, zerfiel mit seinem Tode. Er starb früh, schon mit vierzig Jahren, und seine Söhne waren unfähig. Bei dem damaligen Stand der Verkehrsmittel war es vielleicht eine Menschenkraft übersteigende Aufgabe, einen Staat zu beiden Seiten des stürmischen Meeres auf die Dauer zusammenzuhalten.

Im Jahre 1042 kam wieder ein angelsächsischer König auf den Thron. Aber Eduard der Bekenner war ebenso schwach wie wohlmeinend und ohne Voraussicht, und bei seinem Tode 1066 gab es nur zweideutige Bestimmungen über die Thronfolge. Sein Nachfolger Harold sah sich Erbansprüchen des Normannenherzogs Wilhelm gegenüber, die ebenso fragwürdig waren wie seine eigenen. Bei Wilhelm waren der stärkere Wille, die größere Feldherrnbegabung und die klügere Diplomatie. Der Klosterprior Lanfranc, der von einer Eroberung der Insel eine Romanisierung erhoffte, erwirkte das Bündnis Wilhelms mit der Kirche. Ein vom Papst geweihtes Banner flog den Scharen Wilhelms voran. Von überall in Frankreich her strömten Ritter ihnen zu, sie lockte nicht nur das Bewußtsein, der Sache des Herzogs und der Kirche dienlich zu sein, sondern auch die Hoffnung auf Ehre und Reichtum. Bei Hastings verlor 1066 Harold Krone und Leben.

Mit Wilhelm dem Eroberer (1066–1087) schlug die Kraftlosigkeit der letzten Regierungen Englands in Härte um. Vor seinem königlichen Willen sollte es keinen Widerstand geben; wer ihn versuchte, wurde niedergeschlagen. Im Anfang gab es noch Auflehnung. Niedergebrannte Behausungen, verwüstete Äcker, menschenleere Einöden bezeichneten noch lange die Gegenden, in denen die Eingesessenen verursacht hatten, sich gegen die drückende Herrschaft der Sieger zu erheben.

Die Güter der meisten Großen gab Wilhelm seinen französischen Rittern. Das festländische Lehnsystem wurde nun in klarer Ausprägung auf die Insel übertragen, Aber Wilhelm wandelte es bedeutsam ab. Die Besitzungen der Großen lagen über das ganze Land verstreut, so daß eine Zusammenballung von Macht in der Hand eines Einzelnen nicht möglich war. So blieb Wilhelm der Herr auch über Herzöge und Grafen. Zum Ausgleich dafür durften die Ritter ihre Bauern bedrükken, was sie ebenso bedenkenlos taten wie ihre festländischen Standesgenossen. Die Milde des Dänenkönigs Knut kehrte nicht wieder.

Äußeres Zeichen dafür, daß hier Fremde über ein Volk herrschten, bleibt die scharfe Scheidung der Sprache. Angelsächsisch war die Sprache des niederen Volkes, Französisch die des Hofes, des Adels und der Gesittung. Lanfranc wurde Erzbischof von Canterbury.

Aber die harte Herrschaft des Königs und seiner Nachfolger hatte auch ihre guten Wirkungen für die Niedrigen und Ärmeren, für die Bauern und Städter. Gerade weil der Wille des Königs sich so geschickt und so kraftvoll durchsetzte, wurden die Großen und die Ritter daran gehindert, sich gegenseitig ständig mit Fehden zu überziehen, wie dies das Kennzeichen des festländischen Adels war. So blieben Bürger und Bauern wenigstens von den Schrecken der Bürgerkriege verschont, so konnte sich in leidlichem Gedeihen der für England so bedeutsame Stand der mittleren Hofbesitzer erhalten und weiterentwickeln.

Und wie immer nach Eroberungen verschmolzen nach einiger Zeit Sieger und Besiegte. Ehen wurden geschlossen, die Sitten wurden einander angenähert, der Wortschatz der Sprachen vermengte sich. In auswärtigen Kriegen lernte man die neue Gemeinsamkeit erproben. Das englische Staats- und Nationalgefühl wuchs heran.

Das Christentum in Polen und Rußland

Hundert Jahre nachdem Rjurik zum Ilmensee gefahren war, fuhr ein anderer Normanne mit dem Namen Dago Oder und Warthe herauf und gründete mit seinen Mannen und den westslawischen Bauern einen Staat (960), der später den Namen Polen, das ist das Land der Ebene, erhielt. West- wie Ostslawen haben also die Segnungen und die Nachteile des Staates erst von den Schweden erfahren. Bereits Dago nahm von den Deutschen das Christentum an.

Ein Jahrhundert nach den Polen wurden die Russen Christen. Der Herrscher, der diese Wandlung vollzog, war Wladimir, mit seinem nordischen Namen Waldemar. Er verfolgte zunächst das Christentum, aber bald erkannte er, daß es eine Macht war, die man besser zum Bundesgenossen als zum Feinde hatte. Die neue Religion breitete sich immer weiter aus, und am schnellsten bei den normannischen Gefolgsleuten des Fürsten. Mit geheimnisvoller Macht strahlte der Glanz von Byzanz, durch eine alte Geschichte ebenso gesteigert wie durch die Pracht des Hofes und der Kirche, bis weit in das Abendland und die russischen Steppen. Eine Verbindung mit dem griechischen Kaiserhaus schien dem barbarischen Fürsten in Kijew eine hohe Ehre, die sein Ansehen und seine Würde bei Untertanen und Nachbarn mehren mußte. Wirklich erhielt er die Hand der Kaiserschwester Anna, aber nur gegen das Versprechen der Taufe. Durch einen griechischen Priester wurde Wladimir Christ (1088). Seinen Untertanen befahl er, ihm nachzufolgen. Die alte Religion zog sich in die Wälder zurück, wo sie spurlos verschwand.

Daß die Russen gerade von Byzanz das Christentum empfingen, hatte tiefgreifende Folgen für ihre seelische Entwicklung. Die griechische Kirche war immer mehr erstarrt, sie hatte sich auch immer mehr geschieden vom Westen und von Rom. Selbst als die Griechen zur Bildverehrung zurückgekehrt waren, hatte sich die Spaltung verschärft. 1054 verfluchten die Häupter der beiden Kirchen feierlich einander. Indem jetzt die Russen sich zu Byzanz und nicht zu Rom bekannten, wurde eine Scheidelinie zwischen ihnen und dem übrigen Europa gezogen, die bis heute nicht verwischt ist.

Die griechische Kirche milderte das schwere Los der Sklaven in Rußland, sie stärkte den Abscheu vor dem Verbrechen, aber in starrer Herrschsucht ertrug sie keinen anderen Träger der Sitte. So wie man in Byzanz das Rittertum nicht kannte, so gab es auch in Rußland keine Ritter, keine ritterliche Ehre und keine ritterliche Poesie. Die Kirche lehrte die Russen ihre Holzhäuser durch steinerne Prachtbauten ersetzen, aber sie hielt die höhere Baukunst in Fesseln. Musik und Dichtung und Wissenschaft, alles mußte der Kirche dienen.

Eine Macht, die den Geist der Menschen so veränderte, mußte wohl auch das Leben des Staates wandeln. Wohl erhob die griechische Kirche niemals Ansprüche auf die weltliche Gewalt und ersparte so den russischen Herrschern die bitteren Kämpfe, die im Westen ausgefochten werden mußten. Doch diesen Gewinn mußte Rußland teuer bezahlen. Häufig kamen jetzt die Fürsten von Kijew mit Byzanz in Berührung, aber die Luft hier war alt und verderbt. Was man noch lernen konnte, waren die Feinheiten der Etikette, waren mehr noch Ränke, Schmeicheleien, Lüge und Verrat. Und mit unwiderstehlicher Gewalt wurden die Augen der Fürsten von Kijew angezogen von der unumschränkten Gewalt, die der Kaiser über seine Untertanen ausübte. Noch regierte Wladimir zusammen mit seiner *Druschina*, der Vertretung der Gefolgsleute, aber einmal mußte die Stunde kommen, wo auch der Herrscher von Kijew versuchen würde, die unverhüllte Despotie an die Stelle des germanischen Gehorsams der Freien zu setzen.

Das Ereignis übte seine Wirkung in die Tiefe des Staatsempfindens. Die Russen waren nun Christen geworden, aber sie waren es auf eine ganz andere Weise als das übrige Europa. Niemand vermochte damals zu ahnen, wieviel das einmal bedeuten sollte, wie sehr Rußland, ohnehin ein ferner und schwerfälliger Block, nun der kulturellen Verbindungswege zum Westen ganz beraubt werden sollte, wie die Bewegungen der Kreuzzüge, der Reformation und der Renaissance spurlos an dem russischen Volk vorbeigingen. Aber was man jetzt schon empfinden lernte, war das Anderssein der Religion, und nach der Art ursprünglicher und kindlicher Menschen empfand man dieses Anderssein mit besonderem Stolz. Es waren Russen und später nach dem Fall von Konstantinopel nur Russen, die in einem selbständigen Staat Gott so und nicht anders anbeteten. Russisch und rechtgläubig wurden bald wesensgleiche Begriffe. Enger rückten die Stämme von der Düna bis zur Wolga zusammen. Aus dem gemeinsamen Erlebnis der Gottesverehrung erwuchs das Erlebnis des Volkstums.

Romanische Kunst und Scholastik

Das zehnte und elfte Jahrhundert, das Zeitalter der deutschen Vorherrschaft und ihres beginnenden Zerfalls, sah die Deutschen auch auf anderen Gebieten als denen des Staates in der Führung. Macht und Geist waren miteinander verbunden. Das zeigte die Kunst der Geschichtsschreibung und der aufblühenden Dichtung unter diesen Herrschern, aber es wurde am sichtbarsten in der romanischen Baukunst. Sie hat ihren Namen davon, daß der römische Steinbau übernommen wurde, aber die hat zunächst ihre Ausbildung in den germanischen Ländern und vor allem in Deutschland gewonnen, dazu in Nordfrankreich und Oberitalien. Kraft, Schwere, klare Gliederung, Erdverbundenheit sind ihre Kennzeichen. Einen großartigen Ausdruck fand sie in dem Kaiserdom zu Speyer, in dem sich der salische Stolz der Kaiser, in dem sich aber auch das ganze Lebensgefühl der Zeit ein bleibendes Denkmal gesetzt hat. Der Mensch flieht die Erde nicht, auch der Christ bejaht sie, aber er will sie mit dem Christentum durchdringen. Das entspricht dem Bündnis der zwei Schwerter, der engen Verbindung von Kirche und Kaisertum, wie es in Otto dem Großen und Heinrich dem Dritten Gestalt gewonnen hatte.

Aber wie im Staate die deutsche Vorherrschaft schwand, so ging Ende des elften Jahrhunderts auch im Geiste und in der Kunst die Führung an den Westen über. Ein französisches Kloster, Cluny, hatte die Macht über die Empfindungen der Menschen gewonnen und im kirchlichen Leben die alte benediktinische Auffassung verdrängt. Die

Benediktiner hatten die Welt durchchristen wollen, die Cluniazenser wollten, daß die Mönche die Welt führten. Auch gegen sie erwuchs nun eine Bewegung, und wieder kam sie in Frankreich auf. 1098 wurde in Citeaux bei Dijon das Kloster eines neuen Ordens gegründet, der nach dem Entstehungsort die Zisterzienser genannt wurde. Gegen den Stolz und die Üppigkeit, in die Cluny durch seine Siege geraten war, vertraten sie mit aller Inbrunst noch einmal das mönchische Ideal der Innerlichkeit. Mit ihrer Hände Arbeit, weniger durch Wissenschaft und Kunst, wollten sie es verwirklichen. In den slawischen Gebieten des missionierten Ostens machten sie aus Sumpf und Ödland und Wald blühende und ertragreiche Äcker und Dörfer. In der Kunst versuchten sie lange das strenge Ideal der schmucklosen Einfachheit durchzusetzen. Das gelang ihnen wohl nur bei ihren eigenen Kirchen. Aber auch in der übrigen Baukunst mit der Bereicherung der frühromantischen einfacheren Formen wurde Frankreich das Vorbild.

Der Westen begann auch im Nachdenken über Gott und die letzten Dinge zu führen. Anselm von Canterbury, ein geborener Italiener, dann lange Zeit Prior in der Normandie, schließlich zum Erzbischof von Canterbury berufen, schuf die Anfänge der Scholastik. Er wollte die christliche Theologie auch vernünftigem Denken offenbarmachen und übernahm die Worte des Augustinus „*credo, ut intelligam*", „ich glaube, damit ich das Geglaubte auch mit dem Verstande einsehen kann."

Einer der Hauptgegner Anselms war Roscellinus von Compiègne. An die Auseinandersetzung der beiden knüpft sich der Beginn des berühmten Universalienstreits, in dem alte platonische Begriffe wieder auflebten und der die großen Geister des hohen Mittelalters immer wieder beschäftigt hat. Die Realisten, zu denen Anselm gehörte, hielten die Begriffe für die eigentliche Wirklichkeit, wie es Platon getan hatte; die Nominalisten aber hielten sie für bloße gedachte Bezeichnungen ähnlicher Gegenstände. Der Kampf wurde für die Kirche um so bedeutungsvoller, als vom Nominalismus die Lehre von der Heiligen Dreieinigkeit bedroht wurde. Wenn man ihren Begriff bloß für gedacht, die Einzeldinge aber für wirklich erklärte, konnten leicht die drei Einzelsubstanzen der Dreifaltigkeit von ihr losgelöst werden, so daß der Mensch schließlich drei Götter vor sich hatte. Daher wurde die Lehre des Roscellinus 1092 in Soissons verdammt.

Aber damit waren die Kämpfe um die Glaubenssätze der Kirche noch nicht zu Ende. Sie wurden fortgesetzt und dauerten das ganze Mittelalter an, bis sie in die Reformation mündeten.

Zehntes Kapitel

DAS ZEITALTER DER KREUZZÜGE

So sehr die Zeit vom Beginn des zwölften bis zur Mitte des dreizehnten Jahrhunderts als eine Einheit erscheint, so schwer ist es, ihren vielfältigen Reichtum an Erscheinungen einem einzelnen Begriff unterzuordnen. Die Bezeichnung des hohen Mittelalters drängt sich auf, sie würde nur bei der Uneinigkeit der Gelehrten über die Begrenzung der verschiedenen Abschnitte mittelalterlicher Geschichte leicht mißverstanden werden. Wenn man das Zeitalter nach den Kreuzzügen nennt, so kommt man dem Ziel sehr nahe, seinen inneren Gehalt zu verdeutlichen. In der Bezeichnung wird sichtbar, wie stark die Macht der Kirche und des Papstes geworden war, aber auch, wie sehr nun der Ritterstand im Leben der Staaten vorherrschte. Kirche und Rittertum haben die Kreuzzüge geistig oder kriegerisch geführt. In diesem Zeitalter erreichte das Rittertum seine Höhe; als es zu Ende ging, machten sich auch die ersten Anzeichen innerer Schwächung bemerkbar.

Der Erste Kreuzzug

Die Araber hatten nach der Eroberung Syriens den Christen gegenüber ihre grundsätzliche Duldsamkeit gezeigt. Die Pilger, die zum Grabe Christi in Jerusalem zogen, konnten gegen Bezahlung einer Abgabe unbehelligt reisen. Aber im elften Jahrhundert kamen Schrekkensberichte ins Abendland über Mißhandlungen der Pilger und über die Bedrückung der eingeborenen Christen.

Es war eine Folge der Eroberung durch die Türken. Dieses kriegerische Reitervolk kam aus Innerasien. Ähnlich wie die Germanen das alte Rom, so beunruhigten die Türken lange die Araber, ähnlich wie die Germanen wurden sie von den arabischen Herrschern als Söldner eingestellt, und ähnlich wie die Germanen überrannten sie schließlich die Grenzen des Reiches, das an Kultur und Schätzen reicher, aber an Verteidigungskräften arm geworden war. Schon vorher hatten die Türken von ihm den Islam angenommen.

Auf dem Konzil von Clermont schilderte Urban der Zweite den Zuhörern die Leiden der Christen im Heiligen Lande. In feurigen Reden forderte er sie auf, das Grab Christi den Ungläubigen zu entreißen. Er konnte kaum zu Ende sprechen; die tief erschütterte Menge rief ihr „*Deus lo vult*", „Gott will es", und begann, sich das rote Kreuz auf die rechte Schulter zu heften, das dann den Zügen nach Palästina den Namen gegeben hat. Priester verbreiteten die Aufrufe des Papstes weit in die Lande. Ungeordnete Haufen aus allen Ständen begannen die Fahrten, wurden aber aufgerieben. Aber 1096 zeigte sich die kriegerische Kraft der abendländischen Ritterschaft in wohlgeordneter Unternehmung.

Aus den Kriegern Karl Martells waren die Ritter geworden. Kampf war ihnen Pflicht und Ehre. Er stillte ihre Lust am Abenteuer, aber in ihm wollten sie auch höheren Idealen dienen. Edle Frauen wurden verehrt, die äußeren Formen wurden vervollkommnet. Schon erwuchsen in den südfranzösischen Troubadours die ritterlichen Dichter und Sänger. Im Süden Frankreichs entwickelte sich das mittelalterliche Ideal des Ritters zuerst, nicht ohne Beeinflussung durch das Vorbild des maurischen Kriegerstandes, von hier verbreitete es sich weiter nach Norden und zu den anderen Völkern.

Ein solcher Stand mußte von dem Rufe Urbans, der über die Christenheit schallte, besonders ergriffen werden. Die Kreuzfahrt zum Heiligen Grabe befriedigte sein Begehren, der Kirche zu dienen, seinen Wunsch, Ehre zu gewinnen, und den Hunger nach Beute und Reichtum. So zog denn 1096 ein starkes Ritterheer über Byzanz nach Kleinasien. Zu ihm gehörten auch Massen von Bauern und anderen Männern der unteren Stände, von religiöser Begeisterung oder von der Sehnsucht getrieben, der drückenden Enge der Heimat zu entgehen. Von den Deutschen waren nur Bewohner des Grenzherzogtums Lothringen dabei vertreten, das dem Volkstum nach halb französisch war. In Deutschland selbst nahm der Kampf Heinrichs des Vierten mit seinen Gegnern alle Fehdelust genugsam in Anspruch. Der Erste Kreuzzug ist vornehmlich ein Unternehmen der französischen Nation.

Nach drei Jahren unsäglicher Mühe, harter Kämpfe und schwerer Verluste kam der Rest der Streiter vor Jerusalem an. Die Stadt wurde im Sturm genommen, nach der Eroberung schändeten die Sieger ihr Bekenntnis zur Religion der Milde und des Erbarmens. Die Straßen rauchten vom Blute der Erschlagenen, von der Moschee rieselten die roten Bäche die Stufen herab, die Juden wurden in ihrer Synagoge verbrannt. So ist der Erste Kreuzzug ein furchtbares Gedenken dafür, wie auch Frömmigkeit entarten kann, wenn sie zum Fanatismus wird.

In Jerusalem wurde ein christlicher Staat errichtet, dessen erster Herrscher ein Vasall des deutschen Königs war, der Herzog von Nieder-Lothringen, Gottfried von Bouillon, seinem Volkstum nach ein Franzose. Er hatte die Herzen aller durch seine Selbstlosigkeit und seinen schwungvollen Idealismus gewonnen. Den Titel eines Königs von Jerusalem nahm er nicht an, sondern nannte sich Beschützer des Heiligen Grabes. Erst sein Nachfolger wurde König. Dem Namen nach als seine Vasallen, in Wirklichkeit fast unabhängig regierten in verschiedenen syrischen Städten noch andere französische Fürsten, die in den Orient die Lebensweise des Rittertums einzuführen versuchten.

Der Versuch, Syrien zu einem Anhängsel des christlichen Westeuropa zu machen, hat nicht lange gedauert. Das lag an der weiten Entfernung von der Heimat, es lag an der geringen Zahl der Eroberer, es lag auch an der Unfähigkeit und der Selbstsucht der regierenden Schicht.

Bernhard von Clairvaux

Die Macht, die von der Kirche nach Canossa gewonnen worden war und sich in dem Kreuzzug gezeigt hatte, wurde dann verkörpert durch einen Mönch, der in dieser Zeit die stärkste Figur des Abendlandes war. Bernhard von Chairvaux war tief erfüllt von den Idealen seines Zisterzienser-Ordens, die Gewalt des religiösen Erlebens erschütterte ihn, und darum vermochte er auch andere zu erschüttern. In ihm wird die ungeheure Macht der Beredsamkeit zum ersten Male im Mittelalter voll sichtbar. Er hätte sie freilich nicht auszuüben vermocht, hätte nicht in seinen Zuhörern ähnliche religiöse Leidenschaft gewirkt wie in ihm.

Ein Mann wie er, in dem alles Glut war, mußte nach seiner ganzen Natur den Schülern des Anselm von Canterbury gegenübertreten. Es ging nicht nur um den Streit der Lehrmeinungen, sondern auch um den Gegensatz der Naturen. Peter Abälard, ein Philosoph aus bretonischem Adel, ein feuriger, fesselnder und unsteter Geist, vertrat im Universalienstreit eine vermittelnde Richtung. Aber wie dem heiligen Bernhard jedes Abweichen vom Realismus als Ketzerei erscheinen mußte, so verletzte ihn noch mehr die verstandesmäßige Art, in der Abälard seine Meinungen begründete. Bernhard rief die Kräfte des

Gemütes an. „Was soll mir die Philosophie?" rief er aus. „Meine Lehrer sind die Apostel. Sie haben mich nicht gelehrt, die Spitzfindigkeiten des Aristoteles zu entwirren, immer zu lernen und nie zu erkennen. Aber sie haben mich gelehrt zu leben, und glaubt Ihr, es sei etwas Geringes, zu leben verstehen? Es ist das Größte von allen." Mit dem Gefühl, für die von innen her bedrohte Kirche zu kämpfen, verband sich bei ihm eine persönliche Abneigung gegen Abälard, die bei der Wesensverschiedenheit der beiden natürlich genug ist. Nicht ohne Verachtung nannte er seinen Gegner einen Menschen, der alles kenne, was im Himmel und auf Erden sei, nur sich selber nicht.

Auf dem Konzil zu Sens ließ Bernhard die Sätze Abälards verdammen; er erwirkte, daß sein Gegner zu lebenslänglichem Schweigen in Cluny eingeschlossen wurde. Aber als er dann gegen einen Schüler Abälards, Arnold von Brescia, ähnlich vorgehen wollte, errang er nur einen halben Erfolg. Arnold kämpfte im Namen des gereinigten Christentums gegen die verweltlichte Macht und die Besitzfreudigkeit der Kirche. Auch Bernhard sah die von Arnold aufgezeigten Gefahren, aber ihn erfüllte die Sorge, daß von so herbem Tadel der innere Zusammenhalt der Kirche zerstört werden könne. So wandte er sich auch gegen Arnold, aber da dieser mächtigere Helfer hatte als Abälard, konnte Bernhard nur erreichen, daß Arnold vorläufig in den Hintergrund der Auseinandersetzungen trat.

Eine Natur wie die Bernhards, in der sich religiöse Leidenschaft und Hang zu Askese mit harter Willenskraft und Kampfesentschlossenheit vereinigten, konnte unmöglich ohne staatliche Wirkung in einer Zeit bleiben, in der Weltliches und Kirchliches eng miteinander vermengt waren. Wer etwa die deutsche Kaisergeschichte in dem Menschenalter seit dem Tode Heinrichs des Fünften überblickt, hat oft den Eindruck, der eigentliche Herrscher habe Bernhard geheißen.

Lothar und Konrad der Dritte

Der Kirche und den deutschen Fürsten schien bei der Königswahl nach Heinrichs des Fünften Tode der Herzog Lothar von Sachsen der geeignetste Herrscher, weil er ein Feind der Salier gewesen und der Kirche ergeben war und weil er keine Söhne hatte. So konnten die deutschen Fürsten hoffen, später wieder völlig frei in der Vergebung der Krone zu sein. Die kirchlichen Hoffnungen erfüllten sich zunächst. Lothar holte die päpstliche Bestätigung zur Wahl ein, übte den Einfluß des Königs bei den Bischofswahlen nicht aus und nahm Tuszien vom

Papste zu Lehen, erschien damit als dessen Vasall. Bei einer Doppelwahl in Rom entschied er sich unter dem Einfluß Bernhards gegen den rechtmäßig gewählten Papst Anaklet den Zweiten. Anaklet war jüdischer Abkunft und Kluniazenser, aus beiden Gründen war Bernhard sein Gegner.

Später zeigte sich Lothar selbständiger gegenüber der Kirche. Für die deutsche Geschichte gewann er Bedeutung dadurch, daß er in slawische oder halbslawische Gebiete deutsche Fürsten einsetzte, so die Schauenburger in Ostholstein, die Wettiner in Meißen und die Askanier in Brandenburg. Diese Fürsten zogen deutsche Bauern nach, nicht aus nationalen oder religiösen Gründen, sondern weil die Deutschen fleißiger und tüchtiger den Boden bebauten. Der König von Polen hatte Pommern gewonnen, konnte aber das Land mit polnischer Kraft allein nicht missionieren und holte dazu Otto von Bamberg, der mit dem Christentum auch die Deutschen ins Land brachte.

Nach Lothars Tode wäre das Natürlichste der Übergang des Königtums an seinen Schwiegersohn Heinrich den Stolzen von Bayern gewesen, der nun das Erbe Lothars von Sachsen gewann. Die Verbindung der beiden Herzogtümer gab ihrem Inhaber eine beträchtliche Macht. Noch war es möglich, dem deutschen Königtum eine wirkliche Herrscherstellung zurückzugewinnen, wenn der Versuch von einer gesicherten Grundlage unternommen wurde. Aber gerade um solcher Möglichkeiten willen war Heinrich den Fürsten wie der Kirche verdächtig. Dem Erzbischof Adalbert von Trier gelang es, Konrad von Staufen wählen zu lassen. Der Vorgang war folgenreich. Eine große Möglichkeit, die beginnende Auflösung des Staatskörpers zu hemmen, war verloren. Auf den Thron aber kam mit Hilfe der Kirche ein Geschlecht, das später von der Kirche als bitterster Feind mit Unversöhnlichkeit bekämpft wurde.

Konrad freilich blieb der Kirche Zeit seines Lebens demütig ergeben. Über ihn konnten die geistige Macht und die Beredsamkeit des heiligen Bernhard einen ihrer größten Triumphe erringen. Das Königreich Jerusalem war in Bedrängnis zwischen den Türken und dem Kaiser von Byzanz geraten und bat die abendländische Christenheit um Hilfe. Papst war damals Eugen der Dritte, ein Zisterzienser und Schüler Bernhards. Eugen rief dazu auf, die christlichen Staaten in Syrien zu schützen, und niemand pflanzte den Ruf feuriger fort als Bernhard. In Vézélay sprach er zu den ergriffenen Massen, und ihr Ruf nach den Kreuzen wurde so leidenschaftlich, daß Bernhard sein Gewand in Stücke schneiden mußte, aus denen dann Kreuze geschnitten wurden. An die Spitze der französischen Bewegung setzte sich der König Ludwig der Siebente.

Konrad versagte sich zunächst dem Drängen Bernhards. In Deutschland gab es Streitigkeiten der Großen, die zu schlichten waren, und der Papst bedurfte seiner. Eugens Ruf nach Hilfe galt den Franzosen, den deutschen König wollte er in Rom sehen, damit er ihm gegen die aufsässigen Römer und gegen den andrängenden Roger von Sizilien helfe. In Frankfurt erklärte der König Bernhard, er werde sich an einem Kreuzzuge nicht beteiligen. Aber in Speyer erschütterte Bernhard im Dom das Herz Konrads, er hielt ihm vor Augen, wie er am Jüngsten Gericht vor Christus stehen werde, er schilderte ihm die Erhabenheit seines Herrschertums, er forderte ihn auf, der hohen Verpflichtung gerecht zu werden. Da stürzten Konrad die Tränen aus den Augen und er erklärte, Gott jetzt dankbar sein zu wollen.

Aber der Zweite Kreuzzug (1147–1148) scheiterte völlig an Hunger, Durst und an der Tapferkeit der Mohammedaner. Als Geschlagene, mit aufgeriebenen Heeren kehrten die beiden Könige in ihre Heimat zurück. Viele sahen darin einen Fingerzeig Gottes gegen die übermächtig gewordene Kirche. In Rom wich Arnold von Brescia aus den Katakomben und entfachte das Volk zu glühender Feindschaft gegen die Verweltlichung des Papsttums.

Fünf Jahre nach dem Zusammenbruch des großen Kreuzzugsplanes starb Bernhard; seine Macht war vorher schon gebrochen; als Verkörperung der Kräfte des lebendigen Gemüts und der religiösen Leidenschaft gegen die Übermacht des theologischen Verstandes reicht seine Wirkung weiter in die Jahrhunderte.

Friedrich Barbarossa

Glanzvoller als die Regierung Konrads strahlte die seines Neffen Friedrichs des Ersten (1152–1190) in die Zeit und Nachwelt. In ihm verkörpert sich voll das deutsche Rittertum, das zu dieser Zeit auf stolze Höhe gelangt war und Tapferkeit, Ehre, Idealismus und Dichtkunst verband. Weil Friedrich ganz ein Ritter war, nur ins Majestätische gesteigert, blickten die deutschen Ritter verehrend und bewundernd zu ihm auf, darum folgten sie ihm immer wieder in die todbringenden Schlachten und Sümpfe Italiens, wie später ins Heilige Land. Der Kirche und dem italienischen Reichsteil gegenüber erscheint er als Fortsetzer der Ottonen und der Salier, aber in einer bedeutsamen Wandlung. Den alten Ansprüchen fügte er die Schlußfolgerungen aus dem Römischen Recht hinzu, das in dieser Zeit seinen Siegeszug begann und dem Erben Cäsars, als der sich der Römischen Kaiser fühlen durfte, unbeschränkte Gewalt zugestand. Aber wie viele der Kaiser vor ihm überschätzte er lange seine eigene Macht und die Bedeutung rein militärischer Erfolge, und erst nach langen und verlustreichen Kämpfen lernte er maßhalten. Im späten Mannesalter wurde aus dem Ritter der Staatsmann.

Hätte er nicht schon aus dem Beispiel Heinrichs des Vierten die veränderte Stellung des Papsttums begreifen müssen? Er suchte zuerst ein Bündnis mit der Kirche, ließ Arnold von Brescia fangen, der ohne sein und des Papstes Wissen als Ketzer verbrannt wurde, geriet aber später in einen heftigen Kampf mit dem Papsttum. Im Kardinalskollegium war es zu einer zwiespältigen Wahl gekommen. Die Mehrheit hatte den Kardinal Roland gewählt, der den Namen Alexanders des Dritten annahm, die Minderheit einen Anhänger der Staufen, Viktor den Vierten. Friedrich wurde als Schiedsrichter angerufen und lud zu einem Konzil ein, aber Alexander weigerte sich von vorneherein, den Spruch der Versammlung anzuerkennen. Wie hätte das seit einem Jahrhundert erneuerte Papsttum anders handeln können? Alexander hat später bewiesen, daß ihm Großmut und Versöhnungsbereitschaft nicht fernlagen, aber von der machtvollen Stellung des Papsttums war auch er tief durchdrungen, und so wie die Entwicklung verlaufen war, konnte er nicht zurückweichen. Als Legat des Papstes hatte er auf dem Reichstag zu Besancon das Kaisertum als Lehen des Papstes bezeichnet und gefragt, woher denn der Kaiser seine Stellung habe, wenn nicht vom Papste. Das war die alte gregorianische Vorstellung von der Oberherrschaft des Papsttums, und scharf hatten sich Kaiser und Fürsten dagegen aufgelehnt. Aber wenn Alexander nun die Kirche gegen Eingriffe des Kaisers verteidigte, so handelte er in gutem Recht und im Sinne einer großen geschichtlichen Entwicklung, deren Rad nicht mehr zurückzudrehen war.

Friedrich versuchte es dennoch. Er zog gegen Alexander zu Felde, wie einst Heinrich der Vierte gegen Gregor zu Felde gezogen war. Aber damals wie jetzt hatte der Papst mächtige Verbündete. Vom Fuß der Alpen bis Rom lohte die Flamme des Aufstandes gegen den Kaiser.

Friedrich stützte sich in der Heimat vornehmlich auf Ministerialien, aber so weit war schon der Zerfall der Königsmacht, daß er in Deutschland keine echte königliche Herrschergewalt mehr aufzurichten hoffen konnte. So versuchte er es in Oberitalien, wo die aufblühenden lombardischen Städte dem kaiserlichen Schatz reiche Möglichkeiten zu bieten schienen. Die Geldwirtschaft trat immer mehr neben die Naturalwirtschaft, und das Geld ist für einen kraftvollen Instinkt stets ein großartiges Mittel, Macht zu gewinnen. Friedrich forderte von den Lombarden Steuern, ein scharfes Regiment seiner Beamten sollte für die Eintreibung sorgen und seine Herrschaft weiter befestigen. Die moralische Grundlage gab ihm die Erinnerung an die alte Oberherrschaft der deutschen Könige, gaben ihm die Regeln des Römischen Rechtes, von der Juristenfakultät zu Bologna lichtvoll ausgelegt, die das unumschränkte Recht des Kaisers verkündeten. Aber der Kaufmannssinn der Bürger erhob sich gegen die finanzielle Belastung, der Freiheitstrotz der Norditaliener gegen die straffe Zentralgewalt. Soweit wir zu sehen vermögen, stand hier noch nicht das italienische Nationalgefühl gegen das deutsche. Der Kaiser gewann unter den miteinander um den Vorrang wetteifernden lombardischen Städten immer wieder Verbündete, die hitziger noch und leidenschaftlicher fochten als er. Der Aufstand der Lombarden war die erste Auflehnung des Bürgers gegen das absolute Regiment, ein Stück Neuzeit ist vorweggenommen.

Friedrich erfocht strahlende Siege, ihm gelang auch die Eroberung des störrischen Mailand, das auf den Wunsch der eifersüchtigen Nachbarn zerstört wurde. Aber der Endsieg entging ihm. Tausende und aber Tausende seiner Ritter gingen in der Schlacht oder im Fieber zugrunde. Und 1176 wurde Friedrich von den Mailändern bei Legnano geschlagen. Das Gefecht war, für sich betrachtet, nicht bedeutend, dennoch machte es Geschichte. In ihm besiegte zum ersten Male städtisches Fußvolk ein Ritterheer. Wir kennen diese Erscheinung aus dem griechischen Mittelalter, sie kündete damals den Übergang vom Mittelalter zur Neuzeit an. Auch Legnano ist ein erstes Stück Neuzeit. Für Friedrich bedeutete Legnano die endgültige Einsicht, daß seine Kraft nicht ausreichte, die Nacken der Feinde zu beugen. Er hatte, unbesonnen genug, seine Vasallen, dazu Abgesandte des englischen Königs in Würzburg schwören lassen, daß sie niemals Alexander anerkennen würden; er hatte sich um eine ähnliche Haltung bei Ludwig von Frankreich bemüht. Aber die beiden westeuropäischen Länder hatten sich schließlich freiwillig unter die geistliche Herrschaft Alexanders begeben, getrieben von frommem Eifer für die Kirche, bezwungen durch die gütige und machtvolle Persönlichkeit Alexanders, voller Mißtrauen gegen die deutsche Machtstellung, erbittert über den Hochmut von Friedrichs Hauptberater, des Erzbischofs Reinald von Dassel aus Köln. Das europäische Bündnis, das Friedrich angestrebt hatte, war zersprengt, die werdenden Nationalstaaten des Westens entzogen sich dem deutschen Werben, allein war er für den Sieg in dem fernen Land zu schwach. So tat Friedrich die klügste Tat seines Lebens, er bezwang seinen Stolz.

Im Frieden zu Venedig (1177) erkannte auch er Alexander den Dritten an. Es war eine symbolhafte Geste, daß er sich ausgestreckt dem Papst zu Füßen warf, ihm die Steigbügel hielt und das Pferd Alexanders am Zügel führte.

Sechs Jahre später (1183) schloß der Friede zu Konstanz den Kampf mit den Langobarden ab. Der Kaiser behielt die Oberherrschaft über die Städte und durfte eine maßvolle Steuer erheben. In der inneren Verwaltung waren sie frei. Wie mit Alexander war dies eine echte Aussöhnung. Als Friedrich den größten Triumph seines Lebens feierte und seinen Sohn Heinrich mit Konstanze, der Erbin von Sizilien, vermählte, bat Mailand es sich aus, die Hochzeit richten zu dürfen. Friedrich hatte durch die Friedensschlüsse viel gewonnen. Er nahm jetzt eine machtvolle Stellung ein, und auch die Bischöfe scharten sich um ihn, als er sich den Übergriffen der Nachfolger Alexanders zur Wehr setzte. Die Erwartung aber hatte getrogen, er könne in Italien die Machtstellung des Herrschers begründen, die in Deutschland nicht mehr zu gewinnen war.

Der Dritte Kreuzzug

Nicht nur das Ansehen, das Friedrich nach der Aussöhnung mit seinen italienischen Gegnern gewann, sondern auch die bittere Feindschaft der westeuropäischen Könige untereinander machte den Kaiser zum Führer des dritten großen Kreuzzugsheeres. Die Herrschaft der Christen in Syrien war längst durch innere Uneinigkeit zum Fallen überreif. 1187 vernichtete der Sultan Saladin von Ägypten das Heer der Christen bei Hittim, Jerusalem fiel in seine Hand. Wieder erging der Ruf nach Hilfe an die abendländische Ritterschaft, wieder wie im Zweiten Kreuzzug waren die Könige die Führer. Auch des greisen Friedrichs frommer und ritterlicher Sinn trieb ihn auf die Kreuzfahrt. Aber ein Herzschlag machte 1190 in den Fluten des Saleph seinem Leben ein Ende.

Wenn ihn der Tod nicht hinweggerafft hätte, wäre dann sein Ansehen groß genug gewesen, die schlimmen Streitigkeiten zu verhindern, die den Dritten Kreuzzug nach bescheidenen Anfangserfolgen zum Scheitern brachten? Bei der wilden Ungebärdigkeit des englischen

Königs Richard Löwenherz hätte auch Friedrich kaum verhindern können, was nun geschah. Lange lagen die Kreuzfahrer vor Akkon. Als es schließlich erstürmt wurde, riß Richard in unbeherrschtem Neid die Fahne des österreichischen Herzogs Leopold von den Burgzinnen und ließ sie durch den Kot schleifen. Tief verletzt kehrte Leopold in die Heimat zurück. Vor ihm waren schon viele andere deutsche Kreuzfahrer, nachdem sie ihres Führers beraubt waren, den gleichen Weg gegangen. Nach der Einnahme der Stadt geriet Richards gewalttätige Herrschsucht in Streit mit dem König Philipp August von Frankreich, so daß auch dieser heimkehrte. Richard war allein noch stark genug, der staunenden Welt Stoff für Berichte von seiner tollkühnen Tapferkeit, seiner Habgier und seiner Grausamkeit zu geben. Einmal ließ er dreitausend wehrlose Gefangene niedermetzeln, weil das Lösegeld nicht zur Stunde eingetroffen war. Entscheidendes ausrichten konnte auch er nicht mehr. Er mußte die heiligen Stätten in den Händen der Mohammedaner lassen und erreichte nur den ungehinderten Zugang nach Jerusalem.

Heinrich der Löwe

Eng mit Friedrichs des Ersten Kämpfen in Italien verknüpft waren Glanz und Untergang der Macht Heinrichs des Löwen. Der welfische Herzog von Sachsen und Bayern hatte mit dem reichen Erbe seines Vaters auch den Kampf zwischen Staufen und Welfen übernommen, der schon lange getobt hatte. Aber zwischen Friedrich, der eine Welfin zur Frau hatte, und Heinrich war es zu einem Ausgleich gekommen, der sich lange bewährt hatte. Heinrich baute seine Herrscherstellung in seinen Herzogtümern zielbewußt aus, und gleichzeitig dehnte er seine Macht auch in die bisher slawischen Gebiete in Mecklenburg aus, zu Lebzeiten des heiligen Bernhard noch von seinem Einfluß unterstützt, „Bekehrung oder Vernichtung" war Bernhards Losung. Aber die gewaltige Kraft des Löwen erregte viele Widerstände in seinem eigenen Lande wie bei seinen Nachbarn, bei Kirchenfürsten wie bei Grafen und Herren. Lange fand niemand von ihnen das Ohr des Kaisers, der zu allen Klagen gegen seinen Vetter taub blieb. Ein stillschweigendes Bündnis zwischen den beiden war geschlossen: Friedrich erlaubte Heinrich die Ausdehnung seiner Macht in Deutschland, Heinrich unterstützte, wenigstens zunächst, Friedrich mit seinen Rittern auf den Italienzügen und gab ihm später die Gewähr, daß kein Aufstand in Friedrichs Rücken ausbrach.

Die Wendung kam vor der Schlacht bei Legnano. Heinrich weigerte sich in Chiavenna, Friedrich Heerfolge zu leisten. Er war dazu rechtlich nicht verpflichtet, weil kein Reichstag den Zug beschlossen hatte. Dennoch blieb Heinrichs Verhalten ein Irrtum von schweren Folgen. Er schätzte die Machtverhältnisse falsch ein. Bald mußte er es erkennen. Denn nun hörte Friedrich aufmerksamer als früher auf die Klagen der von Heinrich Bedrückten, und als sich erst sein kaiserliches Ansehen mit den Anklägern vereinigt hatte, sank Heinrichs Macht in den Staub. Er verlor die Herzogtümer, von denen der Norden geteilt wurde, während das verkleinerte Bayern an die Wittelsbacher kam, in dem sie bis 1918 regierten. Nichts als Braunschweig und Lüneburg behielt er. Norddeutschland war nun zersplittert für lange Jahrhunderte.

Der Machtzusammenbruch Heinrichs war ein großes Unglück für das Reich. Die beherrschende Stellung an der Ostsee gewann Dänemark, und Heinrichs germanisierende Kraft war verloren. So ist begreiflich, daß man in seiner Weigerung von Chiavenna den Aufstand des Nationalbewußtseins gegen eine Politik hat sehen wollen, die deutschen Zielen fremd war. Mit Recht ist dagegen eingewandt worden, daß Heinrich, wäre er König geworden, eine genauso entschlossene Italienpolitik getrieben hätte wie Friedrich. Und Bismarck hat ihn kurzweg einen Deserteur genannt. Aber mit den Wertungen des Nationalbewußtseins und des moralischen Verhaltens ist die Frage falsch gestellt. Der Historiker muß vor allem die Dauer eines Werkes prüfen. Was aber ist von den ruhmvollen Italienzügen Friedrichs geblieben? Die romantische Erinnerung an strahlende Tapferkeit, an dramatische Wechselfälle des Glücks, die Erinnerung leider auch an böse Grausamkeiten. Sonst sind alle Blätter aus der Geschichte Friedrichs im Bewußtsein der Menschen verstreut. Aber noch immer weht im Sommer der Wind über die Ährenfelder deutscher Bauern in Holstein und Mecklenburg.

Heinrich der Sechste

Friedrichs des Ersten Sohn Heinrich (1190–1197) war dem Vater verwandt an Willenskraft und hoher Auffassung von der Würde des Kaisertums, aber ihm fehlte die Liebenswürdigkeit, die Friedrich zeigen konnte und mit der er viele Herzen gewonnen hatte. In der deutschen Geschichte ist dem sechsten am ehesten der fünfte Heinrich verwandt durch die Kälte seiner Überlegungen und die unbarmherzige

Entschlossenheit, mit der er sein Ziel erstrebte. Am erschreckendsten wirkte schon auf Mitlebende Heinrichs des Sechsten seine Grausamkeit.

In Deutschland versuchte er noch einmal, die königliche Macht neu aufzubauen und dafür das Lehnsrecht umzuwandeln. Die durch Tod erledigten Lehen gab er nicht wieder aus, sondern verwaltete sie durch unmittelbare Reichsbeamte. Seine Hauptstütze waren die zum Teil unfreien Ministerialen. Von der letzten Regierungszeit Heinrichs des Vierten bis zu ihm und seinem Sohn zieht sich eine deutliche Linie der Entwicklung.

Man weiß nicht, ob seine deutsche Politik Aussicht auf Erfolg gehabt hätte, wenn sie stetig verfolgt worden wäre. Sie hatte kaum begonnen, als die sizilischen Schwierigkeiten seine Aufmerksamkeit von Deutschland abzogen. Sein Schwiegervater starb ohne ehelichen Sohn, und Heinrich beeilte sich, das reiche Erbe anzutreten. Sizilien hatte sich unter normannischer Herrschaft zu dem schönsten Königreich Europas mit einer eigentümlichen griechisch-arabisch-normannischen Kultur und einer reichen Wirtschaft entwickelt. Heinrichs Sohn sagte später, der Gott der Juden hätte Palästina nicht so gelobt, wenn er Sizilien gekannt hätte. Aber gegen die drohende Herrschaft eines Fremden erhob sich eine nationalsizilische Bewegung, und gleichzeitig brachen in Deutschland Aufstände aus, geschürt von den Engländern, wo die Verwandten der Welfen regierten, die immer noch den Staufen feindlich gesinnt waren.

In so schwieriger Lage rettet den Kaiser ein beispielloser Glücksfall, von ihm freilich auch mit bedenkenloser Härte ausgenutzt. Richard Löwenherz hatte versucht, von Palästina aus zu Lande nach Hause zurückzukehren. Der Vermummte war in Österreich erkannt worden, und der von ihm so hart beleidigte Herzog lieferte ihn jetzt dem Kaiser aus, der ihn in der Pfalz gefangen setzte. In der Christenheit war tiefe Empörung darüber, daß man einen königlichen Kreuzfahrer so unritterlich behandelte. Aber für Heinrich war die kalte Staatsräson die einzige Lenkerin. Er erpreßte von Richard ein riesiges Lösegeld und das Versprechen, den deutschen Aufruhr zu ersticken, erst dann gab er ihn frei. Mit gedeckter Flanke im Norden, mit neuer wirtschaftlicher Macht konnte Heinrich endlich sein sizilisches Königreich erobern. Hundertsechzig Maultiere trugen die reichen Schätze Siziliens nach der Burg Trifels. Er regierte in Sizilien hart und streng, jede Auflehnung schlug er unerbittlich nieder. Dem Burgherrn von San Giovanni, der nach der Krone gestrebt hatte, ließ er eine glühende Krone aufs Haupt nageln, und dies in Gegenwart Konstanzes, die beschuldigt war, an der

Verschwörung teilgenommen zu haben. Der deutschen Umgebung Heinrichs, lauter harten Männern, waren die Martern zuviel; Heinrich aber blieb unbewegt.

Seine Macht strahlte weiter, Armenien, Zypern unterwarfen sich, England zahlte Tribut, nichts schien mehr dem nächsten Ziel, der Unterwerfung des Ostens, entgegenzustehen. Schon hatte sich ein stattliches Kreuzfahrerheer unter seiner Führung gesammelt, da ereilte den erst Siebenunddreißigjährigen der Tod. Er hatte nicht die Weltherrschaft, wie ihm nachgesagt worden ist, aber die Vorherrschaft im Abendland gewollt. Im Sterben spürte er, daß alles in Trümmern lag. Seine letzte Sorge galt der Erhaltung des Erbes für seinen dreijährigen Sohn. Um ihm die mächtigste Hilfe zu gewinnen, bestätigte er die alte Lehensoberherrschaft des Papstes über Sizilien.

Heinrichs Tod war ein Unglück, aber nur, weil bei der Unmündigkeit des Sohnes und der Ungeklärtheit der Lage in Deutschland Thronwirren kaum zu vermeiden waren. Seine Regierung selbst war kein Glück für Deutschland. Manche Historiker bewundern die gewaltige Herrscherpersönlichkeit Heinrichs, aber sie hatte sich kaum erprobt, ein unerwarteter Glückszufall hatte ihm geholfen. Noch hatte er gegen keinen ebenbürtigen Gegner fechten müssen, wie es Alexander der Dritte für den Vater und Gregor der Siebente für Heinrich den Vierten gewesen waren. Es ist ohnehin zweifelhaft, ob es ein Segen für ein Volk ist, wenn seine Herrscher über fremde Länder regieren können, und dieser Zweifel wird vermehrt, wenn diese Herrscher sich der Heimat entfremden. Vielleicht war Heinrich schon mehr König von Sizilien als von Deutschland. Die Herrscheraufgabe in der Heimat hatte er zugunsten des schönen Landes im Süden vernachlässigt. Und wie hätte er geendet, wenn er länger regiert hätte? Seine Macht umklammerte das Papsttum im Norden und im Süden, bedrohte den Kirchenstaat mit Erstickung. Daß der Papst sich wehrte, war Naturgesetz. Der Kaiser hätte den Kampf kaum auf die Dauer bestehen können. Die Spuren seines Vaters hätten ihn schrecken müssen, und auch seinem Sohn ist die Aufgabe nicht gelungen.

Im Jahre 1781 wurde in Palermo der Sarkophag mit den Gebeinen Heinrichs geöffnet. Man fand einen sorgfältig einbalsamierten Leichnam. In den Gesichtszügen glaubte man noch Spuren einer furchtbaren Entschlossenheit zu entdecken. Willensstärke bedeutet viel im Leben der Staaten, aber sie wird erst fruchtbar, wenn das Gefühl für Maß nicht fehlt. Wenn sie sich statt dessen mit unedlen Zügen verbindet, so wird das eigene Volk der Erinnerung an Herrscher solcher Art nicht froh.

Innozenz der Dritte

Nach dem Tode Heinrichs entließ Konstanze die Deutschen aus der Verwaltung Siziliens, und bald darauf fegte eine national-italienische Erhebung die Deutschen auch aus der Halbinsel. Die Seele dieser Bewegung war der eben gewählte Papst Innozenz der Dritte aus dem Geschlecht der Grafen von Segni. Er erinnerte die Italiener an die Verluste von Hab und Gut, an die Bedrückung durch die Fremdherrschaft, und gern folgten sie seinem Rufe zur Freiheit. Es war das erste Mal, daß ein italienisches Nationalgefühl klar und scharf erkennbar wurde. Der Papst aber war nun wieder unbestrittener Herr des Kirchenstaates.

Innozenz war der machtvollste der Gregorianer, gebietend weniger durch die dämonische Leidenschaftlichkeit, die Gregor in steten Kampf, in großartige Triumphe und bittere Niederlagen getrieben hatte, sondern durch die gleichmäßige Kraft des Willens, durch den rastlos arbeitenden Verstand, durch eine hohe Kunst der Verhandlung. Von dem Vorrang der Kirche über alles Weltliche war er nicht weniger durchdrungen als Gregor. Einmal verglich er die Kirche mit der Sonne, den Kaiser mit dem Papst. Daß der Papst der oberste Herr der Christenheit sei, weniger als Gott, mehr als der Mensch, war sein tiefer Glaube, und er wurde von Millionen seiner Mitmenschen geteilt. So unternahm es Innozenz, den Deutschen ihren König einzusetzen, so griff er in die inneren Streitigkeiten Englands und Frankreichs ein, so erreichte er es, daß ihm Sizilien, England, Aragonien, Portugal, Armenien, Skandinavien Tribut zahlten. In Deutschland errang er durch sein Bündnis mit Otto dem Vierten mehr als hundert Jahre nach Canossa den vollen Sieg im Investiturstreit.

Straff war das Regiment des Papstes in der Kirche. Abgaben und Gebühren wurden genau geregelt, die Kirche wurde zu einer Finanzmacht ersten Ranges. Auf dem Laterankonzil 1215 konnte er die Kirchenfürsten des gesamten Abendlands um sich versammeln. Hier wurde das Dogma von der Transsubstantiation verkündet. Ein langer theologischer Lehrstreit war damit beendet, die Verwandlung von Brot und Wein in den Leib und das Blut Christi durch den Priester wurde Glaubenssatz. Wie hoch aber mußte der Priester in den Augen der Gläubigen steigen, da ohne sein Wort die Verwandlung nicht bewirkt werden konnte!

Mit kluger Überlegung förderte Innozenz, wenn auch erst nach einigem Zögern, die neuen Mönchsorden. Es scheint ein Gesetz im Leben der katholischen Kirche zu sein, daß in regelmäßigen Abständen die alten Orden denjenigen Menschen nicht mehr genügen, die besonders tief vom religiösen Erlebnis ergriffen sind, und daß sich dann neue Gemeinschaften bilden.

Franz von Assisi war der Sohn eines reichen Kaufmanns, fröhlich und männlich, dem ritterlichen Wesen zugetan. Eine Krankheit weckte in ihm das Begehren, sein ganzes Leben Gott zu weihen und der Welt zu entsagen. In völliger Armut und barfuß zog er durch die Lande und predigte dem Volke. Seine liebenswerte Persönlichkeit, seine heitere Hilfsbereitschaft für Arme und Schwache, die Ungekünsteltheit seiner einfachen Worte, das Beispiel seines eigenen Lebens wirkten tief auf die Menschen, und er fand viele Nachfolger. Innozenz wartete eine Weile, bis sich dieses neuartige Werden innerhalb der Kirche völlig enthüllt hatte, aber dann half er den Grundstein des Ordens legen.

Von ähnlicher Wirkung war die neue Gemeinschaft, die Domingo von Guzman, der heilige Dominikus, ein gelehrter und tatkräftiger Kleriker, gründete. Bei ihm gehörten von Beginn an die Dispute mit den Ketzern und der Kampf gegen die Ketzerei zum Lebensinhalt. Aber auch die Dominikaner predigten dem einfachen Volk, und nach dem Vorbilde der Franziskaner wurden auch sie zu einem Bettelorden, dessen Angehörige nichts besaßen als ihre Kutte und sich von mildtätigen Gaben ernährten.

Die beiden Orden erwiesen sich als wichtige Hüter der Herrschaft des Papstes in der Kirche. Nach ihrer Verfassung waren ihre Obersten unmittelbar dem Papste unterstellt, sie waren der Gerichtsbarkeit der Landesbischöfe nicht unterworfen, sie durften überall predigen und die Beichte hören. Mit ihrer Hilfe gewann der Papst einen unmittelbaren Zugang zu den Massen.

Schärfer als seine Vorgänger ging er gegen die Ketzer vor. Das Wort ist entstanden aus dem Begriff der Katharer, der Reinen, die aus dem Orient kamen, dem Satan wie der Kirche abschworen und in der Enthaltung von Ehe und Besitz dem Reiche des Lichtes dienen wollten. Die Katharer verbanden sich mit den Anhängern des Petrus Waldus aus Lyon, die in apostolischer Armut außerhalb des Einflusses des Klerus die Religion erneuern wollten. Als alle Versuche, sie zu bekehren, gescheitert waren, rief Innozenz zur Vernichtung der Ketzerei auf, und er fand einen willigen Helfer in dem französischen Grafen von Montfort. Der Mittelpunkt der Waldenser war Südfrankreich mit der Stadt Albi geworden; in den blutigen Albigenserkriegen (1209 bis 1229) wurden sie ausgerottet. Die Inquisitionsgerichte hatten in Zukunft alle Ketzerei aufzuspüren.

Das Lateinische Kaisertum

Aber schon in den Siegern der Albigenserkriege hatte sich weltlicher Machthunger mit der Ergebenheit gegen die Kirche gemengt. Auch die Herrschaft des Papsttums unter Innozenz war nicht unumschränkt; es gab immer noch die Nationen und die Staaten mit ihren besonderen Zielen, und es gab die großen Wirtschaftsmächte, es gab den Egoismus der Stände und der einzelnen. Auch Innozenz erreichte nicht alles, was er erstrebte, und eine große Unternehmung verlief ganz anders, als er gewollt hatte.

Nach dem unbefriedigenden Verlauf des Dritten Kreuzzuges plante Innozenz eine neue Fahrt zur Befreiung der heiligen Stätten, zunächst zum Angriff gegen Ägypten. Ein stattliches Kreuzheer versammelte sich und wandte sich wegen der Überfahrt an Venedig. Aber die Venezianer verfügten über gute Handelsbeziehungen mit den Mohammedanern. Dagegen waren sie ergrimmt gegen den Herrscher von Byzanz, der ihren Handel beeinträchtigte und den ihrer Rivalin Pisa begünstigte. Zu ihrem Glück war gerade der Kaiser Alexios aus Konstantinopel vertrieben worden. Er machte den Kreuzfahrern große Versprechungen, stellte die Vorbereitung eines Zuges nach Palästina und schließlich die Vereinigung der griechischen und römischen Kirche in Aussicht, so daß auch ihre frommen Zweifel beschwichtigt wurden. Die Überredungskunst der Venezianer tat das übrige. Die französischen und flandrischen Ritter eroberten auf dem Vierten Kreuzzug (1202–1204) Konstantinopel, und als sich die Versprechungen als unerfüllbar herausstellten, erstürmten die Kreuzfahrer die Stadt zum zweiten Male und behielten sie. So wurde das Lateinische Kaisertum gegründet, das von 1204 und bis 1261 dauerte und in dem, wie billig, die Venezianer die wichtigsten und einträglichsten Handelsplätze innehatten. Die heiligen Stätten aber verblieben dem Islam. In solchen Vorgängen wurde bei aller äußeren Machthöhe der Kirche der Niedergang der religiösen Leidenschaft sichtbar, die aus vielen Enttäuschungen, aber auch aus der natürlichen Abmattung der Geister entstanden war. Zu Zeiten Urbans des Zweiten oder des heiligen Bernhard wäre es nicht möglich gewesen, die große Idee so zu verfälschen.

Doppelwahl in Deutschland

Auch in dem Kampf um die deutsche Königskrone beanspruchte Innozenz das Schiedsrichteramt. Konstanze war bald nach ihrem

Gatten gestorben und hatte den Papst zum Vormund ihres Sohnes bestellt. Aber Friedrich war zu jung, als daß in so drangvoller Zeit eine Erhebung auf den deutschen Thron ratsam gewesen wäre. Auch mußte der Papst vor dem Gedanken zurückschrecken, daß Sizilien, das festländische Italien und Deutschland wiedervereinigt würden und so den Kirchenstaat erdrückten. In Deutschland wählte eine starke Partei einen anderen Staufer, Philipp von Schwaben, zum König. Aber eine weitere Partei wählte unter den alten Gegnern der Staufer, den Welfen, einen Sohn Heinrichs des Löwen, Otto den Vierten. Ganz rechtmäßig war die Wahl keines von beiden, was die Verwirrung noch vermehrte. Die Doppelwahl von 1198 gehört zu den größten Unglücksfällen der deutschen Geschichte. Ein Bürgerkrieg verwüstete wieder das Land.

Innozenz, der Erfahrungen der Kirche mit den Staufern eingedenk, hatte sich für Otto entschieden. Aber die Sache Philipps machte Fortschritte; da traf ihn der Mordstahl Ottos von Wittelsbach. Die nun unbestrittene Herrschaft Ottos schien ein Sieg des Papstes, aber Otto setzte sich über alle vorher gegebenen Versprechungen hinweg und begann in Italien zu walten wie je nur ein Salier oder Staufer. Da entsann sich Innozenz seines Mündels, das er vorher auf Sizilien hatte beschränken wollen, und bereitete ihm die Wege nach Deutschland. Die alte Anhänglichkeit an das staufische Geschlecht, die gewinnende Persönlichkeit des Jünglings, der Unmut über Ottos Härte, all das machte Friedrichs Auftreten zu einem einzigen Siegeszug.

Vergebens, daß sich nun Otto mit seinen englischen Verwandten verbündete. Er wurde dadurch nur tief in den englisch-französischen Gegensatz hineingezogen. Bei Bouvines besiegte Philipp August 1214 das welfisch-englische Heer unter Otto. Von diesem Tage an, so berichtet der Chronist melancholisch, sank bei den Franzosen das Ansehen der Deutschen. Den Adler des Kaiserbanners sandte Philipp August dem jungen Friedrich zu. Es lag etwas Gleichnishaftes in diesem Vorgang: aus den Händen der Fremden mußte der deutsche König die Abzeichen seiner Macht entgegennehmen, so schwach war das Königtum geworden.

Der letzte große Kaiser

Bald darauf starb Otto, kaum noch beachtet von der Welt. Friedrich der Zweite, der nun unbestritten regierte (1215–1250), ist eine der fesselndsten Gestalten der Weltgeschichte, hoch begabt und hoch gebildet, kühn und voller Phantasie, durchdrungen von der hohen Würde seines Amtes, die er in majestätischen Worten wie mit mächtigen Glockenklängen gegen päpstliche Ansprüche in alle Welt verkündete. Sein Geist sprengte das Mittelalter; in der Unbefangenheit eines Verkehrs mit Nichtchristen, in der unersättlichen Neugier, alle Vorgänge des Lebens und der Natur kennenzulernen, in der kühlen Entfernung von den Lehren der Kirche erscheint er wie ein Sohn späterer Jahrhunderte. Seine Willenskraft entsprach dem Reichtum seines Geistes. Daß er mit alledem nichts weiter erreichte als ein Leben voller Kampf, voller Scheinsiege und bitterer Rückzüge, daß er seine Untertanen furchtbar bedrückte und daß er schließlich doch nur den Trümmerhaufen der kaiserlichen Machtstellung hinterließ, lag kaum an einem Versagen seiner Staatsmannskunst. Er war der Erbe einer jahrhundertelangen Entwicklung, in der sich die Kraft der deutschen Könige an der übermenschlichen Aufgabe zerrieben hatte, zwei große Reiche zu beherrschen und noch dazu die Kirche zu bezwingen. Wie hätte er, dreihundert Jahre nach Otto dem Großen, das Rad der Entwicklung noch zurückschrauben können?

Aber war Friedrich überhaupt noch ein deutscher König? Dem Namen nach gewiß, dem Wesen nach kaum. Deutschland war für ihn vor allem ein Land, das ihm wertvolle Soldaten gab und als dessen Herrscher er die immer noch glanzumstrahlte Kaiserkrone gewann; sein Herz, sein Pflichtgefühl, seine kämpfende Leidenschaft galten Deutschland nicht. Um in seinen italienischen Plänen nicht gestört zu werden, schenkte er den deutschen Fürsten in den beiden Gesetzen von 1220 und 1231 die volle Landeshoheit und gab ihnen auch die aufblühenden Städte preis. Zum Dank zogen sie ihm mit ihren Rittern gegen die Lombarden zu Hilfe. In Mainz erließ er 1235 eine große Ordnung des Landfriedens, aber er selber war zu selten in Deutschland, als daß er sich darum hätte kümmern können, was daraus wurde. Seine Regierung in Deutschland bedeutete den verhängnisvollen Abschluß einer verhängnisvollen Entwicklung: die Fürsten, nicht mehr die Könige waren die Herren des Landes.

Sein Sohn und Stellvertreter Heinrich war gewiß nicht ein Mann von richtigem Augenmaß für das im Augenblick Mögliche, aber doch von einem echten Gefühl für die eigentlichen Aufgaben des Königtums. Er versuchte vergeblich, eine neue Herrschermacht auf den niederen Adel und die Städte zu gründen und so die Politik Heinrichs des Vierten fortzuführen. Vor Kaiser und Fürsten mußte er zurückweichen; in einer italienischen Burg unter Bewachung verdämmerte der Gestürzte sein Leben.

Friedrich fühlte sich als König vor allem in seiner schönen Heimat, in der er aufgewachsen war. Tatkräftig verwaltete er das Erbe der Normannenherzöge. Der erste moderne Staat Europas mit einem fähigen, wohlgegliederten Beamtentum, vielen Bürgerlichen als Richter und Verwaltungsträger, mit einem sorgfältig ausgearbeiteten Steuersystem, mit keiner anderen Gewalt als der des Herrschers wurde vollendet. Das also war das Ende des Weges, den Otto der Große mit seinen Rittern nach Italien zog, daß ein deutscher König jetzt seine wertvollste Kraft daran setzte, in dem fernen Sizilien einen Nationalstaat zu bauen und ihm Italien einzugliedern.

Dieses Einheitsreich von den Alpen bis nach Syrakus zu schaffen erschien Friedrich als die eigentliche Lebensaufgabe. Dazu vor allem sollten ihm die deutschen Ritter dienen. Deutsche bildeten neben Sarazenen den Hauptbestandteil seines Heeres, mit dem er nun Italien jahrzehntelang überzog. Denn fast immer war Krieg. In diesen Kämpfen spannte er die militärischen Kräfte seines Reiches aufs äußerste an, überspannte aber auch die wirtschaftlichen Möglichkeiten. Sizilien und Festlandsitalien waren reich, aber was Friedrich von ihnen gewann, verschwand in dem Abgrund des Krieges. Immer härter wurde sein Steuerdruck, immer umfassender die staatlichen Monopole, bis die Menschen verzweifelten. Wer nicht bezahlen konnte, kam auf die Galeere. Friedrichs Natur war voll staufischer Härte, aber die Steuerlast hätte er schon aus wirtschaftlichen Gründen gerne gemildert. Doch man kann nicht jahrzehntelang schwere Kriege führen, ohne ein Volk zu ruinieren.

Und dieser Krieg war unvermeidlich, so wie die Grundlinie von Friedrichs Politik war. Die sizilischen Städte waren lange an das absolute Regiment gewöhnt und unterwarfen sich dem Herrscher, der durch seine Mutter der eigenen Nation zugehörte. Aber die lombardischen Städte hatten sich nicht umsonst gegen Friedrichs Großvater so trotzig gewehrt, um ihre Freiheit zu behaupten. Mit ihnen geriet der Kaiser in einen Kampf, der für ihn um so schwieriger zu gewinnen war, als das Selbstbewußtsein, die wirtschaftliche Macht, die militärische Kraft der Städte noch gestiegen waren. Wohl hatte er das überlegene Heer und konnte die Gegner in der offenen Feldschlacht schlagen. Aber vor ihren festen Mauern lagen seine Deutschen und Sarazenen oft jahrelang fest.

Und die Lombarden hatten wie zu den Zeiten des Rotbarts den mächtigsten Verbündeten. Das Papsttum, im Kirchenstaat von beiden Seiten umklammert und mit dem Erstickungstode bedroht, konnte nicht anders als der unversöhnliche Gegner Friedrichs sein. Man hat ein Bild entworfen, um wieviel größer auf die Dauer die Macht des Papsttums geworden wäre, wenn es sich allein auf seine geistlichen Aufgaben beschränkt hätte. Aber wie konnte man eine solche Umwälzung verlangen nach langen Jahrhunderten päpstlicher Geschichte? Selbst die Kirche lebt wie wir alle und wie unsere Staaten auch von ihrer Vergangenheit. Seit Pippin waren die Päpste Herren des Kirchenstaates, seit Gregor beanspruchten sie die Oberherrschaft über die Fürsten; auch ein staatsmännisches Genie auf dem Papststuhl konnte sich der Wucht solcher Überlieferung nicht entziehen.

In diesem Riesenkampf zwischen Kaiser und Päpsten tauchen noch einmal die geistigen Gegensätze der Jahrhunderte auf, nur in den verwandelten Formen der Zeit. Der Papst, der beansprucht, den Kaiser bannen und absetzen und ihm einen Nachfolger erwirken zu können, das ist Gregor der Siebente und Innozenz der Dritte. Neu ist die Anklage der Gottesleugnung gegen den Freigeist auf dem Thron, die Einssetzung mit dem Antichrist. Sie wäre gegenüber den Saliern nicht möglich gewesen. Der Kaiser, der in majestätischen Worten für das Recht des Herrschers ficht, im weltlichen Bereich aus eigenem Recht zu wirken, das ist Heinrich der Vierte und der Rotbart. Daneben tauchen in Friedrichs Anklagen Anklänge an neue Strömungen auf: das franziskanische Ideal der apostolischen Nachfolge Christi in freiwilliger Armut wird der verweltlichten und reich gewordenen Kirche gegenübergestellt. Aber wer von den mächtig tönenden Worten nicht überwältigt wird, der hört doch immer den Grundton des Kampfes zweier italienischer Landesherren um die Vorherrschaft in Italien. Freilich gewann er weltgeschichtliche Bedeutung dadurch, daß er sich verband mit der großen Auseinandersetzung, die unter den Saliern begonnen hatte. Dennoch bleibt zu spüren, daß die Gegensätze flacher geworden sind.

In dem Kampf gegen Lombarden und Papsttum hatte Friedrich auch Bundesgenossen in Italien. Das Land war viel zu sehr durchklüftet von der Eifersucht der Städte untereinander und von Parteienkampf, als daß nicht ein Gegner irgendeiner Gruppe sofort Unterstützung bei den Feinden dieser Gruppe hätte finden müssen. Ghibellinen nannten sich die Anhänger des Kaisers nach der Burg Waiblingen, von der die Staufen stammten. (Auf dem Hohenstaufen haben sie erst später gebaut.) Guelfen hießen seine Gegner, nach dem welfischen Geschlecht, das so lange erbittert gegen die Staufer focht.

Der Kampf mit dem Papsttum brach aus, als Friedrich einen Kreuzzug, den er in jungen Jahren gelobt, dann wegen seiner vielen italienischen Aufgaben verschoben hatte, nun vorläufig aufgeben mußte, weil sein in Brindisi bereits versammeltes Heer von einer Seuche ergriffen wurde. Das Ereignis war nur der äußere Anlaß, der jetzt den leidenschaftlichen Gregor den Neunten bewog, den Kaiser zu bannen. Die inneren Ursachen lagen in dem unüberbrückbaren Gegensatz zwischen den beiden Mächten. Als ein von der Kirche Ausgestoßener unternahm dennoch Friedrich die Fahrt (den Fünften Kreuzzug 1228 bis 1229). Er errang in glänzender diplomatischer Unterhaltung von dem ägyptischen Herrscher die Überlassung von Jerusalem. Als sich der Gebannte in der Erlöserkirche die Königskrone aufs Haupt setzte, verhängte der Patriarch das Interdikt über die Stadt, und der Pöbel bewarf den Kaiser mit Kot. Hinter der Ablehnung der Kirche stand jetzt mehr als nur die alte Feindschaft gegen den König von Sizilien. Wenn man mit den Sarazenen wie mit seinesgleichen verhandelte, so stellte man auch Allah neben den Gekreuzigten, und damit war die Kreuzzugsidee gefährdet. Gleichwohl bleibt der Erfolg Friedrichs das Äußerste, was jetzt noch für die Christenheit zu gewinnen war.

Den heimgekehrten, an der Spitze eines siegreichen Heers stehenden Kaiser mußte Gregor vom Banne lösen. Aber der Krieg mit den Lombarden war noch nicht beendet. 1237 errang Friedrich bei Cortenuova einen strahlenden Sieg. Aber dann konnten seine Heere Brescia doch nicht nehmen, und nun verfiel Friedrich von neuem dem Bann. Gregor konnte kaum anders handeln. Friedrichs Selbstbewußtsein war ins Ungemessene gestiegen, Rom selbst erschien ihm der würdigste Sitz für seine Regierung. Er drang nun wirklich gegen die Stadt des Papstes vor, da raffte den Neunzigjährigen der Tod hinweg.

Nach einem Zwischenspiel wurde der Graf Sinibald von Fiesco Papst. Er war vielleicht nicht von solcher Willenskraft wie der Tote, aber dafür weltklüger und überlegter. Vor der Wahl war er ein Ghibelline, aber „kein Papst kann ein Ghibelline sein“ äußerte Friedrich ahnungsvoll, und bald begann Innozenz den Kampf. Der militärischen Macht Friedrichs entzog sich der Papst durch die Flucht nach Lyon, hier sprach ein Konzil die Absetzung des Kaisers aus. Die Unglücksnachrichten für Friedrich häuften sich. In Parma kamen Anhänger des Papstes zur Macht, bei der Belagerung der Stadt erlitt Friedrichs Heer eine schwere Niederlage, sein eigener Leibarzt, von den Parmesen gewonnen, versuchte ihn zu vergiften; sein vertrauter Kanzler Petrus de Vinea wurde schwerer Veruntreuungen überführt; Friedrichs Sohn Enzio wurde von den Bolognesen gefangen, wo er im Kerker verkam.

In Deutschland bildeten die drei rheinischen Erzbischöfe einen geschlossenen Block der Gegnerschaft. Die ottonische Reichskirche war endgültig zusammengebrochen. Mit der Hilfe der papstfreundlichen Parteien kamen Gegenkönige auf den Thron, wenn sie auch nur eine beschränkte Gefolgschaft fanden. Friedrichs innere Kraft blieb ungebrochen, und er rüstete zu neuen Schlägen; da erlag er einer Krankheit, erst 56 Jahre alt.

Hätte er länger gelebt, er hätte kaum gesiegt. Sein gefährlichster Gegner, der Papst, hatte etwas Ungreifbares für ihn. Noch war die Anhänglichkeit der Völker an den Papst unerschüttert, noch war die Zeit der ausgebildeten Nationalstaaten nicht gekommen, in denen es möglich war, den Kampf gegen den Beherrscher der Kirche bis zu dessen voller Niederlage zu führen. Das einzige Mittel zum Frieden mit der Kirche und den Lombarden wäre Rückzug gewesen, Verzicht auf die Herrschaftsansprüche. Wie hätte Friedrich das über sich bringen können?

Und gewiß wäre ein Sieg Friedrichs für Deutschland kein Glück geworden. Es war bereits ein Nebenland, den großen und kleinen Fürsten ausgeliefert. Aus Italien hatte Friedrich schon die meisten deutschen Beamten entfernt und durch sizilische ersetzt. Deutschland wäre erst recht zu einem Randgebiet des Gesamtreiches herabgesunken, wenn Friedrichs Pläne in Erfüllung gegangen wären.

Der Kampf tobte auch nach Friedrichs Tod zunächst noch weiter, da gelang es dem Papst, gegen den staufischen König Manfred einen mächtigen Helfer außerhalb Italiens zu finden. Karl von Anjou, ein Bruder des französischen Königs, ließ sich von der Aussicht auf die Krone Siziliens locken, schlug Manfred 1266 bei Benevent und nahm von dem Königreich Besitz. Zwei Jahre später zog Konradin, der sechzehnjährige Neffe Manfreds, von Deutschland herbei, dem Capetinger sein Erbe wieder zu entwinden. Aber bei Tagliacozza wurde er geschlagen. Er glaubte den Sieg schon gewonnen zu haben, als ein Teil des gegnerischen Heeres, das in einem Hinterhalt aufgestellt war, hervorbrach, seine Truppen schlug und ihn selber gefangennahm. Karls Verhalten war militärisch zweckmäßig, widersprach aber ritterlicher Ehrauffassung. An einem so kleinen Zug wird deutlich, daß auch das Rittertum langsam ausgehöhlt wurde. In Karl war die kalte

Staatsräson stark genug, wie er alle ritterliche Überlieferung gegen den Überwundenen völlig verlöschen ließ: auf dem Marktplatz zu Neapel fiel Konradins Haupt. Mit ihm starb der letzte Staufer.

In Deutschland war die Wirrnis so groß, daß ausländische Fürsten zu Königen gewählt wurden, Richard von Cornwallis und Alfons von Kastilien. Noch gab es alte reichsitalienische Vorstellungen und Ansprüche in Italien, aber sie wurden nicht mehr ausgeübt. Unteritalien und Sizilien waren in der Hand einer französischen Dynastie.

In dem Riesenkampf, der zwei Jahrhunderte gedauert hatte, war das Papsttum Sieger geblieben. Aber auch seine Führer mußten jetzt die tiefe Ironie des Schicksals erkennen, das so oft den Menschen den Sieg zugleich mit der Schwächung schenkt.

Die Kolonisierung des Ostens

In den Jahrhunderten, in denen deutsche Könige durch Italien zogen, ging der große Strom nach dem Osten, der weltgeschichtlich weniger bedeutungsvoll war als die große Auseinandersetzung mit dem Papsttum, aber für die nationale Geschichte der Deutschen Bleibenderes wirkte. Er begann mit der Gründung der Ostmark unter Karl dem Großen, kam von neuem mit Heinrich dem Ersten in Bewegung, wurde aufgehalten und zurückgestaut und überwand immer wieder die Hemmnisse, die aus dem slawischen Widerstand wie aus dem abschreckenden Anblick der dichten Wälder und der Aussicht auf die harte Kultivierungsarbeit erwuchsen. Fürsten wie Ritter, Bürger und Bauern waren daran beteiligt. Wem es in der Heimat zu eng wurde, zog nach Osten, südlich der Küste vornehmlich Flamen, Westfalen, Friesen, in Mitteldeutschland und weiter östlich Franken, Thüringer und andere deutsche Stämme.

Die Slawen setzten der fremden Herrschaft und der Christianisierung anfänglich ebenso erbitterten Widerstand entgegen wie früher die Sachsen. Er wurde oft mit Härte gebrochen. Einem Deutschen, der heute die Chroniken über die Kolonisierung des Ostens liest, ist etwa so zumute wie einem Nordamerikaner, dem von dem Vorrücken der frühen Einwanderer gegen die Indianer erzählt wird. Aber zumeist vollzog sich die deutsche Einwanderung friedlich. Später lebten Slawen und Deutsche ohne Kampf nebeneinander und verschmolzen zu einem neuen Volkstum. Die slawischen Fürsten und Adligen, sobald sie Christen geworden waren, wurden in den Kreis der deutschen Großen aufgenommen. Ihren Sieg gewannen die Deutschen nicht nur mit dem Schwerte, sondern auch mit ihrer Überlegenheit in der Bearbeitung des Bodens. So besaßen sie den eisernen Pflug zu einer Zeit, in der die Slawen noch mit Holz pflügten. Aber auch das deutsche Städtetum erwies seine führende Kraft. Deutsche Bürger und deutsches Städterecht drangen bis tief nach Polen und Ungarn.

Auch slawische Fürsten, wie die Piasten in Schlesien, förderten wegen der Überlegenheit der deutschen Kultur die Einwanderung der Deutschen, so daß hier auf völlig friedlichem Wege die Gebiete deutsch wurden. Das Gleiche gilt von den Ahnen der Sudetendeutschen, die von den tschechischen Königen Böhmens gerufen wurden.

Im Norden war bis ungefähr 1200 das Gebiet über die Oder hinweg bis zur unteren Weichsel unter deutscher Herrschaft. Der Blick unternehmungslustiger Bürger und Ritter ging weiter. 1201 gründeten Kaufleute die Stadt Riga, um einen Stützpunkt auf den Fahrten zu den russischen Handelsplätzen zu haben. Der Orden der Schwertritter unterwarf Estland und Lettland. Aber hier bildeten die Ritter nur eine dünne Oberschicht, die Bauern rückten nicht nach, da das unbezwungene Litauen dazwischenlag. 1230 begann der Orden der Deutschen Ritter, von den polnischen Königen gegen ihren pruzzischen Feind herbeigerufen, die Unterwerfung dieses Volkes. Der Kampf dauerte fünfzig Jahre, bis die Kraft der tapferen und zähen Preußen gebrochen war.

Mit der Küste des Finnischen Meerbusens war die äußerste Grenze des deutschen Vordringens erreicht. Als die deutschen Ritter nun in das russische Gebiet eindringen wollten, von dem Legaten des Papstes dazu aufgerufen, stießen sie auf einen noch härteren Widerstand, als sie ihn bisher kennengelernt hatten. 1242 schlug Alexander Newskij die deutschen Ritter vernichtend auf dem Eise des Peipus-Sees.

Im ganzen wurde durch die Kolonisation des Ostens der Umfang des deutschen Volksbodens mehr als verdoppelt. Der Schwerpunkt staatlicher Tätigkeit verlegte sich im Laufe der Jahrhunderte nach Osten. Von Kolonialboden aus, von Wien ist das sinkende Reich jahrhundertelang zusammengehalten worden, von Berlin aus wurden wenigstens die Restgebiete neu geeinigt.

Stärkung der Capetinger

Während die deutschen Königsrechte in dem Doppelkampf mit den Fürsten und dem Papsttum zerfetzt wurden, wuchs die französische Königsmacht. Die Capetinger übten eine wirkliche Oberhoheit nur in ihrem Herzogtum Francien aus, und auch da wurde sie ihnen in großen Teilen durch die selbständigen Bannerherren und Ritter streitig gemacht. Aber gerade weil die Capetinger schwächer waren als sächsische und salische Kaiser, beschränkten sie ihre Tätigkeit auf die zunächst liegenden Aufgaben und wurden mit ihrer Erledigung allmählich stärker.

Auch Frankreich hatte seinen Investiturstreit mit dem Papste. Da aber die französischen Könige nicht auf den Gedanken kamen, nach Italien zu reiten und den Papst zu bedrängen oder ihn gar abzusetzen, verlief der Streit viel glimpflicher, und er wurde eher noch als in Deutschland durch ein Kompromiß gelöst, das die Bischofsernennung zwischen Papst und König aufteilte. Dabei kam allerdings der König der Kirche weit entgegen. Das aber erlaubte ihm um so mehr, ohne äußere Verwicklungen seine innere Macht aufzubauen.

Einen beträchtlichen Fortschritt auf dem langen Wege zur Herstellung staatlicher Einheit stellten die Regierungen Ludwigs des Sechsten (1108–1137) und seines Sohnes Ludwigs des Siebenten (1137–1180) dar. In beiden verkörperte sich ein gesundes Bestreben, das Königtum nicht allein auf die unsicheren Stützen der großen Feudalherren, sondern auf die breiten Massen des Volkes und namentlich das städtische Bürgertum zu stützen. Die Capetinger schufen damit eine Überlieferung, die im französischen Königtum zu seinem Heile lange fortwirkte und erst in den letzten Bourbonen erstickte. Der Hauptberater beider Herrscher war der Abt Suger von Saint Denis, ein Mann kleiner Herkunft, der durch Klugheit und Lebendigkeit seines Rechtsempfindens emporgekommen war. Ludwig der Sechste zerstörte im Herzogtum Francien die Macht der mittleren Feudalherren und führte mit Sugers Hilfe die Regierung durch Beamte, *praepositi*, *prevôts* ein. Erst jetzt war er wirklich Herzog. Die Könige konnten mit so gesteigerter Macht darangehen, auch den übrigen Teilen Frankreichs ihr Augenmerk zu schenken.

Unter Ludwig dem Siebenten schien es wirklich, als mache das Königtum einen großen Sprung zur Erweiterung seiner Macht. Er hatte Eleonore, die Erbin von Poitou, Guyenne und Gascogne, geheiratet, und er erhielt so die unmittelbare Herrschaft auch über diese reichen Länder. Aber die Ehe zwischen dem schwerblütigen König Ludwig und der weltfreudigen Eleonore war unglücklich, der König war über ihre Untreue zu tief beleidigt und zuwenig Jünger der kühlen Staatsräson, um ihr das Vergehen nachzusehen. So trennte er sich von ihr. Sie heiratete Heinrich von Anjou, der König von England

Friedrich der Zweite

Thomas von Aquino

Rudolf von Habsburg

Predigt des heiligen Bernhard in Siena

Wilhelm der Eroberer

Siegel Richards des Zweiten

wurde und mit seinem väterlichen Erbteil, dem seiner Gattin und der Normandie den größten Teil Frankreichs unter seiner Herrschaft vereinigte, wenn auch der Form nach noch immer als Vasall des Königs von Frankreich.

Ein solcher Zustand war für den Nachfolger Ludwigs, seinen Sohn aus zweiter Ehe, Philipp August (1180–1223), unerträglich. Der Hauptinhalt seines Lebens war die Bemühung, die Engländer wieder zu vertreiben. In mancherlei kleinen Fehden, in der Entzündung von Aufständen gegen die englischen Könige hatte er vorübergehende Erfolge. Der große Schlag gelang ihm, als in England König Johann seinen Neffen Arthur von der Bretagne ermorden ließ. Philipp August konnte jetzt den Versuch machen, eine machtpolitische Auseinandersetzung gerichtlich zu erledigen: er lud als Lehnsherr Johann vor ein Gericht vornehmer Feudalherren und Geistlicher. Johann wurde verurteilt, der König konnte darangehen, ihm Westfrankreich zu entreißen. Aber machtpolitische Verschiebungen von solcher Bedeutung werden nicht nur juristisch erledigt. Philipp August mußte die Neuerwerbungen für die Krone mit dem Schwerte verteidigen. Bei Bouvines trafen seine Truppen auf die der Engländer und des mit Johann verbündeten Kaisers Otto des Vierten. Der Sieg war vollständig.

Manche Historiker lassen von dem Stolz der Franzosen über den strahlenden Sieg von Bouvines die Geschichte des französischen Nationalgefühls beginnen. Aber man darf seine ersten Anfänge in dem Selbstbewußtsein sehen, den der große Anteil der französischen Ritterschaft an den Kreuzzügen hatte. Als *Gesta Dei per Francos*, als Taten Gottes, geschehen durch Franzosen, erschienen die Kreuzfahrten dem Volk, das damit seinem nationalen Selbstgefühl großartigen Schwung gab.

Vor seinem Tode konnte der König noch die Anfänge königlicher Herrschaft im Süden sehen. Hier hatten sich die Anhänger des Petrus Waldus ausgebreitet, die von der Kirche als Ketzer angesehen wurden. Innozenz der Dritte rief zum Kampf gegen sie auf, und der Graf Simon von Montfort übernahm die Führung des Kreuzzuges, teils aus kirchlicher Gesinnung, teils weil er als Sieger eine weltliche Herrschaft für sich aufzurichten hoffte. Die Kämpfe, die nach der Stadt Albi die Albigenserkriege genannt werden, dauerten lange und waren hart, nicht zuletzt deshalb, weil der Landesherr, Graf Raimund von Toulouse, selber ein Ketzer war und seine Freunde beschützte. Das war ein großes Unglück für ihn und ein Glück für den König. Denn Simon von Montfort tat dem König den Gefallen, rechtzeitig zu sterben, der König trat sein Erbe im Kampf an, und als die Albigenserkriege zu Ende waren (1229), waren allerdings die Städte und Ortschaften in rauchende Trümmerhaufen verwandelt, waren Tausende abgeschlachtet, waren die Troubadours für immer verstummt, aber der Herr des Landes war nun der König Ludwig der Neunte (1227–1270).

Ludwig war ein Mann von lebendigem Rechtsgefühl. Er begründete das Parlament von Paris, worunter man sich keine moderne Volksvertretung vorstellen darf, sondern einen obersten Gerichtshof, bei dem jetzt die Parteien eines Prozesses Berufung einlegen konnten, wenn sie eine Entscheidung ihres heimischen Gerichts für ungerecht hielten. Dieses Parlament stärkte das Vertrauen der Franzosen in die Rechtssicherheit, aber auch ihr Einheitsgefühl, da es nun eine einzige Gerichtsinstanz gab, deren Entscheidungen nicht mehr für eine Landschaft allein galten.

Seine Frömmigkeit veranlaßte Ludwig zum Sechsten und zum Siebenten Kreuzzug. Auf dem Siebenten starb Ludwig bereits vor Tunis. Es war die letzte der Unternehmungen, die einst mit so viel Hoffnungen und Opfermut begonnen hatten. Der große Schwung fehlte nun, der früher die abendländische Christenheit erfüllt hatte. Die Kraft der Idee war erschöpft, die Völker wandten sich anderen Aufgaben zu.

Um die Zeit, in der die Macht der Hohenstaufen zerschlagen wurde und Deutschland ein Bündel von kleinen und mittleren Staaten war, sehen wir Frankreich im Aufstieg zu innerer Geschlossenheit und bald auch äußerer Macht. Längst hatte sich auch sein Ruf als führende geistige Macht des Abendlandes bestätigt. Der Einfluß strahlte tief nach Deutschland und England hinein. Auf der Kathedralschule von Nôtre Dame hatte sich ein Kollegium verschiedener Fakultäten entwickelt, dem Robert von Sorbon den Namen gab. Die Sorbonne wurde der Mittelpunkt der geistigen Bestrebungen Europas, wie die französischen Baukünstler ihre Nachfolger in aller Herren Ländern fanden. Großes hatten die Könige und die Nation für ihr Land getan, Größeres noch stand ihnen bevor.

Innerer Streit unter den Plantagenets

In England wurde ähnlich wie in Frankreich der Investiturstreit ohne allzu heftige Auseinandersetzungen durch ein Kompromiß beendet. Aber ein heftiger Kampf zwischen Herrscher und Kirche flammte ein halbes Jahrhundert später auf unter einem der bedeutendsten und kraftvollsten Herrscher, die England je besessen hat.

Nach dem Aussterben der Normannenkönige kam der Graf Heinrich von Anjou als ihr nächster Verwandter auf den Thron; in der Reihe der englischen Könige wird er als Heinrich der Zweite (1154 –1189) gezählt. Sein Geschlecht wurde nach dem Ginster, der *planta genista*, in ihrem Wappen als Plantagenets bezeichnet. Mit seinen eigenen Besitzungen und denen seiner französischen Gattin war er fast ebensosehr ein französischer wie ein englischer Herrscher. Er war aufgeschlossen und geistiger Bildung zugetan. Die Beschäftigung der oberen Schichten war ähnlich wie die der stammverwandten Franzosen kulturell dem Leben weit überlegen, das Ritter und Hofbeamte zu der gleichen Zeit in Deutschland führten. An Heinrichs Hofe wurde das Lied von Tristan und Isolde gedichtet.

Er war ein Zeitgenosse des Rotbarts, und ähnlich wie dieser geriet er in einen Streit mit der Kirche. Aber anders als in Deutschland ging in England der Kampf von einem Versuch aus, die Macht der Könige in der Heimat zu stärken. Heinrich wollte die Bischöfe selber ernennen, und er wollte die Geistlichen unter das königliche Gericht beugen, was für das damalige England ein ungewöhnliches Verlangen war. In dem Kampf mit der Kirche hatte er einen fähigen und treuen Berater in seinem hochgebildeten und weltfreudigen Kanzler Thomas Becket, einem Bürgerlichen, den er zum Erzbischof von Canterbury machte. Aber als Heinrich in den Konstitutionen von Clarendon (1167) seine Ansprüche zum Gesetz gemacht hatte, stieß er auf den unerwarteten Widerstand des mächtigen Erzbischofs, der in der Folgezeit der entschiedenste Vertreter der päpstlichen Forderungen wurde.

Conrad Ferdinand Meyer hat der Wandlung Beckets eine dichterische Deutung gegeben, aber in Wirklichkeit bleibt sie rätselhaft, wenn man sich nicht mit der Tatsache bescheiden will, daß die Übertragung des hohen Kirchenamtes in Becket verborgene Seiten des Gemütes geweckt und aus dem Liebhaber aller höfischen Sitte einen gottbegeisterten und der Kirche bis zum Martyrium getreuen Asketen gemacht hat.

In dem nun anhebenden jahrelangen Streit konnte Heinrich den Gegner zwar zeitweise nach Frankreich verjagen, aber nie völlig besiegen. Es kam zu einer Scheinaussöhnung, aber wenig später stritt der unbeugsame Kirchenfürst von neuem gegen den König. Einige im Unmut hingeworfene Worte Heinrichs veranlaßten vier heißblütige Barone zu einer jähen Tat; auf den Stufen seines Altars wurde Thomas erschlagen. Aber der tote Gegner war dem König noch gefährlicher, als es der lebende gewesen war. Der Erzbischof wurde bald heilig gesprochen. Die Mordtat wurde von der Welt verdammt, und Heinrich erlebte schlimme Niederlagen, ähnlich wie einst Heinrich der Vierte. Da entschloß auch er sich zu einem „Canossa". Barfuß wallfahrtete er zum Grabe Beckets und ließ sich hier in Gegenwart der Mönche geißeln. Und wie nach Canossa war der König damit aus der machtpolitischen Ohnmacht befreit. Seine Demütigung war nicht einfach Heuchelei. Er hatte die Rache des toten Heiligen gefürchtet und glaubte ihn nun versöhnt. An vollständigen Sieg war jetzt freilich nicht mehr zu denken. Er erhielt den Einfluß auf die Bischofswahl, aber die königliche Gerichtsaufsicht über die Geistlichen konnte er nicht herstellen, das Bestreben mußte er seinen Erben überlassen. Dreihundert Jahre später führte ein anderer Heinrich das Werk zu Ende, die Gebeine Beckets aber ließ er als die eines Majestätsverbrechers aus der Erde reißen und verbrennen.

Heinrich war eine gewaltige und das heißt eine sehr leidenschaftliche Gestalt, und diese Leidenschaft hatten er und seine Gattin Eleonore seinen Söhnen vererbt. Ewig war Streit zwischen ihm und ihnen, der König von Frankreich schürte klug den Zwist. Die Wucht, mit der Heinrich alle Entscheidungen erlebte, erzwang oder durchlitt, fand in diesem selbstmörderischen Kampf der Königsfamilie ihren tragischen Ausdruck. Als Heinrich eine Niederlage erlitten hatte, rief er voller Verzweiflung aus: „Nun will ich mich an Gott selbst rächen und das in mir vernichten, was er am meisten schätzt." Auf dem Krankenlager wurde ihm eine Liste seiner Feinde überreicht. An der Spitze fand er den Namen seines jüngsten Sohnes Johann, von dem er nicht gewußt hatte, daß auch er sich gegen ihn verschworen hatte. „Mögen die Dinge gehen, wie sie wollen", sagte er, „ich kümmere mich nicht mehr um mich selbst, noch um die Welt." Damit wandte er sich von den Umstehenden ab und verschied.

Dieser König, der eine so dankbare Figur für die Poeten und die poetischen Geschichtsschreiber war, erwies sich zugleich als ein schöpferischer Verwaltungsmann. Heinrich hatte die Rechte studiert, er liebte das Gerichtswesen sehr, und er formte eine Rechtsordnung, die für die damalige Zeit den Höhepunkt des Erreichbaren darstellte. Den feudalen Gerichten der Großen wurde die Gerichtsbarkeit über ihre wehrlosen Untertanen entwunden. Auch der kleine Mann konnte nun den königlichen Gerichtshof appellieren, und die königlichen Richter reisten im Lande umher, um den Gedrückten zu ihrem Recht zu verhelfen. In den einzelnen Bezirken traten die neugeschaffenen Geschworenengerichte immer mehr an die Stelle der feudalen Gerichte.

Heinrichs des Zweiten Sohn, Richard Löwenherz, war ein fahrender Ritter ohne königliches Pflichtgefühl. England hat ihn zu Zeiten seiner Regierung kaum gesehen. Richards Bruder Johann (1199–1216) verlor die Schlacht bei Bouvines gegen Philipp August. Die Folge der äußeren Niederlagen war ein Zurückweichen im Innern. 1216 bestätigte er in der Magna Charta den Großen ihr Recht, daß keine allgemeine Steuer ohne die Zustimmung ihrer Vertreter erhoben werden sollte. Das war alles andere als Mitregierung des Volkes, aber es war doch ein kleiner Anfang. Indem sich später die Nation an die Stelle der Großen setzte, begann die Bewegung, die zur Demokratie führte. Der Schutz vor willkürlicher Verhaftung, den die Magna Charta verbürgte, sollte nur den Großen zugute kommen, aber ein Ton war angeschlagen, der in der englischen Geschichte nie mehr verklungen ist.

Der Sohn Johanns, Heinrich der Dritte (1216–1271), machte einen Versuch, die Macht des Königs wieder zu stärken. Seine großen Ausgaben und seine Vorliebe für Ausländer unter seinen Beratern erbitterten aber den Adel, dem sich auch die wohlhabenden Bürger anschlossen. Die Gegner des Königs fanden in dem Sohn des Albigenserbesiegers Simon de Monfort einen fähigen Führer. Aber Simon siegte nur vorübergehend und fiel in einer Schlacht, die Heinrichs Sohn Eduard gewann. Die Auseinandersetzung zwischen Königsmacht und den Ansprüchen der oberen Schichten auf Mitregierung bestimmte auch die kommenden Jahrhunderte. Unter Heinrich dem Dritten erhielt der königliche Rat die Bezeichnung Parlament.

Die Reconquista

Mit der Befreiung Kastiliens war die kämpfende Kraft der christlichen Staaten gegen die Mauren noch nicht erschöpft. Auch in den folgenden Jahrhunderten ging die Reconquista, die Rückeroberung der Halbinsel für die Christen, weiter. Im Jahre 1212 schlugen sie bei Las Navas de Tolosa die Mauren in einer Entscheidungsschlacht. In der Mitte des dreizehnten Jahrhunderts waren die Mohammedaner auf den südlichen Teil der Halbinsel mit der Hauptstadt Granada beschränkt, wo ihnen in der Alhambra noch ein letztes großartiges Beispiel mohammedanischer Baukunst gelang.

In den unaufhörlichen Kämpfen stieg der ritterliche Adel zu immer größerem Ansehen empor. Der Hidalgo, der spanische Ritter aus kleinem Adel, war oft sehr arm, aber er war tapfer, und er sah im Kampf die einzige würdige Beschäftigung. So wie die Verhältnisse auf der Halbinsel lagen, war diese Entwicklung natürlich. Aber später, als von der Bevölkerung und ihren führenden Schichten auch wirtschaftliche Fähigkeiten in großem Maße verlangt wurden, erwies sich die Ausschließlichkeit, mit der die Hidalgos sich zum Krieg als Lebensinhalt bekannten, als ein schweres Hindernis für die Ausnutzung der überseeischen Erwerbungen.

Gotische Kathedralen

Im hohen Mittelalter blieb Frankreich die geistig führende Macht. Die Einflüsse strömten von hier nach allen Seiten, nach England mit Hilfe des französisch sprechenden Hofes in London, nach Deutschland mit Hilfe der unaufhörlich nach Frankreich und wieder zurück wandernden Studenten und Architekten. In Frankreich wurde der gotische Baustil entwickelt. Um 1140 wurde die Abteikirche von St. Denis erbaut. Die Gelehrten sind sich noch nicht darüber einig, wo die seelischen Wurzeln des neuen Werdens zu suchen sind. Hat der leidenschaftliche Drang nach oben, nach Erhebung über sich selbst, nach der Vereinigung mit Gott, der in diesen Jahrhunderten seinen Ausdruck in der Mystik fand, auch die Gewölbe der Dome nach oben geführt? Oder sehen wir vor uns nichts als die Übertragung der neugewonnenen rechenhaften Fähigkeit, den Spitzbogen zu formen, den Stein in Bewegung aufzulösen und den Druck der Gewölbe durch Strebebögen aufzufangen? Wahrscheinlich ist der Streit wissenschaftlich nicht zu lösen, und jeder Besucher muß ihn in sich selber austragen.

In Deutschland wehrte sich die Romanik noch fast ein volles Jahrhundert gegen die neue Strömung, nicht weil die deutschen Baukünstler das Neue noch nicht gekonnt hätten, sondern weil die Kräfte des romanischen Stils noch nicht erschöpft waren, weil Deutschland darin noch Wesentliches zu sagen hatte. Während schon Notre-Dame, Laon, Chartres und Amiens standen, während Canterbury und Burgos, Mailand und Siena erbaut wurden, zeigten Mainz, Worms, Bamberg und Naumburg die letzten Möglichkeiten der Verdichtung des frommen und kraftvollen Lebensgefühls in spätromanischen Formen. Und in den Figuren zu Bamberg und Naumburg fand dann das westeuropäische Rittertum seine letzte große Verklärung. Es stand schon in der

Abendröte, ohne es zu wissen. Erst als sich der romanische Stil in Deutschland ganz ausgelebt hatte, wandte sich das Land der Gotik zu. 1248 wurde der Chor des Kölner Doms geweiht.

Gottesgelehrte und Sänger

Wie die französischen Bauschulen immer wieder Jünger anlockten, so die Sorbonne in Paris die jungen Gottesgelehrten und Philosophen. Aber wie auch die Pariser Professoren auf den Schultern ihrer Vorgänger standen, so waren sie wie das ganze Abendland den arabischen Einflüssen weit geöffnet. Zu den arabischen Philosophen in Cordova pilgerten aufmerksame Hörer aus christlichen Ländern, und die Kreuzzüge halfen dem staunenden Abendland den Blick für diese fremde und in vielem überlegene Welt öffnen. Ohne das Vorbild der sarazenischen Adeligen mit ihrem Kampfesmut und ihrem hohen Begriff von ritterlicher Ehre hätte das europäische Rittertum kaum seine eindrucksvolle Form gefunden. Ohne die arabischen Philosophen hätten die christlichen Theologen nicht die Kenntnis des Aristoteles gewonnen, der ihr Denken für Jahrhunderte bestimmte. Averroës (eigentlich Ibn Roschd) war Richter in Cordova, wirkte auch als Philosoph und formte die Aristotelischen Gedanken weiter. Er war einer der großen Vermittler.

Albert von Bollstädt lehrte an der Pariser und an der Kölner Universität und sammelte das ganze ungeheure Material, das die arabischen und jüdischen Philosophen mit ihren Kommentaren zu Aristoteles gegeben hatten. Sein Schüler war der Italiener Thomas von Aquino, der lange an der Sorbonne wirkte. Er wandelte die Lehren des Anselm von Canterbury um. Er legte dar, daß es auch Mysterien gebe, die zwar nicht gegen die menschliche Vernunft seien, die aber über ihr ständen, wie die Heilige Dreifaltigkeit und die Menschwerdung des Gottessohnes. Um so strenger hielt er daran fest, daß die Urgründe der Religion wie das Dasein Gottes erkennbar und beweisbar seien. Mit Aristoteles traf er sich darin, daß der Mensch ein politisches Wesen sei. Weil das Dasein des Staates ein Naturgesetz sei, sei der Gehorsam gegen die staatliche Obrigkeit Pflicht. Aber die Kirche stehe über dem Staat, denn sie bereite den Menschen für die Vereinigung mit Gott vor.

Auch die Macht des Aristoteles war nicht unerschüttert in der mittelalterlichen Kirche. Immer noch wirkte auch sein großer geschichtlicher Gegenspieler Platon weiter. Späte Nachwirkungen Platons sind in den Mystikern erkennbar. Für sie war Gott vom Ursprung der

Seele an mit ihr eins; sie konnte durch religiöse Versenkung wieder mit ihm eins werden. Der Franziskaner Bonaventura baute noch auf der Scholastik auf, gab aber dem Gemüt einen stärkeren Wert als ihr Hauptführer.

Auch die Stoffe der Dichtkunst fanden zunächst bei Franzosen in Frankreich und Franzosen in England ihren gültigen Ausdruck. Die Sagen um den König Artus und um Tristan drangen aus England zu den französischen Dichtern. Im Jahre 1184 aber, auf einem großen Reichstag in Mainz, in dem Friedrich Barbarossa und seine Vasallen den ganzen Glanz ihres Rittertums zeigten, tauschte der Troubadour Guiot von Provins einen Händedruck mit dem deutschen Ritter Heinrich von Veldeke. Die symbolische Begegnung bedeutete das Einströmen der ritterlichen Dichtung Frankreichs nach Deutschland. Bald bewiesen der unbekannte Dichter des Nibelungenliedes, Minne- und politische Sänger, an ihrer Spitze Walther von der Vogelweide, daß sie den französischen Vorsprung eingeholt hatten. Sie schufen aus der gleichen stolzen und edlen Gesinnung, aus der die Stifterfiguren von Naumburg und der Bamberger Ritter entstanden.

Fremdherrschaft über Rußland

Fern und fremd von solchen Bewegungen vollzog sich die Entwicklung in Osteuropa. Die gleichmäßige Fürsorge für die Söhne der Großfürsten führte in Rußland zu gefährlichen Erbteilungen. Wenn auch der Großfürst in Kijew der angesehenste unter den Rjurikenkeln blieb, so wurden doch die anderen Teilfürsten immer selbständiger. Bürgerkriege verwüsteten das Land. Am heftigsten waren die Kämpfe um die wichtigste Stadt, um Kijew. Ein Nomadenstamm türkischen Volkstums, die Polowzer, verheerte dazu die südlichen Landschaften. Die Lagerhallen Kijews begannen zu veröden, Nowgorod im sicheren Norden begann das Erbe Kijews als Handelsplatz anzutreten. Der Süden wurde vielen Bauern verleidet. Das hatte zur Folge, daß wieder das Wandern begann, daß wieder die Ströme der Slawen zwischen den finnischen Bauern im Norden einsickerten. Wieder schmolz eine Siedlung des nördlichen Volkes nach der anderen in der stillen Überflutung von Süden, wieder rannen die beiden Völker ineinander.

Bisher hatten Handel und städtisches Wesen in dem Lande eine größere Rolle gespielt, als es zu gleicher Zeit im Westen Europas der Fall war. Jetzt erst in den wegearmen Gegenden des Nordostens wurden die Russen ganz zum Bauernvolk. Ihre Nachfahren haben manche der russischen Wesenszüge aus den besonderen Bedingungen des Nordens erklärt. Der schlechte Boden habe viel körperliche Arbeit gefordert und so die Fähigkeit der Russen zu diesen Anstrengungen gestärkt. Aber der lange Winter mit der Unmöglichkeit des Schaffens habe zur Trägheit geführt, wie die übergroße Abhängigkeit vom Walten der Natur die Menschen zur Ergebung in ihr Schicksal und zum achselzuckenden Fatalismus verleitet habe.

Allmählich verschob sich das Schwergewicht der Wirtschaft und der Bevölkerung. Der Süden verlor die Bedeutung, die er dreihundert Jahre lang besessen hatte. Das mußte auch seinen staatlichen Ausdruck finden. Andrej Bogoljubski war ein kleiner Teilfürst in Ssusdal, einer Landschaft im mittleren Rußland auf altem finnischem Boden. Er wurde der Führer eines Bündnisses zahlreicher Teilfürsten gegen den Großfürsten von Kijew. Mit dem Schwerte stürmten sie 1169 die Stadt und plünderten sie. In seinem Gebiet nahm Andrej nun den Großfürstentitel an. Der Führungsanspruch für das Reich war damit in sein Herz verlegt.

Die Völker pflegen inneren Hader mit äußeren Niederlagen zu bezahlen. Das war auch in Rußland nicht anders. Zu Beginn des dreizehnten Jahrhunderts führte die wilde Kraft des Temudschin – den man später den Großen Khan, den Tschingiskhan, nannte – sein mongolisches Volk aus den Steppen des östlichen Asiens nach China, nach Sibirien, Persien und nach Europa. Brand, Verwüstung und die Leichen von Millionen Ermordeter bezeichneten seinen Weg. Sein Enkel Batu fegte mit seinen Scharen wieder über die russischen Steppen. 1240 fiel Kijew, in Flammen gingen die herrlichen Kirchen auf. Die Bewohner sanken zu Tausenden unter den Schwertern der Eroberer.

Dem mongolischen Heer trat 1241 in Schlesien Herzog Heinrich entgegen. Er wurde geschlagen und fiel in der Schlacht. Die Mongolen bogen nach Ungarn ein, kehrten aber nach Osten zurück, von der Kunde innerer Schwierigkeiten in der Heimat bestimmt. Aber in Rußland blieben sie die Herren. Ein Glück für die Besiegten war es, daß das frei schweifende Reitervolk sich in den Wäldern des Nordens nicht wohl fühlte und sich mit den Steppen des Südens begnügte, wo jetzt Batu das Reich der Goldenen Horde gründete. (Das mongolische *Orda* bezeichnet Lager, womit die Hauptstadt Ssarai gemeint war.) So erschienen die Abgesandten der Mongolen oder, wie die Russen sie bald nannten, der Tataren in Rußland nur noch als Eintreiber der Tribute, bis schließlich die einheimischen Fürsten und ihre Beamten auch dieses traurige Geschäft übernahmen.

Aber auch wenn die Tataren ihre Oberherrschaft durch Beauftragte ausübten, eine Fremdherrschaft blieb sie doch, und die schweren Folgen verwand Rußland nie. Die Eroberer zerbrachen mit ihrer Verwüstung und ihren Tributerpressungen den aufblühenden Wohlstand ebenso wie die wachsende Bildung. Das russische Volk wurde in bittere Armut zurückgeworfen. Dem geistigen Wesen wurden in den zweihundertfünfzig Jahren der tatarischen Tyrannei gefährliche Züge aufgeprägt. Wer von den Nachkommen Rjuriks jetzt Fürst wurde, bestimmten die Fremden. Niemand durfte eine Herrschaft antreten, der nicht vorher in Ssarai einen Gewährungsbrief des Khans der Horde erhalten hatte. So sehen wir immer wieder die einst so stolzen Warägerfürsten nach Ssarai reiten (und oft zum Großkhan im fernen Karakorum), wir sehen sie tief die Knie beugen und mit der Stirn den Boden berühren vor dem mächtigen Herrn, vor dem sie alle zittern. Und wie hier der russische Fürst Demütigung um Demütigung ertragen lernte, so lernte er sie auch weitergeben zu seinen Untergebenen, dem Adel der Bojaren. Er sah zu häufig die Großen des Tatarenkhans als willenlose Werkzeuge in der Hand ihres Herrn. Und es war für viele der gequälten und gedrückten russischen Fürsten naheliegend, die Qual und den Druck weiterzugeben, wenn man sie schon nicht erwidern konnte. Wer in diesen Zeiten seinen Stolz zu bewahren suchte, wurde zertreten.

Es ist heute nicht mehr zu entwirren, wieviel an der Wandlung der Zeit das alte, seit langem mit gieriger Aufmerksamkeit verfolgte Beispiel von Byzanz, wieweit der neue Einfluß der Tataren wirkte. Sicher ist doch, daß die seit langem vorbereitete Wandlung endgültig wurde. Jetzt wurden die Bojaren, einstmals Gefolgschaften aus stolzen Edelingen, zu zitternden und tückischen Sklaven, die ihr Fürst an den Haaren zerren, schlagen, treten und foltern und köpfen konnte. Am Ende war das russische Volk eine einzige Kette von rohen Herren und willenlosen Knechten.

Ssusdal und Moskau

Einer der Fürsten von Ssusdal, der durch Andrej Bogoljubski zum wichtigsten Staat Rußlands geworden war, war Alexander. Er wehrte wenigstens für den Norden die Eroberungsgefahr ab, der zu gleicher Zeit Rußland im Süden gegen die Tataren unterlag. Deutsche Ritter und Schweden hatten sich damals zum Angriff gegen den Norden Rußlands verbunden. Die Schweden schlug er 1240 an der Newa, woher er den Namen Alexander Newskij erhielt, die Deutschen zwei Jahre später auf dem Peipus-See. Das waren Siege von unermeßlicher Bedeutung. Man sieht nicht, wie sich die russische Geschichte entwickelt hätte, wenn die Gebiete am Finnischen Meerbusen und weiter südlich damals schwedisch und deutsch geworden wären.

Aber dieser ungestüme Krieger hatte auch Einsicht genug in die Machtverhältnisse, um sich zu beugen, wo er nicht siegen konnte. Er demütigte sich selber bei der Horde in den Staub. Als die Nowgoroder, deren Wahlfürst er war, den Tribut an die Tataren nicht zahlen wollten, führte er, den Fluch der Vaterlandsfreunde und des eigenen Sohnes nicht achtend, den Landesfeind in die Stadt und lieferte ihm die Gelder aus. Er tat es, um der Stadt die Zerstörung und den Bürgern die Vernichtung zu ersparen. An Überanstrengung und Sorgen starb er.

In seinem Vermächtnis teilte er seinem Sohn Daniel einen Flecken zu, von dem dieser seinen und seines kleinen Hofes Unterhalt bestreiten konnte. Das Dorf, vielleicht so groß wie heute der Kreml, hieß Moskau. Hier kreuzten sich wichtige Straßen, und der Ort lag in der Mitte Rußlands. Von hier aus wurde das Land befreit und neu gebaut.

Elftes Kapitel

DIE AUSBILDUNG DER NATIONALSTAATEN

Das hohe Mittelalter hatte zwei universale Gewalten gesehen. Das Kaisertum freilich war nur nach der Idee universal. Außerhalb Deutschlands, Italiens und Burgunds erkannte niemand seine Herrschaft an. Gleichwohl blieb die Tatsache bestehen, daß eine weltliche Macht den Anspruch erhob, die gesamte Christenheit staatlich zu führen. Die andere Macht war das Papsttum, und dessen universaler Charakter wurde selbst im Kampfe nicht bestritten. Beide Gewalten, einst verbündet, gerieten in Streit miteinander, und dabei unterlag das Kaisertum. Aber auch das Papsttum erhielt schwere Schläge. Sein Sieg machte es verwundbar, weil ihm nun der natürliche Bundesgenosse fehlte, aber auch, weil es sich in dem Machtkampf zu vieler weltlicher Mittel hatte bedienen müssen, als daß es dabei dem Unmut der Völker hätte entgehen können. Und nach der Zertrümmerung der Staufer mußte es bald spüren, daß am Rande der großen Auseinandersetzung neue Mächte emporgekommen waren, die Nationalstaaten, die geschlossener als die früheren Staaten und nach außen wie nach innen voller Selbstbewußtsein waren. Vor ihnen enthüllte sich seine innere Schwäche.

Anagni und Avignon

Als der Papst mit Hilfe der französischen Dynastie der Anjou die Staufer zerschmettert hatte, war seine Überlegung wohl, daß nun der Weg für die volle Erfüllung seiner universalen Ansprüche frei sei. Aber „der Stab, auf den es sich hatte stützen wollen, war das Rohr, das seine Hand durchbohrte". Der capetingische König von Sizilien und Unteritalien bedrängte den Papst nicht weniger als vorher die Staufer. Um eine Hilfe zu haben, betrieb der Papst mit Eifer das Ende der kaiserlosen Zeit und erreichte auch die Wahl Rudolfs von Habsburg. Es war eine Ironie des Schicksals, daß der Papst als eines seiner Ziele jetzt die Schaffung eines starken deutschen Königtums verfolgen mußte. Aber Rudolf war in Deutschland zu sehr beschäftigt, als daß er den Papst in Italien hätte unterstützen können. Wohl befreite ein Aufstand der Sizilianer gegen die französische Fremdherrschaft den Papst zunächst von dem Druck, der von hier bisher ausgeübt worden war, aber als das Papsttum nun daranging, seine universalen Ansprüche mit aller Wucht von neuem zu verkünden, erlitt es eine entscheidende Niederlage.

König von Frankreich war Philipp der Vierte, der Schöne (1285–1314), in dem das Selbstgefühl der Herrscher so weit ausgeprägt war, daß er es wagte, auch die Geistlichkeit für Steuern heranzuziehen. Der Papst Bonifaz der Achte, ein Mann nicht von gregorianischer Glaubensreinheit, aber von gregorianischem Machtbewußtsein, verbot ihm diese unerhörte Neuerung in der Bulle *Clericis laicos*. Der Streit ging weit über die Frage der Besteuerung der Geistlichen hinaus. Bonifaz verkündete, daß Christus beide Schwerter, das geistliche wie das weltliche, dem Papst verliehen habe und daß die päpstliche Gewalt Befehle auch der weltlichen geben dürfe. Aber anders als Gregor dem Siebenten fehlte Bonifaz der Bundesgenosse im eigenen Lande des gegnerischen Herrschers. Das Nationalgefühl der Franzosen war erwacht, und seine Vertreter stellten sich hinter den König.

Philipp gewann dazu Verbündete gerade im Schoße der Kirche. Die Verweltlichung der Kirche schuf sie ihm. Bonifaz hatte eine große Territorialherrschaft für seine Verwandten gewonnen und war damit in Streit mit der mächtigen Adelsfamilie der Colonna geraten, von der auch Mitglieder im Kardinalskollegium saßen. Philipps Kanzler Wilhelm Nogaret, der Sohn eines hingerichteten Albigensers, verband sich mit den Colonna und nahm den Papst in seiner Vaterstadt Anagni gefangen (1303). Sciara Colonna schlug Bonifaz mit seinem Eisenhandschuh ins Gesicht. Aus der Gefangenschaft wurde der Papst wieder befreit, aber die Mißhandlung, der Gram und die Demütigung hatten seine ohnehin geschwächte Gesundheit zerstört, er starb bald darauf.

In symbolischen Handlungen verkörpern sich die weltgeschichtlichen Wandlungen. Der Kaiser barfuß im Schnee vor dem Burgtor von Canossa, der gefangene und geschlagene Papst in Anagni; Triumph und Niederlage des Papsttums konnten nicht deutlicher werden als in solchen Vorgängen.

Nach solchem Ereignis war es nur folgerichtig, daß die eingeschüchterten Kardinäle bald darauf einen Franzosen zum Papst wählten. Clemens der Fünfte verlegte 1309 den Sitz des Papstes nach Avignon, in den Einflußbereich des Königs von Frankreich. Mit der tausendjährigen Geschichte des Papsttums war gebrochen.

In Avignon residierten die Päpste siebzig Jahre. In dieser „babylonischen Gefangenschaft der Kirche“ entwickelte sie manche Züge, die für das Papsttum des späten Mittelalters bezeichnend blieben. In ihnen wurde sichtbar, daß auch in der Kirche die hochmittelalterlichen Ideale der allgemeinen Abspannung zum Opfer gefallen waren. Die Hofhaltung wurde üppig, und da der Kirchenstaat nicht mehr die notwendigen Einnahmen brachte, wurden die Gelder in einem kunstvollen System von Abgaben von den neuernannten Geistlichen erhoben. Einst hatte die cluniazensische Reform mit religiösem Eifer den Verkauf kirchlicher Ämter durch die Fürsten bekämpft, jetzt war die Kirche selber simonistisch geworden.

Spaltung des Papsttums

Die Römer versuchten, in Abwesenheit des Papstes ein eigenes Gemeinwesen aufzubauen, zuweilen mit den deutschen Kaisern, zu Zeiten aus eigener Kraft, ohne daß ihnen dieses gelang. Sie verlangten immer stürmischer die Rückkehr des Papstes, und unter dem Druck dieser Strömung nahm 1378 der neugewählte Urban der Sechste seinen Sitz wieder in Rom. Aber die franzosenfreundliche Partei erhob einen Gegenpapst in der Person Clemens des Siebenten. Dieser nahm seinen Sitz in Avignon, und die Welt mußte nun das widrige Schauspiel erleben, daß zwei Päpste einander leidenschaftlich bekämpften und sogar bannten. Das „Große Schisma“ begann. Es war natürlich, daß das Ansehen des Papsttums überhaupt damit weiter erschüttert wurde. Der König von Frankreich soll beim Ausbruch des Schismas frohlockend ausgerufen haben: „Jetzt bin ich Papst.“

Unter solchen Umständen drängte die seit langem schwelende Gegnerschaft in den Völkern gegen das Papsttum zum Ausbruch. Sie wurde in Schriften und Büchern niedergelegt, sie entlud sich auch in Volksbewegungen. In England erschütterte John Wiclif (um 1370) die geistigen Grundlagen der Kirche, indem er nicht nur die Verweltlichung des Papstes, sondern auch Beichte, Transsubstantiation und die päpstliche Schlüsselgewalt für unbiblisch erklärte. Bei ihm sind schon lutherische Töne zu vernehmen, was auch immer Harnack gegen diese Auffassung gesagt haben mag, Wiclifs Bewegung gewann großen Zulauf. Als aber die gedrückten Bauern sich erhoben und sich auf seine Lehre von der Gleichheit aller Christen beriefen, wandte sich die weltliche Obrigkeit gegen ihn und seine Anhänger, die Lollarden. Die Bewegung wurde niedergerungen. Aber der Funke, den Wiclif entzündet hatte, war nicht mehr auszulöschen.

Johann Hus, Professor in Prag, war ein geistiger Schüler Wiclifs. Er war weniger schöpferisch als er, aber sein tapferer Tod hat sein Andenken in der Nachwelt stärker erhalten. Er geriet in eine tragische Verbindung mit den Bestrebungen, durch ein Konzil die Kirche zu bereinigen.

Eine große Zahl von Kardinälen, denen das Schisma tiefen Schmerz bereitete, berief 1409 ein allgemeines Konzil nach Pisa, das die Spaltung beseitigen sollte. Es setzte die beiden Päpste von Rom und Avignon ab und wählte einen neuen. Aber da nun die beiden anderen nicht abdankten, hatte die Kirche drei Päpste. Die Idee des Papsttums war furchtbar zerrüttet. Der Heilungsversuch von innen her war fehlgeschlagen, jetzt mußte die weltliche Gewalt versuchen, das Übel zu heilen.

König Sigismund entsann sich der Rolle, die früher die deutschen Könige als Schirmherren der Christenheit gespielt hatten, und er erreichte schließlich, daß in Konstanz 1413 ein allgemeines Konzil zusammentrat, dem auch die Anwesenheit weltlicher Fürsten das Gepräge gab. Seinem ständigen Eintreten war es wesentlich zu verdanken, daß die drei Päpste nun wirklich abgesetzt wurden oder schon vorher zurücktraten. Papst wurde 1417 ein Colonna, Martin der Fünfte. Damit war das Schisma beseitigt. Aber nichts war gewonnen für die Reform der Kirche, für die Abschaffung der Mißbräuche. Denn nicht lange war Martin gewählt und anerkannt, als er das Konzil aufhob.

Vorher schon hatte sich das Schicksal des Johann Hus erfüllt. Er war nach Konstanz berufen worden, damit er sich seiner Lehren wegen verantworte. Sigismund hatte ihm freies Geleit zugesichert, fand sich dann aber feige damit ab, daß Hus gefangengesetzt und, weil er sich zu widerrufen weigerte, 1416 verbrannt wurde. Er starb würdig und als gläubiger Christ. Die Kunde von seinem Tode setzte Böhmen in Flammen. Religiöse Leidenschaft, Nationalhaß gegen die Deutschen und Empörung über den eidbrüchigen Sigismund wirkten zusammen. Von den Heeren der Hussiten unter der Führung des großen Feldherrn Johann Ziska wurden die Deutschen geschlagen, bis Brandenburg drangen die Hussiten vor. Kein anderer Weg blieb, den Frieden wiederherzustellen, als den Gemäßigten Zugeständnisse zu machen. Sie erhielten das Recht auf den Laienkelch und auf die Predigt in der Landessprache. So blieben die Böhmen in der Kirche. Aber der

Versuch, die neue Sekte ähnlich wie die Waldenser und Lollarden zu vernichten, war völlig fehlgeschlagen.

1431 trat noch einmal ein Konzil zusammen, diesmal in Basel, um die Mißbräuche in der Kirche abzustellen. Aber der aufrichtige Wille vieler Teilnehmer war gelähmt durch den Zwist, der sich bald zwischen dem Papst und der demokratischen Bewegung erhob. Sie verfocht den Grundsatz, das Konzil könne auch den Papst binden. Das widersprach der tausendjährigen Geschichte des Papsttums, und Papst Eugen der Vierte wehrte sich entschieden. Im Streit um die Grundsätze wurde die Kirchenreform vernachlässigt, und die Kurie schloß lieber Einzelverträge mit den Fürsten, in denen diese besondere Vorrechte für ihre Kirchen erhielten, ohne daß viel geändert worden wäre. Auch in der Geistlichkeit und in den Laien des ausgehenden Mittelalters war viel tiefe Frömmigkeit, aber die offenkundigen Mißstände, vor allem das Streben vieler Geistlicher nach weltlichem Genuß, waren für viele ein schweres Ärgernis, und sie förderten die Stimmung, in der später die Reformation ihre Anhänger gewann.

Philipp der Schöne

Wilhelm Nogaret hatte in Anagni auf gewalttätige Weise vor aller Augen den Schleier weggerissen, der die sinkende Macht des Papsttums verhüllt hatte. Ihr Rückgang ermöglichte es dem König Philipp dem Vierten, dem Schönen (1285–1314), in seiner Innenpolitik einen Schlag zu tun, der zwar seine leeren Kassen füllte, der aber ein Schlag auch gegen alle kirchliche und unkirchliche Moral war. Hundert Jahre vorher hätte ihn ein König kaum wagen können.

Im Ersten Kreuzzug war der Orden der Tempelritter gegründet worden, der die mönchischen Gelübde mit dem Kampf für den Glauben verband. Als der Orient verlorenging, siedelte der Orden nach Frankreich über, woher seine Ritter stammten. Sie lernten, Bankiersgeschäfte zu betreiben, und wurden reich und mächtig. Auch dem König hatten sie viel Geld geliehen, das er keineswegs zurückzuzahlen gedachte. In seinem Kampf mit Bonifaz stellten sie sich auf die Seite des Papstes, und teils aus Rachegelüsten, teils aus Geldgier vernichtete der König den Orden vollständig. Unter widerlichen Beschuldigungen ließ er die Ritter verhaften, ihnen auf der Folter Geständnisse abpressen und sie dann hinrichten.

Dieser grausame König aber war klug genug, sich in seinem Kampf mit Rom, anders als die Staufer, auf die ganze Nation zu stützen. Um

Der Kreml im fünfzehnten Jahrhundert

Die Heilige Johanna von Orleans

Ludwig der Elfte

Mohammed der Zweite

Lorenzo der Prächtige

Cosimo der Erste

Christoph Columbus

Timur

seinen Forderungen gegenüber Bonifaz mehr Nachdruck zu geben, rief er die Generalstände zusammen, zu denen nicht nur der Adel und Geistliche, sondern auch Beamte und städtische Bürger gehörten. Sie billigten seine Haltung, und so konnte er dem Papst gegenüber kräftig auftreten.

Aber auch Philipp der Vierte, der in seinem Verhalten gegenüber den Bürgern so viel vorausschauende Weisheit bewies, konnte unmöglich ganz erkennen, welcher Wandel sich im Verhältnis der Stände vollzog. Er wollte Flandern unterwerfen, aber seine Ritter wurden bei Kortryk völlig geschlagen, und die Sieger waren nicht nur Ritter, sondern auch städtische Handwerker. Was bei Legnano begonnen hatte, setzte sich fort. Die Entthronung des Rittertums von seiner allein herrschenden Stellung war ein vielschichtiger geistiger, wirtschaftlicher und militärischer Hergang. Den sinnfälligsten Ausdruck fand er auf dem Schlachtfeld, wo das Rittertum seit Karl Martell seinen Aufstieg genommen hatte. Legnano, Tagliacozzo, Kortryk, Morgarten und Sempach sind Stationen auf diesem Weg des Niederganges. In dem Augenblick, in dem das Selbstbewußtsein der Bauern und Bürger so stark geworden war, daß sie den Kampf auch gegen Ritter wagten, in dem Augenblick, in dem sie in der Schlacht zusammenhielten und damit den ritterlichen Einzelkampf sinnlos machten, wurden sie militärisch den Rittern ebenbürtig, und schließlich waren sie ihnen überlegen.

Die Valois im Hundertjährigen Krieg

Die französischen Könige und Ritter lernten nichts aus der Schlacht bei Kortryk, und das hatte neue gefährliche Niederlagen in dem Hundertjährigen Krieg mit England zur Folge.

Im Jahre 1328 starb die Hauptlinie der Capetinger aus, und der Enkel Philipps des Schönen, Eduard der Dritte von England, beanspruchte die Krone. Dagegen erhob sich das französische Nationalempfinden. Ein Verwandter des Königshauses aus einer Nebenlinie, Philipp von Valois, bestieg den Thron. Da Eduard dennoch seinen Anspruch aufrechterhielt und ihn mit den Waffen durchzusetzen versuchte, kam es zu dem Krieg, der mit Unterbrechungen ein Jahrhundert dauerte, in dem der König von Frankreich oft den größten Teil seines Landes dem Fremden überlassen mußte, in dem viele Tausende tapferer Männer fielen und an dessen Ende der Besitzstand der beiden Staaten ungefähr so war wie zu Beginn. Einem Engländer unserer

Tage fällt es schwer, zu begreifen, warum seine Ahnen unbedingt über Frankreich herrschen wollten, und das ganze Ringen scheint nur eine jener blutigen und sinnlosen Episoden zu sein, an denen die Geschichte überreich ist. Aber für die Nachwelt hat jener Krieg die Bedeutung, daß sich in ihm das erwachte Nationalgefühl Frankreichs zuerst in Stärke zeigte, daß es in ihr weiterwuchs und daß Frankreich als Nation „fertig“ war, als der Kampf zu Ende ging.

Das bedeutet nicht, daß dieses Empfinden ohne Lücke und ohne Fehl gewesen sei. Die Entwicklung verläuft niemals geradlinig, und in diesem Krieg hießen gelegentlich Franzosen den fremden König willkommen, wenn die allgemeine Abspannung der Kräfte zu groß war, wenn sich alles nach Frieden sehnte und wenn man von dem Engländer erhoffen konnte, er werde den Verwüstungen und dem Blutvergießen ein Ende setzen. Das Entscheidende aber blieb, daß sich in diesem Jahrhundert Frankreich als Nation fand.

Der Krieg fing unglücklich genug an. Bei Crecy 1346 wurden die schwergerüsteten und schwerfälligen französischen Ritter von den Rittern, aber auch von den bürgerlichen Bogenschützen und der neuartigen Artillerie der Engländer völlig geschlagen, und bei Maupertuis wiederholte sich 1356 die Niederlage. Im Frieden von Brétigny 1360 verzichtete der englische Herrscher zwar auf die französische Königskrone, aber ihm mußte doch ganz Südwestfrankreich überlassen werden.

Das konnte nicht andauern. Die südlichen Landschaften verweigerten ihrem neuen Herrscher den Gehorsam und ermutigten so den französischen König, den Kampf von neuem aufzunehmen.

Lange noch waren die Heere der Engländer überlegen. Dazu wurde nun Frankreich durch innere Wirren heimgesucht. Die furchtbare Verwüstung und die Verarmung durch den Krieg machten sogar die treue Stadt Paris rebellisch. Unter Etienne Marcel erhoben sich die bedrückten Massen der Stadt, im Lande standen die Bauern auf. Wenn diese Revolten auch schließlich niedergeschlagen wurden, so war es doch deutlich, daß der Staat mit solchen inneren Gefahren einen schweren Krieg kaum gewinnen konnte. Dazu schien sich in den Bedrängnissen des Krieges das große Werk der Capetinger, die Niederhaltung der großen Feudalherren, aufzulösen. Die Herzöge von Burgund waren aufsässig und verbanden sich mit den Engländern. Und schließlich war der König Karl der Sechste von Frankreich wahnsinnig.

Bei Azincourt schlug Heinrich der Fünfte von England 1415 die Franzosen schwer. Der Jubel der Pariser empfing den englischen König in ihren Mauern, der Herzog von Burgund zwang den wahnsinnigen

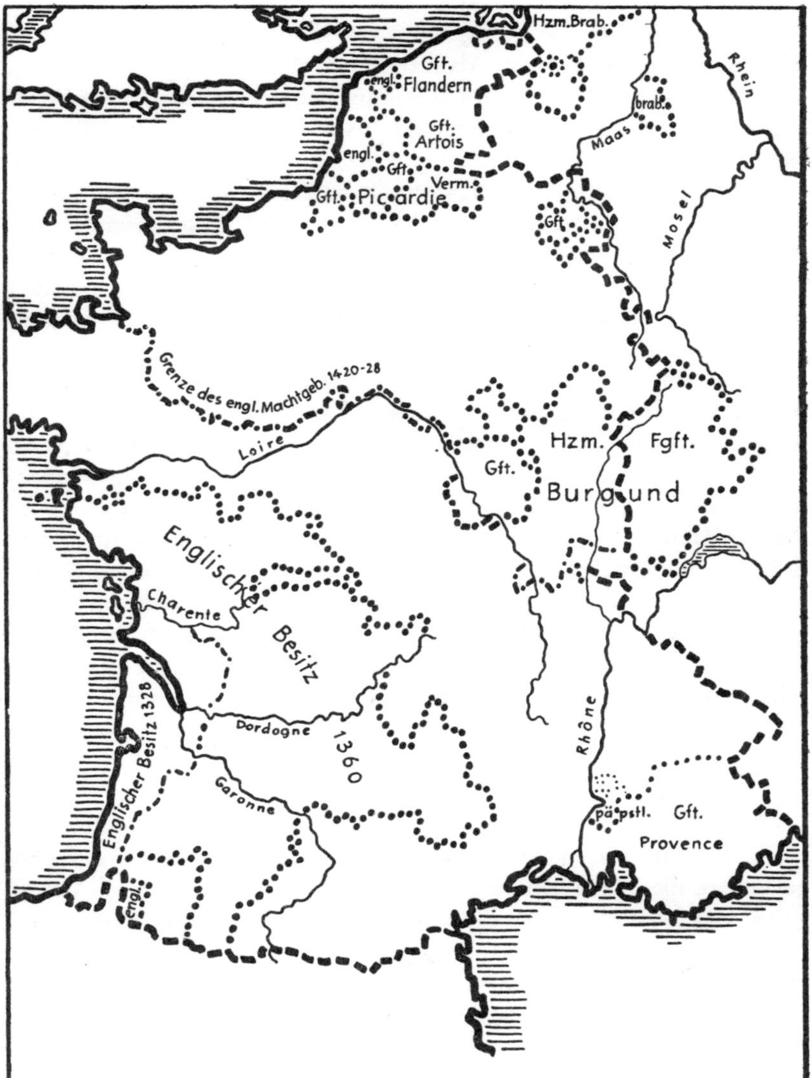

FRANKREICH NACH DEM FRIEDEN VON BRÉTIGNY
1360

Karl, seine Tochter dem Engländer zur Frau zu geben und ihn als Thronerben anzuerkennen. Als Karl der Sechste gestorben war, war sein Sohn Karl der Siebente (1422–1461) auf ein nicht allzu großes Gebiet südlich der Loire beschränkt. Es schien, daß Frankreich verloren war.

Kaltblütige Überlegung ist wertvoll im Leben der Staaten, nicht minder aber Begeisterung. In jener verzweifelten Lage erschien bei Karl dem Siebenten ein einfaches Bauernmädchen, Jeanne d'Arc aus Domrémy, erfüllte sein Heer mit neuem Vertrauen, begleitete die Soldaten mit ihrer Fahne und hinreißenden Aufrufen in den Kampf vor Orleans und führte den König nach Reims, wo er endlich gesalbt und damit in den Augen der frommen Franzosen rechtmäßiger König wurde. Es war ein müßiges Unternehmen, als liberale Kritiker nachzuweisen versuchten, daß Johanna von militärischen Dingen nichts verstanden habe. Solche Untersuchungen gehen nur den Spezialhistoriker dieses Krieges an. Johanna war die lebendige Flamme, sie war mit ihrem Glauben, daß Gott und die Jungfrau für ihr Land stritten, ein Stück von jenem Frankreich, das nicht untergehen, sondern sich behaupten wollte. So machte sie Weltgeschichte. Das Heer, das seine Siegeszuversicht wiedergewonnen hatte, siegte auch nach ihrer Gefangennahme und Verbrennung und schlug die Engländer 1453 entscheidend bei Chatillon. Bis auf Calais war Frankreich befreit.

Die Valois einigen den Staat

Aber der Zustand, in dem sich das Land befand, war fürchterlich. Hundert Jahre war der Krieg über die Fluren Frankreichs hinweggegangen, die Engländer hatten furchtbar gehaust, Dörfer in Asche gelegt, das Land verwüstet, die Menschen getötet. In den Wirren waren auch die Großen wieder emporgekommen, deren Selbständigkeitsgelüste die Einheit des Staates gefährdeten. Am mächtigsten waren die Herzöge von Burgund. Das Land war im Laufe des dreizehnten Jahrhunderts stückweise dem Reiche genommen worden. Der Ausdehnungsdrang Frankreichs nach Osten hatte damals seine ersten Wirkungen gezeigt. 1363 hatte eine Nebenlinie des Hauses Valois die Herrschaft übernommen und sich bald deutsche und französische Lehen in großer Zahl gewonnen, so daß sich jetzt zwischen Deutschland und Frankreich ein Reich von der Nordsee bis zum Schweizer Jura erstreckte, dem Namen nach noch lehnsabhängig von Frankreich und Deutschland, in Wirklichkeit fast selbständig. Seine Herrscher standen mit dem Reichtum und dem blühenden Kulturleben des Gebiets glanzvoll in Europa da. Das Gefährlichste für Frankreich war, daß alle Auflehnungsversuche der Großen beim burgundischen Hof immer auf Unterstützung hoffen konnten.

Auf den ersten Blick scheint ein solches Staatswesen wie Frankreich in dieser Zeit der Auflösung geweiht zu sein. Zum mindesten hätte man annehmen müssen, daß es bei ihm zu ähnlichen Erscheinungen wie in Deutschland gekommen wäre, daß also die Herren der einzelnen Gebiete zu wirklichen Fürsten geworden wären und die Landeshoheit erhalten hätten. Aber in Frankreich war eine Reihe von besonderen Umständen dem König günstig. Einer von ihnen war der Krieg selber. Er entfachte das Nationalgefühl zu machtvoller Stärke, und Nationalempfinden ist immer Einheitsempfinden. Im Ringen mit der Fremdherrschaft war der König, selbst wenn er schwach war wie Karl der Siebente, das natürliche Symbol des nationalen Lebenswillens, um das sich alle sammelten. Schließlich gab der Krieg dem König die Möglichkeit, das Verständnis seiner Untertanen dafür zu gewinnen, daß er beträchtliche Steuern ausschrieb, um ein stehendes Heer aufzustellen. Er behielt es, auch als der Krieg zu Ende war. In den Ordonnanzkompagnien Karls des Siebenten darf man den Beginn der stehenden Heere Europas sehen. Sie wurden noch von Rittern befehligt, aber auch diese erhielten Sold, und der Kern waren Söldner aus allen Ständen. Ihre Anwerbung war nur möglich dadurch, daß nun auch in Frankreich die Geldwirtschaft die Naturalwirtschaft zu verdrängen begann. Indem der König nicht mehr auf die Großen und die Ritter allein angewiesen war, konnte er ihnen ganz anders als früher seine Macht zeigen.

Dazu verfügte das nationale Königtum in Frankreich bereits über eine starke Kraft der Überlieferung, die es in Deutschland zu Zeiten Heinrichs des Vierten oder Friedrichs des Zweiten nicht besessen hatte. Und schließlich wurde der König von Frankreich niemals von seiner eigentlichen Aufgabe abgezogen durch scheinbare oder echte universale Aufgaben. Niemand verlangte von ihm, daß er nach Rom reite, um entweder dem Papst zu helfen oder die Lombarden zu besiegen, wie das in der deutschen Geschichte so oft der Fall gewesen war. Er konnte sich allein damit beschäftigen, was jetzt für ihn das Wichtigste sein mußte: seine Großen zu unterwerfen.

Das war das Lebensziel Ludwigs des Elften (1461–1483), das er mit einem ungewöhnlichen Aufwand von Zähigkeit, List, Verschlagenheit und Tücke erreichte. Er war ebenso verrucht wie klug und führte seine Verrätereien und Betrügereien zuweilen mit einer geistreichen Eleganz aus. Am schrecklichsten ist uns der Anblick seiner Grausamkeiten. Gelegentlich sperrte er einen der Überlisteten und Überwundenen in einen Käfig und ließ ihm erst nach qualvollen Jahren den Kopf abschlagen. Aber in Ludwig lebte unzweifelhaft die französische Staatsräson, am Ende seiner Regierung war der König Herr in Frankreich.

Den gefährlichsten seiner Gegner, den Herzog Karl den Kühnen von Burgund, beschwichtigte er zuerst mit freundlichen Redensarten und ließ ihn dann gegen die Schweizerische Eidgenossenschaft anrennen. Von ihm wurden Karl bei Granson und Murten in der Nähe des Genfer Sees geschlagen, und 1477 verlor er bei Nancy im Kampf gegen den Herzog von Lothringen und die Eidgenossen das Leben. Ludwig beeilte sich, das Herzogtum Burgund als erledigtes Lehen einzuziehen. Über die burgundische Erbschaft kam es freilich mit den Habsburgern noch zu manchen Kämpfen, aber eine Gefahr für die französische Königsmacht im Innern ging davon nie mehr aus.

Ludwigs Sohn Karl der Achte verfiel an der Spitze des erstarkten Staates der Lockung, die von außen kam. Er ritt mit seinem Heer 1494 nach Neapel, um dieses Königreich zu erobern, wurde aber von einer Verbindung italienischer Staaten geschlagen. Damit war der Kampf um die Herrschaft in Italien eingeleitet, der bereits in die Neuzeit hinüberführt.

Das englische Parlament

Auch in England gewann im späten Mittelalter das Königtum an Regierungsgewalt, aber anders als auf dem Festland stand im Hintergrund die Mitwirkung des Parlaments. Natürlich besaß es noch nicht die Macht, die es seit den Stuarts gewann und heute kraftvoll ausübt. Die Mitlebenden ahnten kaum, daß sich hier einmal die großen Entscheidungen über die Regierung des Landes vollziehen würden. Aber für uns Neuere ist es nicht schwer, zu sehen, daß damals die Wurzeln zu dem gelegt wurden, was in späterer Zeit anderen Ländern so nachahmenswert erschien. Nicht umsonst gilt das britische als die Mutter der Parlamente.

Eduard der Erste (1272–1307), der als Prinz den Grafen Simon von Montfort geschlagen hatte, behielt auch in seinem Siege einen empfänglichen Sinn für die eindrucksvolle Gestaltung staatlicher Kraft, die in dem Zusammenschluß aller führenden Stände unter Simons Führung gelegen hatte. Er horchte auch aufmerksam auf die begeisterten Loblieder, die nach Simons Tod in allen Schichten auf den tapferen und tragischen Helden gesungen wurden. Eduard übernahm manches von Simons Gedanken. Aber es war nicht gefühlsselige Verehrung des Überwundenen, die ihn dazu bestimmte. Er war vor allem ein Staatsmann, er wollte die Engländer innerlich für den Staat heranziehen, und außerdem wollte er Steuern haben. Die gerechte Einschätzung der Einkommen und Vermögen von London aus erschien ihm sehr schwierig, woraus man ersieht, daß dieser große Gesetzesmacher das nicht liebte, was man später den „grünen Tisch“ nannte. So mußten aus den Städten und den Dörfern regelmäßig Vertreter nach London kommen, mit denen die Räte des Königs die Steuereinschätzung und andere Staatsangelegenheiten berieten. Die Teilnahme an diesen Beratungen war damals kein Vorrecht, sondern eine harte Pflicht, zu deren Erfüllung man durch Androhung scharfer Strafen, etwa des Verlustes eines Ochsengespanns, gezwungen wurde. Diese Vertreter von Bürgern und Landbesitzern sollten aber nach ihrer Rückkehr auch ihren Freunden und Mitbürgern erzählen, was sich die Regierung, der König und seine Räte bei ihren Staatsmaßnahmen gedacht hatten. Auf diese Weise sollte die Bevölkerung gelehrt werden, den Gang der Ereignisse zu verstehen. Man sieht wohl aus solchen Zügen, daß Eduard einer der weisesten Könige war, die je auf dem englischen Thron gesessen haben.

So sehen wir denn zu den Beratungen des Königs mit den Großen auch die Vertreter des niederen Adels, der Bürger und der Landgemeinden erscheinen. Natürlich war die Rolle dieser Besucher aus dem Lande höchst bescheiden. Sie standen an der Barriere, während die Majestät und die Lords saßen, sie antworteten nur, wenn sie um ihre Meinung gefragt wurden. Es bürgerte sich ein, daß diese Antworten von einer bestimmten Persönlichkeit gegeben wurden, die sich vorher mit den anderen darüber beraten hatte, was am besten zu einer Angelegenheit zu sagen sei. Diese Persönlichkeit war der *Speaker*, der Sprecher für alle. Später übernahm der Sprecher auch den Vorsitz bei den Vorberatungen des niederen Adels, der städtischen Bürger und der Landbewohner. Aus diesen Besprechungen erwuchs im vierzehnten Jahrhundert, also nach dem Tode Eduards des Ersten, allmählich das Unterhaus. Noch heute aber kommen Vertreter des niederen Adels, der Bürger und der Landbewohner aus dem Unterhaus zu den Sitzungen des Hauses der Lords hinzu, wenn der König oder die Königin die Thronrede hält, und sie sind dann dabei, während der Lordkanzler auf seinem Wollsack und die anderen Lords auf ihren Sesseln sitzen – ganz so wie in den Tagen Eduards des Ersten.

Die Engländer führen Krieg und Bürgerkrieg

Der Enkel Eduards des Ersten, Eduard der Dritte (1327–1377), eröffnete mit seinen Ansprüchen auf den französischen Thron den Krieg gegen Frankreich, der erst unter der folgenden Dynastie sein Ende finden sollte. Seine Bogenschützen gewannen die Schlachten bei Crecy und Maupertuis, und im Frieden von Bretigny wurde ihm halb Frankreich zugesprochen. Seinem Enkel und Nachfolger Richard dem Zweiten (1377–1399) hat Shakespeare tiefer in die rätselvolle Seele geleuchtet, als dies je ein Gelehrter zu tun vermöchte. Er hatte mehr mit inneren Schwierigkeiten als mit dem auswärtigen Feind zu kämpfen und zeigte sich dabei tapfer und schwankend, geschickt und weltfremd. Die Bauern, in den drangvollen Zeiten unruhig geworden und durch John Wiclifs Predigten von christlicher Gleichheit dazu verführt, an die Gleichheit auch auf Erden zu glauben, erhoben sich unter Wat Tyler. Nicht zuletzt durch die Furchtlosigkeit des Königs gelang es, den Aufstand zu dämpfen. Wat Tyler wurde ermordet. Der König regierte dann abwechselnd weise, zurückhaltend, sprunghaft und willkürlich. Die Folge waren Ratlosigkeit und Verwirrung. Der ehrgeizige Vetter Richards, Heinrich Bolingbroke, Herzog von Lancaster, benutzte die Verwirrung, um Richard vom Throne zu stoßen.

Unter der Dynastie der tatkräftigen Lancaster wurde der neuentfachte Krieg in Frankreich wieder entschiedener geführt. Heinrich der Fünfte siegte 1415 bei Azincourt und wurde vom französischen König zum Thronerben erklärt. Aber er starb bald darauf, und sein Nachfolger Heinrich der Sechste konnte die Eroberungen nicht halten. 1453 besaß England auf dem Festland nur noch Calais.

Während des ganzen Hundertjährigen Krieges stand die Nation geschlossen und begeistert hinter ihren Königen. Aber auch ganze Völker können sich irren, und dies lange Zeit. Vom Gesichtspunkt der großen Geschichte aus war der Angriff Englands auf Frankreich nicht nur eine Ungerechtigkeit, sondern auch eine große Selbsttäuschung. Er lenkte die Engländer von ihrer wahren Bestimmung ab, ein seefahrendes Volk zu werden. So war die Niederlage ein Glück für England. Erst jetzt fand es die Möglichkeit, sich darauf zu besinnen, welche Möglichkeiten ihm aus seiner Insellage erwuchsen.

Gewiß hatte der Krieg auch Vorteile für England. Die Nation vergaß sehr bald, daß Tausende ihrer Landsleute dabei erschlagen worden waren; sie vergaß auch, daß hier eigentlich ein Eroberungskrieg, ein ungerechter Krieg also, geführt worden war; Völker pflegen gerne alles zu vergessen, was ihnen nicht schmeichelt. In Erinnerung blieb der Zustrom an Reichtum, der freilich nicht den von Steuern geplagten Bauern und Bürgern, aber den plündernden Soldaten und einem Teil der Geschäftsleute zugeflossen war. Und in Erinnerung blieben die siegreichen Schlachten, die lange ausgedehnte Herrschaft über einen Teil des stolzen Nachbarlandes. So hat der Hundertjährige Krieg das Nationalgefühl auch der englischen Angreifer und Besiegten ähnlich gekräftigt wie das der Angegriffenen.

Während der langen Dauer des Krieges waren die kulturellen Verbindungen zwischen den beiden Ländern abgerissen. Französische Einflüsse strömten nicht mehr so reich nach England. Das Angelsachsentum und die englische Sprache gewannen an Macht. Englisch wurde wieder Amtssprache, und bald starb auch in den oberen Schichten der Gebrauch der französischen Sprache aus. Aber das Französisch-Normannische hinterließ in der Sprache tiefe Spuren. Ein großer Teil des britischen Wortschatzes ist französischer Herkunft.

Der Verlust des Krieges mußte das Ansehen des Hauses Lancaster erschüttern, das nur durch Gewalt auf den Thron gekommen und damit das Rechtsbewußtsein des Volkes gefährdet hatte. Das Haus York stand zwei Jahre nach der Schlacht bei Chatillon gegen den König Heinrich den Sechsten auf, und damit begann ein dreißigjähriger Bürgerkrieg, der nach dem Wappenzeichen der Lancaster und York der Krieg der roten und weißen Rose genannt wurde. Heinrich der Sechste wurde abgesetzt und später ermordet, ein York bestieg den Thron. Aber unter seinem Geschlecht wütete nun selber der Mord. Der letzte York, Richard der Dritte, erlag 1485 bei Bosworth seinem Rivalen Heinrich Tudor und dem Unwillen der Nation gegen das Scheusal.

Heinrich der Siebente (1485–1509) konnte die allgemeine Abspannung der Nation benutzen, die Königsmacht zu stärken und sie durch genaue und sparsame Finanzverwaltung auf eine feste Grundlage zu stellen. So war auf ganz anderem Wege als in Frankreich auch England am Ausgang des Mittelalters zu einem festen und geschlossenen Nationalstaat gekommen. Damit war der Grund geschaffen, auf den Heinrichs Enkelin Elisabeth die ersten Bausteine des Weltreiches legen konnte.

Das Königreich Spanien

Die Geschichte Spaniens im Mittelalter ist zum wesentlichen Teil die Geschichte seines Befreiungskampfes gegen die Mauren. In ihm gewannen die Christen auf der Halbinsel ihr Nationalgefühl. Da aber der Kampf gegen Ungläubige geführt wurde, gewann dieses neue Empfinden eine besondere Färbung durch die innige Verbindung mit der katholischen Kirche.

Im steten Vordringen gegen die Mauren hatten sich gegen Ende des Mittelalters mehrere christliche Staaten herausgebildet, von denen die stärksten Portugal, Kastilien und Aragonien waren. Durch dynastische Verbindung wurden Kastilien und Aragon zusammengeschlossen. Isabella von Kastilien und Ferdinand von Aragon schlossen 1469 die Ehe miteinander, als Folge dieser Verbindung entstand das Königreich Spanien.

Die große Leistung dieses neuen Staates war die Zertrümmerung des letzten mohammedanischen Staates auf der Halbinsel. 1492 wurde Granada genommen. Das Ereignis entflammte den nationalen Stolz der Spanier zu neuer Glut, entfachte aber auch die religiöse Leidenschaft von neuem. Den Mauren wurde nur die Wahl gelassen, auszuwandern oder sich zu bekehren. Das unterschied sich von der Duldsamkeit, die von den Mohammedanern bisher gezeigt worden war. Aber auch den bekehrten Mauren, den *Moriskos*, traute man nicht, ebensowenig wie den getauften Juden. Gegen sie wurden die geistlichen Inquisitionsgerichte mit besonderer Strenge angewandt. Schon vor der Eroberung Granadas war der düstere Fanatiker Torquemada Großinquisitor geworden, und während sonst in Europa die Bevölkerung überall Anstoß nahm an der Unbarmherzigkeit der Einrichtung, fand sie in Spanien bereitwillige, ja begeisterte Zustimmung. Wer von den Angeklagten als überführt galt, wurde den weltlichen Gerichten übergeben. Die Reuigen wurden erwürgt, die Widerspenstigen lebendig verbrannt. Auch zahlreiche gute Christen fielen der Inquisition zum Opfer. Böswillige Anklagen waren um so leichter zu erheben, als die Verhandlungen geheim waren, und um so häufiger, als die Denunzianten einen Teil des Vermögens der Verurteilten erhielten.

Die Inquisition war aber auch eine Waffe in der Hand des Königs, dem sie als einem Bundesgenossen der Kirche zur Verfügung stand. Mit ihrer Hilfe hielt er seine weltlichen Großen in Furcht. Neue Macht schuf er sich dadurch, daß er sich die Würde des Großmeisters der geistlichen Ritterorden übertragen ließ. Die Capetinger hatten den Templerorden vernichtet, Ferdinand machte sich die Ordensritter zu gehorsamen Dienern. Und er benutzte auch die Polizei, die *heilige Hermandad*, die von den Städten zur Sicherung der Landstraßen aufgestellt worden war. Er übernahm sie und erhielt so ein anderes Mittel, gegen

Selbständigkeitsgelüste des großen Adels vorzugehen. Am Ende des Mittelalters war auch auf der Pyrenäenhalbinsel der geschlossene Nationalstaat unter einem starken Königtum geschaffen.

Fremdherrschaft und Stadtrepubliken in Italien

Seit dem Ausgang der Antike hatte Italien das Glück staatlicher Einheit nicht mehr genossen. Heinrich von Sybel zwar hat gemeint, wenn nicht der Imperialismus der Karolinger die Machtausweitung der Langobarden gestört hätte, so wäre ihnen der Zusammenschluß der Halbinsel gelungen. Das ist schwer zu beweisen und schwer zu widerlegen. Jedenfalls war Italien vom Unglück der Teilung heimgesucht. Nach dem Zusammenbruch der staufischen Herrschaft können wir drei deutlich von einander geschiedene Bereiche unterscheiden: in Sizilien und Unteritalien herrschten die französischen Anjous, im Kirchenstaat die Päpste, und Norditalien begann in eine Reihe von Stadtrepubliken zu zerfallen.

Die Herrschaft der Anjous war durch ihre Härte verhaßt. Eine Volkserhebung, die Sizilianische Vesper, trieb die Fremden 1282 aus der Insel. Die Sizilianer riefen den König Peter von Aragon, einen Schwiegersohn des unvergessenen Manfred herbei. Die spanische Herrschaft war kein Glück für die Insel, deren Reichtum ebenso verfiel wie ihre kulturelle Blüte. Die Folgen sind heute noch zu spüren. Aber 1442 gelang es den Aragonesen, auch die Anjous aus Neapel zu vertreiben. Unteritalien und Sizilien waren seitdem im Königreich beider Sizilien unter spanischer Herrschaft vereinigt.

Als die Päpste 1309 nach Avignon gingen, wurde die Herrschaft über Rom wie im frühen Mittelalter wieder der Siegespreis für die einander befehdenden Adelsparteien. Der idealistische, tapfere, eitle und weltfremde Cola di Rienzo versuchte vergeblich, Macht und Glanz der alten Stadt durch eine demokratische Revolution wiederherzustellen. Als er gescheitert war, verstärkten sich die Rufe des Volkes nach der Wiederkehr der Päpste. Aber als sein Begehren erfüllt war, verstrickten sich die heimgekehrten Päpste in die inneren und äußeren Kämpfe. Die Selbstbehauptung der Päpste im Kirchenstaat und im Machtkampf der Halbinsel nahm immer mehr die Energien des Papsttums gefangen. So wurde eine grauenhafte Entartung wie die Alexanders des Sechsten möglich, der auch vor Verbrechen nicht zurückschreckte. Demgegenüber scheint die Gestalt seines Nachfolgers, des machtvollen Julius des Zweiten, trotz seiner kriegerischen Leidenschaft in versöhnendem Licht, weil in ihm wenigstens nationalitalienische Leidenschaft zu spüren war. Noch stärker als unter Julius wurde dann unter Leo dem Zehnten das Papsttum der große Förderer der Renaissance.

Noch mehr als von Rom wird die Phantasie des Nachlebenden angeregt von dem Anblick der Stadtrepubliken im späten Mittelalter. Sie hatten sich aus der verfallenden Herrschermacht des Reiches in der Lombardei und in der Toskana entwickelt; jede von ihnen hatte sich anders als die deutschen Städte große Gebiete bäuerlichen Landes hinzugefügt, so daß sie zu Stadtstaaten wurden, vergleichbar den ähnlichen Erscheinungen der Antike. Wie damals entfalteten sich hier auf engem Raum ein ungeheures Kraftgefühl, eine große Leidenschaft, Politik zu machen, Vermögen anzuhäufen, Kriege zu führen, Bücher zu schreiben, Dichtungen zu schreiben und zu sammeln, prachtvolle Schlösser und Kirchen zu bauen und unsterbliche Gemälde zu malen.

Viele dieser Stadtrepubliken wurden zunächst von Signorien verwaltet, in denen man die Nachfolge der von Friedrich dem Zweiten eingesetzten Generalvikariaten erkennt. Aber da der innere Streit nicht aufhörte, begann man sich nach starken Persönlichkeiten zu sehnen, die nach innen Frieden und nach außen Macht bringen sollten. So wurde in Mailand der Söldnerführer Galeazzo Visconti der erste Selbstherrscher. Die Visconti wurden in dieser Handelsstadt das reichste Fürstengeschlecht Europas, und Königsfamilien schätzten sich glücklich, wenn sie sich durch Ehen damit verbinden konnten. Den Visconti folgten die Sforza, in Ferrara herrschten die Este, in Mantua die Gonzaga, während die Seerepubliken Genuas und Venedigs weiter von einer schmalen Schicht von adeligen Kaufleuten unter einem Dogen regiert wurden. In Florenz bemächtigte sich die Bankiersfamilie der Medici der Macht. Unter Cosimo und Lorenzo Medici wurde Florenz nicht nur eine der ersten Wirtschaftsmächte des Abendlandes, sondern es übernahm auch die Führung in der neuen geistigen und künstlerischen Bewegung, der Renaissance.

Das Spätmittelalter brachte auch den Italienern in all ihrer staatlichen Zerrissenheit die Ausbildung ihres Nationalgefühls. Die Tatsache, daß Papsttum und Kaisertum in Rom ihren Sitz hatten, begann die Phantasie der Italiener zu beflügeln und gab ihnen als Volk Selbstbewußtsein. Dante (gestorben 1321) konnte noch unbefangen die Erinnerung an das machtvolle römische Kaisertum mit dem mittelalterlichen Kaisertum der deutschen Könige verbinden, aber bei Petrarca (gestorben 1374) steht neben der sehnsuchtsvollen Verherrlichung der Antike bereits das lebhafte Empfinden von dem besonderen Wert der italienischen Nation. Es ist kein Widerspruch, daß Petrarca zu den begeistertsten Verehrern der Antike gehörte und daß er doch die Entwicklung des florentinischen Volkslateins zur italienischen Sprache mächtig förderte.

Zerspaltenes Deutschland

Anders als Italien wurde Deutschland in diesem Jahrhundert ähnlich wie die westeuropäischen Lande zu einem Nationalstaat. Man darf das Wort nicht in die Bedeutung pressen, die es nach 1789 erhalten hat. Es war nichts oder doch nur wenig darin von nationaler Leidenschaft, auch nichts von dem Wunsch, anderen Völkern ihre Eigenart zu nehmen. Zu Frankreich gehörte die Grafschaft Flandern, die deutschen Volkstums war, zu Deutschland gehörten große Gebiete französischer, slawischer oder italienischer Zunge, ohne daß die Bevölkerungen dieser Landstriche in ihrer Besonderheit gekränkt wurden. Aber im Gesamteindruck treten uns doch die Nationen in diesem Zeitraum als klar erkennbare und ihrer Art bewußte Körper entgegen.

In Deutschland wurde die unnatürliche Verbindung mit Italien immer loser. Gelegentlich noch reisten einmal die Könige nach Italien, aber das war selten und ging schnell vorüber. Noch bestand rechtlich das durch die Italienfahrten von Otto dem Großen geschaffene Staatswesen als Römisches Reich, seit etwa 1250 Heiliges Römisches Reich, aber die Deutschen fühlten stärker ihre Besonderheit innerhalb des Baues, der die Nationen überwölbte. So kam um 1450 für Deutschland der Name Heiliges Römisches Reich Deutscher Nation auf. Er sollte Deutschland unterscheiden vom Römischen Reich burgundischer oder italienischer Nation. Der Ausdruck Heiliges Römisches Reich Deutscher Nation wird häufig bereits für die ottonische Gründung gebraucht, aber das ist nicht nur ein zeitlicher Irrtum, sondern vor allem ein Mißverständnis seiner Bedeutung.

Anders als die Nationalstaaten in Westen und Osten war der deutsche schwach. Es gelang nicht, eine starke Zentralgewalt zu schaffen. Als die Macht der Staufer zusammengebrochen war, glich Deutschland bereits einem bunten Teppich von Territorialherrschaften, und den deutschen Fürsten waren ihre landesherrlichen Befugnisse staatsrechtlich verbürgt. Wohl waren die Gebiete der Fürsten vielfach zerstückelt und zersplittert, es gab eine Vielfalt verschiedener Landeshoheiten, und dazwischen gab es noch eine echte Reichstreue, wenn auch meistens oft aus selbstsüchtigen Gründen, bei Reichsrittern und Reichsstädten. Aber im Laufe des Spätmittelalters wurde in Fehden, in Finanzoperationen, in Heiraten und in innenpolitischen Auseinandersetzungen das Gepräge der landesherrlichen Eigenstaatlichkeit immer deutlicher.

Hätte das Königtum sich und damit die Einheitsgewalt stärken können, wenn es sich mit den Städten verbündet hätte, die gerade in diesen Jahrhunderten immer mehr aufblühten und immer selbstbewußter wurden? Schon natürliche Selbstsucht hielt in ihnen das Bedürfnis nach einer starken Reichsgewalt lebendig, denn eine solche Gewalt sicherte am ehesten den Frieden auf den Landstraßen und behinderte die ewigen Fehden, unter denen der Handel litt. Aber so wie die Entwicklung sich bis zum Ende der Stauferzeit vollzogen hatte, waren die Städte jetzt kaum noch eine ausreichende Grundlage für eine Politik, die gegen die Macht der Fürsten gerichtet gewesen wäre. Dazu waren die Städte zu schwach, vornehmlich auch, weil sich ihr Gebiet, anders als in Italien, nicht weit über die Stadtmauern hinaus erstreckte. Auf jeden Fall haben die Herrscher des Spätmittelalters keinen ernsthaften Versuch unternommen, sich mit den Bürgern zu verbinden. Nach mancherlei Schwankungen sprach sich die Goldene Bulle 1356 scharf gegen die Wünsche der Städte auf Erweiterung ihrer Stellung aus.

Wahrscheinlich vermochten die Könige gegen das bedrohliche Anwachsen der Macht der Territorialfürsten nur ein einziges Mittel anzuwenden, wenn sie aus ihrem Amt wieder mehr als einen Ehrentitel machen wollten: sich eine starke Hausmacht zu schaffen, um von da aus die Fürsten wieder in Botmäßigkeit zu zwingen. Das alte Königsgut war vertan, die alten Königsrechte waren verschenkt. Nur als der stärkste der Landesfürsten konnte der König hoffen, wieder König zu sein. Die dynastische Selbstsucht der deutschen Herrscher im Spätmittelalter entsprach genau den Notwendigkeiten des Reiches.

Die deutschen Könige mußten dreihundert Jahre nach der Wahl des ersten Capetingers das vollbringen, was die Capetinger und dann die Valois zuerst gezeigt hatten: ihre Macht von einem Mittelpunkt aus in das Reich hineinwachsen lassen. Aber ihre Aufgabe war schwerer als die der französischen Könige, weil inzwischen die landesherrliche Hoheit bereits die Kraft der Überlieferung gewonnen hatte, weil die Fürsten das gültige Staatsrecht für sich hatten und weil sich bei dem häufigen Wechsel der Dynastien die Erbmonarchie nicht hatte herausbilden können. So wurde jeder König argwöhnisch betrachtet, der sich eine Hausmacht zu schaffen versuchte. Wenn dieses Ziel erreicht war, ließen die Fürsten bei der nächsten Wahl seine Dynastie wieder im Stich, um die neue Herrschgewalt nicht übermächtig werden zu lassen.

Erst am Ausgang des Mittelalters gelang es den Habsburgern, durch einige glückliche Heiraten eine so starke Hausmacht zu schaffen, daß man es nicht mehr wagen konnte, ihrem Geschlecht die Kaiserkrone zu nehmen. Von dieser Zeit an nahmen sie den Auftrag der Geschichte, die staatliche Einheit zu schaffen, mit in die kommenden Jahrhunderte. Es war ihnen nicht vergönnt, den Auftrag zu erfüllen.

Habsburger, Luxemburger, Wittelsbacher

Die deutschen Herrscher des späten Mittelalters tragen fast alle einen Zug von Hausbackenheit. Die allgemeine Abwendung der Zeit vom ritterlichen Ideal zum bürgerlichen vollzieht sich auch in diesen hochadligen Geschlechtern. Romantik ist ihnen fern, hochfliegende Ziele kennen sie nicht, und die besten von ihnen sind gute Rechner für ihre Hausmacht. Man muß schon ein so loyaler Österreicher sein, wie es Grillparzer war, um in einem Rechenkünstler wie Rudolf von Habsburg etwas Majestätisches zu finden. Aber es wäre für das deutsche Volk besser gewesen, wenn auch die Könige des hohen Mittelalters mehr solche Züge der Hausbackenheit gezeigt hätten.

Rudolf der Erste von Habsburg (1273–1291) entstammte einer nicht allzu mächtigen Grafenfamilie aus dem Südwesten. Er wandte sich gegen den König Ottokar von Böhmen aus dem tschechischen Geschlechte der Przemysliden, der sich Österreich, Kärnten, Krain und die Steiermark angeeignet hatte. Ottokar wurde in die Reichsacht erklärt, als er sich weigerte, seine neuerworbenen Besitzungen herauszugeben, und Rudolf schlug ihn (1278) auf dem Marchfelde. Die Przemysliden behielten zwar Böhmen, aber die übrigen Besitzungen kamen als erledigte Lehen an die Habsburger, die sie bis 1918 behalten haben. Gestützt auf diese bereits beträchtliche Hausmacht, versuchte der harte, aber kraftvolle Albrecht der Erste, den Besitz der Habsburger weiter auszubreiten, doch zum Unglück für Deutschland wurde er von seinem Neffen aus Privatrache ermordet (1308).

Die Kurfürsten wandten sich schleunigst von dieser aufsteigenden Dynastie ab und wählten Heinrich den Siebenten von Lützelburg, dem heutigen Luxemburg. In Heinrich lebten noch einmal die hochmittelalterlichen Vorstellungen von dem Beruf der deutschen Könige in Italien wieder auf. Von Dante und den Ghibellinen jubelnd begrüßt, erschien er südlich der Alpen, scheiterte aber bald, nicht zuletzt deshalb, weil auch die Ghibellinen keine Lust hatten, für ihre Idee große Opfer zu bringen. Dante hatte Albrecht in die Hölle versetzt und Heinrich hochgepriesen, aber für seinen Staat war Albrecht die wertvollere Gestalt.

Dem Luxemburger folgte der Wittelsbacher Ludwig der Vierte (1314–1347). Er geriet in Streit mit dem Papst Johann dem Zweiundzwanzigsten. Der Papst bestritt ihm das Recht, den Namen des „Königs der Römer“ zu tragen. Von dieser Auseinandersetzung rührt die Bezeichnung „der Bayer“ für Ludwig, weil ihm der Papst schließlich Titel und Ränge absprach, außer seiner Stammeszugehörigkeit. Ludwig zog nach Rom und ließ sich dort von einem Vertreter des Volkes krönen. In Rhense traten die Kurfürsten 1338 zusammen und erklärten, der von ihnen rechtmäßig gewählte König solle auch ohne päpstliche Bestätigung alle Herrschaftsrechte im Reiche haben. Wenn man damit zusammen erwägt, daß jetzt der Bannfluch des Papstes keine Wirkung hatte, so wird deutlich, wie stark in Deutschland das herangereifte Nationalgefühl gegenüber den universalen Ansprüchen des Papstes war. Die Zeit Gregors des Siebenten war vorbei.

Der Streit Ludwigs des Vierten mit dem Papst war nur ein letztes Nachhutgefecht in einem Kampf, der mit Anagni bereits entschieden war. Aber unter der Regierung Ludwigs begann im Süden seines Reiches eine Entwicklung, deren Folgen bis in unsere Tage reichen. Dem kleinen Ort Schwyz hatte Friedrich der Zweite wegen der Nähe zum Gotthardpaß Reichsunmittelbarkeit verliehen, später hatten sich Nachbarorte mit Schwyz verbündet. Die Habsburger, die damals noch Besitzungen in der Nähe hatten, versuchten, die Bauern und Bürger der Orte zu unterwerfen. Bei Morgarten trat den österreichischen Rittern 1315 das Aufgebot der schweizerischen Bauern entgegen. Es war das Zeitalter von Kortryk und Crecy: die Ritter wurden völlig geschlagen. 1386 wiederholt sich bei Sempach dasselbe Schauspiel, schwergepanzerte Ritter wurden von einer ländlichen Miliz völlig besiegt. Die Reichsunmittelbarkeit der Orte am Vierwaldstätter See wurde mit diesen Schlachten bestätigt. Die Geburtsstunde der Schweizerischen Eidgenossenschaft schlug in der Schlacht bei Morgarten.

Ludwig der Vierte hatte die Kurfürsten sehr verdrossen durch sein Bemühen, sich in ganz Deutschland eine Hausmacht aufzubauen. Schon vor seinem Tode wählten sie wieder einen Angehörigen der luxemburgischen Dynastie, Karl den Vierten (1346–1378). Sein Vater hatte die Erbtochter von Böhmen geheiratet, und dieses Land wurde jetzt Kernland des Reiches, von Karl mit besonderer Liebe bedacht.

Der fähigen, aber ein wenig prosaischen Gestalt Karls des Vierten waren die großen Ideale des Kaisertums nur noch ein willkommenes Mittel, die Kassen zu füllen. Er war auch in Rom, freilich nur für einen Tag, um sich zum Kaiser krönen zu lassen. Wesentlicher war für ihn ein anderes Ergebnis des Zuges: den Gewaltherrschern in den Städten Oberitaliens gab Karl als kaiserlicher Oberherr Brief und Siegel auf ihre ohnehin ausgeübten Regierungsrechte und ließ sich dafür hohe Summen zahlen. Das war nicht gedacht wie ein Held und Ritter, aber wie ein sorgsamer Hausvater, und mehr wollte Karl nicht sein.

1356 bestätigte Karl der Vierte in der Goldenen Bulle den sieben Kurfürsten ihr Recht zur Königswahl und ihre uneingeschränkte Landeshoheit. Das besondere Vorrecht der Herrscherwahl für die Sieben hatte sich im dreizehnten Jahrhundert aus dem Vorrecht einzelner Fürsten entwickelt, ihre Stimmen vor der Hauptwahl abzugeben. Die Hauptwahl war dann später fortgefallen.

Einer seiner Nachfolger, Sigismund (1410–1437), hatte Mühe, Böhmen zu behaupten, weil die Hussiten es ihm nicht verzeihen konnten, daß er Hus das freie Geleit nicht gewährt hatte. Die Theologen und Juristen fanden Sigismunds Verhalten nicht so anstößig, aber die Böhmen waren erbittert, ihrer militärischen Kraft und ihrer Empörung gegenüber waren alle Kreuzheere machtlos. So schrecklich war der Ruhm der hussitischen Truppen, daß von den Rittern Sigismunds erzählt werden konnte, sie flüchteten bereits, wenn sie nur das Rasseln der hussitischen Bauernwagen hörten. Was die militärische Macht der Deutschen nicht vermochte, mußte dann die Diplomatie übernehmen. Indem sich Sigismund mit den gemäßigten Böhmen gegen die Radikalen verband, durfte er sein Land behalten.

Aber mit seinem Tode war die Herrschaft der Luxemburger vorbei, die Kurfürsten wählten jetzt wieder einen Habsburger, und im Besitz dieser Familie blieb die Krone (mit Ausnahme der Jahre von 1742–1745) bis zum Jahre 1806. Die merkwürdigste Erscheinung dieser Zeit war Friedrich der Dritte, aus dessen langer Regierungszeit (1440–1493) kein Funke eines großen Gefühls bekanntgeworden ist, der aber mit einer ungeheuren Zähigkeit dem Aufstieg seines Hauses vertraute. Er saß fast unbeweglich, dämmerte und wartete auf das große Glück für Österreich, das dann auch wirklich kam. Sein Sohn Maximilian heiratete Maria von Burgund, die Tochter Karls des Kühnen, und Maximilian wurde so Herr der größten Ländermasse, die von der Nordsee bis zu den Alpen reichte. Und Maximilians Sohn Philipp heiratete wieder Johanna, die Tochter Ferdinands von Aragon und Isabellas von Kastilien, so daß nun auch noch Spanien mit Unteritalien in den Besitz der Habsburger kam. Aus dem elsässischen Grafengeschlecht war in zwei Jahrhunderten die mächtigste Dynastie Europas geworden.

In Maximilians Heirat mit Maria lag aber für alle Zukunft der Keim schwerer Zerwürfnisse. Mit Burgund erbten die Habsburger die Feindschaft zum Hause Valois. Jetzt begann die jahrhundertelange Auseinandersetzung zwischen Österreich und Frankreich, die bis zu den Schlachten von Magenta und Solferino 1859 gedauert hat.

Gegenüber den großen Ereignissen in der Welt blieb Friedrich in seinem gewohnten Dämmerzustand der Untätigkeit. Alle Welt war erschüttert, als Konstantinopel in die Hände der Mohammedaner fiel, nur der Kaiser in Wien nicht. Erbittert schrieb ein deutscher Chronist: „Der Kaiser sitzt daheim, bepflanzt seinen Garten und fängt kleine Vögel; der Elende."

Ungerührt sah Friedrich zu, wie ein Stück deutscher Macht im Osten versank. Im Jahre 1386 hatte Jagiello von Litauen Hedwig von Polen geheiratet, und mit der Vereinigung beider Länder war im Osten eine Großmacht entstanden. Der Deutschritterorden war ihr nicht gewachsen. Bei Tannenberg zerbrach 1410 sein Glück, Westpreußen mußte der Deutsche Orden abtreten, Ostpreußen von der Krone Polens zu Lehen nehmen.

Es war die gleiche Zeit, in der auch die Macht der Hanse sank. Dieser Bund aller bedeutenden norddeutschen Städte hatte im vierzehnten Jahrhundert den Nord- und Ostseehandel übernommen und übte eine gebietende Stellung aus. Aber gerade indem er die skandinavischen Staaten näher an Europa heranführte, stärkte er sie, und vor ihnen mußte er allmählich zurückweichen. Auch schwand seine alte Unternehmungslust; nachdem die Städte reich geworden waren, suchten sie ängstlich, das Erworbene zu behalten, und das Herzhafte der früheren Zeiten fehlte ihnen. Eine starke Reichsgewalt hätte den Niedergang der Hanse vielleicht verhindern, sicher aufschieben können. Aber wie wäre sie bei der deutschen Zerrissenheit und bei diesem matten Reichsoberhaupt erreichbar gewesen?

War an den deutschen Machtverlusten im Norden und im Osten Friedrichs Trägheit mehr schuld als eigene fehlerhafte Maßnahmen, so war das Ausscheiden der Schweiz aus dem Reichsverband zum größten Teil die Folge seiner Maßnahmen. Er hatte die alte österreichische Politik wiederaufgenommen, die Schweiz zu unterwerfen, und er hatte sich nicht gescheut, als Bundesgenossen französische Räuberscharen, die *Armagnacs*, herbeizurufen, die in der Schweiz und im Elsaß furchtbar hausten. Es gelang den Eidgenossen, sich der Gefahr zu erwehren, aber ihr Groll blieb tief und dauernd. Friedrichs Nachfolger, Maximilian, mußte ihnen 1499 die Unabhängigkeit zugestehen.

Solche Schattenseiten allein dürfen nicht das Bild Deutschlands um die Wende zur Neuzeit bestimmen. Wenn auch der französische Staat stärker war, so zeigte doch das deutsche Volk eine fast unbändige Kraft. Sie wirkte im Aufblühen der Städte und der Wirtschaft, in zahlreichen tüchtigen Fürstengeschlechtern, in der Kunst zu bauen und zu malen, in der kriegerischen Tüchtigkeit auf den Schlachtfeldern. Und daß es den Habsburgern gelungen war, eine große Macht zusammenzubringen, war ein großer Glücksfall für das Reich. Freilich lag auch auf ihm wieder der Schatten der Verbindung mit fernen, nichtdeutschen Staaten, die dem Charakter der Zeit mit ihrer Ausprägung der Nationalstaaten fremd war. So hielten sich Gunst und Gefahren der Lage noch die Waage.

Sammlung der russischen Erde

So völlig fremd die russische Kultur im Spätmittelalter auch der geistigen Entwicklung des Westens war, auffallend war die Ähnlichkeit seiner staatlichen Geschichte. Wie in Frankreich ging von einer nicht allzu großen Landschaft in der Mitte die Einigungskraft aus, und hier wie dort waren die Träger des staatlichen Fortschritts nüchterne, oft tückische und treulose Monarchen.

Die Zersplitterung unter den Enkeln des heiligen Wladimir und die Schwächung durch die Tataren hatten zunächst große Gebietsverluste an den Westen zur Folge. Weißrußland und ein großer Teil Kleinrußlands gerieten nach und nach unter die Herrschaft des damals mächtig aufstrebenden Großfürstentums Litauen. Bis fast vor die Tore Moskaus drang das westliche Reich. Die allgemeine Verwirrung war so groß, daß man nicht einmal das Jahr kennt, in dem Kijew unter fremde Herrschaft kam (um 1330). Die Erschlaffung des Warägerreiches führte die Macht des litauischen Stammes vom Memelstrom bis zum Dnjepr. Für Jahrhunderte schied sich die staatliche Gemeinschaft von Kleinrussen und Großrussen.

Und für die Abwehr gegen die Tataren war die staatliche Kraft der Russen vollends zu schwach. Damals sammelte sich in den Sumpfgegenden des Dnjepr, was sich aus Stadt und Land und Heer vor Tatarengrausamkeit gerettet hatte. *Kosaken* nannten sich die Scharen mit einem tatarischen Namen. Das Land erhielt den Namen *Ukraina*, das ist die Grenze: Grenze gegen die Macht der Tataren. Für Rußland waren diese Gebiete nun für lange Zeit verloren.

Die Rettung für das Land kam von den Nachfolgern des Alexander Newskij, die sich ihr winziges Teilfürstentum in Moskau hatten schenken lassen. Unter diesen Fürsten ist kaum einer, der unsere Zuneigung gewinnen könnte. Sie scheuten die Entscheidung im offenen Felde, aber sie verschmähten weder List noch Gewalt, um zu ihrem Ziel zu kommen. Sie waren sehr genaue Rechner, für viele von ihnen war Geld – erpreßtes Geld – ein wichtiges Mittel des politischen Erfolges. Sie duckten sich vor dem Landesfeind, sie riefen ihn zu Hilfe gegen ihre Verwandten, sie vollstreckten mit Frohlocken kriegerische Aufträge der tatarischen Herren, wenn sich diese Züge gegen ihre Nebenbuhler richteten. Aber sie alle waren Männer von soviel Zähigkeit wie Biegsamkeit, noch in der Demütigung vor den Fremden trachteten sie nach Rache, sie waren alle besessen vom Willen zur Macht. Am Ende waren sie die Herren von Rußland. Das aber bedeutete, daß Rußland eine Einheit geworden war, und dieses neue Reich konnte es endlich wagen, die Fremdherrschaft abzuschütteln.

Alexanders Enkel Iwan Kalita (1328–1340) zahlte dem Khan eine große Summe Geldes und erhielt dafür die Großfürstenwürde von Ssusdal zugesprochen. Wichtiger noch war, daß ihm die Goldene Horde die Einziehung der Kopfsteuer für Rußland zusprach. So wurde Moskau der Durchgangsplatz für beträchtliche Summen, und es war natürlich, daß ein großer Teil davon haftenblieb. Nicht umsonst bedeutet *Kalita* Geldsack. Die Großfürsten wurden reich, sie konnten ihre Bojaren sicherer und besser bezahlen als andere Teilfürsten, und darum gingen deren Bojaren zu ihnen über. Schließlich bewog Iwan den Metropoliten der russischen Kirche, der schon vorher von Kijew nach Wladimir übergesiedelt war, endgültig seinen Sitz in Moskau zu nehmen. So begann das enge Bündnis zwischen Staat und Kirche, das für das Zarentum bezeichnend geworden ist. Die werdende Macht des neuen Teilstaates kam in der festen Burg zum Ausdruck, die Iwan im Herzen der mählich sich vergrößernden Stadt baute. Er gab ihr den tatarischen Namen *Kreml.*

Langsam ging unter den Nachkommen des Alexander Newskij die Vergrößerung der Macht der Großfürsten weiter. Der größte Zar, den Rußland vor Peter besessen hat, vollendete das Werk. Iwan der Dritte Wassiljewitsch (1462–1505) war ein Zeitgenosse Ludwigs des Elften, er war als Staatsmann noch bedeutender, aber gewiß nicht minder abstoßend als der Valois. Er war tückisch, verschlagen und feige. Seine

Brüder, die große, halb selbständige Besitzungen besaßen, schüchterte er ein, hinterging sie, nach Jahrzehnten waren ihre Besitztümer sein. Seinem Bruder Andrej schwor er bei Gott, ihm kein Leids zu tun; mitten im freundlichen Gespräch ließ er ihn verhaften und in den Kerker werfen, wo Andrej starb. Er ließ die Neffen in Ketten legen, aus denen sie während fünfzig Jahren nicht befreit wurden. Die Geistlichen versuchten sein Herz zu erweichen, Iwans Antwort verrät die ganze furchtbare Folgerichtigkeit seines Charakters: „Wenn ich sie freiließe, würden sie den Bürgerkrieg beginnen, bald würden sie die Tataren rufen, und alles würde schlimmer als je." Er hatte recht. Daß er auch vollführte, was er einsah, machte seine schreckliche Größe aus.

Andere Abkömmlinge des Rjurik in Rußland kamen zu Iwan als seine Untertanen, teils freiwillig, von seiner wachsenden Macht geschreckt, teils durch Geld gewonnen, teils durch seine Feldherren bezwungen. Nur drei kleine Teilfürstentümer waren bei seinem Tode noch selbständig, seinem Sohne fielen sie später als Früchte in den Schoß.

So wie die Teilfürsten überlistete er auch die Mächtigen des großen Freistaates Nowgorod. Die blühende Handelsstadt wurde eine russische Provinzstadt. Der litauische Grenznachbar wurde in den steten Verhandlungen vereinzelt und geschwächt. Jahrzehntelang ging ein Teilfürst Litauens nach dem anderen zu dem rechtmäßigen Oberherrn in Moskau über, und während seiner ganzen Regierungszeit war die Westgrenze in unaufhörlich fließender Bewegung nach Litauen hinein.

Die Einzelheiten der Loslösung von der Herrschaft des zerfallenden Tatarenreiches sind dunkel. Sicher ist nur, daß Iwan auch hier die Diplomatie der kriegerischen Entscheidung vorzog. Um 1480 hörten die Tataren auf, die Oberherren der Russen zu sein.

Zu Beginn der Regierung Iwans war der Moskauer Staat ein Fleck auf der Landkarte gewesen, eines unter vielen russischen Teilfürstentümern, jetzt grenzte es nur noch an fremde Staaten, an Litauer, an Deutsche, an Tataren. Moskau war groß geworden, und es war frei.

Der Fall Konstantinopels

Als die westeuropäischen Ritter 1204 in Konstantinopel das lateinische Kaisertum begründeten, blieb in Kleinasien ein Restgebiet des alten oströmischen Reiches bestehen, das von den lateinischen Heeren nicht besiegt werden konnte. Unter einer neuen tatkräftigen Dynastie, dem Hause der Paläologen, erstarkte dieser Reststaat, und 1261 gelang es ihm, die alte Hauptstadt wiederzunehmen.

Aber Ostrom war nur noch ein Schatten seiner früheren Größe. Neben die alten Feinde auf dem Balkan gesellten sich die Türken. Ein großer Teil Kleinasiens und der Balkanhalbinsel ging verloren. Der serbische Staat ging 1389 in der Schlacht auf dem Amselfelde zugrunde. Bajesid Jilderim, der „Blitzstrahl", schlug 1396 ein christliches Kreuzheer unter Sigismund bei Nikopolis vernichtend und bereitete den Ansturm gegen Konstantinopel vor. Da wurde die Stadt noch einmal von außen her gerettet.

Auf den Trümmern des zerfallenden Mongolenreiches erhob sich das furchtbare Genie Timurs, den die Abendländer wegen seiner Lahmheit *Tamerlan* nannten. Wie einst Tschingiskhan brauste er mit unwiderstehlichen Reitergeschwadern über die Steppe Asiens und hinterließ überall zitternde Sklavenvölker, zerstörte Städte, Pyramiden aus Zehntausenden von Schädeln. Der Sultan Bajesid erlag ihm 1402 bei Angora, dem heutigen Ankara. Aber so wie der Sturm herangebraust war, so verflog er auch wieder. Timur hatte nur vernichtet, nicht gebaut. Bald nach seinem Tode brach das ganze riesige Gebiet, das er den Mongolen unterworfen hatte, wieder auseinander.

Die Nachfolger Bajesids nahmen den alten Plan wieder auf, Konstantinopel zu bezwingen. Vergebens riefen die Kaiser das Abendland um Rettung an, vergebens versprachen sie die Union mit der Katholischen Kirche. Die Kreuzzugsidee war tot. Für die neuen Nationalstaaten waren die selbstsüchtigen Gebote der kühlen Staatsräson wichtiger als die universale Idee der Rettung des Christentums. Auf sich allein gestellt, mußte Konstantinopel den furchtbaren Stoß der größten Kriegsmacht der Zeit aushalten. Tapfer kämpfend fiel der letzte der Paläologen, Konstantin der Elfte, am 29. Mai 1453 im Kampf um die Stadtmauer. Mohammed der Zweite hielt seinen Einzug in die eroberte Stadt, die nun als Stambul die Residenz der Sultane wurde. Die verstörte Christenheit begnügte sich mit Rufen des Jammers.

Aber aus dem eroberten Land entwichen viele griechische Gelehrte nach dem Abendland. Und jetzt erst entfaltete sich voll die Nachblüte des griechischen Geistes, die bereits mit der Berührung durch die Araber begonnen hatte. Jetzt erst lernte man Platon wirklich kennen. So wurde der Fall Konstantinopels in die allgemeine Geistesgeschichte der Zeit verflochten.

Wer das Ende des Mittelalters auf eine Jahreszahl festsetzen will, sieht sich nicht geringeren Schwierigkeiten gegenüber als beim Versuch, seinen Beginn zu bestimmen. Man hat das Jahr 1273 vorgeschlagen, in dem ein neuer Abschnitt in der Geschichte des Kaisertums anhebt, die Wegwendung von den hochfliegenden Zielen zu nüchterner Betrachtung. Verknüpft mit diesem Abschnitt ist der Niedergang des Rittertums, das dem Mittelalter sein Gepräge gegeben hatte, und die festere Herausbildung des Nationalstaates.

Man hat mit viel Scharfsinn auch das Jahr 1348 als Beginn der Neuzeit genannt. In diesem Jahr wütete die Pest besonders schlimm in Europa. Die Seuche war von Osten eingeschleppt und raffte in Europa einen großen Teil der Bevölkerung hinweg, etwa fünfundzwanzig Millionen Menschen, also im Verhältnis noch mehr als der Zweite Weltkrieg. Sie schuf mit ihren Folgen, der grenzenlosen Verzweiflung, dem inbrünstigen Sichversenken und der wilden Lebensgier einen Boden, auf dem alle Keime neuen Denkens sich entfalten konnten.

Man könnte auch 1420, den Beginn des Baues der Domkuppel von Florenz als erste Tat der Neuzeit nennen. In dieser Kuppel wendet sich der Mensch von der mittelalterlichen Kathedrale, von dem Ausdruck des stürmisch nach oben drängenden Geistes ab und der klaren irdisch begrenzten Bauform zu. Der Bau ist dabei nur die sinnbildliche Verdichtung eines weitverzweigten geistigen Vorganges: Roger Bacon, sein Schüler Duns Scotus und dessen Schüler Occam hatten den Nominalismus zur Höhe geführt, die Erfahrung als Richtlinie des Denkens triumphieren lassen und in der letzten Steigerung den Eigenwert der Begriffe selbst bestritten; sie seien nichts als Zeichen. Auf dem Trümmerfeld der Scholastik bauten Humanismus und Renaissance ihr neues Gebäude von der Anschauung der Welt und der Kunst in der Entdeckung des Menschen und der Natur, schließlich in der Verehrung der Antike als des verpflichtenden Vorbildes. Das Zeitalter der Offenbarung wird nach Hans Weigelts Wortprägung durch das der Erfahrung abgelöst. Die kommenden Jahrhunderte sind ausgefüllt von immer neuen Versuchen, das Diesseits zu erforschen und zu bewältigen.

Die Überlieferung freilich sieht den Beginn der Neuzeit in dem Menschenalter zwischen der Entdeckung Amerikas 1492 und der Reformation 1517. Als Kolumbus nach Amerika fuhr, richtete er den neuen Geist, der immer mehr das Sichtbare zu ergründen sucht, mit einer einzigen Tat auf die Geographie, den Handel und die Politik. Er erschloß den Europäern, die tausend Jahre und länger auf ihren eigenen Erdteil beschränkt gewesen waren, eine neue Welt und machte das Aufkommen der größten Macht des Westens möglich. Die Geschichte hat kaum Notiz genommen von der Entdeckung Amerikas durch die Wikinger um das Jahr 1000. Fruchtbar werden konnte nur die Tat des Kolumbus, weil erst um das Jahr 1500 das Denken des Menschen bereit war, die technischen und politischen Folgerungen aus einer solchen Entdeckung zu ziehen.

Leopold von Ranke hat die Neuzeit mit dem Jahre 1494 beginnen wollen, in dem Karl der Achte von Frankreich seinen Zug nach Italien unternahm. Von da an begannen die Nationalstaaten ihre großen Kriege zu führen, die bis in das zwanzigste Jahrhundert angedauert haben. Aber bedeutsamer sind doch die geistigen Vorgänge.

Als Martin Luther 1517 seine Thesen an die Schloßkirche von Wittenberg schlug, handelte er aus der tiefen Frömmigkeit des Mittelalters; man hat ihn den letzten großen Mystiker genannt. Aber indem er den großen Aufstand gegen die Autorität der Kirche fortsetzte, der in den letzten Jahrhunderten begonnen hatte, gehört er zu den Gestalten, die sich vom Mittelalter lösen. Und indem er, obschon zu Beginn ganz unwillentlich und unwissentlich, die große Spaltung der Kirche vollzog und für dauernd begründete, hob er eine der wesentlichsten Merkmale des Mittelalters auf, die Einheit des Abendlandes in der Papstkirche. Darum darf man in diesem Schritte die eigentliche Entscheidung sehen.

Wenn neuerdings mit dem Jahre 1648 das Ende des Mittelalters angesetzt wird, weil von da an die Staaten sich den Impulsen entzogen, die sie bis dahin so oft von Religion und Kirche erhalten hatten, so mag man diesen Einschnitt als wichtig und wesentlich gelten lassen; an Wucht und Folgewirkung hat er die Epoche Luthers nicht erreicht.

Geschichte indes vollzieht sich nicht so, daß eine Ideenwelt die andere „ablöst". Das Neue und das Alte ringen miteinander, oft scheint der Sieg bei der einen, oft bei der anderen Richtung zu sein, und indem sie miteinander kämpfen, verändern sich auch die Ideen. Und immer ragt noch vieles von dem Alten in die neue Zeit hinein, auch wenn jeder schon spürt, daß sich Lebensformen und Denkweisen grundlegend geändert haben.

Das Rittertum etwa, das nach seinem Wesen untrennbar mit dem Mittelalter verbunden ist, zeigte mit seinem Niedergang das nahe Ende des Mittelalters an und erhielt sich dennoch lange darüber hinaus, wenn auch nicht mehr als die beherrschende Macht. Es wurde auf den Schlachtfeldern von den massierten Aufgeboten der Bürger, der Bauern, der Söldner geschlagen, längst bevor die Feuerwaffen seine Rüstungen durchschlugen. Es wurde wirtschaftlich durch die aufblühende Geldwirtschaft und durch den Handel der Städter an die zweite Stelle gedrängt. Seine Ideale wurden schwächer und schwächer, die ritterliche Standesdichtung war gegen Ausgang des Mittelalters verschwunden. Aber als Berater der Fürsten, als seine Befehlshaber im Felde spielten die Ritter noch lange eine bedeutende Rolle. Die feudale Gerichtsbarkeit wurde in Deutschland erst im vergangenen Jahrhundert aufgehoben, Zweikämpfe wurden noch vor einem Menschenalter regelmäßig ausgetragen. Und erst in unseren Tagen scheint in der politischen Propaganda das ritterliche Ideal der Achtung vor der Ehre des Gegners erstickt zu werden.

So stellt sich die Entwicklung zur Neuzeit als ein jahrhundertelanges Ringen zwischen Altem und Neuem dar. Aber eines Tages ist das Alte doch so schwach geworden, daß es endgültig hinter die kräftigeren Züge des Neuen zurücktritt. Nach 1500 gibt es eine universale Macht, die Papstkirche, und sogar das Kaisertum versucht seine universale Führungsstellung wiederzugewinnen. Doch die Nationen weigern sich, diesen Idealen zu gehorchen. Nach 1500 gibt es auch noch Reste des Lehnswesens, aber nicht mehr die gegenseitige Treue des Lehnsherrn und des Belehnten bestimmt das staatliche Bild, sondern der Gehorsam des Untertanen gegenüber seinem Fürsten. Nach 1500 ist immer noch Europa da als Schauplatz der Geschichte, aber immer mehr schieben sich die anderen Kontinente in den Blickkreis der Staatsmänner. Nach 1500 gibt es schließlich die Bindungen der Kirche für Gelehrte und Künstler, beherrscht aber wird die Geisteswelt von dem frei schaffenden Menschen, dem persönliche Erfahrungen und Einsichten über den überlieferten Vorschriften des Denkens stehen.

So dürfen wir in der Zeit um 1500 die Bewegung verdichtet sehen, die seit langem die Zeitenwende ankündigte. Wenn nicht alle Anzeichen trügen, stehen wir heute wieder in einer völligen Verwandlung der Kräfte, die den Menschen und sein Schicksal bewegen. Aber keinem Mitlebenden ist es vergönnt, in die Zukunft zu schauen und den Weg zu erblicken, auf den uns die Mächte dieser Umwälzung drängen. Uns bleibt nichts, als die Ehrfurcht vor einer großen Überlieferung nicht zu verlieren, uns dem neuen Werden doch nicht zu versagen und zu versuchen, uns inmitten von Bedrängnis und Verwirrung so tapfer zu behaupten wie die Besten unter unseren Vorfahren.

LITERATUR

Ausführliche Schilderungen der in diesem Überblick behandelten Zeit geben die großen Weltgeschichten, von denen hier nur die Propyläen-Weltgeschichte und die von Hans Delbrück genannt seien. Einen klaren Überblick mit einem für den schmalen Platz erstaunlich reichen wirtschaftlichen und kulturellen Tatsachenmaterial gibt der „Grundriß der Geschichte", den mehrere Verfasser bei Ernst Klett in Stuttgart herausgegeben haben. Wer über die Tatsachenerzählung hinaus nach einer tieferen Deutung sucht, dem sei mit Wärme zu der „Weltgeschichte Europas" von Hans Freyer geraten, einem Werk voll selbständiger Einsichten, in einem fast dichterisch schönen und reichen Stil geschrieben. Alexander Rüstow untersucht in der „Ortsbestimmung der Gegenwart" die Wirkungen der Ereignisse für die Idee der Freiheit, der er mit Leidenschaft, Geist und dem Mut zu eigenwilligen Auffassungen zugetan ist.

An Werken über einzelne Abschnitte seien genannt: Michael Rostovtzeff, „Geschichte der Alten Welt"; Ferdinand Taeger, „Das Altertum"; Ulrich Kahrstedt, „Geschichte des griechisch-römischen Altertums"; Justus Hashagen, „Europa im Mittelalter"; Karl Hampe, „Das Hochmittelalter".

Aus der unübersehbaren Fülle der Ländergeschichten seien herausgehoben: Breasted, „Geschichte Ägyptens", Hermann Junker und Louis Delaporte, „Die Völker des Alten Orients"; Helmut Berve, „Griechische Geschichte"; Hermann Bengtson, „Griechische Geschichte"; Ernst Kornemann, „Römische Geschichte"; Joseph Vogt, „Die Römische Republik"; Hubertus Prinz zu Löwenstein, „Deutsche Geschichte" (Der Weg des Reiches in zwei Jahrtausenden); Veit Valentin, „Geschichte der Deutschen"; George Trevelyan, „Geschichte Englands"; Charles Seignobos, „Geschichte der französischen Nation"; Valentin Gitermann, „Geschichte Rußlands". Auf Angabe von Werken, die nicht übersetzt sind, wurde verzichtet.

Die Karten dieses Buches sollen Hilfsmittel sein, sie können den vorzüglichen Putzgerschen Geschichtsatlas nicht ersetzen. Die Abbildungen mögen einen Zugang bilden zu jener Fülle, die aus der Kunst der vielen vergangenen Jahrhunderte bis auf unsere Tage gekommen ist.

PAUL SETHE

VERZEICHNIS DER ABBILDUNGEN

30. Heinrich der Vierte

31. Münzen der Kaiserzeit, oben links: Heinrich der Zweite (Regensburger Pfennig), rechts: Otto der Große (Straßburger Pfennig), unten links: Heinrich der Vierte (Duisburger Pfennig), rechts: Heinrich der Dritte (Mindener Pfennig); (aus Kurt Lange: Münzkunst des Mittelalters, Dieterich'sche Verlagsbuchhandlung, Leipzig)

32. Canossa

33. Innozenz der Dritte (Mosaik in Poli, Villa Catena, früher S. Peter)

34. Das dritte Kloster Cluny (Lithographie von E. Sagot, 1839, nach M. P. Lorain, Essai Historique sur l'Abbaye de Cluny, Dijon 1839)

35. Friedrich Barbarossa (farbige Federzeichnung von Propst Heinrich von Schäflarn; Vatikanische Bibliothek)

36. Heinrich der Sechste (Federzeichnung des zwölften Jahrhunderts, Codex des Petrus von Eboli; Handschrift in Bern)

37. Friedrich der Zweite (Büste in Lanuvio, 1954 als unzweifelhafte Darstellung Kaiser Friedrichs des Zweiten erkannt)

38. Thomas von Aquino (Gemälde von Hans Holbein d. J., Dominikaneraltar, Frankfurt am Main)

39. Rudolf von Habsburg (Zeichnung, Kunsthistorisches Museum, Wien)

40. Predigt des heiligen Bernhard in Siena (Zeichnung von Pietro di Sano; Siena, Dom)

41. Wilhelm der Eroberer, [aus dem Teppich von Bayeux] (Foto Marburg)

42. Siegel Richards des Zweiten (Foto Marburg)

43. Der Kreml im 15. Jahrhundert (Stich, Foto Marburg)

44. Die heilige Johanna von Orleans

45. Ludwig XI. (Stich von Jean Morin nach einem Gemälde von Fouquet; Berlin, Kupferstichkabinett)

46. Mohammed der Zweite (Gemälde von Gentile Bellini, Sammlung Layard, Venedig)

47. Lorenzo der Prächtige – „Il Magnifico" (Gemälde von Giorgio Vasari. Florenz, Uffizien)

48. Cosimo der Erste (Gemälde von Pontormo, Florenz)

49. Christoph Kolumbus (Gemälde von Sebastiano del Piombo, NewYork, Metropolitan-Museum)

50. Timur (Zeitgen. Darstellung)

INHALTSVERZEICHNIS

REGISTER